中國史學基本典籍叢刊

明季南略

〔清〕計六奇 撰

任道斌 魏得良 點校

中華書局

這次重新點校，我們仍以杭大藏抄本作底本，參考了曹氏藏抄本、通行諸本及明史等。爲了使史料翔實，而又無損於清初抄本的原貌，我們對文中明顯的訛誤作了改正，空缺之處亦盡可能予以補正，這些都在校記中作了説明。底本原有無名氏眉批，我們以「批云」單行小字的形式補入相應文句中。此外，我們還對底本中的篇名與目録的統一作了技術性處理。然而，限於水平，訛誤之處所在難免，敬請讀者不吝指正。

在點校過程中，承中華書局編輯部、杭州大學圖書館及徐規教授、曹大鐵先生等惠予協助、指導，謹此表示感謝！

點校者　於一九八三年

中國史學基本典籍叢刊

明季南略

〔清〕計六奇 撰

任道斌 魏得良 點校

中華書局

圖書在版編目(CIP)數據

明季南略/(清)計六奇撰;任道斌,魏得良點校.—北京:中華書局,1984.12(2024.8重印)
(中國史學基本典籍叢刊)
ISBN 978-7-101-05089-9

Ⅰ.明… Ⅱ.①計…②任…③魏… Ⅲ.中國-古代史-南明(1644~1663) Ⅳ.K248.4

中國版本圖書館CIP數據核字(2006)第028810號

責任編輯:張栄國
封面設計:周　玉
責任印製:陳麗娜

中國史學基本典籍叢刊
明季南略
〔清〕計六奇 撰
任道斌　魏得良 點校
*
中華書局出版發行
(北京市豐臺區太平橋西里38號　100073)
http://www.zhbc.com.cn
E-mail:zhbc@zhbc.com.cn
三河市宏盛印務有限公司印刷
*
850×1168毫米 1/32・19¾印張・2插頁・362千字
1984年12月第1版　2024年8月第12次印刷
印數:29701-30500册　定價:70.00元

ISBN 978-7-101-05089-9

點校説明

杭州大學圖書館藏清初舊抄足本明季南略，原爲張崟（慕騫）先生所發現，關於是書及其作者的情況，張先生在計六奇與明季南北略一文中已作了論述，此文已附在新點校出版的明季北略中。現就明季南略的點校工作做些簡要的説明。

此書雖脱稿於康熙十年（一六七〇年），但因清初的文禁，一直未能付梓。直至嘉慶、道光年間，文網稍弛，才有北京琉璃廠半松居士木活字本刊行，共十八卷。爾後，光緒十三年（一八八七年），上海圖書集成印刷局刊行石印巾箱本；民國初年，商務印書館刊行鉛印本，有「萬有文庫」及「國學基本叢書」兩種名稱。一九五八年，商務本又有重印。以上通行諸本，文字與内容基本一致，雖作十八卷，但均非完帙，僅以篇數計，通行本南略删除四十二篇近二萬字。張先生曾以杭大藏抄本十六卷作底本進行點校，惜未及完成，即於一九六五年春病故。

據我們所知，南略舊抄本除杭大藏本外，常熟曹大鐵先生亦藏有一部（簡稱「曹氏藏抄本」），十六卷。最近，曹先生毫無保留地把他多年珍藏的抄本供我們使用，使此書的整理工作得以順利地完成。經過互勘，曹氏藏抄本雖然有多處芟除，且在繕寫過程中亦有不少筆誤，不如杭大藏抄本完善，但藉此却可補正杭大藏抄本的蟲蝕、殘破之處。

這次重新點校，我們仍以杭大藏抄本作底本，參考了曹氏藏抄本、通行諸本及明史等。爲了使史料翔實，而又無損於清初抄本的原貌，我們對文中明顯的訛誤作了改正，空缺之處亦盡可能予以補正，這些都在校記中作了説明。底本原有無名氏眉批，我們以「批云」單行小字的形式補入相應文句中。此外，我們還對底本中的篇名與目録的統一作了技術性處理。然而，限於水平，訛誤之處所在難免，敬請讀者不吝指正。

在點校過程中，承中華書局編輯部、杭州大學圖書館及徐規教授、曹大鐵先生等惠予協助、指導，謹此表示感謝！

點校者　於一九八三年

自序

嗚呼！有明自南渡以後，小朝廷事難言之矣！當時北都傾覆，海内震驚，卽薪膽彌厲，未知終始。乃馬、阮之徒，猶賄賂公行，處堂自喜，不逾載而金甌盡缺，罪勝誅哉！唐藩起閩中，勢如危卵，而鄭氏以驕奢貪縱輔之，日與魯藩爲難，脣亡齒寒之義謂何！桂藩立粵東，僻處海隅。一逼于成棟，再逼于三王，三逼于孫可望，遁走不常，舟居靡定。是時君不君、國不國矣！雖有瞿桂林留守四載，無濟時艱。至于杜允和、李定國輩，益難支矣！若成功、煌言出没風濤，徒擾民耳，亦何益乎！歲辛亥仲夏，予編南略一書，始于甲申五月，止于康熙乙巳，凡二十餘年事，分十六卷。雖敍次不倫，見聞各異，而筆之所至，雅俗兼收，有明之微緒餘燼，皆畢于是矣。嗟嗟！禍亂之作，天之所以開皇清也，豈人力歟！爰是識數言于左。

辛亥季冬八日九峯居士題。

明季南略目次

一卷 甲申四月五月事

二卷 甲申六月起至十二月止

三卷 弘光元年乙酉 即清朝順治二年 正月起至四月止

四卷 乙酉五月起

六卷

丙戌浙紀　魯王監國　隆武二年　順治三年

七卷

隆武元年乙酉 六月十五日起

八卷

隆武二年丙戌清朝順治三年

九卷

丙戌永曆紀　十月十四日起

十卷

永曆元年丁亥　清朝順治四年

十一卷

永曆二年戊子　清朝順治五年

十二卷上

永曆三年己丑 清朝順治六年

十二卷 下

永曆三年 接前己丑

十三卷

永曆四年庚寅 清朝順治七年

十四卷

辛卯至丁酉　永曆五年至十一年　順治八年至十四年

十五卷

戊戌己亥庚子 順治十五年至十七年 永曆十二年至十四年

十六卷

甲午己亥等年野志

明季南略卷之一

甲申四月五月事

1 赧皇帝

帝初爲福嗣王，御諱由崧，神宗之孫、光宗之姪、思宗之兄也。年號弘光，故江南稱爲弘光皇帝。乙酉南都陷，帝北崩，浙東魯藩監國，謚爲赧皇帝。及永曆立，又謚聖安皇帝。而大清則削其年號不稱帝，止云福藩而已。帝之父諱常洵，鄭貴妃所出，神宗第三子，封福王。萬曆四十二年之國河南府。崇禎十四年正月，李自成破河南，福王遇害，帝逾城免。十七年二月三日壬戌，懷慶府夜變，帝同母走出東門，棄母兵間，狼狽走衞輝府依潞王。

紀云：福嗣王奏玉寶實係無存，蓋爲世子時自竊以送賊者。福嗣王卽帝也。

甲乙史云：三月，福、周、潞、崇四王各棄藩南奔，此初四日也。十一日，周王薨於淮安湖嘴舟中。十八日，福王寓湖嘴杜光紹園。廿一日，潞、周諸藩行舟皆泊湖嘴。廿九日丁巳，淮上始傳京師陷，衆猶疑信相半。南京亦始戒嚴。

2 南都公檄

四月戊午朔，南京兵部尚書史可法、户部尚書高弘圖、工部尚書程註、都察院右都御史張慎言、兵部右侍郎吕大器、翰林院掌院詹事兼侍讀學士姜曰廣、太常寺卿何應瑞、應天府府尹劉士禎、鴻臚寺卿朱之臣、太僕寺寺丞姚思孝、吏科給事中李沾、户科給事中羅萬象、河南道御史郭維經、山東道御史陳良弼、廣東道御史周元泰、山西道御史米壽圖、陝西道御史加陞一級王孫蕃、四川道御史朱國昌，誓告天地，號召天下臣民起義勤王，捐貲急事。

維崇禎十七年四月朔日，南京參贊機務兵部尚書史可法等，謹以宗社危情，生民至計，布告普天臣子，嘗被今天子十七年之鴻休，託高皇帝三百祀之陰騭者。其言曰：竊聞遭時有道，類多以文事之盛而詘武功，遘會非常，正可以國恩之洪而徵臣節。故天寶亂而常山、睢陽之事香，靖康靡而宗澤、李綱之氣烈。彼皆慝從上作，釁可預知。然且俠骨錚錚，與艮嶽之峰而並厲；義風發發，撥霓裳之奏以争鳴。況休命篤於上天，明德光乎良史，有若本朝者乎！力掃腥羶，二祖之廓清，號同盤古；治從寬簡，累朝之熙洽，象擬華胥。迺至今上特興，宏謨益備，孝廟之温恭儼在，世祖之神武重光。當冲齡而掃恭、顯之氛，立清宫府。於召對而發龔、黄之嘆，總爲編氓。以寇起而用兵，是虐民者寇也，而兵非得已；以兵興而派餉，是糜餉者兵也，而餉非自私。顧猶詔旨勤頒，有再累吾民之語。每遇天災修省，無一時自逸之心。蔬膳布袍，真能以天下之肥而忘己瘦；蠲逋宥罪，不難引一人之過以就臣名。是宜大業之宏昌，何意諸艱之駢集，理誠莫解，事有可陳。思爲蒼生而得人，上之張羅者誠廣；責以赤心而報主，下之自矢者難言。家家有半間之堂，事事同小兒之戲。果能功名比曹武惠，詎妨好官之得錢；竟無肝膽似漢淮陰，曾念一人之推食。成俗大都爾爾，賢者亦并悠悠，壅蔽實繁，擔當何狀！圖之不早，病已成於養癰；局尚可爲，涉必窮於滅頂。悲夫！悲夫！虜塵未殄，寇燄旋騰。血濺天潢，烽傳靈寢。秦稱天府，誰能封以一丸？晉有霸圖，無復追其三駕。迺者介馬橫馳夫畿輔，羽書不絕於殿廷，南北之耗莫通，河山之險盡失。天威不測，極知漢天子自有神靈；兵勢無常，豈得謝太傅但憑歌嘯。留都係四方之率，司馬有九伐之經。義不共天，行將指日；克襄大舉，實賴同仇。請無分宦遊，無分家食，或世貴如王、謝，或最勝若金、張，或子虛之以貲起，或輓輅之以談興，乃至射策孝廉，明經文學，亦往往名班國士，槖爲里雄，合無各抒壯謀，各團義旅，仗不需於武庫，糗無壅於郇厨，飛附大軍，力爭一決。但羣策直承黃鉞，豈賊運得有白頭。醜類立殲，普天大酺，此則萬代之所瞻仰，雖九廟爲之鑒臨者也！倘策未暇夫即戎，必義且先於助餉，多或抵小國之賦，少則割中人之家。幸濟危機，何弦高之牛足惜；即非長物，亦曹洪之馬是求。各付有司，轉輸留計，此則事彌從便，氣易爲豪。至登龍臣商，聯田富室，若與縉紳並舉，亦自分誼有殊。然使平準法行，即陽翟之雄，豈得居其奇貨；又如手實令在，將處士之號，未可保其素封。凡稱多算之有餘，總賴聖恩之無外。欲與共爲義士，多方亦賴同盟。偶值佳緣，毋忘善誘。譬以同舟之誼，但凡在千八百國，疇匪王臣；揆諸恤緯之心，決不至二十四城，遂無男子。嗚呼！親郊乃雍容之事，唐莊尚有崇韜；出塞本徼倖之圖，漢武乃逢卜式，矧兹何日，敢曰無徒，不惟社稷之憂，即是身家之算。始賊之巧於爲餌，時亦有優孟之仁；迨我之既入其樊，莫不攖地獄之罰。齊姜、宋子，相牽而入平康；珠户綺窗，所過便成甌脱。來俊臣之刑具，則公卿之被拷者痛嘗；鄭監門之畫圖，與老弱之受害者酷肖。是皆難民所説，足令聽者寒心！夫連歲報陷，如西安、太原、武昌等處，皆行者也，其中金穴何止一家，牙籤正不勝紀！若六時之牛酒不乏，雖八公之草木可驅，只坐一慳，遂成胥溺，豈不寃哉！欲圖穩着，須問前車。誠清夜而念上恩，雖何曾之萬錢，有難下咽；更援古以籌時策，豈王衍之三窟，便可藏身？同舟卽一家，破巢無完卵，可不思之、思之、又重思之也哉！法等智不足以效謀，憤何辭於卽死，實切執殳之願，輒通托鉢之呼。人理苟存，我求必應。如纏情阿堵，絶念封疆，睢陽之援竟停，則霽雲抽誓言之矢；荆州之粟獨擁，則温嶠有廻指之旗。封章尚達於北辰，奮筆敢駕於南史。是爲過計，亦屬癡衷。見起君親，約昭天日，法等無任斫地呼天、搥心瀝血之至！

在籍兵部侍郎徐人龍、主事雷演祚移檄遠近。浙江台紹道傅雲龍與台州知州關繼縉、通判楊體元、推官張明弼、知縣宋騰熊、在籍陳函輝等亦誓師。臨川曾益，吴郡諸生王聖風、徐珩等各有檄文。

3 臨海陳函輝討賊檄

嗚呼！故老有未經之變，禾黍傷心；普天同不共之仇，戈矛指髮。壯士白衣冠，易水精通虹日；相君素車馬，錢塘怒擊江濤。嗚呼！三月望後之報，此後盤古而蝕日月者也！昔我太祖高皇帝，手挽三辰之軸，一掃腥羶；身鍾二曜之英，雙驅誠、諒。歷年二百八紀，何人不沐皇恩？傳世一十五朝，寰海盡行統曆。迨我皇上崇禎，御宇十有七年於此矣，始政誅璫，獨勵震霆作鼓。頻年禦□，咸持宵旰爲衣。九邊寒暑，幾驚呼庚呼癸之嗟；萬姓啼號，時切己溺己饑之痛。雖舉朝肉食之多鄙，而一人辰極之未遷，遽至覆甌，有何失序！嗚呼！即爾紛然造逆之輩，疇無累世休養之恩。乃者餤逼神京，九廟不獲安其主；腥流宮寢，先帝不得正其終。罪極海山，貫知已滿，慘深天地，誓豈共生！嗚呼！誰秉國成，詎無封事！門户膏肓，河北賊置之不問；藩籬破壞，大將軍竟若罔聞。開門納叛，皆觀軍容使者之流；賣主投降，盡弘文館學士之輩。乞歸便云有恥，徒死即係純忠。此則劫運真遭陽九百六之交，而凡民並值柱折維裂之會矣！安祿山以番將代漢將，帳中豬早抽刀；李希烈自汴州奔蔡州，丸内鴆先進毒。鳳既斬於京口，剖尸之僇安逃；景亦斃於舟中，跛足之凶終盡。無強不折，有逆必誅。又况漢德猶存，周曆未過。赤眉、銅馬，適開光武之中興；夷羿、逢蒙，難免少康之並僇。臣子心存報主，春秋義大復仇。業賴社稷之靈，九人已推重耳；誠憤漢賊之並，六軍必出祁山。嗚呼！遷跡金人，亦下銅盤之淚；隨班舞馬，猶嘶玉陛之魂。矧具鬚眉，且叨簪紱。身家非吾有，總屬君恩；寢食豈能安，務伸國耻！握拳透爪，氣吞一路征鼙；嚙齒穿齗，聲斷五更鼓角。共灑申包胥之淚，誓焚百里奚之舟。所幸澤、綱，張翼宋之旗，協恭在位；願如恂、禹，夾輿漢之鉞，磨厲以須。二三子何患無君，金陵咸尊正朔；千八國不期大會，江左賴有夷吾。莫非王土，莫非王臣，各請敵王所愾；豈曰同袍，豈曰同澤，咸歌與子同仇。聚神州赤縣之心，直窮巢穴；抒孝子忠臣之憤，殲厥渠魁。班馬叶乎北風，旂常紀于南極。以赤手而扶神鼎，事在人爲。即白衣而效前籌，君不我負！一洗攙槍晦蝕，日月重光；再開帶礪山河，朝廷不小。海内共扶正氣，神明鑒此血誠。謹檄。

4 南京諸臣議立福藩

四月初三庚申，時潞、周藩泊淮上者，各以宫眷隨。獨福王孑然，與常應俊等數人流離飄泊。鳳陽總督馬士英陰使人導之，借淮撫路振飛舟南行。十四日辛未，有内官至南京，府部科道等官始知北京被陷確信，上殉社稷，大小驚惶。史可法、張慎言等集高弘圖寓議所尊奉。時潞王、福王並在淮，姜曰廣意屬福王。史可法曰：「在藩不忠不孝，恐難主天下。」逡巡而散。廿一日戊寅，時新主未定，人望皆在潞王。高傑、劉澤清移書路振飛問所奉，振飛云：「議賢則亂，議親則一，現在惟有福王。有勸某隨去南京扶立者，此時某一動則淮、揚不守，天下事去矣。此功自讓與南國元勳居之，必待南都議定。不然，我奉王入而彼不納，必且互争，自不待闖賊至而自相殘，敗事矣。」魯王避難過淮。南京文武大臣齊集中軍都督魏國公徐弘基第，議推戴討賊。時惠王、桂王道遠難至，潞王、福王、周世孫各避賊，舟次淮安。馬士英獨念福王昏庸可利，爲之内賄劉孔昭，外賄劉澤清，同心推戴，必欲立之，移書史可法及禮部侍郎吕大器，謂以序以賢，無如福王，已傳諭將士奉爲三軍主，請奉爲帝。且責可法當主其議。可法、大器持不可。廿二日乙卯，可法治兵於浦口。廿六日癸未，張慎言、高弘圖、姜曰廣、李沾、郭維經、誠意伯劉孔昭、司禮太監韓贊周等，復集朝内會議，獨大器後至。時以潞王倫次稍疎，福王有在邸不類事，莫之敢決。李沾奮袂厲聲曰：「今日有異議者，以死殉之！」劉孔昭、韓贊周復力持之，孔昭又面詈大器不得出言搖惑，議遂定。乃以福王告廟，因先修武英殿。是日卽具公啓迎王，而可法督師江上，猶未回也。或云士英亦希立潞王，而潞王舟先發一日，且渡江，乃亟奉福王登舟，黃得功、劉良佐、高傑以兵護行。其說非也。福王舟抵儀真，士英私致推戴之意，且招劉澤清以兵南下。

廿七日甲申，南京禮部司務齋百司公啓迎福王於儀真，王得啓卽行。廿八日乙酉，徐弘基等迎王於浦口。廿九日丙戌午候，王舟泊燕子磯。三十日丁亥，南京諸臣見王於舟次。王時角巾葛衣坐寢榻上，舊枕敝衾，孑影空囊。從行田成諸人，布袍葛履，不勝其困。王答兵部書，謂「國母尚無消息，隻身避難，宮眷未攜一人。初意欲避難浙東僻地，迎立決不敢當」等語。及捱次進見，對勳臣慟哭，素衣角帶，羣臣行禮皆以手扶，待茶款語，極其寬和。言及迎立卽力辭，言：「封疆大計，唯仗衆先生主持。」

附記　四月廿七日，予在舅氏看梨園，忽聞河間、大名、真定等處相繼告陷，北都危急，猶未知陷也，舅氏乃罷宴。廿八日，予下鄉，鄉間亂信洶洶。廿九日下午，君徵叔云：「崇禎皇帝已縊死煤山矣。」予大驚異。三十日夜，無錫合城驚恐，蓋因一班市井無賴聞國變信，聲言殺知縣郭佳胤，搶鄉紳大户。郭邑尊手執大刀，率役從百人巡行竟夜。嗣後，諸大家各出丁壯二三十人從郭令，每夜巡視，至五月初四夜止。

5 五月福王入南京

五月戊子朔辰刻，福王自三山門登陸，批云：三山門一云水西門，在南京西南。由城外至孝陵，乘馬從西門入享殿祭告，以東門乃御路也。拜謁罷，徘徊良久，問懿文太子寢園，遂詣瞻拜。既畢，從正陽門進城。至東華門，步行過皇極殿，謁奉先殿，出西華門，以內守備府爲行宮駐蹕焉。文武官進見，王惶赧欲避。史可法言：「殿下宜正受。」遂行四拜禮。王傳上殿共商戰守之策。劉孔昭暨諸勳侯甚有德色。可法奏對良久。魏國公徐弘基、內守備各有奏，羣臣乃退。是日，王輦所至，都民聚觀，生員及在籍官沿途皆有恭迎者。有云：先一日兩大星夾日，本日五彩雲見。

大星夾日、五彩雲見，似爲南主之祥，而其後事如此！然是時攝政王初入燕，則星雲殆清朝之瑞乎！

附記　五月初一日，無錫各大家避居湖濱。初三，江陰三河口、祝塘等鄉鎮多劫掠。初六七兩日，青暘鄉及吾鄉華姓齊衆。初九日，吾鎮齊衆。十一日，江陰琉璜鄉揚兵。時予館於張氏，方講讀，忽聞銃聲，趨出視之，見數百人荷戈鳴金，巡繞廬舍，俱云守護本處地方，每人予米三升、錢三十文、肉半斤，亦事之一大變也。辛亥五月十六社埣書。

6 福王登極

五月初二己丑，南京諸臣謁福王于行宮。靈璧侯湯國祚以户部措餉不發爲言，其詞憤激。太監韓贊周叱之起，呂大器呵言：「此非對君體！」御史祁彪佳言綱紀法度爲立國之本，吏科李沾言朝班宜肅，彪佳又言宜早頒大號敬天法祖諸事，王皆允之。羣臣退，俱會議於内守備家，議監國、登極，咸以先行監國爲便。張慎言曰：「國虚無人，可遂卽位。」可法密曰：「太子存亡未卜，倘北將挾以來，奈何？」劉孔昭曰：「今日既定，誰敢更移，請卽正位。」可法曰：「緩幾日無妨。」彪佳曰：「監國名極正，蓋愈推讓，益彰王之賢德。且總師討賊，申復國耻，示海内無因以得位之心。而江北諸大將使共預推戴，則將士亦宜懽欣。俟發喪，擇吉登大寶，布告天下爲當。」呂大器、徐弘基皆然之。乃定監國，以金鑄監國之寶。是日，諸大臣面奏勸進，王召百官升殿議。王辭讓愈堅，謂：「人生以忠孝爲本，今大仇未報，是不能事君；父遭慘死，母無消息，是不能事親。斷無登位之理」。言訖涕泣。又言：「東宫及永、定二王，見在賊中，或可致之。且桂、惠、瑞三王，皆本王之叔，聽諸先生擇賢迎立。」科道官奏迎立之意，彪佳以人心天意爲言。王遜謝如前，令百官退，止留兵部及内守備進内議事。少頃，再入班，上勸進第一箋，呂大器跪奏。王傳旨暫領監國，百官退。少頃，又進第二箋，王命傳進，乃手書批答：「仍領監國，餘所請不敢當。」

初三日庚寅，百官朝服，王行告天禮。其祝文焚時，飄入雲霄，衆以爲異。王升殿，百官行四拜禮，魏國公徐弘基跪進監國之寶。王既受訖，再行四拜禮，乃退。早間有傳後日卽登極者，史可法以人言搖搖，亦欲再勸進。祁彪佳力争，謂：「監國不兩日卽登極，何以服人心乎！」議乃止。

編年、遺聞俱載初四日監國，則初四日確矣。而甲乙史及日記又載初三日進監國寶，姑從之。

十一日戊戌，羣臣第三次進箋，王令旨："這所啓予屢諭甚明，何又連章勸進？知先生等惓惓忠愛，無非從宗社起見。予不忍固違，勉從所請，俟擇吉舉行，該部知道。"

甲申五月十五日壬寅辰時，福王卽帝位於武英殿，詔以明年爲弘光元年。

附記　時予入城，或問曰："聞新皇帝止有八個月天下，信乎？"予曰："未之知也。"及明年五月帝遁，甫一載，而豫王率師南下則春月也，天命所歸，實止八月耳。傳爲無錫費國瑄語，瑄頗知天文，順治己丑登進士，選餘杭令。

7 弘光登極詔

奉天承運皇帝詔曰：我國家受天鴻祐，奕世滋昌，保大定功，重熙累洽。自高皇帝龍飛奠鼎，而已卜無疆之曆矣。朕嗣守藩服，播遷江、淮。羣臣百姓，共推繼序，跋涉來迎，請正位號。予暫允監國，攝理萬幾。乃累箋勸進，拒辭弗獲，謹於五月十五日祗告天地、宗廟、社稷，卽皇帝位於南都。猥以藐躬，荷兹神器。惟我大行皇帝，英明振古，勤儉造邦，殫宵旰以經營，希蕩平之續效。乃潢池盜弄，鐘簴震驚，燕畿掃地以蒙塵，龍馭賓天而上陟。三靈共憤，萬姓同仇。朕涼德弗勝，遺弓抱痛，敢辭薪膽之瘁，誓圖俘馘之功。尚賴親賢戮力匡勷，助予敵愾。其以明年爲弘光元年，與民更始，大赦天下。所有合行事宜，開示於後。

8 國政二十五欵

一、在京文武各官，俱照原官加一級；無級可加者，晉勳階一級，給與新銜誥命。在外督撫、監司、守令，俱照新銜，給與應得誥命。有礙於典制、封典不得自遂者，準請明移封。

一、前朝文武大臣，有勞績可紀、品行可師，而幽光未闡、謚廕未全者，該部即類題補。

一、在籍閣臣暨六卿之長，年六十以上者，存問。其有遺配及閒住者，俱復原職，該撫按奏明，存其三品以下，先行豁罪。其中創艾日久、情可矜原者，著吏部行文，撫按從公採訪，列名報聞，分別酌用。該部亦發訪單，確行察覈，公論僉同，據實奏聞報用，不得藉端燃灰，致滋倖濫。

一、諸藩有流寓失所者，行各撫按善爲安置。除南直不列藩封外，如浙之台州、處州，閩之邵武、汀州，廣之南雄、韶州等郡，酌議來説。

一、宗室在南京者，名糧宜按時給發。其管理約束有年，準加勅優奬。

一、公侯伯共該五十餘人，北都淪陷亡者甚多，今現在不過十餘人，所有應得嘗禄，往日本折三七關支，或本折中半兼支者，俱於折色中各給本色一半，每石折銀七錢，以示優世臣之意。

一、累朝及現在公主所出子孫，各廕一子入監讀書。如無當廕者，準於原廕武職上量加一級，兵部即與題復。

一、七十以上年高有德者，府縣申報撫按。已冠帶者仍作旌異，未冠帶者給與官帶。其細民於元年量給膳米，以稱朕養老至意。但不得因而狥濫、因而詐擾。

一、忠義殉難者，該撫按確察題明，準與贈卹廕謚。還與建祠有年遠未沾恩者，照例一體行，不得需索留難。

一、舉人以字句蒙擯及停科者，俱準於弘光元年給文赴部會試。其行止有礙者，無關倫理，該撫按奏明，一體會試。

一、各府州縣廩生例得恩貢者，務收真才，以需後用。不拘年序。

一、赴京舉貢監生，道途寇阻，資斧為艱，合行考録，以疏淹滯，五年則減一年。舉貢監生，仍照舊例行。

一、換授、保舉、副榜、特用等項，以後盡行停止。係副榜廩監出身或經薦過者，照舊量用，不得過抑，以塞賢路。

一、山林草澤、下僚賤吏，有真正奇才異能、堪以匡時禦亂者，除前諭已頒撫按行各屬從公察報外，今仍着在京閣部科道等衙門，一體從公保舉，確定人數，以憑拔用。如狥情賄囑，事後發覺及試驗罔效者，舉主連坐。

一、北直、山東、河南、山西、陝西、遼東等處文武官生，義不從賊在南者，除文官現任廢籍聽吏部察明推陞赴用外，其生員流寓無歸、進取無路者，俱赴禮部報名，仍取鄉官印結及各生互相保結，照各省直地方廩增附名色，分寄應天府學。學臣一體考試作養，以示優恤士子之意。其武弁指揮、千百户等，如有真正襲替號紙脚色，許赴本部察驗明確，準附在京各衛寄俸，勿令失所。

一、陷賊各官本當戮竄，恐絶其自新，暫開一面。有能返邪歸正者，寬其前罪；有能殺賊自效者，準以軍功論。

一、錢糧屢經赦宥，民未沾恩。在民者惟利頑户，在官者惟飽奸胥，朕甚憫焉！今於弘光元年，不論本色、折色，量蠲一分。其本色仍改折二分。除北直、山西、陝西全免五年，山東、河南全免三年外，其江北、湖廣蠲十分之五。其江西曾蹂躪地方，撫按察明，照四川蠲十分之三。其遼餉名色，盡行蠲免。南糧作何歸併，該地方官從長計議，務甦民困。俟大仇既復，朝廷尚有浩蕩之恩。

一、漕糧原係永折地方，非比暫折、災折，内有虚糧、沙瘠、灘江等情，當時議折之。故已經酌處三四，今後當還改折。其有罰兑、副米等項弊，盡行釐革。

一、新詔寬民間交易，如買置田産、房屋等項，皆民脂膏。先年税契不過每兩二分、三分，今加至五分。吏胥索買契尾，又索加耗，且業主屢更，重復報税，不一而足。自後以五年推收、十年大造爲則，每兩止取舊額三分。未至期者，不許奸胥妄報指詐害民。

一、開墾屯種，屢旨激勸，未見成效，皆因新墾未熟而催科迫之。自後不論軍民人等，有能墾廢爲業、不費在官一文一粒者，即三年成熟後據畝科，止照本縣額定升合徵取一半，永減一半，以示鼓舞招撫，永著爲令。

一、内外監追還官、入官給主贓物，問已成案、已經完納者，依例減等發落。其真正犯監追，已故家屬代禁。財産盡絶者，開其所犯情罪，奏請定奪。係給主贓，徑行豁免。

一、内外衙門現監囚犯，有情可矜疑及人命在辜限外者，覆審是實。比照執審例，俱免死，發邊衛充軍。軍改徒，徒改杖，杖釋放。

一、小民罪犯，各有正律。除真正強盗人命、法不應贖外，其餘徒杖笞者，折贖原不定例。近因軍興費繁，院道府動云有司設處。凡一切訟獄，不論事之大小曲直，但以犯者身家厚薄爲差等，借題措餉，院道府官動罰千金萬金，州縣官動罰米數百石或百石，折銀以充軍需，究無實濟，致小民傾家破産，性命隨之，如此虐政宜痛革。

一、上供柴炭，該部酌量數目，專官採辦，不許派擾商民。其供祀孝陵及諸祀典、煎鹽等項柴斤，仍照洪武二十六年例。龍江、瓦屑二關抽分，不得多抽，以滋商民之害。

一、恩赦以登極詔爲準，詔到日各撫按星速頒行，各郡縣務令榜掛通知，仍刊刻成册，里甲人給一本。如官胥猾吏匿隱，虚情支飾，以圖侵盗，詔差官同巡按御史訪明究問。

於戲！弘濟艱難，用宣九伐平邦之政；覃敷闓澤，並囿三驅解網之仁。新綍涣頒，前徽益懋。布告天下，咸使聞知。崇禎十七年五月日。

先是初二日，諸臣議赦書蠲免，史可法曰：「今天下半壞，正賦有限，軍餉繁費，恐未可盡除。」廿二日，淮撫路振飛宣登極詔書於民間，有「新舊錢糧赦免」之條，衆情歡騰。

9 諸臣陞遷推用

五月初二日，攝吏部史可法邀諸臣會議閣員及冢臣，舊例五府不入班行，時恐文武不和，乃共商之。羣推可法及高弘圖、姜曰廣爲相，而以冢宰屬張慎言。慎言曰：「吾老矣，願安于總憲。」徐弘基曰：「張公内閣，高公冢宰，似極相宜。」劉孔昭攘臂欲得内閣，可法曰：「本朝無勳臣入閣例。」孔昭曰：「即我不可，馬士英有何不可？」諸臣默然。又議起廢，競推劉宗周、徐石麒等。孔昭特舉阮大鋮等，可法曰：「此先帝欽定逆案，勿庸再言。」初三日，馬士英率高傑等擁兵臨江，稱十萬衆，欲威劫留都諸臣。文武臣會推史可法、高弘圖、馬士英皆東閣大學士；張慎言吏部、周堪賡户部各尚書。又推詞林姜曰廣、王鐸爲東閣。高、劉二帥書至，請可法渡江，欲其卸權于士英也。初六日癸巳，兵侍郎吕大器轉吏部。起練國事户部、賀世壽刑部、何應瑞工部各侍郎。劉士禎通政使。初八日，起劉宗周左都御史，張慎言薦起顧錫疇等。起倪嘉慶、華允誠、葉廷秀補吏部司官。初九，馬士英自請入朝，拜疏卽行。初十日，李沾、張元始、沈胤培、左懋第、鍾斗、李清爲都給事中，羅萬象、陸朗、熊維典、張希夏轉左右泰來，錢增、姜應甲、馬嘉植、王士鑅、黄雲師爲給事中。十三日庚子，張國維原官協理戎政。起徐石麒左都御史，解學龍兵左侍郎，張有譽督倉侍郎，王廷梅應天府尹，郭維經府丞，朱之臣太常卿，左懋第少卿，李沾提督四夷館少卿。吏部欲以李沾爲操江，沾故善劉孔昭，懼分其任，乃求可法，得典屬國。維經積勞于扞掫，都人賴之，驟難其代，令仍攝巡視。沾嗾維經劾冢宰有私，族知誤引罪。而沾憾冢宰不已，以其清望不敢顯忤，因加色于少宰呂大器，思逐之。召王重補稽勳。時銓曹乏員，張愼言以重在金壇可立至，故推之。李沾言：「不可，是受我贄四十金者。」愼言曰：「僕起家三十年，所贄十二金而止，公安得以四十金贄乎？僕老矣，須舊銓郎乃解事。又地近，其人賢否，僕自有提衡，不能混也。」沾益銜之。召謫籍科道章正宸、楊時化、袁愷、莊鰲獻、熊開元、姜埰、馬兆羲、詹爾選、李長春、張煊、鄭友玄、李模、喬可聘、李日輔等原官起用。十四日辛丑，起許譽卿爲光祿卿。十五日壬寅，進內官韓贊周秉筆司禮，盧九德提督京營。十六日癸卯，命馬士英掌兵部，仍入直佐理。士英未嘗奉召，自入朝不欲出鎭。史可法知其意，自請督師江北以避之。起顧錫疇禮部尚書，黃道周、高倬吏、工部各右侍郎。羅大任祭酒，左懋第右僉都巡撫應天，侯峒曾左通政，鄭瑄大理卿。十七日甲辰，忻城伯趙之龍提督戎政。起田仰撫淮、揚，以劉孔昭力薦也。召楚督袁繼咸陛見。十八日乙巳，史可法辭朝，命文武官郊餞。自可法離京，劉孔昭詈無忌憚，而高、張俱不能安其位矣。二十丁未，可法開薦舉人李遽主事，何剛軍前監紀。廿四辛亥，設勇衛營，太監韓贊周節制之，都督徐大受兼總兵，鄭彩分管水陸舟師。廿五壬子，加恩翼戴諸臣：公徐弘基，伯劉孔昭、方一元，進焦夢熊、郭祚永侯，朱國弼、柳祚昌、湯國祚、太監韓贊周、盧九德，各陞賞世廕。廿九丙辰，以陳子壯爲禮部尚書，徐汧、吳偉業少詹，管紹寧詹事，陳盟右庶子。俱甲乙史。

遺聞云：以宗敦一爲山東道，鄭坤貞山西道，黃耳鼎廣西道，梁士濟江西道，周燦浙江道，周一敬福建道，潘世奇湖廣道，王燮河南道，楊仁愿雲南道，鄧起龍貴州道。黃澍四川道，爲楚監軍。白抱一陝西道。又賀登選、陸清原、任天成、霍達、左光先、李挺、劉達、吴文瀛、陳丹衷、阮正中、鄭封、劉文渤、楊羽化、成勇等各點用。又調總兵官鄭鴻逵、黄蜚鎮守鎮江,吴志葵駐防吴淞,黄斌卿駐防上江。勅御史祁彪佳等分行安撫江、浙。

供奉臣文震亨實録云:五日朔,王由城外至孝陵,導引官請從東門御路入,王遜避,從西門至饗殿,禮畢即問懿文太子陵園云云。初三,傳百官止服青錦綉朝拜,仍行王禮,不必穿帶朝服。百官以監國典禮重大,俱朝服入。禮畢,即用右都御史張慎言爲禮部尚書,傳旨會推閣員。疏上,先用兵部尚書史可法進東閣大學士,兼兵部尚書如故,户部尚書高弘圖改禮部尚書,進東閣大學士,俱即入閣辦事。而召工部侍郎周堪賡爲户部尚書。鳳督馬士英進東閣大學士,兼兵部尚書、右都御史,總督鳳陽如故。而以前會推疏,詞林僅推掌翰林院詹事府詹事姜曰廣一人。傳旨吏部:「予按祖制,閣員俱用詞林。至先帝,間用别衙門官,今正推如何止列姜先生一人?似與祖制不符。著該部再行添推來看。」吏部會九卿再具疏,仍以曰廣居首,而推禮部尚書王鐸、禮部右侍郎陳子壯,詹事府少詹事黄道周,右春坊右庶子徐汧,令旨再點用。首次二人俱進東閣大學士,兼吏部尚書,入閣辦事,諸臣以次待用。六卿九列既備官,復推補科道各員,皆一時人望。尋特遣祁彪佳頒赦諭江南云。

馬士英,字瑶草,貴州府貴陽人。崇禎辛未進士,本廣西梧州府藤縣人,與袁崇焕同里,居北門街,又同辛卯年生。士英本姓李,年五歲,爲販檳榔客馬姓者螟蛉而去,故從其姓。明末,予邑人親見馬建坊于藤縣,尚未就。其爲人手長智短、耳軟眼瞎者。

王鐸，字覺斯，河南孟津籍，山西平陽府洪洞縣人。
張愼言，字藐山，山西陽城人，萬曆庚戌進士。
姜埰，字鄉野，山東萊陽人，崇禎辛未進士，初爲儀真令。
張煊，字葆光，山西介休人，崇禎戊辰進士，陝西道御史。
白抱一，字函二，北直南和人，保舉恩貢林縣令。
喬可聘，字聖任，南直寶應人，天啓壬戌進士。
陳丹衷，號涉江，應天人，崇禎癸未進士，御史。

10 劉孔昭凌侮張愼言

劉孔昭，號復陽，浙人，誠意伯是其廕爵也，襲是爵而官居操江。甲申十月初九癸亥，孔昭弑其祖母胡氏。胡爲劉尚忠繼妻，生萊臣，而孔昭父藎臣爲出婢莫氏巧雲所生。劉尚忠没，萊臣應嫡嗣，以幼爲藎臣僭襲。藎臣没，孔昭復冒襲之，遂贈莫氏爲伯夫人。及官操江，遂捕萊臣斃之獄。惡胡氏出揭，並縊殺之。真大逆不道者哉！至甲申五月議起廢，孔昭故善阮大鋮，特舉之。史可法不從。及十八乙巳，可法離京。廿二日己酉，馬士英入直，孔昭必欲起大鋮，自詔有「逆黨不得輕議」之語，而張愼言秉銓持正。孔昭度難破例，置酒約諸侯伯廷論之，必欲逐去冢臣，而後可惟我所欲爲。靈璧侯、忻城伯皆諾之。時愼言條議：「北來諸臣，雖屈膝靦顏，事或脅從，情非委順。如能自拔南來，酌定用之之法。」因薦原任督師大學士吴甡、吏部尚書鄭三俊。有旨赦甡罪陛見，三俊候另議。廿三日庚戌，早朝畢，孔昭挐湯國祚、趙之龍諸勳臣，呼大小九卿科道于廷，大罵慎言，欲逐之去，謂：「雪恥除凶，防江防河，舉朝臣子全副精神宜注于此。乃今日講推官，明日講陞官，排忽武臣，專選文臣，結黨行私。所薦吴甡，有悖成憲，真奸臣也。」慎言立班不辯。大學士高弘圖言：「冢臣自有本末，何遽殿争。」上諭文武官各和衷，勿偏競。孔昭袖中取出小刃，逐慎言于班，泣陳醜詈，必欲手刃之。太監韓贊周叱之曰：「從古無此朝規！」乃止。御史王孫蕃曰：「先帝裁文操江歸武操江，亦未見作何事業。且吏部職司用人，除推官陞官外，别無職掌。」喧争殿上。慎言出，卽引疾乞休。孔昭退奏：「慎言推補倖濫，舉薦吴甡、鄭三俊，更爲可異。慎言原有二心，告廟定策，阻難奸辯，不可不誅。乞大奮乾斷，收回吴甡陛見之命，重處慎言，爲欺君悞國之鑒戒。」廿四辛亥，高弘圖奏言：「文武官各有職掌，毋得侵犯，卽文臣中各部不得奪吏部之權。今用人乃慎言事，孔昭一手握定，非其所私卽謂之奸，臣等皆屬贅員矣。慎言薦甡，勳臣知爲不可，臣不能知，票擬實出臣手。又三俊清剛，係五朝人望，臣終以爲不可不用，是臣罪不減慎言。竊念朝廷之尊，尊于李勉。天子之貴，貴以叔孫。臣忝輔弼，坐視宸陛幾若訟庭，愧死無地，請賜罷斥。」姜曰廣亦引疾求去，上遣鴻臚官各諭留。廿六癸丑，上召輔臣高弘圖、姜曰廣、馬士英于行宫，上謂弘圖曰：「國家多故，倚賴良多，先生何言去也？」對曰：「臣非敢輕去，第用人一事，臣謂可，勳臣謂不可。是非淆亂，臣何能在位。」上曰：「朕于行政用人未習，卿等所言，無一不從，勿疑有他。」弘圖曰：「冢臣張慎言清正有品，吏部以用人爲職，無一日不用人，是無一日不修職也。如推劉宗周、黄道周，使勳臣處之，亦必藉重，何獨以爲罪？吴甡前任撫按俱有聲，又清望，先帝簡在内閣。督師稍緩致譴，先帝殺延儒不殺甡，即可知其人。假先帝在今日，亦必用之，何勳臣以此罪冢臣也？北京失節之臣不可用，江南見存無幾，又不合勳臣之意，將誰用乎？若曰武職，則有兵部在，不當亦責冢臣也。」弘圖又言近臣貪黷狀。上曰：「朕固聞之，諸臣通賂出之袖中，誠可嗤也。」時屢召對，先後無虚日，或一日再召，上亦有意爲明主。至馬士英當國，直高拱聽之，不復知外邊事矣。廿七甲寅，慎言請亟求罷斥，以服世臣之心。李沾言：「勳臣憤激有因，當中府聚會，馬士英手札移吕大器迎立皇上，贊周、孔昭無不允協。黎明集議，大器綰禮兵二部紓迴不前，臣等十九人以名帖延之，從容後至。議至日中不決，孔昭怒形于色，臣與郭維經、陳良弼、周元泰、朱國昌歷階而上，面折大器。贊周云快取筆來，因得俛首就盟。清晨迎駕，大器尚欲停待，而贊周已登舟矣。偕行者徐弘基、陳良弼、朱國昌也。孔昭擁戴有功，文臣啓事屢登，武臣封爵未定，所以有殿上之爭。」廿八乙卯，慎言具疏求去，云：「臣按河南時曾劾布政馮明盛倡逃，其子馮銓作相，嗾其門生曹欽程參周宗建、李應昇、黄尊素以及臣，三臣皆死獄，而臣戍肅州。先帝召陞刑部侍郎，以擬獄不當，閑住十餘年而復起。今待罪銓曹二十日，遂爲孔昭所指，止有一去而已。吴甡、鄭三俊，閣臣薦于前，科臣薦于後。兩人者行己有耻，臣能保之。孔昭指爲小人，亦硜硜之小人，非反覆之小人也。僞官至陽城，臣子履旋投崖而死，孤孫尚幼，國難家變，慟無生理，臣當與緇黄爲侣矣。」六月初二戊午，上命吏部司官敦促慎言視事。初六壬戌，史可法言：「先帝用人原無成心，傳宗龍、孫傳庭起自纍囚，張鳳翔、袁繼咸、馬士英起自戍籍。當吴甡奉命南征，以候唐通兵不至，遲延則過之可原者。國難之作，勳臣殉國者誰，孔昭何不思之？慎言七旬冢卿，一舉吳甡便以爲罪，不益輕朝廷而長禍亂耶！」初八甲子，獎諭劉孔昭功在社稷。初十丙寅，慎言致仕。上諭曰：「晉疆未復，卿已無家可歸，沿途僑寓需召。」慎言遂止寧國，孤孫間關來侍。慎言曰：「祖孫相聚足矣。」國亡後，慎言鬱鬱卒，孫扶櫬返葬故里。

甚矣，劉孔昭之狂悖小人也！始也弒叔、弒祖母，固已絕滅人理矣，既乃以武操江欲手刃銓部于朝，其無忌憚若此，將置南國君臣于何地！猶賴王孫蕃、韓贊周等正言折之耳。然孔昭之敢于有此舉動者，蓋史可法辭朝而馬士英入直故也。觀廿四日高弘圖乞休，雖各諭留，而廿五即加恩翼戴諸臣，孔昭次于徐弘基下。及六月六日，史可法疏言孔昭之非，而初八反獎諭孔昭功在社稷，則士英專國不獨視慎言、弘圖、曰廣等如弁髦，並史公亦不在目中矣。立國之始而悖亂如此，將何以成朝廷？孔昭真罪人哉！辛亥五月二十王館書。

甲乙史云：甲申十月初九癸亥，孔昭弒祖母胡氏。

11 路振飛王燮鎮撫淮安

甲申春，山西逃兵南下，江北震恐。淮撫路振飛遣金聲桓等十七將率兵分道防河及守徐州。三月十三日，言淮徐道何騰蛟整頓徐方有功，今陞楚撫，有同知范鳴珂可補缺。廿七乙卯，振飛會淮安七十二坊，各集義兵，每家或三或五，刀杖俱自備。每坊一生員爲社長，一爲副，自爲操演，貴持久，戒作輟。

日則團練，夜則魚貫巡邏，以備非常。是日大閱，舉人湯調鼎等咸易戎服。廿九丁巳，淮上始傳京城陷，振飛分設壯丁守城，拈分守門官，范道、周守、高監紀、黃總捕各守一門，夜宿城樓。四月戊午朔，淮城義士到軍門過堂，振飛賞以花紅，每人銀一兩，人人踴躍，耀武于河上。適有北來逃兵騷擾，見之辟易避去。初九丙寅，振飛集淮城紳衿議事，至則出塘報于袖中，言：「京城已陷，代我者卽至，將縛我出迎乎、抑勉力一守乎？」言畢淚下，衆皆泣。散漕糧四千于貧民，擒僞官胡來賀、宋自成、李魁春沉之河。斬叛將趙洪禎等。又擒癸未進士僞防禦使武愫解京。僞制將軍董學禮襲據宿遷，振飛遣鹽城王守備率兵擊破之，獲學禮及從者十三人，悉斬之。乃與按臣王燮同心固守。燮字雷臣，順天宛平籍，湖廣黃陂人。崇禎庚午舉人，丁丑進士，三代錦衣衛指揮同知，通春秋，夏允彝嘗稱其有經緯大才。初任河南祥符令，三守危城，才識胆力無不超絕。甲申三月初九蒞任淮安，與振飛鼓舞官民，極著勞績。有僞選淮安知府鞏克順行牌至淮，上寫「永昌元年二月廿二日給」。燮碎其牌，絪責其人，逐之淮口，擒克順斬以狥衆。燮自任守河，托振飛守城，士民恃以屹然。三月廿一日，劉澤清兵屯宿遷，高傑兵屯徐州，各聲言南侵，淮民大恐。燮自謂與澤清有識，輕身詣之，勸其迴轅北上。澤清不肯，大聲云：「卽不擾貴治，請假道赴揚州。」燮不可，曰：「卽不得已，迂道從天長、六合，則非我所知也。」澤清允之，淮城人得免塗炭。四月初三庚申，僞防禦使呂弼周遣牌至淮代振飛，燮絪責其人。弼周者，原任河南驛傳道，爲燮座師也。十五壬申，弼周以師生視燮，攜僞將王富赴任。游擊駱舉知燮本意，乃陽迎，於中道猝縛之。燮叱使跪，弼周罵曰：「人也不認！」燮曰：「亂臣賊子我認得誰！」令左右截其耳，細鞫其賊事，並問以聖上東宮。弼周一字不答。解至撫院，振飛命留驛亭，懸示四門，令善射者競集，振飛舉觴勞駱舉，簪花旁立，縛呂弼周、王富于柱。射者立二十步外，五人爲耦，人發一矢，不中者退，中者報名賞銀牌一。射者盡，乃命剮之。衆悅，詣肆快飲。五月初五日，淮坊義士擒亂兵三十餘人，振飛不敢問，縱之。十三日，馬士英官兵由淮赴江達南京，共一千二百船。王燮駐清江浦，令淮坊義士排立兩涯，不許一舟停泊，一人登岸，凡三日而畢。批云：二十日，叛將李承勳寇掠清河。王燮調兵禦却之。廿二，午刻，盧太監引兵一千欲進城中，士民大震，振飛再三求免。廿三，劉澤清奉旨駐淮安，未至，士民皆懼。廿四，澤清駐兵盱眙，撫按集議，振飛、燮不行。廿五，僞官武愫解至撫院，振飛于愫有舊，不忍遽殺，乃下之獄。廿九丙辰，振飛大享士于淮安府學中，叙向來有功文武官八十餘員，振飛與燮親自安席，觀者鼓舞。已而，振飛爲馬士英所論，得旨提問，合城不平。尋以士民公疏得免，旋丁艱去。王燮又爲御史陳丹衷薦，陞巡撫山東，士民奪氣。劉澤清遂營窟于淮城中，田仰與之猫鼠，山東又不可往，王燮逡巡于河上而已。田仰，士英之私人，五月十七起撫淮、揚，以阮大鋮力薦其才堪任撫憲之職也。

12 路振飛傳

公諱振飛，字見白，號皓月，廣平曲周人。天啓乙丑進士，授涇陽知縣，不建逆奄祠，多惠政，縣人皆繪圖紀之。崇禎辛未，召入爲四川道御史，疏劾宜興、烏程、巴縣三相國，湖州冢宰及山東二撫臣。舉朝憚之。癸酉，巡按福建，有貪殘縣令，公庭褫其衣，繫之獄，乃奏聞。人心大快，屬吏惕息。海寇劉香連接紅夷入寇，鄭芝龍、黃斌卿等與連戰，破平之，公發縱之力居多。敘功加一級，賜金幣。丙子，巡按蘇、松，吳中積弊皆悉心釐剔。會常熟奸民訐奏鄉官錢謙益、瞿式耜，公疏申救，忤旨降謫。及清兵大入，蹂躪燕、齊，烽燧至淮北；流寇橫于中州，徐、泗之間，盜賊竊發，道路多梗。上知公才，癸未遂擢僉都御史，總督漕運，巡撫鳳陽。公至，遣兵破擒土賊張方造、王道善、程繼孔等。及逆闖勢益鴟張，公遣將防河，又令鄉里團結義勇各保村坊，千里淮壖，屹然金湯之固。已而，高傑、劉澤清等擁兵而南，爭欲渡淮，人心恇擾。京師既陷，賊日南下，齊、魯海岱之間，望風奔潰。公力扼其衝，馘斬賊帥，保障江、淮，厥功不細。顧朝局紛然，以翻逆案、修前隙爲事，爭媒孽公，而代公者至矣。初，高傑之南也，鳳督馬士英欲倚以爲重，遣人迎之。公謂大將宜禦寇門庭，不當入內地，阻之不得前，卒取道鳳陽至揚州。及士英道淮而南，公禁舟中兵不得上岸侵掠，又留其火器禦賊，士英不悦。撫甯侯朱國弼職在護漕，闖賊勢急即離鎮，擅取福建解京銀十萬餘寄淮安庫者以行，公與力爭，國弼亦銜公。及士英當國，國弼進保國公用事，遂共排公。又見公屢奏捷，益忌公威名，卒不敘功，而更誣以糜餉，起田仰代公撫淮。批云：六月十四庚午，振飛與田仰交代，即日遂行，士民挽舟悲慟。淮人不服，幾至激變。會公亦以母喪去任，流寓蘇州。南京陷，公率家丁保洞庭山，而閩中隆武詔使至。初，公至鳳陽謁陵，識南陽于高墻，因疏請恩卹罪宗。至是，王即位，念公舊德，特召爲左都御史，與季子澤濃間關入閩，遂拜吏兵二部尚書兼文淵閣大學士。澤濃賜名太平，授職方郎，遣徵兵湖南。公于時議多所不合，凡三疏辭，不允。公在政地前後僅兩月，及仙霞關潰，公失乘輿所在，航海趨廣州。廣州復陷，久之，復航海至廣州之順德縣，悲憤成疾而卒，乙酉後四年也。遺疏陳時政四要。贈左柱國太傅，諡文貞。公清正剛方，嘗勒「燭奸、指佞、不黨、不阿」八字佩之。公生平不以詩名，及國變後始作韻語若干篇，名曰非詩草。長子澤溥，中書舍人。

13 史可法奏淮人忠義疏 六月四日

闖賊自入關以後，聲勢逼人，假借安民，煽動海內。僞官一到，爭思奉迎，甚至督撫，手握兵權，不能碎一僞牌，斬一僞使。人心之壞，至此極矣！惟有淮安官民固守，僞牌到則碎之，僞使到則斬之，賊騎過河上則邀擊敗退之。賊將如董學禮、白邦政等，皆躑躅而不敢前。民間義兵集至一二十萬，聲勢之壯，猶若長城。頃又報恢復宿遷，僞官遁走，維持茲事，江南乃安，其有功于國家甚大。然淮人之敢于爲此者，實地方官鼓舞之力也。撫按諸臣，親在河干，與民共守，碎牌斬使，斷而行之，密遣諸兵，多所斬獲，故能振將卒同仇之氣，堅民間死守之心。東南奠安，實賴此舉。伏乞勅下該部院，將按臣王燮優擢示勸。撫臣路振飛已經解任，另候優議。其餘地方鄉紳士民及行間有功將士，併行按臣察確具報，特爲旌叙，庶忠義之士感奮，而他處投賊、避賊、偷生苟免者，皆知所愧耻矣。

14 閻爾梅碎牒賦詩

僞淮揚防禦使武愫至宿遷，僞將董學禮、僞漕儲方允昌、僞督餉白邦政等俱置酒宴之，留連數日。借董兵千人，所過地方，騷擾不堪。僞示傳至徐州，舉人閻爾梅大駡，碎其牒。武愫拘之下獄，爾梅賦詩曰：「死國非輕死逆輕，鴻毛敢與泰山争。楚衰未必無三户，夏復由來起一成。日月有時經晦蝕，乾坤何旦不皇明。寵新豈是承恩者，空自將身買賊名。」遣人持示武愫，愫大怒，密欲令人殺之。

15 史可法請設四鎮

五月十三日庚子，史可法言：「從來守江南者，必于江北。當酌地利，急設四藩，以淮、揚、泗、廬自守，而以徐、滁、鳳、六爲進取之基。兵馬錢糧，皆聽自行征取。而四藩卽用黄得功、高傑、劉澤清、劉良佐爲我藩屏，固守江北，則江南之人情自安。黄得功已封伯，似應進侯。傑、澤清、良佐似應封伯。左良玉恢復楚疆，應照黄得功進侯。馬士英合諸鎮之功，爵賞似難異同。盧九德事同一體，聽司禮監察叙。」

十七日甲辰，可法又奏四不可無疏，曰：「臣與高弘圖、姜曰廣、馬士英僉議得新增文臣，有協理戎政、協理操江二員。新增武臣，有京口、九江二鎮。此外，則上江撫臣現議增設。又議得江北與賊接壤，遂爲冲邊，議設四鎮，分轄其地。有四鎮不可無督師，督師應屯駐揚州，居中遣調。其四鎮則設于淮、揚、徐、泗、鳳、壽、滁、和，各自畫地。封總兵官劉澤清東平伯，轄淮海，駐于淮北，以山陽、清河、桃源、宿遷、海州、贛榆、鹽城、安東、邳州、睢寧十州縣隸之，經理山東一帶招討事。封總兵官高傑興平伯，轄徐、泗，駐于泗水，以徐州、蕭縣、碭山、豐縣、沛縣、泗州、盱眙、五河、虹縣、靈璧、宿州、蒙城、亳州、懷遠十四州縣隸之，經理河北、河南開、歸一帶招討事。封總兵官劉良佐廣昌伯，轄鳳、壽，駐于臨淮，以鳳陽、臨淮、潁上、潁州、壽州、太和、定遠、六安、霍邱九州縣隸之，經理河南陳、杞一帶招討事。晉靖南伯黄得功爲靖南侯，轄滁、和，駐于廬州，以滁州、和州、全椒、來安、含山、江浦、六合、合肥、巢縣、無爲州十縣隸之，經理光、固一帶招討事。各設監軍一員，一切軍民皆聽統轄，州縣有司皆聽節制，營衛原存舊兵，皆聽歸併整理，所轄各將，聽督師薦舉提用。荒蕪田土，皆聽開墾。山澤有利，皆聽開採。仍許各于境内招商收税，以供軍前買馬置器之用。每鎮額兵三萬人，歲供本色米二十萬，折色銀四十萬，悉聽各屬自行徵取。所取中原城池，卽歸統轄。寰宇恢復，爵爲上公，與開國元勳同準世襲。賊在河北，則各鎮合力協防淮、徐。賊在河南，則各鎮協守泗、壽。賊在河北、河南併犯，則各鎮嚴兵固守。其鳳陽總兵應改副將一員。計共六百餘萬，及察每歲所入，約米二百四五十萬，約銀五六百萬，合計本折不過八九百萬。除各兵支用外，所存亦自無多也，所望諸臣，核實兵、實餉之中，爲實戰、實守之計，禦于門庭之外，以貽堂奥之安，則中興大業，卽在于此矣。」

此亦寓調停于進取之意，愚謂卽做古藩鎮法，亦當在大河以北開屯設府，豈堂奥之内而遽以藩籬視之。

時高、劉等封伯爵，而黄、左晉侯爵，仍廕一子錦衣衛正千户世襲。又旨云：「馬士英保障東南，膚功更著，着加太子太保，廕一子錦衣衛指揮僉事世襲。盧九德功同一體，着司禮監從優議叙。」

16 黄得功

黄得功，字虎山。批云：鳳陽靈壁縣人。貌偉鬍髯，兩頤倒竪，膂力絶倫。微時驅驢爲生計。有貴州舉人楊文驄、周祚新北上，於浦口僱其驢，初未知爲豪傑也。道經關山，突遇響馬六人，文驄、祚新等亦嫻弓馬，欲與之敵。得功大呼曰："公等勿動，我往禦之！"時楊、周管家亦頗材武，已於驢背躍下。行李與牲口重數百斤，得功一手挾驢，一手提行囊，突撲響馬。響馬大驚，乞止之，且曰："有言相告。"得功不聽，撲擊如故。響馬急，齊下馬羅拜曰："老兄真英雄，吾輩願拜下風，勿失義氣。"得功方止，亦拜曰："我不願爲此，只放吾等過去可也。"響馬請姓氏，得功堅不與言，既而曰："黄姓，呼爲黄大。"響馬遺之以金，得功不受，乃去。楊、周兩孝廉見其勇而有志，待以弟兄禮。及南回，告于馬士英。士英覓至，爲之婚娶，延武士教以兵法。及莅任鳳陽，即用爲旗鼓，堵截流寇，建功河北，陞副總戎。軍中嘗乘黑驢，賊呼爲黄大刀，甚畏之。于是廬、鳳一帶，賊不敢久駐。

附記遺事　大學士蔣德璟曰："掛印總兵爵雖大，然庭參宰相時，相不出迎，居位受拜。拜訖，相始出接，延入後堂，行賓主之禮。時高、劉三鎮皆行此，獨得功來見，拜後入後堂仍行跪禮。此固得功忠義之氣，亦以昔日在吾門下故也。"蓋武臣曾在文臣門下奔走出身者，後雖貴顯，必行跪見禮。太祖舊制，凡宰相閱邊，雖總兵封侯，必戎服庭參，揖于檻外，所以尊相體也。弘光時史相出督師，四鎮將謁，私議見禮。得功曰："有舊制在。"高、劉等曰："在吾輩已封侯伯矣。"得功遂戎服先入，高、劉不得已，亦戎服繼之。于此知得功勇而知義。

得功微時豢鴨池塘，其數日減，久之幾盡。得功怒，將水戽竭，捕得巨鱔一，長可數尺，圍五寸許，烹食之，體貌倏易，頃成偉丈夫，亦不自覺多力也。及浴，手絞布，布忽斷裂，始知之。

予叔君衡公昔在儀真，聞門外喧鬧，出視，見所舁鐵鞭二，每鞭重三十斤，雙鞭則重六十斤矣。此得功在馬上所運者。

得功有獵犬三十，隨馬走甚捷。在六合時，每使小卒以金鑼戴額上，得功射之，百發百中，而人不傷，衆呼爲小由基。

得功善飲細酒和火酒，可飲五十斤。臨陣時以縶巾緊縛，目瞳突出，飲半酣方入陣，所向無前。

揚人云：得功駐儀真，治兵嚴整，商民便之。曾遣四十騎白事于史相，道經高營被劫。得功怒，率兵馳揚，傑發兵與戰。時傑兵盛，得功被圍，適弟黃蜚等繼至，內外夾攻，傑兵始退。已而復戰，得功親臨陣，傑部將號黑虎子者最驍勇，出戰。蜚發烟銃，黑虎子目眩，得功舉鞭碎其首而死。傑懼，收兵。適史相至，傑償得功馬，始罷兵。戰場在揚州城外荒地，名埂子上。然埂子街實進城卽是，非城外也。

初，儀真舉人李洪甲宦囊甚厚，營建壯麗。有相者曰：「此屋必出一封侯者居之。」傳至于孫某，適得功蒞鎮，居其宅凡九閱月，而形家之言始驗，亦異矣。得功賤時有飯肆老媪厚遇之，得功感其意，拜爲母。及貴，挈至儀真。媪卒，葬于方山，四鎮合兵數萬送之，旌旗蔽野，儀衛炫目，郡邑榮之。

初，得功在河北，陣前馬驚幾蹶，適一人持之得不墮。得功問之，對曰：「小卒任姓。」問其名，對曰：「無。」得功見其嚴冬尚無褲，卽名之曰有褲，謂自此有褲矣，意欲厚酬之也。及得功鎭儀眞，任已爲錦衣守備駐六合矣。未幾，陞參將。初，高傑部將李成棟有兵萬人鎭六合，及李去，任繼之，陞副總戎，賜蟒玉。與六合令劉某有隙，清兵至，任降。劉令入南京，將見豫王，時雖剃髮而頂頗大，任先告于王。及入見，王去其帽，閱視頂髮果大，遂斬之。衆甚惜焉。

17 劉澤清

劉澤清，字鶴洲。白面朱容，貌頗美，崇禎時爲總兵官。癸未七月，請于青、登諸山開礦煎銀，著巡按設法。甲申二月，移鎭彰德。賊警急，召吴三桂、唐通與澤清等將兵入援，三桂與澤清不奉詔。三月，兵科韓如愈奉差至東昌，澤清遣兵殺之，曰：「尚能論我主將否也！」爲山東總兵，虛報捷，賞銀五十兩。又詭言墮馬被傷，復賞藥資四十兩。命卽扼眞定，澤清不從，卽于是日大掠臨清，統兵南下，所至焚劫一空。三月十六，上泣，方、魏二相請封澤清爲東安伯，上不應。五月十二日，澤清以數百人大掠瓜州。淮安自路振飛、王燮拮據義士，同心戮力，頗成鞏固。振飛去後，澤清突來盤踞，散遣義士，桀驁者籍之部下，搶劫村落一空，與淮撫田仰日肆歡飲。北兵南下，有問其如何禦者，澤清曰：「吾擁立福王而來，以此供我休息。萬一有事，吾自擇江南一郡去耳。」八月，澤清大興土木，造宅淮安，極其壯麗，四時之室俱備，僭擬皇居，休卒淮上，無意北往，田仰猶屢爲請餉。弘光以東南餉額不滿五百萬，江北已給三百六十萬，豈能以有限之財供無限之求，命仰與澤清通融措辦。

澤清曾殺其叔副總兵劉孔和。孔和，故大學士鴻訓子，澤清初爲其狎客。及後勢盛，反抑孔和，役屬之。一日以所作詩示孔和，曰："好否？"孔和戲曰："不作尤好。"澤清色變。無何，遣孔和以二千人渡河，忽檄召至，斬之。所部二千人洶洶不服，令別將擊斬之，無一人存者，其兇暴如此。甲乙史云，甲申十月初九癸亥事。

昔霍去病云："匈奴未滅，無以家爲。"李西平云："天子何在，敢言家乎！"宜其立大功、成大名也。澤清當乾坤顛覆、大敵在前之時，卽卧薪嘗膽，猶懼不濟，乃大興土木，真處堂燕雀耳！愚昧若此，堪爲將乎！他事抑勿論矣。辛亥五月廿二日書。

18 劉良佐

劉良佐，字明輔，大同左衞人。初與高傑同居李自成麾下，傑護内營，良佐護外營。後傑降，良佐亦有歸朝意，未幾降。崇禎十四年，曾破賊袁時中數萬衆，歷官至總戎。素乘花馬，故世號爲花馬劉，或亦時稱劉花馬云。

先君子云：昔劉良佐未貴顯時，居督撫朱大典部下。忽爲所知，加以殊恩。屢以軍功薦拔，遂至總戎，亦一遇也。

甲申六月六日壬戌，劉良佐奏開鎮臨淮。士民張羽明等不服，臨淮士民戈尚友等亦奏叛鎮環攻，命撫按調和之。

19 高傑

初，傑爲李自成先鋒。崇禎七年，降秦將賀人龍，隸陝督洪承疇，撫御有恩，能得其用。及孫傳庭繼任，令傑與白廣恩爲前鋒，二將各不相下，遂潰，潼關不守。甲申春，調赴李建泰軍前。未至，聞建泰兵潰，遂搶河東一帶，由山西、河北率兵南下，大肆劫掠。抵揚，欲入城，揚人畏懼，爲之罷市登陴死守。傑攻之，多殺掠。四月廿八乙酉，傑圍揚州，困之。五月初五壬辰，傑兵大掠江北，聲言欲送家眷安頓江南，約劉澤清刻日南渡。史可法議發户部一萬兩，遣職方郎萬元吉前諭各鎮，分别犒賞。批云：高傑兵圍揚州，日久，城外廬舍焚掠殆盡，揚人厚犒之，不去，江南北大震。初六日癸巳，太僕少卿萬元吉言：「揚州、臨淮、六合，所在兵民相角，在兵素少紀律，在民近更乖張，遂致一城之隔，民以兵爲賊，死守不容；兵以民爲叛，環攻弗釋。猝有寇至，民必至于迫降，兵必至于驚竄，真今日莫大之憂也。江北郡邑，接連山東、河南，賊騎處處可至，勢必需兵堵剿。臣等雖有愛民之心，斷無銷兵之術，就中調停。惟是官兵經過駐扎地方，使城外居民盡移城内，空下房屋聽各將領派兵住宿，嚴禁毁傷。其蔬米等項，仍諭城内居民盡出城外，有無貿遷。有司會同各將領共相防護，嚴禁搶掠。如此立法，自然民不苦兵，兵不恨民。臣前監軍楚、蜀時，行之甚效，其在今何獨不然。」云云。

萬疏大事記載六月廿四日，而此則從甲乙史也。予聞史督臺行師時，亦先令賢能將領預往歇宿去處，將房屋料定安置，兵將若干，分貼標明，書某營某將宿此，到則認標而止，無有搶攘，此可通其意。

五月初七甲午，揚州士紳王傅龍奏：「東省附逆，河北悉爲賊有，淮、揚人自爲守。不意賊警未至，而高兵先亂。自傑渡河掠徐，至泗、至揚，四廂之民，何啻百萬，殺人則積尸盈野，淫汚則辱及幼女。詎奈傑之必得，在新舊之城，環圍絶糧，已經月餘，何不恢已失之州邑，而殺自有之良民也？」十六癸卯，傑頓兵揚州城下。淮撫黄家瑞漫無主張，守道馬鳴騄晝夜督民守城，集衆議事。進士鄭元勳與傑善，親詣高營解紛，遂入城勸家瑞放高兵入城，便可帖然，謂「傑有福王札，命駐揚州，宜善禦之，毋攖其暴亂。」士民譁曰：「城下殺人如是，元勳不見耶？」元勳强爲傑辯。衆怒，指爲傑黨，且曰：「不殺元勳，城不可守。」遂寸斬之城樓。鳴騄疾走泰州。傑恨，攻益力。史可法以義喻解之，始移駐瓜州。及設四鎮，傑卒駐揚，澤清駐淮，良佐駐鳳、泗，黄得功駐廬。得功心薄之，因提兵争淮、揚，與傑戰，不勝。朝廷聞之，陞萬元吉太僕少卿，監江北軍，解之，始各罷兵。隸傑于史可法標下，爲前部總兵官。

甲乙史云：「五月十八日乙巳，萬元吉言：「臣奉命犒師，沿途兵民構禍，寸步皆阻。揚州民尤甚，閉城登陴已十餘日。乃兵與民相殺，民又與兵相殺，成何紀律。頃接水營將張士儀言，寇奔清河，官兵擊燒賊船殆盡。若高、劉、黄諸將潛師以濟，一鼓殲之，卽可稱中興第一功也。」初，黄得功分地揚州，高傑、劉澤清以繁富争之，縱兵淫掠，揚人大閧。得功兵至天長，傑、澤清欲拒，又值李棲鳳、高文昌兵至，衆心洶洶。元吉移得功書，期共戮力王室。得功自明無他，欲聯絡各鎮鼓舞殺賊。元吉以得功書馳示傑等，始肯相戢。然傑部悍，終不自制。廿三庚戌，高傑疏言：「奉旨分防揚、儀，人人登陴罷市，撫道不出。僞將董學禮又入宿遷，臣進退無所，乞賜應住何地。」六月初二戊午，揚州難民盛運開奏揚民横遭焚殺。上諭以百姓當仰體朝廷不得已之意，該鎮忠勇名帥，督輔既到自妥。初六壬戌，史可法以高傑悍不可制，身入其營諭之，見留不能出，盡奪其兵，僕從多散。自是，章奏俱經邀閲，權遂不振。

大事記云：「六月初八日，史可法奏悍民慘殺鄉紳疏曰：『鎮臣高傑之率兵南下也，揚人實未預知。初到之時不無騷擾，及鎮臣既至，取犯兵而斬以狥，日不下十數人，地方官民可以諒矣。乃撫臣黄家瑞漫無主張，道臣馬鳴騄一味偏徇，聽城中百姓日于河邊草際取零兵而殺之，因是結釁愈深，竟不可解。鄉紳鄭元勳親到高營，所以爲百姓之心，無所不至。而百姓反謂通同播害，乘元勳一言之誤，當撫臣座次操戈而羣殺之，至于碎其身首，撫臣之威令謂何！至于道臣，始則乖張，後復逡巡畏縮，今且避于泰州矣。罵兵、殺兵以爲愛民，而不知適以害之也。臣于二臣不能無憾，伏乞勅下處分，以諭三軍，以諭百姓。一面察其首惡，一重創之，庶紀綱不至盡壞。』上諭：『該部院議處。』」

黄、馬二公爲地方受過，父老詣闕保任，上優詔恕之。已後亂臣正法，黄公爲元勳邺，尤見厚道。

廿六日壬午，史可法奏兵民兩便疏曰：「鎮臣高傑之兵奉旨駐揚，而揚人堅不肯納。蓋從前既有仇隙，則向後不無提防。雖有嚴令，驅之不能動也。臣前急於渡江，原欲了當此事，即當討賊西行。不意兵民扞格，竟不能解。揚人惟利兵去，各兵惟願駐揚，而好事者遂造爲不根之言。如鎮臣黄得功到儀真，本爲安插家眷，而謂之者曰『此乃與爾兵爲難者』。於是，高兵移札于野以待之。及臣至，則又謂之曰『此來非真心爲爾』。致此兵疑臣、將疑臣，即鎮臣傑亦似疑臣。臣惟處之以坦，待之以誠。數日之間，鎮臣傑亦似諒臣心事矣。昨與臣面議，將兵盡駐城外，止鎮臣家眷入城，携二三百人自護，臣以爲可行矣，而城内之人終不允。臣正躊躕無計，適有爲移駐瓜州之説者。瓜州距揚州僅四十里，即江都縣所轄也。駐瓜州猶之駐揚州，且有城有水，可以自衛。而資給日用，較之揚州更便焉。惟時爲鎮臣劉澤清標下官兵所駐，必劉兵移駐淮上，而後高兵可來。臣商之鎮臣，鎮臣遂諾，蓋深感皇上恩遇之厚，不欲以家口之故，致成兵民水火之形，躭誤練兵勦賊之事也。鎮臣用意如此，臣甚重之。鎮臣在瓜，臣在揚，調停于兵民之間，漸爲釋其猜嫌，同歸于好，未必揚城之必不可居也。」

鄭元勳，字超宗，南直歙縣人，籍揚州。天啓甲子魁鄉試，崇禎癸未進士第三人，旋假歸。高傑至揚，揚人閉門拒守。傑怒，將攻城，公單騎往謁，陳説大義。傑掣兵于五里外，以待犒賞後行。越日，暫啓兩門。乃好事者復取城外遊兵而翦之，以利其槖。傑益怒，積不可解。公請迎原任薊督王永吉至郡，往爲解紛。傑以揚民先殺啓釁爲辭，且請與中丞約：「曲在兵者鎮斬之，曲在民者撫斬之。」永吉以傑言傳覆公。廿五日，公登南城與撫道議，萬衆俱集。公謂「如高鎮言，先殺啓釁，誠當禁懲，否則搆禍且不測」。衆以高兵殺人，罪不容逭。公曰：「亦有楊誠戕賊者，豈盡由高鎮耶？」言未畢而渠魁張自強、王柱萬、陳營等大呼：「鄭宦通賊，曲爲解免，吾儕若不下手，勢必盡遭屠滅！」于是，利刃齊集，遂遇害。

義僕殷報以身護主，同被創死。蓋營將有楊誠者，標兵多不法，往往殺人越貨，故指及之。而衆誤認楊誠爲揚城，公遂及于難。先五日，南都授公兵部職方主事，竟未及拜官云。史可法疏參，越數日，撫臣斬前三渠魁于市，並杖其黨斃之。自後，揚人常夜見公于城上，峩冠緋袍，指揮而過，若天神然。詩畫妙天下，所著有讀史論贊、英雄令終録、英雄恨、左國類函、文娱一集、二集諸書行世。

附記　傑得城内百姓則殺之，若居城外者，截其右手，殺人甚衆。米物騰貴，民不聊生。揚之屬邑泰興，故撫朱一馮家在焉。傑兵入，啓地三層，得藏金八十萬而去。朱以是貧困，將所居宅廬悉鬻于同邑紳士季寓庸云。

20 陳璧論賊必滅有八

兵部司務陳璧奏曰："闖逆據秦越晉，破都逼帝，望風訛傳者非謂其智深勇沈，將卒超越，必謂其假仁仗義，百姓樂歸。以臣所覩闖賊所爲，並賊將賊兵之情形決之，賊之必滅斷斷無疑也。賊之來也，所過郡縣絶無戰功，惟用奸細，廣布流言，輒云：『大兵百萬，戰將千員，順者秋毫無犯，逆者屠戮全城。』致荒殘愚民被其煽惑，或望風逃竄，或俛首迎降。賊未至境，城市一空。及賊壓境，奸淫擄掠，殆無噍類。民恨其詐，更受其酷，心切同仇，知其必滅者一也。逆賊進京，毫無大志，止張僞示，鈎通長班，抄没勳戚，鎖押百官。追銀兩或千金，或萬金，晝夜夾打，慘酷萬狀。文官有銀者不問才品，止看肥長，仍舊收用。流毒如此，用人如此，知其必滅者二也。賊兵沿門搜掠，搶財物、淫婦女，反復殆盡，仍各夥據一家，責供狼餐。道路行人，短褐苟完，即縛拷炙。滿城百姓，如在湯火，片刻難存。知其必滅者三也。賊將所號頭目數人，各相雄長，目無賊主。闖逆屢欲僭位，其下每相對偶語云：『以響馬拜響馬，誰甘屈膝。』又言：『我輩汗血殺來天下，不是他的本事。』時聚族殿上，謔浪笑傲，穢褻不堪，知其必滅者四也。逆賊所追官民財物，下將十取二三以解上將，上將又十取二三以解闖逆。又有此將押追，彼將攘奪；吏政選用，將府拘囚；上下争利，文武争權。知其必滅者五也。賊兵擄括腰纏，多者千餘金，最少者亦不下三四百金，人人有富足還鄉之心，無勇往赴戰之氣，臨敵必至怯亡，平日漸將潰散。知其必滅者六也。燕京所積米麥有限，今賊兵人馬作踐，指日必盡。東南絶運，西北奇荒，破城不滿廿日，米價已騰貴三倍，嗷嗷怨恨。半年之内，燕京内外，必至絶粒。知其必滅者七也。賊來道經西魯與之市馬，〔一〕既得其馬，仍奪其金。西人痛恨，鈎連東清，同總兵吴三桂連兵入討。賊出兵一萬，一陣盡没，僅存七人。賊又陸續發兵，兵衆愁嘆。闖逆不及篡位，四月十二日親統賊兵應敵。若四方義兵與清騎首尾夾擊，知其必滅者八也。更以逆賊所據之勢言之，其所據北直、陝西、山西、河南諸處，土地雖廣，荒蕪不治，人民鮮少，饑困難生。財賄無所出，税賦無所收，此賊勢之必窮于内者矣。且逆賊三面距魯，魯知賊劫聚甚多，無一日忘賊之心。賊若南下，魯必出大衆以搗其巢。賊若守邊，我又可出鋭師以擊其後。賊若分頭應敵，則兵單餉匱。北制南牽，又賊勢之必窮于外者矣。此皆臣身親目擊，段段實境，字字真情。賊情如此，賊勢如彼，殄滅可期，恢復可奏也。」

論列賊之情勢，無一語不確。雖託空言，要皆實事，故録而存之。辛亥五月廿四日王館書。

〔校記〕

〔一〕西魯　魯卽虜之諧音。

21 五月甲乙紀

初五壬辰，以張應元爲承天總兵。

初六癸巳，河北、山東府州縣各殺賊所署僞官，咸稱起義。居庸巡撫何謙，自北亡命過德州，濟王留之共事，尋送之南行。臨清舖商留閣部監紀凌駉起義。舊侍郎張鳳翔亦起義東昌。

初七甲午，史可法議防江，設水師五萬，添二鎮將，畫地分守，仍以文臣操江協事。衡王殺僞官于青州。成國勳衞宋元官浦口渡江，自言雜擔夫出京來者。楊仕聰家眷出北城，門生方大猷以家丁護送。大猷者，薊州監軍，隨三桂降清，令守通州也。

初八乙未，江南撫鄭瑄奏報：「江北澤清兵連騎數萬，欲渡江，三吳百姓，呼吸變亂。臣駐師于江，遺書高、劉，二帥不肯止兵，請勅操江武臣速援京口。」鳳陽參將戈士凱報：「劉澤清兵沿途殺刼，逼攻臨淮。」勅御史祁彪佳等分行安撫。楚督袁繼咸請入覲，止之。

初九丙申，瑞王避兵入重慶，奏聞。

初十丁酉，楚撫何志堅奏鄂、岳恢復，方國安冒功混報。又奏左良玉復德、隨。户科羅萬象劾方孔昭屯撫河北，寇至踉蹌遁歸，又蒙面補官。

十一戊戌，奠安帝后二御容，遣太監韓、盧二官行禮。奠安二祖御容，遣魏國公徐弘基、安遠侯柳祚昌、南和伯方一元行禮。〔一〕尚書張慎言陳十議。命趙光遠鎮守四川。貴省民何兆仰作亂。吴中士民焚掠仕賊官項煜、錢位坤、宋學顯、湯有慶四家。

十二己亥，史可法請增文武重臣經理招討。撫寧朱請裁漕運總兵。〔二〕濟寧鄉宦潘士良約回兵入城，殺僞將、僞道兵。回長楊樸奏潘爲總河，而自爲總兵。

十五壬寅，仕賊臣項煜自北逃歸，混入朝班。

十六癸卯，故御史汪承詔自言僞政府點用，堅拒，南奔。

十七甲辰，僞將劉暴隨僞鎮董學禮出撫勦五道，送高傑、黄得功、劉伊盛、劉肇基、徐大受。得功執以聞。

十八乙巳，通政劉士禎請嚴封駁參治之令。時，行宫前章奏雜投，御史朱國昌亦言班制宜肅。祭先恭王、太妃于行宫。進封黄得功、左良玉爲侯，高、劉等爲伯。史可法請發銅甲、銅鍋、倭刀、團牌、紅夷砲，併色絹、白布。一應軍需，詣户部卽給。

十九丙午，史可法請撥劉肇基、于永綬、李棲鳳、卜從善、金聲桓，俱隸標下。馬士英奏大計四欵：「一、聖母流離，可密諭高傑部將衞迎。一、皇考追尊位號，遷梓宫南來。一、皇子未生，卽勑慎選淑女。

一、諸藩失國，恐有奸宄挾之，不利社稷，宜迎置京師。」

二十丁未，劉孔昭言：「封疆失守各官，不在逆案之例，吏部毋得混推。」

廿一戊申，禮部請補曆官。

廿二己酉，令應天府祈雨。

廿五壬子，常熟士民焚掠仕賊官時敏家，三代四棺俱劈燬。

廿七甲寅，命部司清查十七年練餉，盡數起解，明年全免。

廿八乙卯，馬士英奏吳三桂之捷。命封薊國公世襲，户部發銀五萬兩、米十萬石，責令沈廷揚送與之。編年入此于六月。御史陳良弼言：「科臣李沾薦人調停，從來誤國宿套。」侍郎賀世壽言：「今日更化善治，莫若肅紀綱而慎刑賞。口頭報國，河上擁兵，恩數已盈，功名不立，人主輕此名器矣。至于草澤語難，實繁有徒，未見兵勇殺賊，但見兵來虐民。小民不恨賊而恨兵，甘心舍順而從逆。不肖有司，日刑剥其民，而求爲保障，必不可得也。」

廿九丙辰，御史朱國昌論山東督撫丘祖德輕棄地方。

附記　五月廿三庚戌，無錫知縣郭佳胤共鄉紳治喪，始凡三日。廿五，諸生羣聚縣堂，糾鄉紳公寫助餉銀，扯落蔣介如孝服，揮拳亂毆，亦事之變也。下午，諸生毀碎趙玉森牆門與扁額，以從李賊故耳。

〔校記〕

〔一〕遣魏國公徐弘基、安遠侯柳祚昌、南和伯方一元行禮　此行二十一字原作「遣公徐、侯柳、伯方行禮」，且此處有眉注「柳祚昌、方一元」。今據通行本及明史卷一〇七功臣世表三、抄本眉注改。

〔二〕撫寧朱請裁漕運總兵　「撫寧朱」即撫寧侯朱國弼。

22 馬士英特舉阮大鋮

阮大鋮，字集之，號圓海，桐城人。批云：一曰懷寧人。天啓時爲太常少卿，以魏黨，思廟欽定逆案禁錮。大鋮本士英之房師，既被廢，寄居金陵，與孔昭、士英及太監李永芳交密。士英撫宣、大，以總監王坤論罷。及周延儒再相，大鋮、士英同餽萬金求復官，奪于物議，僅起士英兵部左侍郎，提督鳳陽，此崇禎壬午四月也。至是，士英思所以酬之，孔昭殿爭因大鋮而發也。六月六日壬戌，士英奏：「冒罪特舉知兵之臣阮大鋮，當赦其往罪，即補臣部右侍郎。」許之。時士英乘高弘圖督漕未入，即自擬旨，賜冠帶陛見，舉朝大駭。初八甲子，高弘圖曰：「大鋮可用，必須九卿會議。」士英曰：「會議則大鋮必不得用。」弘圖曰：「臣非阻大鋮，舊制京堂必會議，乃于大鋮更光明。」士英曰：「臣非受其賄，何所不光明？」弘圖曰：「何必言受賄，一付廷議，國人皆曰賢，然後用之耳。」弘圖出，即乞休。

姜曰廣辭歸疏云：「臣前見文武紛競，既慚無術調和；近見逆案掀翻，又愧無能豫寢，遂使先帝十七年之定力，頓付逝波；陛下數日前之明詔，竟同覆雨。梓宫未冷，增龍馭之凄凉；制墨未乾，駭四方之觀聽。惜哉，維新遂有此舉！臣所惜者，朝廷之典章；所畏者，千秋之清議而已。」

初九乙丑，士英復爲大鋮奏辯，言魏忠賢之逆非闖賊可比，且力攻弘圖、曰廣、呂大器諸人護持局面，謂「于所愛而登之天者，即曰先皇帝原無成心也；于所惡而錮之淵者，即曰先皇帝定案不可翻也」，其妄莫甚。

十一丁卯，給事中羅萬象奏曰：「輔臣薦用大鋮，或以愧世之無知兵者。然而大鋮實未知兵，恐燕子箋、春燈謎即枕上之陰符，而袖中之黄石也。伏望許其陛見，以成輔臣吐握之意；禁其復用，以杜邪人覬覦之端。」

御史詹兆恒奏曰：「欽案諸人久圖翻局，幸先帝神明内斷不可移。陛下蹕御龍江，痛心先帝異變，與諸臣抱頭痛哭。百姓聞之，莫不洒血搥胸，願思一報。近聞燕、齊之間，士紳皆白衣冠，籲先帝而呼天，驅殺僞官，各守險隘，此誠先帝德澤在人，國憤非常，有以激發其忠義耳。今梓宫夜雨，一抔未乾；太子諸王，六尺安在。國仇未復，而忽召見大鋮，還以冠帶，豈不上傷在天之靈，下短忠義之氣！」

十三己巳，呂大器奏曰：「先帝血肉未寒，爰書凜若日星。而士英悍然不顧，請用大鋮，不惟視吏部如芻狗，抑且視陛下爲弁髦。」又言：「近年温、周擅權，老成凋謝，一時庸奸僨事，中原陸沈。皇上中興，一時雲蒸霞起，不意馬士英濁亂朝政。夫士英非以賄敗問遣，借途知兵，而爲鳳督哉！乃挾重兵入朝，靦顔政地。南國從來藹藹，一唆撥而殿陛喑啞叱咤，藐至尊爲贅旒矣。逆案一書，先帝定爲亂賊大防，而士英拉大鋮於尊前，徑授司馬，布立私人。越其傑、楊文驄等，有何勞績，倏而尚書宫保内閣，倏而金吾世蔭也。」

郭維經奏曰：「案成先帝之手，今實録將修，若將此案抹殺不書，則赫赫英靈，恐有餘恫，非陛下所以待先帝。若書之，而與今日起用大鋮對照，則顯顯令旨，未免少愆。并非輔臣所以愛陛下也，惟願陛下愛祖宗之法，因愛先帝，並愛先帝之絲綸。」

十四庚午，兵部郎中尹民興言：「熹廟時崔、魏煽逆，士大夫喪耻忘君，幾成苞孽之固。垂至先帝末載，天子下席，諸臣或匍伏而拜爵，或獻策以梯榮，皆忠孝不明之流禍也。申罪討逆，司馬職也。今抗顏堂上者，一逆案之阮大鋮，即行檄四方，何以消跋扈將軍之氣！古者破格求才，惟曰使貪、使詐，不曰使逆。逆案可翻，崔、魏亦可恤，周鍾諸孽皆可使才宥過矣。」

十七癸酉，御史左光先言：「阮大鋮線索逆黨野子傅應星，殺臣兄光斗及魏大中、楊漣。士英冒罪特舉，明知無復有罪之者，皇上不改先帝之政，臣忍忘不共之仇耶？」

十八甲戌，詹兆恒進魏黨欽案原本。御史陳良弼諫阻勿翻逆案。

時懷遠侯常延齡、太僕少卿萬元吉、御史王孫蕃等各言逆案不可翻，阮大鋮不可用，俱不聽。馬士英自辯在兵言兵，上慰士英，切責科道。甲乙史云：阮大鋮于六月初八入見，備陳見枉之由。編年云：大鋮召對，具聯絡、控扼、進取、接應四策，又陳長江兩合、三要、十四隙，俱稱旨，竟用爲江防兵部尚書。

從來小人當國，止狥一人之私暱，而不顧天下之是非；止弄一時之威權，而不顧萬世之公論。初不過快所欲爲，而其後國事僨裂，身名未有不隨之喪者。噫，吾知之矣，皆貪、妄、愚三字之病也。

辛亥五月廿五書。

九月初一，侯柳祚昌催補阮大鋮官，卽命添註兵部右侍郎，仍禁朝臣不得把持阻諫。劉宗周云云，上切責之。

23 李沾大臣去留甚重疏

奏爲一官之用舍甚輕，三輔之去留甚重，懇乞速趣視事，以慰人心，以崇國體事。切惟天下安危，全在政府。得其人則治，不得其人則亂。誠得其人矣，任久信專則治，否則亂。先皇帝憂勤惕勵，日昃不遑，而止以求治太速，進退太輕。十七年間，凡用過輔臣五十餘人，賢者不得盡其用，不肖者得以濫其席，而國家之事遂大壞而不可收拾。皇上御極之初，首重爰立，廷推之後，復行咨訪，一時中外共慶得人。乃不逾月而遽以争論阮大鋮紛紛求去，臣切惑之。昔王旦、寇準力争丁謂，而二公皆賢相。及丁謂卒用，未聞王旦遽去也。夏原吉、楊士奇與蹇義力争伏伯安，而三臣皆君子。及伏伯安卒不用，未聞蹇義求去也。語云：「中流遇風，雖胡、越人，相救如左右手。」此豈可以一時上殿之争，而遽忘同舟之誼乎？方今國勢危如累卵，闖掠重貲而歸秦，魯盜義聲以取燕，胡馬南嘶，賊氛東犯，刻刻可憂。且首輔不督師，而將未聞用命；鎮臣分汎，而兵民尚爾相圖，此正諸臣畢智竭力、扶危定傾之日也。而乃一議不合，急欲抽身，試問今日立朝者幾何人也？起用諸臣，十無一二。至六卿之中，去一冢宰，又去一司空矣。惟有垣中數員，後先就道，而一聞朝議紛紜，徘徊不進。倘輔臣中更有論大鋮而去者，見在臺臣更有議輔臣而去者，恐遠近驚傳，聞風裹足，無望其復來矣。落落晨星，成何景象。臣于是不能無進規于三輔也。至如樞輔勞苦功高，鋭圖恢復，豈可因薦舉一人阻于衆議遂爾灰心耶！唐郭子儀奏除州縣官一人，不報，自令僚佐進賀，以爲人主親厚之至。願樞輔以此自廣，用舍聽之朝廷，是非付之公論，不復置議焉可也。臣薦吴甡而操臣争，不薦錢謙益而臺議之。至會議始末，萬目難掩。銓臣詆之爲病狂囈語，臣皆不置辯，總以國步艱難，非臣子聚訟之日。伏願皇上敦諭三輔臣，即時入直，化異同以圖匡贊，省議論以崇事功。所關國計官方，非渺小也。

24 劉宗周論時事

甲申六月，起劉宗周都察院左都御史。初十丙寅，宗周三抗疏論時事，不署銜，止稱草莽孤臣。首言大鋮進退關係江左興亡，又言討賊之法有四：「一曰據形勝以規進取。江左非偏安之業，請進而圖江北。今淮安、鳳陽、安慶、襄陽等處，雖各立重鎮，尤當重在鳳陽，而駐以陛下親征之師。中都固天下之樞也，東扼徐、淮，北控豫州，西顧荆、襄，而南去金陵亦不遠。以此漸恢漸進，秦、晉、燕、齊，當必響應。兼開一面之網，聽其殺賊自效。賊勢益孤，賊黨日盡矣。一曰重藩屏以資彈壓。地方之見賊而逃也，總由督撫非才，不能彈壓。遠不具論，即如淮、揚，數百里之間，有兩節鉞而不能禦亂賊之南下，致淮北一塊土，拱手而授之賊。尤可恨者，路振飛坐守淮城，以家眷浮舟于遠地，是倡之逃也。于是，鎮臣劉澤清、高傑，遂相率有家屬寄江南之説，尤而效之，又何誅焉！按軍法，臨陣脱逃者斬，臣謂一撫二鎮皆可斬也。一曰慎爵賞以肅軍情。今天下兵事不競極矣，將悍兵驕，已非一日。今請陛下親征，所至亟問士卒甘苦，而身與共之，乃得漸資騰飽，徐張撻伐。一面分別各帥之封賞，孰應孰濫，輕則量收侯爵，重則并奪伯爵。軍功既核，軍法益伸，左之右之，無不用命。夫以左帥恢復焉而封，高、劉敗逃也而亦封，又誰爲不封者？武臣既濫，文臣隨之。外廷既濫，中璫從之。臣恐天下聞而解體也。一曰覈舊官以立臣紀。燕京既破，有受僞官而逃者，有在封守而逃者，有在使命而逃者，於法皆在不赦，急宜分別定罪。至于僞命南下、徘徊于順逆之間者，實繁有徒，尤當顯示誅絕。行此數者，於討賊復仇之法，亦畧具是矣。若夫邦本之計，貪官當逮，酷吏當誅。循良卓異，當破格奬旌，則有安撫之役在。而臣更有不忍言者，當此國破君亡之際，普天臣子皆當致死。幸而不死，反膺陞級，能無益增天譴？除濫典不宜概行外，此後一切大小銓除，仍請暫稱行在，少存臣子負罪引慝之誠。」

又疏言：「賊兵入秦逾晉，直逼京師。大江以南，固晏然無恙也。而二三督撫，曾不聞遣一人一騎北進以壯聲援，賊遂得長驅犯闕，坐視君父危亡而不之救，則封疆諸臣之坐誅者一。既而大行之凶問確矣，敷天痛憤，奮戈而起，決一戰以贖前愆，又當不俟朝食。而方且仰聲息于南中，争言固圉之事；卸兵權于閫外，首圖定策之功。督撫諸臣，仍復安坐地方，不移一步，則封疆諸臣之坐誅者二。然猶或曰事無禀承，迨新朝既立，自應立遣北伐之師。不然，而亟馳一介，使賫蠟丸，間道北進，或檄燕中父老，或起塞上彝王，共激仇恥，哭九廟之靈，奉安梓宮，兼訪諸皇子的耗，苟效包胥之義。雖逆賊未始無良心，而諸臣計不出此也。又不然，亟起閩帥鄭芝龍，以海師直擣燕都，令九邊督鎮卷甲銜枚，出其不意，事或可濟，而諸臣又不出此也。紛紛制作，盡屬體面。天假之靈，僅令吴鎮諸臣，一奏燕京之捷，將置我南中面目于何地？則舉朝謀國不忠之坐誅者三。而更有難解者，先帝升遐，須行喪詔，何等大典，而遲滯日久，距今月餘，未至臣鄉。在浙如此，遠省可知。時移事換，舛謬錯出，即成服祇成名色，是先帝終無服于天下也。則今日典禮諸臣之宜誅者四。至罪廢諸臣，量從昭雪，自應援先帝遺詔而及之。乃一概竟用新恩，卽先帝誅璫鐵案，前後詔書蒙混，勢必彪虎之類，盡從平反而後已。君父一也，三年無改之謂何？嗟乎已矣！先帝十七年之憂勤，念念可以對皇天而泣后土，一旦身殉社稷，罹古今未有之慘，而食報于臣工，乃如此之薄！仰惟陛下再發哀痛之詔，立興問罪之師，請自中外諸臣之不職者始。」

七月廿一丙午，劉澤清、高傑劾奏劉宗周勸上親征以動摇帝祚，奪諸將封以激變軍心，不仁不智，獲罪名教。三十日乙卯，劉良佐、劉澤清各疏參劉宗周勸主上親征爲有逆謀。八月初二日丁巳，高傑等公疏請加宗周以重僇，謂疏自稱草莽孤臣爲不臣。既上，澤清以稿示傑，傑驚曰：「吾輩武人，乃預朝中事乎？」疏列黄得功名，得功又疏辯實不預聞。馬士英陰尼之不得上，士英仍擬旨云：「憲臣平日原以議論取重。」蓋刺之也。廷議欲譴高、劉，而莫可誰何。欲罪宗周，而難違清議。史可法因疏兩解之曰：「廷臣論是非，疆臣論功罪，各不相礙。」二十日乙亥，劉澤清復揑四鎮公疏，糾姜曰廣、劉宗周謀危社稷。九月初十乙未，宗周致仕。次日，户科陸朗内批留用。先是，陸朗與御史黄耳鼎以例外轉兵備僉事，計無所出，乃疏攻宗周去，因而復職。尚書徐石麒言：「朗贓私，應劣轉。交通内臣，傳留非法。」朗卽劾石麒「結黨欺君，把持朝政，無人臣禮。」宗周於七月十九日甲辰到任，至九月初十致仕，凡任都察院左都御史四十有九日。

25 黄澍以笏擊馬士英背

黄澍，字仲霖，徽州人。崇禎丙子舉浙闈，丁丑登進士，授河南開封推官，以固守功擢御史，巡按湖廣，監左良玉軍。甲申弘光立，六月二十日丙子，澍同承天守備太監何志孔入朝求召對。既入見，澍面糾馬士英權奸誤國，淚隨語下，上大感動，顧高弘圖曰：「黄澍言言有理，卿識之。」召入御座前，澍益數其罪。士英不能辯一語。志孔復前佐澍，言士英無上諸事。秉筆太監韓贊周叱志孔退，曰：「御史言事是其職，内臣操議，殊傷國體。」士英亦跪求處分，適跪澍前，澍以笏擊其背曰：「願與奸臣同死！」士英號呼曰：「陛下視之！」上摇首不言，良久，謂澍曰：「卿且出。」贊周命執志孔。上私諭贊周云：「馬閣老宜自退避。」士英遂稱疾，盡移直廬器具以出，而以金幣分餽福邸舊閹田成、張執中，兩人向上泣曰：「皇上非馬公不得立，若逐馬公，天下皆議皇上背恩矣。且馬公在閣，諸事不煩皇上，可以優閒自在。馬公一去，誰復有念皇上者？」上默然。田成卽諭士英疾趨入直，隨有旨：「何志孔本當重處，首輔亟爲求寬，具見雅度，姑饒他。」有民謡曰：「要縱奸，須種田；欲裝啞，莫問馬。」

26 黄澍論馬士英十大罪

奸督有十可斬之罪，謹詳列以求聖斷，以質公論事。痛自亂賊猖狂，宗社失守，幸皇上應運中興，大張撻伐。臣，小臣也，臣緘口容容，何不能自保祿位！顧臣受國厚恩，稟性剛烈，不顧利害，致捋虎鬚。臣今日言亦死，不言亦死。言則馬士英必殺臣，不言而苟且偷生，臣不死于賊，必死于兵。均之死也，臣敢冒死言之。奸督自任數年以來，有罪無功，臣謂可斬之罪有十焉：

鳳陵一杯土，國家發祥之地，士英受知先帝，自宜生死從之。巧卸重担，居然本兵，萬世而下，貽皇上以輕棄祖宗之名，是謂不忠。不忠者可斬也！

國難初定，人人辦必死之志爲先帝復讐。士英總督兩年，居肥擁厚，有何勞苦！明聖之前，動云勞苦多年，是謂驕蹇。驕蹇者可斬也！

奉命討獻，而足未嘗跨出蘄、黄一步。奉命討闖，而足未嘗跨出壽春一步。躭延歲月，以致賊勢猖狂，不可收拾，是謂誤封疆。誤封疆者可斬也！

獻賊兵部尚書周文江，引賊破楚省，教獻下江南。及左鎮恢復蘄、黄之後，周文江之金朝以入，而參將之薦夕以上。朦朧先帝，貽禍地方，是謂通賊。通賊者可斬也！

市棍黄鼎，無以報德，用其參謀馮應庚私鑄闖賊銀印一顆，上篆「果毅將軍印」，托言奪自賊手，飛報先帝。士英蒙厚賞，黄鼎等俱加副將。今麻城士民有「假印不去，真官不來」之謡，是謂欺君。欺君者可斬也！

皇上中興，人歸天與。士英施施然以爲非我莫能爲，始而居功，後必蔑上，其目中無朝廷久矣。金陵之人有「若要天下平，除非殺了馬士英」之謡，是謂失衆亡等。失衆亡等者可斬也！

生平至污至貪，清議不齒，幸以手足圓滑，偶脱名于逆案，其精神滿腹，無日忘之。一朝得志，遂特薦同心逆黨阮大鋮。大鋮居朝爲逆賊，居家爲清唱，三尺之童見其過市輒唾駡之。士英首登啓事，對人云：「我要操朝權，必先自用大鋮始。」魏黨貽禍，至今爲烈。敢于蔑侮前朝，矯誣先帝，迹其所爲，恨不起逆黨于地下，而與之同謀，是謂造叛。造叛者可斬也！

減剋兵糧，家肥兵瘦，平素不能行恩，臨時豈能用威。一旦有急，挾君父而要之，借皇上之名器，爲請罪之夤緣。在各鎮忠義自奮，人人願報明主，皇上念行間勞苦，破格殊恩。士英動云：「都是我在皇上面前奏的。」善則歸君，其義謂何？是謂招摇騙詐。招摇騙詐者可斬也！

宸居寥落，長江浩渺。士英不聞嚴御警蹕，緊防江流，而馬匹兵械，剳營私居。以防不測何其愚，以保金帛何其智，以守陵園何其怯，以壯甲第何其横！是謂不道。不道者可斬也！

上得罪于二祖列宗，下得罪于兆民百姓，舉國欲殺，犬彘棄餘。以奸邪濟跋扈之私，以要君爲賣國之漸。十可斬也！

士英有此十大罪，皇上卽念其新功，待以不死，當削去職銜，責之速赴原任，廣聯聲援，庶可以慰祖宗在天之靈，謝億兆萬人之口。而奸狡日深，巧言狂逞，此豈一日可容于堯、舜之世哉！伏乞大奮乾綱，下臣言于五府、六部、九卿、科道，從公參議。如臣一言涉欺皇上，卽誅臣以爲嫉功害能、蟣誣大臣之戒。如臣言不謬，亦乞立誅士英，以爲奸邪誤國、大逆不忠者之戒。抑臣更有説焉，臣昨赴都見吏部侍郎吕大器曾疏參士英，臣尚未見全抄。要之大器亦非無罪人也，悻戾自用，反覆陰陽，臣曩在都門與臺臣王燮曾交章參之，臣到九江甚鄙其爲人。昨士英指臣有黨，今必以臣黨大器爲題，故爲明白拈破。臣言官也，明知害之所在，與死爲隣，職掌所關，不敢不争。士英即旦夕殺臣，臣甘之如飴矣！因補疏直陳顛末，字稍逾格，惟皇上乾斷施行。

27 黄澍再抗疏

奏爲臣罪宜死、臣義宜去、臣事宜竣、臣心宜明，乞皇上勑廷臣明白直捷速賜定奪，毋俾孤臣呼天無路事。臣自十九日陛見，面糾奸臣馬士英罪狀，此非一人之私言，皇天后土、祖宗臣民共聞此語。當此時，已置七尺于度外。皇上不即加之誅者，君之恩。而臣誓不與奸俱生者，臣之志。臣隨于十九日退朝之後，拜有微臣因公正奮發一疏，臣即于本日囚服待罪私寓，求皇上下臣刑部，收臣勑印。又于二十日拜有奸督有十可斬之罪一疏，求皇上勑五府、六部、九卿、科道，公議士英及臣是非公案。今閱六日，兩疏俱未奉旨，豈皇上留中不發耶？抑廷臣有所隱忍，故爲此遲回耶？夫以奸臣挾震主之權，廷臣畏之如虎，然何難明正臣罪，以洩士英之忿。且臣今日不死于皇上之前，異日必死于奸臣之手，何如明白直接以謝士英，以安反側，所謂臣罪宜死者此也。奸臣手握重兵，一日在朝，則威靈四震，一日不去位，則朝廷不尊，其關係爲至重。至于臣一身似葉，人微官渺，如長江一鱗，太倉一粟，去留何足爲國重輕。廷臣即體皇上登寶之功，予臣寬典，亦乞明白直捷削奪斥譴。況臣實不願與奸臣同日月，不去何待！所謂臣義宜去者此也。當臣之來也，實受楚中撫臣及鎮臣重託，以江南半壁餽軍無餉爲憂。臣今卽死，或不卽死且去，然臣不忍不終事而死且去也，必將左鎮兵餉數目討一着落，上宣皇上德意，下亦不負同事苦心，臣乃得坦然明白死且去也。今臣乞餉之旨下部矣，而未見部議云何。若推若委，若遲若疑，虛延歲月，誤乃公事，誰肯爲户、兵二部任其咎耶？或照明旨，與臣酌議，或部議不須臣參酌，無事與聞，亦乞明白直捷，便臣去就。所謂臣事宜竣者此也。臣之不惜官、不怕死也，非今日始。自先帝時，臣以守汴一案，荷先帝特恩，爲權奸側目。先帝憐臣孤苦，鑒臣愚直，臣不于彼時苟且功名、愛惜身命，豈今大奸在朝、大賊在朝，臣將于何處求生活？願在廷諸臣無以臣爲功名身命之臣，直捷明白，與衆共見。所謂臣心宜白者此也。伏乞皇上將臣前二疏簡發，併乞勅下户、兵兩部，將近日兩奉明旨酌議左鎮兵餉兩疏，速爲條分縷析，派示鎮定，毋致夜長夢多。臣生死進退，處之裕如，謹呼籲請旨。

28 黃澍三抗疏

題爲聖朝無終塞之言路，中興無倒置之大權，舉朝有未昧之人心，萬世有一定之公論，願與賊臣俱死，以明孤孽本懷事。臣近按本朝遐稽往牒，每當治亂之關，必有奸臣爲政，而爲之言官者，不識忌諱，螳臂擋車，或身膏鼎鑊，或竄或囚，或黜落以去，或不得其所而死。前者就烹，後者踵至。夫豈真不惜身命、棄血肉之躬于一擲哉？義有所必争，不暇爲一身禍福計也。臣于奸臣士英，寧不知一言立死。然臣既已言之矣，言臣職也。臣明知奸臣無可赦之罪，而臣不言，臣負陛下。陛下若愛士英，若畏士英，留臣之疏不下，是陛下負臣。自此言路結舌，是陛下負言路也。嗟呼！臣伏覩皇上英明類先帝，而敦毅大似神祖，然中興豈曰無策？士英生當周宣王、漢光武之日，而顯行其卓、瞞、懿之志，不知其目中、胸中以陛下爲何如主，且謂普天下之爲何如臣也！臣竊以爲陛下愛士英，自古未有養乳虎于卧榻，馴戎、狄于帷房者。若云畏士英，則士英實不足畏。使士英而居然祖闖、獻忠也，則誠可畏。若猶掛名天朝，委質事主，除是去乃邪心，寢乃邪謀，卽太祖以下實式憑之；若猶是叵測也，一夫一婦能制其魄，況今日忠君愛國之人，實實有能制其死命者，士英不足畏也。臣言而當，陛下宜下臣前疏，俾士英止謗自修，痛自悔過，臣則明明爲士英益友。臣言無當，陛下亦宜下臣前疏，明正臣妄言之罪，臣亦痛自悔過，臣亦明明爲士英之罪人。臣竊觀近日以來，奸臣四布，引用私人。恐自此兩三月，舉國知有士英，不知有陛下矣。塞言路以閉陛下之耳目，攘太阿以盜九重之威福，豈不深可痛哉！而臣竊聞士英亦有疏參臣矣，臣不敢謂臣無過，但臣三年守汴、一歲按楚，事事可以對皇天而質鬼神，獨不知士英參臣者爲何等語。今聞蜚語四出，有曰皇上怒臣甚，旦夕逮臣矣。又有告臣曰，樞輔位尊而金多，權重而寵固，子得止且止矣。又有密語曰，士英屈體求楚之鄉紳羅織臣，而楚臣掉臂不應矣。又曰士英與署麻城縣光棍之黄鼎倡和附會，謀殺臣矣。又曰士英伺臣行，將遣腹心劍士殺臣于途矣。如是者日至，臣坦然無懼志也。皇上能殺臣，士英不能殺臣。臣方乞靈二祖列宗、先帝之靈以殺士英，而士英必不能殺臣。但哀求皇上當發臣疏，併簡發士英之疏。臣胸中尚有萬餘言，待其疏下，一一發明，以存此一段公案于天下後世，臣旦暮死無憾。如兩疏俱留，是皇上以待士英者待臣，臣不服也。是皇上以疑士英者疑臣，臣不敢也。故冒死再陳此言。臣去楚有日，旦夕待命，一字一血，無任激切呼籲之至！

29 黃澍上中興八策

一曰用正人以定國本事。定亂之一二臣，上係九廟安危，下關人心向背。內則百僚之觀瞻，外則大帥之彈壓。其在今日尤爲吃緊，此必皇上內秉精明，外采輿論，國人皆曰可用則用之，國人皆曰可殺則殺之。毋因一時之才情博辯，誤信小人，使黨羽既成，禍患驟作。先帝全盛之金甌，止以宰輔混淆，中樞敗類，遂至于亡。矧今國事初定，人心皇皇，「自古未有奸臣在朝而將帥能成功于外者」，此言至痛至切，千古同慨！惟皇上留神特察，天下幸甚。

此第一疏，七月初十所上也。批云：「古重知人，鑑衡不易，所奏有益。」

二曰收碩望以鼓人才事。詩曰：「人之云亡，邦國殄瘁。」此言老成之凋殘而禍患之同作也。國家惟老成人舉止慎重，典故周詳。行稍近于迂闊，而往往爲正人君子之所依，中興之助，此爲最也。伏望陛下博採歷朝以來名流碩望、清操端凝之臣，師事數人，以樹儀表。先使輦轂之下，貪污咋舌，奸邪閉氣，無所容其樹黨庇奸之私，而後討國門以外之賊無難也。昔有召萊去丁之謠，宋有檜去綱來之語，不可不察。惟皇上留神省覽。

批云：「大小臣工矢公任事，實實報効，纔是無私。」

三曰慎名器以杜僥倖事。朝廷所立者紀綱，士人所重者廉耻。每見國家多難，有一番興革，便有一番僥倖。大抵不忠不孝之人，占風望氣，利于國家有變，以施其遺睡燃灰之狡，此爲大害所關。萊傭之乞官，貪夫之鬻爵，猶其小也。盜賊竊發，自魏璫竊神器以來，實釀今變。附逆諸人，所當與闖、獻同論者也。比聞稍稍引進，無人臣禮，莫此爲甚。蓋附逆之人與薦逆之人皆有賊心，伏乞陛下懸諸日月，以除魍魎。九州人士想望施行，惟皇上留神省覽。

批云：「愼名器以杜僥倖，從古所重，知道了。」

四曰蓄剛斷以振怠玩事。書曰：「惟克果斷，乃罔後艱。」「斷」之一字，斬蔓之利刃，除毒之奇藥。自古除大難、定大業，非優遊姑息所能與于斯也。伏乞陛下確見是非，信賞必罰。無功而賞則功不勸，無因而罰則賞亦疑。行間之人，喚以朝氣。規避之吏，立械而肆諸市朝。臣見年來監司守令，優游飽暖即有官，稍涉艱險則無官。空國無人，誰與共理遷除？數年以來，聞變中途而返，不有重刑，何以起敝？繼自今規避者與失守同罪，此亦振刷人心、精明國體之一端矣，惟皇上留神省覽。

五曰量出入以裕兵餉事。欲圖恢復，則兵其首重矣。欲圖用兵，則餉其要務矣。伏乞皇上勅户臣，將現在省直一切錢糧除蠲免外，將本年各項本折色造一簡明册，併勅兵臣造一天下兵馬簡明册，恭皇御覽。此二册者，皇上時時置之案頭，納之袖中，某兵食某餉，某人督催，和盤打算，量入爲出。凡有呼籲，按本而應之。臣曩在北都，見司農者不知天下錢糧之數，司兵者不知天下兵馬之數，大事糊塗，所由壞也。曾以此説陳之先帝，先帝以爲可。況在今日，尤宜加意，惟皇上留神省覽。

此七月十二日疏。

六曰壯義問以感人心事。唐臣陸贄曰：「動人以言，所感已淺。言又不切，人誰肯懷！」比皇上登極以來，所下明詔須條分縷析，淳藹周詳。然愚臣猶謂悲愴感激之志，尚存乎見少也。夫際亂離者恒多沉激之音，倡中興者必須光明之詔。一切明詔所下，務使豪傑風生，下黎感泣。至于先帝十七年之英明仁儉，篇篇宜載；皇上所發奮討賊之志，處處宜詳。若徒然循例蠲免之書，不過一節，中興聖人，豈止是乎？惟皇上留神省覽。

七曰却甘言以寢讒諂事。皇上之興，其生不偶。皇上運值中興，以序以德，天與人歸，非帝而誰！定策諸臣祇以復仇雪耻爲重，勿以擁戴迎駕爲功，事事當爲皇天后土所憐，事事毋爲亂賊醜虜所笑。爵賞所加，寧先行間而後文吏。章奏之内，亟黜承美而獎憂危。侈偏安者其罪可誅，肆邪説者其心必異。國家有一定之典章，先帝有不易之成憲。詡敗爲功，借名掠美，朋友之義猶尚非之，况貪天功以爲己力乎！帝心至公，防微杜漸，惟皇上留神省覽。

八曰練禁兵以張神氣事。南都自承平以來，人情積安，筋肉緩弛，不有張皇，難共患難。伏乞皇上萬幾之暇，留心武備，躬擐甲胄，克詰戎兵。在内責之典禁之臣，在外責之抽練之將。多須三萬，少亦萬餘，時時躬親訓練，以壯畿甸。皇上以播遷困苦之身，曩在中州親見賊難，恐在廷諸臣未有熟知賊形兵勢如皇上者。但得一人收一人之用，毋致千人有千人之心，是在皇上將將妙用，非臣愚敢擅議也，惟皇上留神省覽。

批云：「十二團營舊多虛弱，今設禁旅務要精強，以足實用。」

七月二日丁亥，着黄澍星回地方，料理恢復承、襄。時澍連上十疏，内多糾士英者。弘光不得已，屢諭趨其赴楚，乃去。總覽前後諸疏，逼真古名臣奏議，有胆有識，落筆妙天下者也。然其侃侃而談，無少顧忌者，蓋挾良玉以爲重也。而士英之所以不敢遽斥澍者，亦畏良玉耳。不然，呂大器一參士英，即有旨予告去，或刑部逮問矣，亦何愛乎澍、何憚乎澍而縱之之楚耶！辛亥五月廿八書。

30 黄澍辯疏

七月廿二丁未，黄澍辯馬士英見誣疏云：「麻城劣生周文江爲獻賊兵部尚書，引獻賊破省。有錦衣遣戍劉僑，託文江進美妾、玉杯、古玩、數萬金于獻，即用僑爲錦衣大堂。比左良玉恢復蘄、黄，僑削髮私遁，尋送赤金三千兩、女樂十二人于士英。今年四月，士英委黄鼎署印麻城，麻城洶洶幾亂。鄉紳請臣彈壓，僑獻銀三千兩助軍，臣批云：『正苦無糧，直可愧挾資以媚賊者，仰漢刑收貯。』臣言亦隱而諷矣。既還武昌，黄鼎代爲解銀一千兩、玉帶二圍、珠冠一頂，臣又批云：『軍中無婦人，何用珠冠？大功未成，不須玉帶。仰漢刑變價濟餉。』臣巡方衙門收支，皆有司存。士英以僑私書爲言，試命將臣原書呈覽，則清濁立見矣。」

九月廿六辛亥，楚宗朱盛濃疏誣黄澍「毁制辱宗，貪賄激變」，士英喜，擢盛濃池州府推官。內批：「逮澍刑部提問。」澍不至。

十月初八日壬戌，黄澍奏辯。內旨：「朱盛濃害非剥膚，何至千里叩閽。」

逮澍而澍不至，士英之權勢不能行于南楚之臣矣。次年良玉舉兵之事，已兆於此。辛亥五月廿八王館書。

遺聞云：劉僑送馬士英赤金、女樂等，士英笑曰：「此一物足以釋西伯。」遂誣先帝，復職。至甲申九月，召僑至京，仍補原官。

明季南略卷之二

甲申六月起至十二月止

31 六月甲乙總略

丁巳朔，大學士高弘圖請暫輟閣務，督收漕糧江上。許之。禁訛言匿名揭。允馬士英言，淮、揚增兵三萬。

初二戊午，命鑄金璽代玉。前巡撫王永祚遵旨就逮，下刑部。

初三己未，舊大學士蔣德璟北歸奏賀。尚書張國維在途入賀。德安王僑居廣信。

初四庚申，夏允彝、余颺、嚴錫命、文德翼補吏部郎。

初五辛酉，馬士英奏北信誅僞功。命加黎玉田兵部尚書，盧世㴶太僕卿。舊輔謝陞上相國。時訛傳謝陞爲謝陞也。

初六壬戌，錢謙益協詹尚書。杜弘域提督大教場。楊振宗安慶總兵。

初七癸亥，加趙光遠提督川、陝。工科李清疏請謚陶安、方孝孺等，蔣欽、李應昇等。從之。

初八甲子，吉王子慈煃報吉王播遷而薨。命護送潞王于杭州。工部尚書程註致仕。

初九乙丑，劉澤清、高傑公舉陳洪範，仍以原官駐瓜洲、泰興。原任侍郎吴履中自理。惠王寓肇慶。

初十丙寅，侍郎張有譽到任。馬士英薦起張捷。

十三己巳，魯王泊舟京口，請附京簡僻地方安頓。顧錫疇言：「大祀莫如郊社，合祀分祀，後先互異。但議禮于今，物力告匱，當删繁就簡，稟從高皇合祀之制爲便。」

十四庚午，御史朱國昌，劾在逃巡撫郭景昌泊舟清涼門外欺飾辯疏，且論撫楚、撫晉種種惡孽。命御史驅逐。釋高牆罪宗七十五案，凡三百四十一人。

十五辛未，蜀王告急。户科羅萬象奏驚見内員催徵。先是，命太監王肇基督催浙、閩金花銀，肇基名坤，卽崇禎時肆惡于淮、揚者。高弘圖以方争阮大鋮事，不便執奏，請身往督催，因過肇基言之。肇基悟，卽上疏辭止。

十六壬申，詹事管紹寧請遴内閣誥勅房官，各以貲納授。

十七癸酉，吕大器引疾去。顧錫疇署吏部印。

十八甲戌，蔣德璟疏辭内召。

十九乙亥，舊兵部侍郎徐人龍自請除用。湖按黄澍奏：「王聚奎棄數千里之地逃回省，日惟催贓罰爲事。新撫何騰蛟到任，乃扁舟東下。」

二十丙子，魯王渡江入浙。

二十二戊寅，改内官監爲朝殿。鳳陽太監谷國珍請敕，命内閣撰稿給之。國珍對御自增視「總督行事」四字。

二十三己卯，巡視朱國昌奏：「東洋地方離朝陽門僅二十里許，突有叛兵數百騎驅男捉女，口稱奉命打糧。衿監鄒永富鳴鑼聚衆救護，兵射傷鄉兵數十人。時鎮守龍潭王把總擁卒三千，不行救禦，反借與火炮槍刀，餽以酒食。輦轂之下，不宜有此。」舊順天撫楊鶚浮海至，懷遠侯薦之，命預會推。

二十四庚辰，禮部奏唐王殉難。趙之龍薦序班黄家鼒，擢少卿。

二十五辛巳，徐石麒吏部尚書，何應瑞工部，張有譽吏右侍郎，徐人龍兵右，王心一刑右。王燮僉都，巡按山東。張國維薦吴士蔣若來。

二十六壬午，史可法奏報揚州已安，特獎慰之。何楷户右侍郎。程世昌僉都，撫應天。吕大器辭朝奏謝，諭以「挑激」二字勿言。通政劉士楨參監生陸濬源爲兄奏辨，詞牽國本三案。祁彪佳請留漕米十萬石貯鎮江。

二十九乙酉，給募兵御史陳藎令字牌。

32 萬元吉疆事疏

太僕少卿萬元吉奏疆事不堪再壞疏曰：「臣待罪方郎，荷蒙簡命，監軍江北。今陛辭前往，一得之愚，不敢不爲皇上陳之。切惟主術無過寬嚴，道在兼濟。官常無過任議，義貴相資。先皇帝初蒞海宇，懲逆黨用事，斲削元氣，委任臣工，力行寬大。諸臣狃之，争意見之玄黄，略綢繆之桑土，虜入郊圻，束手無策，先帝震怒。一時宵壬遂乘間抵隙，中以用嚴之説，凡告密、廷杖、加派、抽練，新法備行，使在朝者不暇救過，在野者無復聊生，然後號稱振作。乃中外不寧，國家多故，十餘年來小人用嚴之效，彰彰如是。先帝悔之，於是更崇寬大，悉反前規，天下以爲太平可致。諸臣復思競賄賂、恣欺蒙，每趨愈下，再攖聖怒。誅殺方興，宗社繼没。蓋諸臣之孽，每乘于先帝之寬。而先帝之嚴，亦每激于諸臣之玩，則以寬嚴之用偶偏也。昨歲孫傳庭擁兵關中，識者俱以爲不宜輕出，出則必敗，然已有逗撓議之者矣。賊既渡河，臣即與閣臣史可法、姜曰廣云：『急撤關寧吴三桂，俾隨路迎擊，可以一勝。』先帝召對亦曾及此，然已有蹙地議之者矣。及賊勢薰灼，廷臣勸南遷、勸出儲監國南都，語不擇音，亦權宜應爾，然已有邪妄議之者矣。由事後而觀，咸追恨違者之誤國。設事幸不敗，必共服議者之守經。天下事無全害亦無全利，大率類是。當局者心怵無全利之害，誰敢違衆獨行！旁觀者偏見無全害之利，必欲強人從我。年來督撫更置，峕視苞苴，封疆功罪，悉從意見，禦寇實着，概乎未講。國事因之大壞莫救，則以任議之途太畸也。臣敢直究前事之失，以爲後事之鑒，伏祈皇上留神省覽。」

33 禦寇全疎疏

元吉奏曰：「賊今被創入秦，挑精選鋭，垂涎東南，轉盼秋深。若出商、漢，則徑抵襄、承。出豫、宋，則直窺江北。兩處兵民積怨深怒，于斯時民必争迎賊以報兵，兵更退疑民而進畏賊，恐將士之在上游者却而趨下，在北岸者急而渡南。金陵重地，武備單弱，何以當此！臣入都將近十日，竊窺人情，類皆積薪厝火，安寢其上。居功者思爲史册之矯誣，見才者不顧公論之注射，舌戰徒紛，實備不講。一旦有急，不識諸臣置陛下于何地？得毋令三桂等竊笑江左人物功非功、而才非才乎！從來戰勝，首稱廟堂。若使在廷無公忠共濟之雅，斷未有能立功于外者。伏乞皇上申諭中外大小臣工，宜盡洗前習，猛勵後圖，毋急不可居之功名，毋冒不可違之清議，捐去成心，收集人望，務萃衆志，以報大仇，集羣謀以制大勝，社稷身名，並受其福矣！」

34 累朝闕典未行疏

元吉奏曰：「皇上前者恭謁孝陵，徐問懿文園陵所在，親爲展拜，臣隨諸臣後，莫不手額，斯舉實爲三百年來未有盛事也。先臣楊守陳嘗議修建文實録，有云『國可廢，史不可廢』。卓哉兩語，可稱要言不煩。弘治中，布衣繆恭伏闕上書，請復建文時故號，爵其後裔奉祀。時繫恭獄以聞于上，敬皇帝詔勿罪。夫滅曲直不載，不若直陳往事，而示之以無可增加也。削廟號弗隆，不若引景帝故事，還懿文當日追尊故號，祀之園寢，而配以建文君也。二事並繫大典，伏乞皇上勅下廷臣，集議建文實録作何開局纂修，懿文故號祀典作何釐正。若此舉告成，千秋萬世之下，必傳爲美談。抑臣更有請者，靖難死事諸臣，歷蒙恩詔褒録，乃謚廕諸典，尚闕有待。羨遜國之君臣何厚，愧此時之節義多虧！良由高皇帝首褒余闕而斥危素，風勵備至。靖難以後，正氣漸就損削，故釀爲今日獪猾賣國之徒屈膝拜僞、靦顏見人也。請將靖難死事諸臣及北京各省直城陷殉節諸臣，勅下諸司，細歸採録，編成一事，分别二等，酌予謚廕廟祀，仍頒行學宫，廣示激勸，庶于晚近人心補救匪淺也。」

35 請邺死節諸臣疏

元吉奏曰：「臣前護軍四川，追剿獻、操二賊，總兵猛如虎、參將劉士傑、游擊郭䦨、守備猛先捷等，聽臣催督，從廬州至開縣，爲程凡二千餘里，日夜靡寧，遇賊卽殺。無奈先時故輔不聽臣言，早扼歸路，致令我兵深入，劉士傑、郭䦨、猛先捷俱死之，此臣所目擊最悉者。後臣丁艱回籍，猛如虎守南陽，闖賊用大砲攻城甚急，如虎以計破之，傷賊精兵數千人。既聞他門失守，如虎始下城，猶持短刀砍殺多賊。至唐府國門，望北拜，稱負恩，被賊剸刃，此臣所訪問最真者。如虎等陣亡數載，褒録未沾，伏乞皇上勅下兵部速議旌卹，以風示江北鎮將。惟時同臣監軍關内道副使曹心明，調護秦兵，備嘗艱險，屢奏俘馘，竟以積勞盡瘁綿州。使得半通褒綸，榮其身後，差令不同腐草耳。薊、遼舊督趙光抃，赴召于虜騎之冲，受事于破虜之後，驟令烏合，身先被創，竟與誤國督師駢首西市，迄今文武貴賤莫不抱寃，併望皇上下部議復。」

36 姜曰廣論中旨

祖宗會推之典，立法萬世無獘，斜封墨敕，覆轍具在。臣觀先帝之善政雖多，而以堅持逆案爲盛美。先帝之害政亦間出，而以頻出中旨爲亂階。用閹臣內傳矣，用部臣勳臣內傳矣，選大將、言官亦內傳矣，他無足數。論其尤者，其所得閣臣，則逢君殃民、奸險刻毒之周延儒、温體仁、楊嗣昌，偷生從賊之魏藻德等也。其所得部臣，則陰邪貪猾之陳新甲等也。其所得勳臣，則力阻南遷，盡撤守禦稚狂之李國楨也。其所得大將，則紈袴支離之王樸、倪寵輩也。其所得言官，則貪婪無賴之史堃、陳啓新也。凡此皆力排衆議、簡自中旨者也，乃其後效亦可覩矣。且陛下亦知內傳之故乎？總由鄙夫熱心仕進，一見擯于公論，遂乞哀于內廷。線索關通，中自有竅，門户摧折，巧爲之詞。內廷但見其可憐之狀，聽其一面之詞，遂不能無聳動。間以其事密聞于上，又得上之意旨，轉而授之。於是，平臺召對，片語投機，立談取官，有若登場之戲。臣昔痛心此弊，亦于講藝敷陳，但以未及暢語，至今猶存隱恨。先帝既誤，陛下豈堪再誤哉！天威在上，密勿深嚴，臣安得事事而争之？但願陛下深宫有暇，温習經書，間取大學衍義、資治通鑑視之，如周宣、漢光之何以竟恢遠烈，晉元、宋高之何以終狃偏安；武侯之出師南蠻，何惓惓以「親君子必遠小人」爲説，李綱之受命禦虜，亦何切切以「信君子勿間小人」爲言。苟能思維，必能發明聖性，點破邪謀。陛下與其用臣之身，不若行臣之言。不行其言而但用其身，是猶獸畜之以供人刀俎也。」

37 李模臣誼國體疏

國子監典籍李模奏曰：「今日諸臣能刻刻自認先帝之罪臣，方能紀常勒卣，蔚爲陛下之功臣。日者朝廷之争，幾成鬨市，恐傳聞遐邇，不免開輕視朝廷之意。原擁立之事，皇上不以得位爲利，諸臣何敢以定策爲名，而甚至輕加鎮將，於義未安。鎮將事先帝，未聞效桑榆之收；事陛下，未聞彰汗馬之績。按其實亦在戴罪之科，而予之定策，其何以安？倘謂勸進有章，足當夾輔，抑以昜勉敵愾，無嫌溢稱。然而名實之辨，何容輕假！夫建武之鄧禹，猶慚受任無功；唐肅之郭子儀，尚自詣闕請貶。願陛下勅諭諸大臣，立志以倡率中外，力圖贖罪，勿但炫功，必大慰先帝殉國之靈，庶堪膺陛下延世之賞。一概勳爵俱應辭免，以明臣誼。至于絲綸有體，勿因大僚而過繁；拜下宜嚴，勿因泰交而稍越；繁纓可惜，勿因近侍而稍寬，然後綱維不墮，而威福日隆也。」

38 馬嘉植陳立國本

吏科馬嘉植陳立國本事：一改葬梓宮。一迎養國母。一訪求東宮、二王。一祭告燕山陵寢。末言：「今日在君父力自貶損，尊養原非樂受。在臣子痛加恨艾，富貴豈所相期。茅茨雖陋，可勿翦也，有以勞人費財導者勿聽。經武以外，可概節也，有以處優晏衎進者勿聽。」

39 賀世奇言愼刑賞

刑部侍郎賀世奇上言：「刑賞宜愼，如吳三桂奪勇血戰，李、郭同功，拜爵方無愧色。若夫口頭報國，豈其遂是干城？河上擁兵，曷不以之敵愾！恩數已盈，勛名不立，冒濫莫甚。」疏上，俱報聞而已。

遺聞載賀世壽，須核。

40 先帝謚號

六月初六壬戌，謚大行皇帝曰思宗烈皇帝，皇后曰孝節皇后。大事記云：六月廿三日，御定先帝廟號思宗。先是，閣臣高弘圖奉旨撰擬，已經點用。及考據典，則備極徽隆，不必再改。下部久矣，著卽頒詔行。至七月初七日，遣各官頒行追尊謚號，詔于天下。而甲乙史云：六月廿一，忻城伯趙之龍奏辯先帝不當廟號曰「思」，「思」字非美字。蓋之龍實不識一丁，李沾嗾使排高弘圖也。後改毅宗。左良玉云：「思宗改謚，明示先帝不足思，爲馬士英第一罪。」清朝謚爲懷宗，而永曆朝又謚爲威宗。

41 追尊帝后

六月初六，尊福恭王爲恭皇帝，正妃曰孝誠皇后，生母鄒氏曰仁壽皇太后，神廟貴妃鄭氏曰孝寧太皇太后，上元妃黃氏曰孝哲皇后。

六月十九乙亥，追復懿文太子興宗孝康皇帝，追崇建文爲惠宗讓皇帝，景皇帝號代宗。

42 封常應俊

六月廿二日，封福府千户常應俊爲襄衛伯，補青浦知縣陳爊爲中書舍人，予王鐸弟鏞、子無黨世襲錦衣指揮使。蓋應俊本革工，值弘光出亡，應俊負之行雪中數十里脱于難，與鏞、爊、無黨俱扈衛有功者也。

甲乙史云：六月初四庚申，以常自俊爲左都督。然編年、遺聞及大事記諸書俱載應俊，則誌自俊或誤。

43 陳子龍請廣忠益

兵科給事中疏請廣忠益，謂「當黄道周觸忌權佞，搆陷至深，先帝震怒，禍將不測。羣工百官，相戒結舌。獨凃仲吉以孤童擔囊走萬里外，上書北闕，予杖下獄。獄吏希迎，拷掠荼酷，至死不屈，以明道周之寃。此雖王調貫械以訟李固，杜仲殺身以救李雲，亦不過是。幸先帝聖明，得以俱免。憲臣劉宗周，昔以廷諍去國，孝廉祝淵毅然請留，先帝已輕議罰。迨後奸臣挑激，復徵檻車，雖與仲吉得禍輕重有殊，然爲國惜賢，舍生取義，其揆一也。當仲吉赴戍之時，祝淵徵逮之日，臣皆得與接對。仲吉凝静深遠，絶不以立名自喜。祝淵謙抑温恭，惟以出位引咎。間有投贈，錙銖不納。若置之臺諫之班，必有以上補袞職，下剔奸邪」。

遺聞云：以兵部侍郎解學龍疏薦，内批陞原任户部主事葉廷秀爲都察院堂上官，監生凃仲吉、生員諸永明爲翰林院待詔。蓋廷秀、仲吉、永明者皆俠節士，先帝時申救道周下獄杖戍者也。甲乙史云：七月廿六辛亥，仲吉、永明並授待詔。

44 請慎名器

子龍又疏請慎名器，謂「陛下間關南返，從官幾何？衛士奄尹，寥寥無幾。今大位既登，來者何衆！不過其流，何所底止。必將人誇翼贊之功，家切從龍之念，傷體害政，非國之福。夫勸功誘善，惟在爵賞。一爲輕濫，後將無極。豐、沛故人，文墨小吏，自昔爲嫌。朱紫盈門，貂蟬滿座，尤乖國典。立政之始，惟願陛下慎持之。嗣後果係服勞有功，但當賞之金帛，不應授以爵位，以貽曹風不稱之譏，犯大易負乘之戒」。

45 請用賢勿二

又疏請用賢勿二、爵人宜公：「一在憲臣之宜召也。憲臣老成清直，海內盡知。今出國門，寄居蕭寺，不得一望天顏。在陛下以方諭大臣和衷共濟，恐憲臣戇直，奏對之際，復生異同。然臣以陛下疑畏君子之機，從此而生。恐君子有攜手同歸之志，黃道周之流皆躑躅而不前矣，陛下誰與共濟天下哉！一爲計臣之特用也。計臣清端敏練，百僚所服。但古制爵人于朝，與衆共之。墨敕斜封，覆轍可鑒。萬一異日有奸邪乘間，左右先容，銓司不及議，宰輔不及知，而竟以內降出之。臣等不争，則倖門日開。臣等争之，則已有前例。立國之始，臣願陛下慎持之也。」疏入，俱不聽。

疏內憲臣疑指劉宗周，而計臣則指江陰張有譽也。甲乙史云：七月廿五庚戌，户部尚書周堪賡中旨力争，不聽，故姜曰廣、陳子龍諸君子俱極論之。

朕裁」。蓋有譽清慎，爲人所稱，馬士英借以開傳陞之倖門，爲阮大鋮地也。吏部給事中章正宸封還

久不到任。中旨傳陞吏部侍郎張有譽爲户部尚書。大學士高弘圖以不經會推繳命，得旨「特用出自

46 宋劼疏略

監軍僉事宋劼上言：「臣民苟安江介，恐非所以保江介。諸臣苟存富貴，恐非所以保富貴也。」又言：「人生止有此時日，人身止有此精神。古賢惜寸陰，運甓舞鷄，皆勞筋骨于有用。」

47 高傑論保江南

高傑疏言：「目今大勢，守江北以保江南，人人言之。然從曹、單渡，則黄河無險。自潁、歸入，則鳳、泗可虞。猶或曰有長江天塹在耳，若何而據上游，若何而防海道，豈止瓜、儀、浦、采爲江南門户已乎！伏乞和盤打算，定斷速行，中興大業，庶有可觀。傑發總兵李朝雲赴泗州，又發參將蔣應雄、許占魁、郭茂榮、李玉赴徐州防守。」

時寧南侯左良玉報稱：副將蘇薦、游擊朱國强斬賊四百餘級，獲僞官江一洪，獻俘京師。

48 陳子龍募練水師疏　六月十九日

一介草茅，四載抱牘，蒙陞南京吏部文選司主事，便道還里，因臣祖母高氏老病危篤，而臣以孑身獨子，循例乞恩拜疏終養，風塵阻塞，未達中途，蒙先帝擢署省掖。時寇破恒、代，漸逼京輦，臣妄意聯絡海舟直達，可資應援，因與長樂知縣夏允彝、中書舍人宋徵璧等捐資召募。忽聞神京淪陷，先帝升遐，飲血崩心，呼號無地。臣伏思君父之仇不可不報，中原之地不可不復。然必保固江、淮以爲中興之根本。守江之策，莫急水師，海舟之議，更不容緩。幸松江知府陳亨，志切同袍，氣雄擊楫，多方措置，以求成旅。適接兵部尚書史可法、職方司郎中萬元吉手書，以江上守禦方殷，望此一軍共爲犄角，不妨動支正供以俟銷算。總之，以朝廷之糧養朝廷之兵，無分彼此也。臣等推職方司主事何剛，忠勇性成，清介絶俗，專司募練。而佐以山陰知縣錢世貴、舉人徐孚遠、李素、廩生張密，已買沙船三十五隻，募材官水卒共一千餘名，多堪守戰之士。其制造器甲、修船、煉藥等事，則試中書舍人董庭、都司李時舉、生員唐侯等分頭經理，一月之内，可以就緒。夫千人之在長江，如雙鳧乘雁，不足以爲重輕。然使江南諸郡，各爲門户之計，共集去鼠之役，則萬人亦不難致。臣等亦聊盡精衛之心，倡怒蛙之氣而已。（出大事記。）

49 張亮奏邊防 六月廿五日疏

安慶巡撫張亮奏南北止隔一河疏曰：「賊若從山東來，則淮、徐據黄河之險，我能守之。若從河南來，則我無險可據。必濱河地方防守縝密，盤詰嚴謹，不容一人一船私得暗渡。而不知大謬不然者。臣衙門承差程之兗，前撫臣董配玄差往北賫奏，陷身賊中，四月初九日始得脱出。詢之兗從何處渡河，彼云止聞清江浦有阨守，彼從宿遷覓船至白洋河過渡，同行二十人。鄉民間有問者，答云南邊逃難人，輒不爲怪也。再詢路上有行人否，彼云途間遇有車推夏布、茶、扇等項，皆自南而北，赴彼生易。臣聞之不覺駭異，夫南北止隔衣帶水，果能一葦不渡，猶慮取道中州。乃今何時也，而去來自若，茫無稽察，致使茶、扇、布箱猶得飽載而往於賊巢，行壟斷之計哉！從來賊用奸細，即以本地之人行之。程之兗係安慶人，又係臣衙門差出，幸而真也。假令人人如此不疑，在在如此可渡，即賊之奸細，已不知有若干散匿于大江南北矣！濱河者所司何事，而疎玩若此哉！夫宿遷既有僞官，彼已受賊之職，自不禁人之渡。乃河南守土者漫不加意，此何以故？乞飭濱河州縣嚴加盤詰，若真正思漢歸南者，有何憑據，務得的確而後許之。若販貨北送者，仍治以通賊之罪。其于封疆之計，非小補也。」

50 七月甲乙總略

丙戌朔，選郎倪嘉慶改户科。命崇王二子僑居台、處。命選淨身男子。

初二丁亥，起張采儀制主事，陳龍正祠祭員外郎。舊輔孔貞運卒。

初五庚寅，命考選科道中行評博推知各減俸。行取知縣楊文驄自薦邊材，馬士英甥婿也。

初六辛卯，蔣德璟獻中興三策，上嘉納之，疏辭召用，加恩禮予歸。

初七壬辰，惠、桂二王駐廣西。魯、潞、周、崇四王駐浙東。

初八癸巳，劉之渤僉都撫四川，范鑛僉都撫貴州。御史米壽圖按四川。

初九甲午，發十萬米給山東撫鎮。

十三戊戌，撫寧侯朱國弼以不預會推冢臣，疏爭非制。上諭：「出何會典？」

十四己亥，魏國公徐弘基、撫寧侯朱國弼、安遠侯柳祚昌、靈璧侯湯國祚、忻城伯趙之龍、東寧伯焦夢熊、南和伯方一元、誠意伯劉孔昭、成安伯郭祚永各進綵緞恭賀，上命該衙門察收。

十五庚子，上生日，百官朝賀。駕出，內官監服黄袍，十六校尉抬椶轎進坐武英殿。文武朝見慶賀，折晏散訖，聖駕出殿，仍回內官監。以開封推官陳潛夫爲御史，巡按河南。改黔督爲撫，設川、黔、雲、廣總督，鎮荆、襄。

十六辛丑，吏部尚書徐石麒到任。撫寧侯朱國弼、誠意伯劉孔昭條陳新政：「一吏部用人必勳臣商確。一各部行政必勳臣面定。一皇上圖治必勳臣召對。」兵科陳子龍糾莊應會督漕狼藉。

二十乙巳，用御史鄭友玄言，削奪温體仁、周延儒，薛國觀官銜、廕子，以爲作姦不忠之戒。

廿三戊申，朱國弼、劉孔昭各請增家丁營將，祈户部給糧。

廿四己酉，劉孔昭薦舉循良卓異，內有馮大任，卽户科所參贓私狼戾者。

廿六辛亥，盡釋高牆罪宗爲庶人。命經筵擇吉，錢謙益、管紹寧、陳盟充講官。蘇按周一敬請表故舉人張世偉、顧雲鴻學行以風世。詔可。

51 章正宸論時事

七月初二丁亥，吏科給事中章正宸上言：「兩月以來，聞大吏錫鞶矣，不聞獻俘。武臣私鬬矣，不聞公戰。老成引遯矣，不聞敵愾。諸生捲堂矣，不聞請纓。如此而曰是興朝氣象，臣雖愚知其未也。計惟有進取爲第一義，進取不鋭，則守禦必不堅。比者河北、山左，忠義響應，各結營寨，多殺僞官，爲朝廷效死力。不及今電掣星馳，倡義申討，是剷天下之氣，而坐失事機也。宜亟檄江北四鎮，分渡河、淮，聯絡諸路，齊心協力，互爲聲援。使兩京血脈通，而後塞井陘、絶孟津、據武關以攻隴右，恐賊不難旦夕殄也。陛下又何不縞素，親率六師於淮上？但陛下親征，豈必冒矢石、履行陣哉！聲靈所震，人切同仇，虎豹貔貅，勇憤百倍也。今都門部院寺司各署，不稱行在而工作儀文。虜踞宫闕，動摇山東。當國大臣但紹述陋説，損威屈體，隳天下忠義之氣，臣切羞之。陛下赫然欲爲中興令主，宜嚴勅諸大臣：速簡爾車徒，某舊額、某新增、水幾何、陸幾何；速備爾芻糗，幾何本、幾何折、主幾費、客幾費；選爾將帥，某堪監纛、某堪分閫；審爾形勢，某地建鎮、某地設堡、某處埋伏、某處出奇；修爾戈矛，繕爾城塹，進寸則寸，進尺則尺，扼險處要，大勢已得。天下大矣，不患無人，臣未見張、韓、劉、岳之傑不應運而出矣。」

洞時事若觀火，談兵機如列眉，而歸重親征，尤爲大義。辛亥六月十五日書。

52 熊汝霖論封四鎮 附萬元吉語

户科熊汝霖言："四鎮以搶殺封伯，百姓頭顱何辜，而爲此輩功名之地乎！今儼然佐命矣。收拾恢復，爲中興名將，豈不更快！況一鎮之餉多至六十萬，勢必不供。何不倣古藩鎮法，在大河以北開屯設府，永盟帶礪，而逼處堂奧也。"萬元吉云："城外之屋應讓與兵，誰非民業而拱手讓乎？近聞輦金求進者實繁有徒，當事諸臣亦宜猛省前事，倍滌肺腸也。"初二疏。

53 蔣芬請勤王

廣西巡撫方震孺、松江知府陳亨、給事中李維樾與兄僉都御史李光泰，先後各措餉募兵入衛。而建陽知縣蔣芬，捐俸資造火器，募勇士朱千斤、劉鐵臂等，三請勤王。其詞有曰："幸而邀天之幸，迅掃狂氛，指日奏凱，社稷之福。否則，惟有斷脰決腹，一瞑而萬世不視，以明國家三百年養士之報，亦無負職三十年讀書之志。"識者壯之。出編年。

甲乙史：七月初二日丁亥，建寧知縣蔣芬自請勤王，具進所造火器。按臣陸清原奏聞。

54 王孫蕃論東南形勢

御史王孫蕃奏曰："審天下之勢者，貴因乎時。而制一時之宜者，先扼其要。今日定恢復規模，或以區區只在東南守備，然必防守固而後可議攻討，乃爲策之善也。夫大江以南獨稱安土者，恃此一襟帶水耳，於此時當以屯江爲萬里長城。兹彭澤、京口已增設二鎮，可謂識扼險之宜矣。然彭澤有道臣，又有督臣，層層彈壓，節節關通，上流要衝，或無他虞。京口負山枕江，控扼三關，襟帶百越，舟車之會，逆寇虎視，姦宄鴟張。并鎮矣，而不議設監軍道，何以重彈壓乎？常、鎮一道，鞭長不及，則道臣所宜專設者也。説者謂京口并鎮，不如孟河。孟河雖近海口，鹽盗出没，是一隅之險，而非合籌東南大勢也。夫孟河舊以把總部之沙唬船二十二隻，水陸官兵止四百九十三員，名實存，見兵少。水軍戰艦增設若干，仍于京口并鎮爲長也。夫金山東連大海，西接神京，去三江會口僅隔一江，昔韓世忠屯兵扼魯于此。江防考所載額設官兵三千八百員名，戰船百艘，今存見兵六百名，戰船十餘隻，即支緑林之充斥且不足，何暇鞏固皇都而稱鎖鑰重地耶！是亦不可不早計者。」

55 李向中陳楚省安危

兵部員外李向中言：「臣鄉湖廣，窮民散亂，軍旅空虚，萬一逆賊競武昌，則江南豈得安堵。臣謂荆、襄兩處，宜速設重鎮，募大兵以據其上游，與淮、鳳諸處相與犄角，使賊騎不得馳驟漢、黄，庶可保障江南。且襄陽而下，漢、黄而上，爲承天陵寢重地。按其昭穆，迄今僅四世耳，當不忍使祖宗血食爲賊出没之區，乞早爲整頓。至左鎮駐劄武昌，自隱然有虎踞在山之勢。而撫臣何騰蛟，一腔忠義，千里干城，小民依之若嬰兒之求慈母，將士信之若手足之應腹心，亦可謂上下相安，而軍民各得者矣。近聞有陞遷别省之説，乞皇上仍令騰蛟照舊和衷撫楚。臣思保江南者不在逼處江干，而在扼其要領，則臣省荆、襄最爲急矣。而安臣省者，拒賊猶後，而馭兵爲先，則知撫臣其不可更矣。伏乞聖明速賜施行。」出大事記七月十四。

56 史可法請行徵辟

十五日庚子，史可法請行徵辟之法以通銓政之窮疏曰：「國家設四藩於江北，非爲江左偏安計也，將欲立定根基，養成氣力，北則爲恢復神京之計，西則爲澄清關、陝之圖，一舉而遂歸全盛耳。聖明在上，忠義在人。君父之仇恥特深，海宇之羣心競奮，在師武臣，無不以滅賊復仇爲念者，乘時大舉，掃蕩可期。特所慮者，兵戈擾攘之中，不復有百姓耳。無百姓何利於有疆土？故此時擇吏不緩於擇將，而救亂莫先於救民。所謂『得一賢守，如得勝兵萬人；得一賢令，如得勝兵三千人』，正今日之謂也。批云：漢、唐將吏不分，後世分之而愈失。然而今日之守令難言，雖以前北都未陷，求牧方殷，非不有破格之陞除，何曾收得人之實效！地有難易，缺有炎冷，無所不用其營避，而兵荒殘破之地，卒舉而授之庸人。況今日已陷之殘疆，另圖恢復，安民禦寇，萬苦萬難，此豈白面書生所能勝任！目今人才告乏，資格爲拘，東南缺員，正自不少，安能復填西北之缺！使無致嘆於晨星，則銓選法窮！不得不改爲徵辟。往時保舉，多係慕羶，故捷足蠅營，真才裹足。今西北則危地也，危則人人思避，而真從君父起念、誓圖除兇雪恥、垂功名於千載者，乃始投袂而相從，請纓而奮起。臣以爲宜倣保舉之法，通行省直撫按司道及在京九卿科道官，果有才胆過人堪拯危亂者，不拘資格，各舉一人，起送到京，資以路費，赴臣軍前效用，酌補守令缺員。二年考滿，平陞善地。三年考選，優擢京曹。其有靖亂恢疆、功能殊異者，立以節鉞京堂，用示酬勸。如各官避嫌不舉，即聽該科指參，重行罰治。若有懷才思售、赴臣軍前者，驗其真才，一體錄用。再如江北、山東、河南一帶，有能保護一方爲民推服者，即係桑梓之邦，亦可權宜徑用。總求天恩破格，假臣便宜，決不敢濫用匪人，自誤進取。聞逆賊所至，常帶多人，得一州即設一州官，得一縣即設一縣尹，小人不識順逆，爲所用者恒多。況際國祚重新，賊寇垂盡，則必有桓桓德心之士，輻輳而翼中興。臣拭目望之矣。」

千古良法，所慮奉行非人，雜之以私，旋舉旋廢耳。

57 章正宸論銓政

吏科章正宸指陳銓政：「一名器宜慎。定策者既懋厥賞，其餘人自請敘，十倍增官，輦金不供刻印，寧免瓜果之誚。一職掌宜專，用人獨歸吏部。今有咨送者，有薦拔者，有徑自奏討者，冢臣所職幾何？一封疆宜肅。文武共寄封疆，不斬誤國之臣，不激報國之氣。一廢臣宜飭。爵重則人乃勸，法守則士知恩，累累起廢，不自靜聽，豈不聞律有罷吏不入國門乎！」七月廿一疏，出甲乙史。

58 祁彪佳請革三弊政

御史祁彪佳疏論時政，謂：「洪武初，官民有犯，或收繫錦衣衛，高皇帝因見非法凌虐，二十年遂焚其刑具，移送刑部審理，是祖制原無詔獄也。後乃以鍛鍊爲功，以羅織爲事，雖曰朝廷之爪牙，實爲權奸之鷹狗。口詞從迫勒而來，罪案聽指授而定。卽舉朝盡知其枉，而法司誰雪其寃，酷慘等於來、周，平反從無徐、杜。此詔獄之弊也。洪武十五年，改鑾儀司爲錦衣衞，耑掌直駕侍衞等事，未嘗有緝事也。迨後東廠設立，始有告密之端。用銀而打事件，得賄而鬻刑章，飛誣多及善良，赤棍立成巨萬。招承皆出於吊拷，怨憤充塞於京畿。欲絶苞苴，而苞苴托之愈盛；欲究奸宄，而奸宄未能稍清。此緝事之弊也。若夫刑不加於大夫，原祖宗忠厚立國之本。及於逆瑾用事，始有去衣受杖者，刑章不歸司政，撲責多及直臣。本無可殺之罪，乃致必殺之刑。況乎朝廷徒受拒諫之名，天下反歸忠義之譽。蓋當血濺玉階，肉飛金陛，班行削色，氣短神搖。卽卹録隨頒，已魂驚骨削矣！是豈明盛之休風，大失君臣之分誼。此廷杖之弊也。伏乞陛下嚴行禁革。」姜曰廣票擬許禁革，内發改票。王鐸言：「吾輩志在報國，若苟且因循，害民誤國，腕可斷，此旨不可擬也。」曰廣揭稱：「臣所守者，朝廷之法度，一官之職掌。臣死不敢奉詔。」不聽。鐸又疏言：「國家新造，人心易涣，當以安静爲主，廠衞應行禁止。」不聽。

59 朱統鐼誣詆姜曰廣

二十六日辛亥，南昌建安王府鎭國中尉吏部候考朱統鐼，上書誣詆大學士姜曰廣穢迹，定策時顯有異志，詞連史可法、張愼言、吕大器等。蓋馬士英欲擠可法，以獨居定策之功；劉孔昭欲去可法，以專任田仰，爲一網打盡之計。阮大鋮屬草，授統鐼上之。疏入，高弘圖票擬究治。上坐内殿，召輔臣入，上厲聲曰：「統鐼吾一家，何重擬也！」且責弘圖疏召可法還朝爲非是。弘圖抗辯，士英獨默。上每語必左顧田成，明有指授者。王汝南編年云：時弘圖票擬統鐷應究治，不稱旨，發改票再擬，再發改。弘光召入，責弘圖把持。弘圖力争曰：「臣死不敢將順。」不聽。復具疏辯。

二十九日，朱統鐷參姜曰廣謀逆，高弘圖、姜曰廣皆引疾杜門。禮科給事袁彭年駁奏曰：「祖制，中尉奏請，必先具啓親王參詳可否，然後給批賫奏。若候吏部，則與外吏等，應從通政司封進。今何徑何竇，直達御前，微刺顯攻，捕風捉影？陛下宜加禁戢。臣禮垣也，事涉宗藩，皆得執奏。」不問。

户科熊維典言：「魏公徐弘基特薦張捷，亦見勳臣勤於薦吏。至朱統鐷特參姜曰廣，污及家庭曖昧，含血噴人，不顧拔舌。如此不駁，朝廷設立言官何用！」編年等書載吏科熊汝霖言。

通政使劉士禎亦言：「曰廣勁骨戇性，守正不阿，居鄉立朝，皆有公論。統鐷何人，揚波噴血，掩耳盗鈴，飛章越奏，不由職司。此真奸險之尤，豈可容於聖世！」皆不聽。

劉澤清揑四鎮公疏，糾姜曰廣、劉宗周謀危社稷。八月二十日。朱統鐷復訐奏姜曰廣、雷縯祚、周鑣，其疏仍出阮大鋮草。馬士英擬旨，逮縯祚、鑣等。時縯祚居憂，僑金陵。鑣爲大鋮最恨人，有自比於孔昭者，顯示辣手，於同邑大僚，一時陰擠。而士英借是以迫弘圖、曰廣之去耳。此八月廿一疏。

陸朗、黄耳鼎疏攻姜曰廣、徐石麒、劉宗周「結黨欺君，把持朝政，無人臣體」。曰廣、石麒、宗周尋各予告去。

户科吴适疏言曰：「曰廣、宗周歷事五朝，貞心亮節，久而彌劭，應亟賜留。」不聽。

60 熊汝霖論異同恩怨

吏科熊汝霖言：「臣觀目前大勢，卽偏安亦未可穩。『兵餉戰守』四字，改爲『異同恩怨』四字，朝端之上，玄黃交戰。卽一二人之用舍，而始以勛臣，繼以方鎭。固圉恢境之術全然不講，惟舌鋒筆鍔之是務，眞可笑也！且以匿帖而逐舊臣矣，俄又以疏藩而參宰輔矣，繼又喧傳復廠衞而人心皇皇矣。輔臣曰廣，忠誠正直，海內共欽。乃么麽小臣，爲誰驅除，聽誰主使？且聞上章不由通政，納結當在何途？內外交通，神叢互借，飛章告密，墨敕斜封，端自此始。事不嚴行詰究，用杜將來，必至廠衞之害，橫者借以樹威，黠者因以牟利，人人可爲叛逆，事事可作營求。縉紳慘禍，所不必言，小民雞犬，亦無寧日，此尚可爲國乎！先帝十七年憂勤，曾無失德，而一旦受此奇慘，止有廠衞一節，未免府怨臣民。今日締造之初，如育嬰孩，調護爲難，豈可便行摧折？陛下試思先朝之何以失，卽知今日之何以得；始先帝篤念宗藩，而聞寇先逃，誰死社稷，保舉換授，盡是殃民，則今何以使躍冶不萌，而維城有賴；先帝隆重武臣，而死綏敵愾，十無一二，叛降跋扈，肩背相踵，則今何以使賞罰必當，而惠威易行；先帝委任勳臣，而官舍選練，一任飽颺，京營鋭卒，徒爲寇藉，則今何以使父書有用，客氣是屏；先帝簡任內臣，而小忠小信，原無足用，開門延敵，且喿傳聞，則今何以使柄無旁操，而恩有餘地；先帝不次擢用文臣，而邊才督撫，誰爲捍禦，超遷宰執，羅拜賊廷，則今何以使用者必賢，而賢者必用。」疏入，士英票旨云：「這厮指朕爲何如主！重處，姑罰俸三月。」

九月初九日，曰廣致仕回籍。十月二十日，予統鐼京官，尋補行人，以疏逐姜曰廣也。統鐼曰：「須還我總憲。」

61 考選科道

考選游有倫、朱統銓、趙進美、沈宸荃、沈應旦、吴春枝、吴鑄、吴适、林冲霄、劉天斗、左光明、蔣鳴玉、湯來賀、李曰池、胡時亨爲科道部屬官，起補張采禮部儀制司主事，熊汝霖户科給事中，章正宸吏科給事中。補遺。

62 錢增請濬劉家河

户科錢增疏請修水利，言：「蘇、松、常、鎮、杭、嘉、湖七郡之水，以太湖爲腹，以大海爲尾閭，以三江入海爲血脈。蓋自吴淞淹塞，東江微細，獨存婁江一派。而婁江之委七十里曰劉家河，乃婁江入海之道。東南諸水，全恃此以歸墟，不至横溢泛濫者，則帶水靈長之利也。勝國時，劉河深廣，運艘市舶，走集于此。近日漲沙於塞，於是東流之水逆而向西，涓涓不入，灌溉無資。兼之歲歲苦魃，平疇龜坼，人牛立槁。雖復桔槔如林，〔一〕何從乞靈海若而救此涸轍之民乎！然此猶就旱暵言耳，萬一大浸嵇天，七郡洪流傾河倒峽，震澤不能受，散漫横潰，勢必以七郡之田廬爲壑，而城郭人民益不可問，東南數百萬財賦，盡委逝波，其如國計何哉！」蘇、松巡按周元泰亦言劉家河急宜開濬。工部主事葉國華又疏請濬吴淞。俱下旨該部察議。出遺編。

〔校記〕

〔一〕雖復桔槔如林　「桔槔」原作「拮據」，今從通行本改。

63 太后至自河南

七月初六辛卯寅時，閣臣高弘圖、姜曰廣奉旨出郭迎聖母皇太后。先是，馬士英奏曰：「雒陽變後，聖母寓河南郭家寨，有常守義者知之甚確。工臣程註亦向臣言之，當急圖迎養。但事須機密，若興大兵往迎，恐有阻滯。鎮臣高傑言：『有參將王之綱者，曾在河南招撫李際遇，得其歡心。』又有兵部主事王真卿，奉命聯絡河南各山寨，頗有頭緒。宜密諭督臣史可法，遣王之綱、王真卿等與親近内員同往李際遇處，密諭其具舟於河，撥兵護送，沿流而東。地方文武具儀衛迎於徐州，庶爲妥便。」從之。至是，上命二輔出迎。

八月十三日戊辰，太后至自河南，從儀鳳門入。辰刻，上迎於午門。

十四日，諭户、兵、工三部：「太后光臨，限三日内搜括萬金，以備賞賜。」

十六日，御用監諸朝進請給工科錢糧，龍鳳牀座及牀頂架一應器物，并宫殿陳設金玉等項，約數十萬兩。工部尚書何應瑞、侍郎高倬苦點金無術，懇祈崇儉。工科李清亦疏請節省。不聽。

十七日，高倬言：「臣在署辦事，光禄寺開器皿計一萬五千七百餘件，該費銀六千八百六十餘兩，廚役衣帽工料銀九百四十餘兩。今日寇虜方張，索餉兵器動以千萬，計將何支？望皇上一熟籌也。」

廿三日，獎鄒存義力勸聖母有勞，封大興伯。

九月初九日，諭迎聖母有勞劉孔昭等六員廕子錦衣千户。

補：八月廿九日，聖母南臨，加恩可法、士英少傅少保。

八月十九，諭工部：「行宫湫隘，亟修西宫之園，刻期告成，以居皇太后。」

十月初一，太后從人王鏞、王無黨授世指揮。

64 顧錫疇請謚

甲申七月初八，禮部尚書顧錫疇疏稱：「文震孟正性直節，望重朝野。當熹廟初，勤政講學一疏，直褫逆璫之魄，以致削奪，幾陷危禍。後蒙先帝賜環，勞深講幄，特荷拔置政府，竟爲同例温體仁所抑速去，未至大用，賫志以殁。奉先帝贈恤之旨，而美謚未膺，公論惋惜。羅喻義正氣孤標，著述多先儒未發之旨，爲南大司成，擒倡建逆璫之祠者置之法，風教肅然。後以日講不附會温體仁進呈講章，遂致告，朝野重之。姚希孟學問志行淵純剛果，少以風節自勵，一入仕途，遂爲小人側目，璫禍幸留碩果。後值先帝講幄最久，啓沃功深，又爲體仁所不容，抑鬱以死。先帝恤之，已有贈廕，而謚典未舉。吕維祺生平忠孝，捐助急公，雒陽陷日，烈烈以死，全大臣不辱之節。已經贈恤，未與易名之典。四臣立朝殉難本末，近在數年内，人人能道之者也。乃應得謚恤，而久懸不補，則未免爲盛朝之缺事矣。并請削體仁濫邀非分之謚，以正褒誅大義。」上以事關激勸，從之。

遺聞云：允顧錫疇議，削温體仁文忠謚，尋復之。予大學士文震孟謚文肅，劉一璟謚文端，賀逢聖謚文忠，禮部侍郎羅喻義謚文介，詹事姚希孟謚文毅，兵部尚書吕維祺謚忠節，山西巡撫蔡懋德謚忠襄，隨州知州王燾謚忠愍。懋德謚尋奪之。

甲乙史載錫疇請謚在六月初十。十一日予一燝、逢聖謚。及六月廿七，諭禮部：「温體仁貽毒深遠，著削去謚，以昭公道。」

65 北京殉難諸臣謚

九月初三日戊子，賜北京殉難文臣二十一人、勳臣二人、戚臣一人祭葬，贈廕祠謚有差。閣臣范景文謚文貞，户部尚書倪元璐謚文正，左都御史李邦華謚文忠，兵部侍郎王家彦謚忠端，刑部侍郎孟兆祥謚忠貞，右都御史施邦曜謚忠介，大理寺卿凌義渠謚忠清，太常少卿吴麟徵謚忠節，左春坊庶子周鳳翔謚文節，左諭德馬世奇謚文忠，左中允劉理順謚文正，簡討汪偉謚文烈，太僕寺寺丞申佳胤謚節愍，户科給事中吴甘來謚忠節，御史陳良謨謚恭愍，御史陳純德謚恭節，御史王章謚忠烈，吏部員外許直謚忠節，兵部郎中成德謚忠毅，兵部主事金鉉謚忠節，觀政進士孟章明謚節愍，惠安伯張慶臻謚忠武，襄城伯李國禎諡貞武，駙馬都尉鞏永固諡貞愍，立祠南京，賜名旌忠。又贈死節諸生許琰官翰林院五經博士，從祀忠臣廟中。

遺聞云：贈理順妻萬氏、妾李氏，德母張氏淑人。鉉母章氏、妾王氏，偉妻耿氏恭人。世奇妾朱氏、李氏，良謨妾時氏孺人，建坊旌表。又予勳戚新樂侯劉文炳諡忠壯，左都督劉文耀諡忠果，太監王承恩、王之心諡忠愍，李鳳翔諡恭壯，鳳翔以降賊被殺者。大同巡撫衛璟瑗諡忠毅，宣府巡撫朱之馮諡忠壯。總兵官吴襄諡忠壯，特贈遼國公。周遇吉諡忠武。，工部主事王鍾彦、經歷施溥、中書舍人宋天顯各予祭葬。贈刑部郎中李逢申太僕寺少卿，布衣湯文瓊中書舍人。

甲乙史載：王章、汪偉諡在七月初一日。張慶臻、李國楨、鞏永固諡在九月十六日。又十月初十，賜王承恩諡，立祠，以降賊夾死王之心七人附祀，各廕錦衣官。

66 開國諸臣諡

先後補予開國諸臣諡：郢國公馮國用諡武翼，濟國公丁德興諡武襄，德慶侯廖永忠諡武勇，定遠侯王弼諡武威，長興侯耿炳文諡忠愍，潁國公傅友德諡武靖，宋國公馮勝諡武壯，永義侯桑世傑諡忠烈，河間王俞廷玉諡武烈，東勝侯汪興祖諡武愍，東海郡公茅成諡武烈，濟陽侯丁普郎諡武簡，高陽郡侯韓成諡忠壯，東丘郡侯花雲諡忠毅，丹陽縣男孫炎諡忠愍，當塗縣子王愷諡壯愍，高陽郡侯許瑗諡忠節，縉雲伯胡深諡襄節，御史中丞章溢諡莊敏，晉府長史桂彦良諡敬裕，詹事唐鐸諡敬安，祭酒劉崧諡恭介，東莞伯何真謚恭清，平遥訓導葉居昇謚忠愍，姑熟郡公陶安、學士詹同俱謚文獻。

甲乙史載：馮國用、丁德興、廖永忠、王弼、耿炳文謚在七月十五日，傅友德、馮勝、章溢、桂彦良謚在七月十九日，唐鐸、劉崧、何真、葉居昇謚在七月廿一日，桑世傑、俞廷玉、汪興祖、茅成、丁普郎、韓成、花雲謚在八月廿二日，陶安、詹同、孫炎、王愷、許瑗、胡深謚在七月十八日。

67 建文朝死難諸臣謚

補予建文朝死難諸臣謚：文學博士方孝孺謚文正，兵部尚書齊泰、太常寺卿黄子澄、刑部侍郎張昺、太常寺少卿盧原質、給事中葉福俱謚節愍，禮部尚書陳迪、御史大夫景清、大理少卿胡閏俱謚忠烈，兵部尚書鐵鉉謚忠襄，修撰王叔英謚文忠，禮部侍郎黄觀謚文貞，户部侍郎卓敬、御史大夫練子寧俱謚忠貞，衡府紀善周是修、按察使王良俱謚貞毅，編修王艮、太常少卿廖昇俱謚文節，刑部尚書暴昭、左贊善連楹俱謚剛烈，都御史茅大方、御史高翔、教授陳思賢、燕府伴讀俞逢辰俱謚忠愍，給事中黄鉞謚忠獻，御史曾鳳韶、參軍斷事高巍俱謚忠毅，左拾遺戴德彝、御史魏冕俱謚毅直，知府姚善、知縣顔伯瑋俱謚忠惠，大理寺丞鄒瑾、兵部侍郎譚翌俱謚忠愍，都御史陳性善謚忠節，燕府長史葛誠謚果愍，刑部侍郎胡子昭謚介愍，谷府長史劉璟謚剛節，御史林英謚毅節，魏國公徐輝祖謚忠貞，越嶲侯俞淵、都指揮瞿能俱謚襄烈，衛卒儲福謚貞義，都指揮謝貴、莊得俱謚勇愍，馬宣謚貞壯，朱鑑謚壯烈。皆允給事中李清請也。

甲乙史載：十二月廿八日，允建文諸臣謚，方孝孺等七十一人、俞淵等十七人。瞿能平陽伯，謝貴英山伯，王得分水伯，馬宣全椒伯，朱鑑含山伯。

68 正德朝死諫諸臣謚

補予正德朝死諫諸臣謚：御史蔣欽謚忠烈，兵部員外陸震謚忠定，工部主事何遵謚忠節，刑部主事劉較謚孝毅，大理評事林公黼謚忠恪，行人孟陽謚忠介，李紹賢謚忠端，俞廷瓚謚忠愍，李翰臣謚忠毅，詹軾謚忠潔，劉平甫謚忠質，給事中周璽謚忠愍，指揮張英謚忠壯。

甲乙史載：諸臣謚在九月二十日，內更有詹寅一人謚忠憲。

69 天啓朝死璫難諸臣謚

補予天啓朝死璫難諸臣謚：副都御史左光斗、給事中周朝瑞、御史周宗建、袁化中、李應昇俱謚忠毅，黄尊素謚忠端，工部主事萬燝謚忠貞，副使顧大章謚忠愍，蘇松巡撫周起元謚忠惠。

甲乙史載：諸臣謚在九月二十日，內更有繆昌期一人，俱從部請也。

70 先後補謚

先後補予右都御史沈子木謚恭靖，工部尚書沈儆炌謚襄敏，副都御史張瑋謚清惠，禮部尚書董其昌謚文敏。大學士何如寵謚文端、孫承宗謚文忠。太常少卿鹿善繼謚忠節。

予大學士孔貞運謚文忠，薊遼總督吴阿衡謚忠毅，簡討胡守恆謚文節。貞運以國變痛哭不食死，守恆、阿衡皆死難者。又予修撰沈懋學謚文節，諭德焦竑謚文端，祭酒陳仁錫謚文莊，禮部侍郎張邦紀謚文懿。仁錫初以忤璫削奪，尋得賜環，典較掄才，横經造士，生平究心錢穀、邊屯、河漕、律曆諸書，著述幾千卷，皆千秋金鏡。子濟生官太僕主簿。命致祭故兵部尚書于謙，封謙爲臨安伯。謙奠安宗社有大功，爲奸邪搆禍，吏、禮部以恤不酬寃，爲之請爵。復左都御史陳于庭原官，贈少保。

甲乙史載：何如寵謚在九月十一日，張瑋、董其昌謚在九月十三日，沈子木、沈儆炌謚在九月十六日，陳仁錫、張邦紀謚在十月初八日，沈懋學、焦竑謚在十一月初三日，吴阿衡謚在十一月十二日，胡守恆謚在十一月廿八日。守恆，崇禎戊辰進士，爲湖州推官，入翰林與無錫紳胡之竑通譜。癸未，流寇破城，闔門被難。

史云：七月初二，予故總督盧象昇謚忠烈。八月廿五日，賜故巡按湖廣劉熙祚謚忠毅。

遺聞云：乙酉春，予故吏部侍郎顧起元謚文莊，都督劉源清謚武節。

御史張孫振劾在告禮部尚書顧錫疇險邪，有玷秩宗，以其請削温體仁謚，而謚文震孟也。命錫疇致仕去，震孟、體仁確議。乙酉二月十四日史。

補：甲申九月廿一日，賜降賊被殺内臣李鳳翔謚恭壯，予其弟、姪世錦衣，以韓贊周出其門故也。

71 八月甲乙總略

八月丙辰朔，上受朝畢，命錦衣馮可宗遣役緝事。

初三戊午，楊鶚兵侍郎僉都，總督貴州、湖廣、廣西。易應昌協院副都御史。王廷垣、管紹寧禮部左、右侍郎。

初四己未，賀世壽總督倉場。

初五庚申，吏部尚書徐石麒推舉朱大典、王永吉。有旨：「永吉身任督師，致北都淪陷。朱大典贓私狼藉，先帝嚴追未給，何得朦朧推舉。」士英以賄不至，故擬旨切責。尋賄至，而擢用無礙。

初六辛酉，加翼戴新恩史可法少保，馬士英太子少師。高弘圖、姜曰廣、王鐸太子少保。起丁魁楚兵部侍郎、僉都，巡撫承、襄。

初八癸亥，諭户、兵部：「向差内官催省直軍餉，並内庫錢糧，因輔臣高弘圖、科臣羅萬象諫止。今需用甚急，該部再嚴催，限八月全完。」禮部顧錫疇以祀海行，侍郎管紹寧署部事。

初九甲子，李遴加職方司銜。沈胤培太常少卿，徐一范鴻臚卿。

初十乙丑，侍郎管紹寧疏請遣使祭告先帝后梓宫，訪問東宫、二王消息。

十一丙寅，長安街遍粘匿名謗帖，指謗吴甡、劉宗周，皆李沾所爲。

十六辛未，袁樞、郭正中爲兖東、西道兵備。

十七壬申，越其傑巡撫河南，其傑罷閒，家金陵，以馬士英妹夫起。朱之臣刑部、練國事兵部、劉士楨工部各侍郎。文安之詹事。樊一衡總督川、陝。凌駉東昌兵備。

十九甲戌，周王准於蘇州城外寄居。劉孔昭請操營額餉，着常州府催解。

二十乙亥，太監孫象賢自北來歸，温旨留用。

廿一丙子，內批張捷補吏部左侍郎，由勳臣薦。

廿三戊寅，進士王曰俞請褒諸生許琰。琰長洲人。

廿四己卯，贈李邦華少保，廕子。高弘圖、何應瑞合詞請用王永吉，允之。

廿五庚辰，王心一工部右侍郎，高倬刑部左侍郎，王濼右通政，馬兆羲禮科，成勇福建道。通政使劉士禎引病求去。太監盧九德請營制錢糧。

廿七壬午，姚思孝大理少卿。吏科章正宸言內批用張捷非制。有旨：「前解學龍薦葉廷秀，亦徑批陞，何以寂無一言？」

廿八癸未，故輔王應熊改兵部尚書，總督雲、貴、川、湖軍務，賜蟒劍。申紹芳督餉侍郎，王志道、沈猶龍户、兵右侍郎，郭維經右僉都。

廿九甲申，禮科袁彭年言：「僞吏政侍郎喻上猷，將荆州紳衿開薦，江陵舉人陳萬策、李開先在所薦中，不受僞檄。萬策自經，開先觸牆死。」考選推知胡時亨、吴适等，擬授科道部屬等官。

72 詔選淑女

八月初二日丁巳，科臣陳子龍奏：「有中使四出搜巷，凡有女之家，黄紙貼額，持之而去，閭井騷然。明旨未經有司，中使私自搜採，殊非法紀。又前見收選内員，慮市井無籍自宫希進，昨聞果有父子同閹者。先朝若瑾、若賢，皆壯而自宫者也。」

御史朱國昌言：「有北城士民呈稱：歷選宫嬪，必巡司州縣限名定年，地方開報。今未見官示，忽有棍徒哨兇，擅入人家，不拘長幼，概云擡去，但云大者選侍宫幃，小者教習戲曲。街坊緘口，不敢一詰。」

廿二日，羣奄肆擾收女，陳子龍言之，命禁訛傳，棍徒不許借端詐騙。廿六日，傳皇太后遴選中宫。九月初九日，選淑女黄氏、郭氏、戴氏送内。命再選。十八日，韓贊周請大婚禮物，着光禄寺辦。廿一日，諭工部：「大婚應用珠玉等，如數解進。」廿四日，工科李維樾言：「日來道途鼎沸，不擇配而過門，皆云王、田兩中貴强取民女，以備宫幃。有方士蓍楊寡婦家少女自刎，母亦投井，亦大不成舉動矣。」廿五日，太監韓贊周再進淑女六名。十月初八日，贊周奏淑女齊集。十二日，贊周請選淑女于杭州。十四日，諭管紹寧：「京城有才家，且無淑女！着博訪細選。」又諭内官田成、李國輔，分路速選淑女。十七日，諭贊周：「挨門嚴訪淑女，富室官家隱匿者，鄰人連坐。」十一月十二日，限中宫禮冠三萬金、常冠一萬金，下户部措辦。

73 袁彭年請革廠衛

八日初七日，禮科袁彭年疏言：「高皇帝時不聞有廠，相傳文皇帝十八年始立東廠，命內官主之，此不見正史，惟大學士萬安行之，亦不聞特以緝事著。嗣後，一盛于成化，然西廠汪直逾年輒罷，東廠尚銘有罪輒斥，當時不得稱純治矣。再盛于正德，丘聚、谷大用等相繼用事，皆倚逆瑾煽虐，釀十六年之禍，天下騷然。三盛于天啓，逆魏之禍，幾危社稷，近事之明鑑也。自此而外，列聖無聞。夫即廠衛之興廢，而世運之治亂因之。頃先帝朝亦嘗任廠衛訪緝矣，乃當世決無不營而得之官，中外自有不脛而走之賄。故逃網之方，即從密網之地，而布作奸之事，又資發奸之人以行。始猶帕儀交際，爲人情所有之常。後乃贓賄萬千，成積重莫返之勢。豈非以奥援之途愈秘，而專傳送之關愈曲而費乎！究竟刁風所煽，官長不能行法於胥吏，徒隸可以迫脅其尊上，不可不革。」疏入，上責其狂悖沽名，降三級調外，浙江按察司照磨。

74 陳子龍寒心

十八日，兵科陳子龍言：「中興之主，莫不身先士卒，故能光復舊物。陛下入國門再旬矣，人情泄沓，無異昇平之時，清歌漏舟之中，痛飲焚屋之下，臣誠不知所終矣！其始皆起於姑息一二武臣，以至凡百政令皆因循遵養，臣甚爲之寒心也。」

75 東陽許都餘黨復亂

史云：甲申八月十九日，浙安撫左光先報土賊勾連逃兵，義烏、東陽許都餘黨復亂。二十日，批浙撫黃鳴俊奏：「左光先誘殺許都，不行善政，以致煽動。着鳴俊卽相機勦撫。」廿三日，諭兵科：「許都初降終殺，激變遺殃事情，着在朝浙臣實奏。」廿六日，兵科陳子龍言：「東陽再亂，全因縣官誅求激變。」九月初三日，吏部奏姚孫棐貪酷，激變東陽。命逮訊之。廿五日，上諭：「姚孫棐貪横激變許都，尚敢搜賣賊產，日事誅求，激成大禍，罪不容誅。左光先力庇貪令，毒流東越，都着革職拿問。」

編年云：罷浙江巡撫黃鳴俊，降浙江巡按任天成，以許都餘黨復叛，處分未定也。先是，許都變起東陽，兩浙洶洶。前任巡按左光先，授計紹興推官陳子龍，誘擒斬之。光先爲光斗弟，故與阮大鋮有世仇，又首劾大鋮。馬士英故借誘降激變，並議光先之罪而陷之，朝右無敢直言者。蘇松巡撫祁彪佳獨言：「許都之變突發東陽，義烏、浦江皆無堅城，光先事竣出境，聞變遄還，一切調兵措餉，皆其拮據。不一月而元兇授首，兩浙復安。乃今奉旨推求，夫弄兵揭竿，至於破城據邑，其罪豈不當死？當日兵威所迫，賊已窮蹙，而後乞命，與陣擒無異，非誘降也。設誅勦不力，養虎遺患後來，國難方張，又不知作何舉動矣。豈可反以激變罪之乎！」於是，大鋮等併切齒彪佳，因而御史張孫振論劾祁彪佳貪奸，且定策有異議，詞連吴甡、鄭三俊、劉宗周等。彪佳因罷去。史載孫振追劾彪佳在十月三十日，而彪佳之罷則十一月十三日也。

甚矣，史之難信也！由前説觀之，則光先隱孫渠激變之罪，不爲無過。由後説觀之，則光先授計子龍誘擒之事，不爲無功。夫以吴、越聯壤，復躬當其時，猶言人人殊如此，况今古異時，四方異地，而欲憑臆以斷誌之，其爲誣可勝道乎！辛亥六月念二日王館書。

76 九月甲乙總略

九月丙戌朔，馮起綸福建布政使，孫朝讓按察使，瞿式耜應天府丞，蕭士瑋光禄少卿。命王揚基、李乾德各帶罪往王應熊軍前理餉。追理桃紅壩功，奪張倫優賞，加田仰兵部尚書、錦衣指揮世廕。禮科張希夏請停薦舉倖門。太監蘇養性請自往催金花逋欠。太監李承芳催發年例公費。

初二丁亥，内批蔣鳴玉、楊應奇補科，鄭瑜、秦鏞補道。

初三戊子，高弘圖請開館修史。

初四己丑，内旨拔福建副使郭之奇爲詹事。馬士英奏補張成禮都督僉事，山東、河北總兵。

初五庚寅，諭通政司："凡故官子孫陳乞，不許封進。"

初六辛卯，上始御經筵。柳祚昌乞侍經筵。命驅逐黄正賓。

初七壬辰，高弘圖請設起居注。補廕故侍郎沈子木一子入監。責左光先濫薦多人，必有賄囑，着從重議處。裁各省右布政使。

初八癸巳，劉若金通政司參議。史可法請督餉萬元吉專駐揚州。

初九甲午，輔臣姜曰廣致仕回籍。侍郎練國事、阮大鋮見朝。徐之垣補御史，余颺文選主事。

初十乙未，鄖陽守臣朱翊辨自稱孤城抗賊，其子嘗洪捐生。命優敍。

十一丙申，淮安生員談正逢自陳守淮功求敍，不許。予故輔何如寵謚文端。

十二丁酉，考功郎梁羽明自言昔日雒邸册封，着准優敍。

十三戊戌，例轉御史黄耳鼎以非河南道開送，參喬可聘。

十四己亥，何楷户部左侍郎。

十六辛丑，内閣題補中書多人。王潆右僉都，巡撫登、萊、江東。太監袁昇請催各鈔關税銀。遣行人洪維翰催督錢糧。

十七壬寅，葉重華廣西按察使。陸朗復訐家臣説謊。

十八癸卯，吏科章正宸大理丞。録梅殷後一人爲散騎。召降賊劉僑補錦衣。命劉泌宣諭西蜀，卽留王應熊軍前贊畫。越其傑奏討餉銀。給楚藩朱華堞空名札一百。

十九甲辰，曹勳詹事，程正揆右諭德。黄道周禮部尚書協詹。陳盟、謝德溥並侍郎詹事。馬士英奏張亮永城戰功。

廿一丙午，萬元吉還冏寺。

廿二丁未，宗敦一、張鼎廷左、右通政，周汝璣福建左布政。加何騰蛟兼撫湖北，催范鑛、楊鶚、越其傑赴任。奉化布衣方翼明直言政祈克終，着送刑部問罪。

廿三戊申，命鴻臚官宣諭高弘圖入直，楊文驄京口監軍。

廿四己酉，懷遠侯常延齡予一子文廕入監。撫寧侯朱國弼進爵保國公。張鳳翔添設兵部右侍郎。給越其傑餉銀十萬兩。

廿五庚戌，議恭皇帝建特廟。再賞定策功，加李沾左都御史。沾因奏呂大器當日沮難，革職逮問。

廿六辛亥，太監谷國珍奏要知府總兵而下，悉行屬禮。存問舊輔傅冠。

廿八癸丑，起葛寅亮太常卿。諭：北京舊官南來，吏、兵部報名量用。

廿九甲寅，給駙馬齊贇元千金。張捷條陳數事，上奬之。御史黄耳鼎初奉差陝西巡按，不肯到任，因馬士英見朝復班，自言無路入秦。已而例轉，遂疏「昔之按秦，陳演陷臣不測。今之外轉，徐石麒朋謀暗害」。又奏劉宗周妄議從逆。有旨：「宗周持論孟浪，着察明。」

77 史可法請餉

史可法言：「臣皇皇渡江，豈直調和四鎮哉？朝廷之設四鎮，豈直江北數郡哉？四鎮豈以江北數州爲子孫業哉？高傑言進取開、歸，直擣關、雒，其志甚鋭。臣于六月請糧，今九月矣，豈有不食之卒可以殺賊乎！臣子慘遭國難，何暇此一官。陋晉、宋之偏安者，不遂空言之，遂有濟也。」

78杜氏贈詩

九月初五日庚寅，大理寺卿鄭瑄疏薦蘇、松兵備程珣才能。會珣與鄉宦彭歌祥妾杜氏通情，事敗互訐，聞于士英，卽于疏批從重議處。杜贈珣詩有云：「爲憐貴客芳心醉，欲訪仙郎帆影遥。」時共傳之。

79熊汝霖奏獻闖

十三日，吏科熊汝霖言：「獻賊已至重慶，闖賊直至成都，破渝不守，意在順流東下。北使諸臣所恃，以爲緩兵之要着也。左懋第請兵、請餉，望眼尚懸。王燮勅印未頒，馬價未給爲𥳑。此何時而尚容姑待乎！皇上既以阮大鋮爲知兵，卽當置之有用之地。若但優遊司馬，樞輔已饒爲之，何須添此！」

80馬士英請納銀

十八日癸卯，馬士英請免府州縣童生應試，上户納銀六兩，中户四兩，下户三兩，竟送學院收考。時溧陽知縣李思謨不令童生納銀，特降五級。李降乙酉正月廿一事。

又詔行納貢例，廩生納銀三百兩，增六百兩，附七百兩。至明年正月十一日，制廩生加納通判。又立開納助工例，武英殿中書納銀九百兩，文華中書一千五百兩，內閣中書二千兩，待詔三千兩，拔貢一千兩，推知銜二千兩，監紀、職方萬千不等，皆以助軍興也。時爲之語曰：「中書隨地有，都督滿街走；監紀多如羊，職方賤如狗。蔭起千年塵，拔貢一呈首；掃盡江南錢，塡塞馬家口。」至乙酉二月，輸納富人授翰林、待詔等官，故更云「翰林滿街走」也。

是時士英賣官鬻爵，鄉邑哄傳。予在書齋，今日聞某挾貲赴京做官矣，明日又聞某鬻産買官矣，一時賣菜兒莫不腰纏走白下，或云把總銜矣，或云遊擊銜矣，且將赴某地矣。嗚呼！此何時也，而小人猶爾夢夢，欲不亡得乎！辛亥六月十八王館記。

81 李淸奏國用不支

二十四日己酉，工科李淸言：「今天下秦、晉屬順，燕、代屬淸，袞、豫已成甌脫，閩、廣解京無幾，徽、寧力殫于安、蕪二撫，常、鎭用竭于京口二鎭，養兵上供者，僅蘇、松、江、浙。且昔以天下供天下不足，今以一隅供天下有餘乎？督建儀器，事事增出，其何支也！」

82 起劉同升等

補遺云：以易應昌爲都察院副都御史，郭維經爲僉都御史，起葛寅亮太常寺卿，成勇福建道御史，文安之詹事府詹事，劉同升翰林院侍講，趙士春翰林院編修。寅亮、安之，淸望素著，勇以諫言獲罪，直聲振天下。同升、士春，忠孝世傳，皆以劾楊嗣昌奪情，與黃道周昌言去國者也。陞賀世壽户部督倉尚書，起王志道户部侍郎，申紹芳督餉侍郎。志道佐憲以監視内臣，越俎參官，廷諍革職。紹芳居官淸慎，因温體仁欲傾文震孟、許譽卿，文致遣戍，至是雪之。

83 沈胤培請正朝廷

禮科沈胤培疏請立中宮、舉經筵、定朝儀，謂：「今永巷無脱簪之儆，崆峒鮮問道之謨。嚬笑或假借于從龍，而廉遠堂高之義不著；是非或混淆于市虎，而陰陽消長之關可虞。陛下誠思此身爲祖宗付託之身，先帝之大仇一日未復，即九廟之神靈一日怨恫，而正朝廷以正百官、正萬民，先自宫闈始，則選立中宫爲第一義。經筵業奉明旨，尤祈汲汲舉行，或召詞臣詢經史，或召部臣考政治，而時令臺諫之臣陳得失。宫中萬幾之暇，披覽資治通鑑及本朝寶訓等書，以知前代興亡之迹，祖宗致治之由。至于朝儀多闕，大典未光，如朝門不應奏樂而奏樂，各衙門應奏事而不奏事，凡若此類，並宜申飭。」

84 吴适請憂勤節愛

户科吴适疏請憂勤節愛，言：「國耻未雪，陵寢成墟。豫東之收復無期，楚、蜀之摧殘彌甚。舊都草創，一事未舉。萬孔千瘡，憂危叢集。又况畿南各省，到處旱災，兼之臣鄰消長多虞，將帥玄黄搆釁。伏惟陛下始終兢惕，兼倣祖制，早、午、晚三朝勤御經筵，面諮時政。親近儒臣，朝期無更傳免，而又躬崇儉約。尚茅茨而省工作，嚴爵賞而重名器。錙銖必惜，俾佐軍興。諸凡無藝之征，一概報罷。被災之地，確覈酌緩。墨吏以懲，蠹胥必殛。根本之計，孰大乎此。」

85 十月甲乙總略

十月乙卯朔，吏部尚書徐石麒罷。馬士英欲用張捷，使陸朗、黄耳鼎連疏詆之，遂致仕云，捷因署部事。周延儒子奕封乞恩免贓，馬士英擬旨：「奕封赦免，罪輔贓賄，係親弟正儀指騙。正儀既故，未完贓六萬，著于汪曙名下追入。」曙係徽商，最富。士英先年假貸不應，故恨之也。

初二丙辰，禁諸臣酬接宴會。馬士英、阮大鋮、劉孔昭、朱國弼仍每夕醵飲爲常。起梁雲構添設兵部右侍郎，錢元愨太僕少卿。百户魏棟等自言扈衛之勞，各陞一級。准漕米上納，每擔加尖一斗二升。

初三丁巳，命鑄弘光錢。

初四戊午，應天府尹禳旱。減吴昌時贓銀十之五。錦衣馮可宗捕得江陰知縣行賄于李沾者，馬士英爲之請，詔勿問。馬士英將起用蔡奕琛、楊維垣，恐物論不容，乃趣一大僚薦之，薦詞有「阮大鋮皆魁壘男子」語。奕琛不喜，颺言于朝，曰：「我自宜録用，何藉甘之薦牘誚我。」聞者鄙笑之。

初五己未，張孫振補四川道御史。

初七辛酉，遣内官孫元德往浙、直、閩三處催金花緞價，一應年額，商關税銀。兩浙鹽儲，練商價給引，行鹽隨解。

初八壬戌，劉澤清舉用文臣黄國琦。

初十甲子，楚撫何騰蛟加兵部右侍郎。抄没朱一馮家私。

十一乙丑，户科陸朗論徐石麒貪邪，即王思任爲趙之龍所薦，何得擅置察中。

十三丁卯，張捷題授中書多人，又題監紀、通判、推官多人。張有譽言御用需迫，請差内員各處催征。

十四戊辰，令崇王次子慈爚寓温州。

十五己巳，南和伯方一元概爲賊戮諸公、侯、伯十五人請卹。照磨張明弼奏周鑣之險惡。何楷兼工部左侍郎。

十六庚午，職方楊文驄請弘佛教，以扶王化。監生蔣佐上累朝實録。

十七辛未，戴英補兵科給事中，張采精膳員外郎。刑科梁奏周仲璉卑污無耻，命提問。御史鄭奏李喬素著清能，復官。蓋仲璉于賊入京時，削髮潛遁，不受僞辱。而喬則在疆棄城，嚴逮逃匿者。

十八壬申，張捷陞吏部尚書，彭遇颽改御史。遇颽敢爲大言，謂馬士英曰："岳飛言大誤，文官若不愛錢，高爵厚禄何以勸人？武臣必惜死，養其身以有待。"

十九癸酉，丁魁楚總督兩廣。管紹寧請予行人謝于宣祭葬，蓋被賊追贓夾死者。

廿一乙亥，張秉貞巡撫浙江。勅王永吉駐徐州。戚臣李誠臣奏要典始末。

廿二丙子，停冬至郊祀。頒户部印單給州縣，實填贖鍰。

廿三丁丑，解學龍刑部尚書，陳盟吏部右侍郎，楊維垣通政使。阮大鋮奏雷縯祚不忠不孝，下法司嚴訊。河南勸農尚書丁啓睿罷。

廿四戊寅，御史霍達巡漕。

廿五己卯，張鳳翔復尚書，管侍郎事。

廿六庚辰，復以黄耳鼎爲御史。

廿七辛巳，鴻臚寺少卿高夢箕北來，復任謝恩。

廿八壬午，贈故祭酒許士柔詹事。士柔常熟人，與文震孟、倪元璐同年友善，正誼相勗，温體仁惡之，阻其入閣，揭其舊撰高攀龍誥語降調之，朝論共憤。至是，禮部爲請命，照四品例全給。

廿九癸未，諭吏部：「郝明徵原非行賄，準復原官。」

三十甲申，張作楫提督四夷館。張孫振追劾吴甡、鄭三俊、劉宗周、祁彪佳。

86 高弘圖乞歸

十月初六日庚申，大學士高弘圖四疏乞歸，允之。先是，章正宸争中旨陞張有譽，朱統𨨲糾姜曰廣，及争起用阮大鋮，諸票擬俱不稱旨，發改票再擬，再發改。弘圖力争不聽。至是，具疏請乞，遂予請告去。初，弘圖家甚富，山東遭亂後，纖屑無存，惟一幼子自隨。欲僑常熟，不果，寄棲吴門僧寺，幼子附讀村館。已，遷之會稽。清帥以書召之，弘圖不啓書，逃之野寺中，以幼子託舊館談遷而卒。

87 朝政濁亂 初六日

時上深居禁中，惟漁幼女、飲火酒、雜伶官演戲爲樂。修興寧宫，建慈禧殿，大工繁費，宴賞賜皆不以節，國用匱乏。因佃練湖，放洋船，瓜、儀製鹽，蘆洲升課，甚至沽酒之家每斤定税錢一文，利之所在，搜括殆盡。蓋馬士英當國，與劉孔昭比，濁亂國是。内則韓、盧、張、田，外則張、李、楊、阮，一唱羣和。兼有東平、興平遥制内權，忻城、撫寧侵撓吏事，邊警日逼而主不知，小人乘時射利，識者已知不堪旦夕矣。

韓贊周、盧九德、張執中、田成、張捷、李沾、楊維垣、阮大鋮、劉澤清、高傑、趙之龍、朱國弼。

88 災異

十月十一日乙丑，淮督田仰奏鳳陽地震。十五日己巳，鳳陽祖陵一日三震，有聲如吼，太監谷國珍以聞。二十九日癸未，長庚星見東方，較昔大異，光芒閃爍，有四角或五角，中有刀劍旗幟馬影，似鬨鬪象，且倏大倏小，倏長倏縮。又十一月初五日己丑，太監谷國珍奏鳳陽火災。十一日乙未，端門西旁舍火。自秋至冬，烈日如夏，在在赤地。遺聞云：廟門告災，鳳陽祖陵叠火，則知火之非一也。

七月十二日丁酉，太白經天。十三日戊戌，予往四河口候内父杭先生，適有姚生至，云甫見日旁一星甚明。夫金星晝見變之大者，而諸書不載，何歟？

89 張捷論民心國運

十五日，張捷言：「先帝末造，民心、兵心、士子之心、將吏之心，無所不壞，要皆在廷諸臣之先壞，而種種因之，重賄所歸，使人不知有法紀。以科場爲壟斷，以文字爲糾連。貪官污吏之所漁獵，豪紳悍士之所逛逼，債帥驕兵之所淫掠〔一〕，聚毒于民。民心既去，國運隨之，禍慘及于先帝矣。」按捷疏甚得當日情景，而立朝後一惟阿黨是狥，毒更甚焉。古人所以致慨于目睫也。

〔校記〕

〔一〕債帥　原作「憤帥」，據眉注「憤疑債誤」改。

90 吏科奏計典

二十六日庚辰，吏科張奏：「近時位署無常，挨舉叠進，輦金覓穴，營求不止。如往之計典可翻，明歲之計可以不設矣。」

91 吴适陳日講午朝二事

補遺云：十月朔，户科吴适疏陳昭事之實：「一曰日講宜行，請勅定期，俾博聞有道之臣，朝夕左右，稽詢經史，虛衷延納。更取祖訓、大誥諸書，時時省覽，以爲著鑑。一曰午朝宜舉，俾閣部大臣以及臺垣散秩，咸得躬膺清問。即于披對之餘，採疾苦以疏民隱，覈功罪以勸疆臣，明是非以黜邪佞。」疏入不省。

92 十一月甲乙總略

十一月乙酉朔，予李邦華、王章蔭錦衣世官。周藩安鄉王居無錫。

初二丙戌，起蔡奕琛吏部左侍郎。

初四戊子，西宮舊園落成，賜名慈禧殿。桂王薨，謚曰端。着候勘黄澍回籍。

初五己丑，陳潛夫私自回籍，着撫按察之。御史何綸按淮。

初六庚寅，越其傑赴任河南，有旨慰之。行人莊則敬自言曾事福恭王，命與考選。命文武官俸盡支本色。命開屯海中玉環等山。太監韓贊周請西洋大砲。

初八壬辰，吉貞王子慈熻嗣封。寄流寓諸生于淮安府學。予王在晉祭葬。

初九癸巳，設起居注官六員，輪珥筆以記實事。駙馬齊贇元稱頌「劉孔昭翼戴功深，賞不足酬」，着吏、禮部再議。王驥爲太僕卿。居遼王于海寧。

初十甲午，改太僕寺署于南都。居祁陽王于邵武。陸朗言：「徐石麒以巧詐文其貪，劉宗周以迂腐託于正，必有真才真品如王驥、鄭瑜，畀以節鉞，當無多讓。」

十二丙申，琉球世子尚賢入貢告襲。

十三丁酉，右僉都郭維經懇辭職，内旨責其欺卸。應天府祁彪佳罷。

十四戊戌，大理卿鄭瑄罷。獎高起潛冒險來歸，忠義可嘉。

十五己亥，起朱繼祚少詹事。劉澤清請安流寓青衿，以便科舉。工科李爲降賊被殺諸臣彭琯、顧鋐、李逢申請卹。

十六庚子，陞李永茂巡撫南贛。屈動補吏科給事中。户科羅萬象以回奏掩飾，罰俸一年。

十七辛丑，追論江右功，解學龍世襲錦衣千户。奉先殿上樑。沈廷揚加光禄少卿，宋劼、李猶龍太僕少卿。周藩臨汝王寓武進。孫維城襲懷寧侯，補鐵券。予故舉人歸子慕、張世偉、顧雲鴻等翰林待詔。

十八壬寅，陳潛夫奏張縉彥、凌駉南渡。着即安插河南，不必入覲。

十九癸卯，兵科戴英自辯被謗情由。

二十甲辰，曹動禮部侍郎，管翰林院。沈廷嘉、劉同升、陳之遴、劉正宗各轉坊官。贈故山東巡按宋學朱大理卿。學朱潛家二年始故，馬士英奏其殉難也。西鄂王寓寧國。諭蘇撫大瞿山屯田。吏科張言：「臣鄉來者，言賊久踞平陽，人亡過半。」吏科抄參安遠侯柳祚昌所薦程士逵富賈蠢豎，非可與舉貢同例。

廿一乙巳，魯王移居台州。戒宗室换授。

廿二丙午，李沾請分臺員從逆真枉。潁州生員盧鴻上七政曆。

廿三丁未，長至節，上受朝賀。張鳳翔兵部尚書，巡撫蘇、松四府。盧若騰巡撫鳳陽。申紹芳言江北需餉急，命户部于附近州縣措二十萬付之。

廿四戊申，劉孔昭以定策功進封侯爵，不受，特旨奬之。奬阮大鋮役民修築敵臺。諭吏部：「王孫蕃、李沾定策同事有勞，一體優叙。」諭兵部：「職方、監紀倖濫，俱不准。」諭禮部：「求恩濫予可厭，宗室呼籲難憑，宜慎辨之。」

廿五己酉，士英請榷酒助餉，下部行之。

廿七辛亥，命王永吉議塞汴口。吴希哲補工科。曾倜補山東道。王國賓光禄卿。

廿九癸丑，命馬士英大閱。

三十甲寅，起楊公翰太僕卿，馬鳴霆湖廣參議。汀州分守夏尚絅進萬金助餉。有旨：「以道臣而捐萬金，操守可知，玩寇猖獗，貽禍地方，着革職提問。」

93 國事淆亂

十一月初二日丙戌，御史游有倫奏：「今日國事淆亂，不知禮義廉恥爲何物。明知君子進退不苟，故以含沙之口激之速去，甚至常人所不忍道者，瀆于君父之前，其視皇上何如主乎！臺省中微有糾劾，則指爲比黨，相戒結舌，真所謂前有讒而不見，後有賊而不知也。」

是時，陸朗、黃耳鼎、朱統鑕疏攻姜曰廣、徐石麒、劉宗周等，各予告去，故有倫奏此，可謂抗疏矣。不知句尤罵得馬奸一班小人好！六月十八記。

94 鬮差新法

初三日丁亥，御史王化澄按廣東，胡時忠視南京屯田。臺規，鐵板序差。時有廣、閩、江、屯四差，時忠首應差廣。化澄名次第六，尚未應差，乃拜士英爲門生，串謀總憲李沾、掌道張孫振，疏創鬮差，上下其手，豈記此二差而不概及，可想春秋微意。時有舊河南道喬可聘，夢與時忠空院奕棋云：「塞翁失馬，未必非福。」後得因差歸里養親，莫非數也。

時忠，予之舅氏也。初名時亨，耻與從逆光某同名，遂具疏改今名。爲御史時屢言時政得失，京師號爲「衝鋒」。時靖、泰兩邑突漲沙田，争殺不已。公出巡，立牌分界乃定。迄今民猶歌思之，不僅遺愛聞于江右也。後當按閩，不行，惟隱居養母而已。及康熙庚戌春，公卒，爲奉新城隍神云。六月十八記。

95 史可法請恢復

十七日辛丑，欽命督師史，爲時事萬分難支，中興一無勝着，密請恢復遠略，激厲同仇，以收人心，以安天位事。痛自三月以來，陵廟荒蕪，山河鼎沸。大仇在目，一矢未加。臣備員督師，死不塞責。晉之末也，其君臣日圖中原，而僅保江左；宋之季也，其君臣盡力楚、蜀，而僅固臨安。蓋偏安者恢復之退步，未有志在偏安，而遽然自立者也。大變之初，黔黎灑泣，紳士悲歌，痛憤相乘，猶有朝氣。今兵驕餉絀，文恬武嬉，頓成暮氣矣。屢得北來塘報，皆言清必南窺，水則廣調麗船，陸則分布精鋭，黄河以北，悉染腥羶。而我河上之防，百未料理，人心不一，威令不行。復仇之師，不及于關、陝；討賊之約，不達于北廷，一似君父之仇置之膜外者。近見清示，公然以「逆」之一字加于南，辱我使臣，蹂我近境，是和議斷斷難成也。一旦寇爲清併，必以全力南侵，即使寇勢鴟張，足以相拒，必轉與清合，先犯東南。宗社安危，決于此日。我卽卑宮菲食，嘗胆卧薪，聚才智之精神而枕戈待旦，合方升之物力而破釜沉舟，尚恐無救於事。以臣觀廟堂之作用，與百執事之經營，殊有未盡然者。夫將之所以能克敵者，氣也；君之所以能馭將者，志也。廟堂之志不奮，卽行間之氣不鼓。夏之少康，不忘逃出自竇之事。漢之光武，不忘蔞蕪爇薪之時。臣願皇上之爲光武、少康，不願左右侍御之臣以唐肅、宋高之説進也。憶前北變初傳，人心駭震，臣等恭迎聖駕，臨蒞南都，億萬之人，歡聲動地。皇上初見臣等，言及先帝，則淚下沾襟。次謁孝陵，贊及高皇帝、高皇后，則淚痕滿袖。皇天后土，實式鑒臨。曾幾何時，頓忘前事！先帝以聖明罹慘禍，此千古以來所未有之變也。先帝崩於賊，恭皇帝亦崩於賊，此千古以來所未有之仇也。先帝待臣以禮，馭將以恩，一旦變出非常，在北諸臣死節者寥寥，在南諸臣討賊者寥寥，此千古以來所未有之耻也。庶民之家，父兄被殺，尚思穴胸斷脰，得而甘心，況在朝廷，顧可膜置！以臣仰窺聖德，俯察人情，似有初而鮮終，改德而見怨。以虜之強若彼，而我之弱如此。以虜之假行仁政若彼，而我之漸失人心如此。臣恐恢復之無期，而偏安未可保也。今宜速發討賊之詔，嚴責臣與四鎮，悉簡精鋭，直指秦關，懸上賞以待有功，假便宜以責成效。絲綸之布，痛切淋漓，庶使海内忠臣義士聞而感激也。國家遭此大變，皇上嗣承大統，原與前代不同。諸臣但有罪之當誅，實無功之足録。臣於登極詔稿，將加恩一欵特爲删除，不意頒發之時，仍復開載。聞東虜見此示頗笑之。今恩外加恩，紛紛未已。武臣腰玉，直等尋常，名器濫觴，於斯爲極！以後似宜慎重，專待真正戰功，庶使行間猛將勁兵，有所激勵也。至兵行討賊，最苦無糧，搜括既不可行，勸輸亦覺難强。似宜將内庫一切本折，盡行催解，湊濟軍需。其餘不急之工役，可已之繁費，一切報罷。朝夕之宴衎，左右之貢獻，一切謝絶。卽事關典禮，萬不容廢，亦宜概從儉約。蓋盜賊一日不滅，清一日不歸，卽有宫室，豈能宴處！卽有錦衣玉食，豈能安享！此時一舉一動，皆人心向背所關，狡虜窺伺所在也。必吾皇上，念念思祖宗之鴻業，刻刻憤先帝之深仇，振舉朝之精神，萃四方之物力，以併於選將練兵、滅寇剿虜之一事。庶乎人心猶可鼓，天意猶可回耳。

聖旨：「覽卿奏疏，具徵忠悃。朕於皇考先帝深仇，朝夕未嘗去念，誓師北討，光復舊物，豈非至願。但外解不至，百用匱絀，時復亢旱，催科實難，捉衿露肘，徒煩仰屋。西宫大婚等費，日從省約。内庫物料，正在議折。其餘的朕知道了。卿凡有忠讜，不妨密切敷陳。討賊詔書，候卽頒行，該衙門知道。」

甲乙史載此疏爲十二日奏，而遺聞則云疏入不省。予讀此疏，酷似賈生痛哭，武侯盡瘁之書，閲之而不發憤爲雄者，真不移之下愚也，可爲三嘆！

96 時語

十一月二十九日，上不豫，幾殆。輔臣入候，羣閹竊竊有所指畫，良久乃退。時上崇飲好内，權在羣閹，田成爲最，大臣皆因之固寵，政以賄成。時語曰：「金刀莫試割，長弓早上弦。求田方得禄，買馬即爲官。」

是時，有自京中來者云：「閹人張執中，年僅十九，上最嬖之。甚恣，諸臣欲見不得，即偶出見，亦殊驕倨。惟馬士英登門乃見，或留一清茶，士英即覺榮甚。」

97 十二月甲乙總略

十二月乙卯朔，加練國事兵部尚書，白貽清太子太保。御史沈向巡按湖廣。荆王寓九江。

初二丙辰，琉球使臣金應元入朝。

初四戊午，録國初功臣馮國用、馮勝各世襲指揮。

初六庚申，凌駉交納僞憑、僞契。

初七辛酉，凌駉實授御史。命何騰蛟以兵部侍郎總督川、湖、雲、貴、廣西。召楊鶚回部。安遠侯柳祚昌自言定策功高，斥之。高允兹補御史。阮大鋮編巢湖民船爲保甲。

初九癸亥，吴國華右諭德。刑部奏偏沅撫陳睿謨失守封疆罪。着助三萬金收贖。

初十甲子，命太監盧九德丈量蘆洲升課。許桂王妃王氏扶王柩回衡。

十一乙丑，齊藩宗長知城等，請换授官。不許。

十二丙寅，吏科張奏：「督撫所薦司道推知、貢監生員，巧詐畢現，無非騙官。」有旨命嚴覈參處。

十三丁卯，馬士英以定策功加張文光太常少卿，又以尹伸、顧光祖添註少卿，又奏沽酒之家每斤定稅一文。

十四戊辰，李希沆添設兵部右侍郎。高斗樞巡撫湖廣。奬阮大鋮築鴨矶堡之勞。監軍宋劼請採礦銅陵。

十五己巳，通政使楊維垣言三朝要典爲黨人所燬，命禮部購付史館。

十六庚午，丁啓睿加太子太保，丁魁楚進兵部尚書。贈李邦華太保。

十八壬申，進馬士英少師。義陽王居太倉。尚書黄道周、太常卿葛寅亮、尚寶丞鄒之麟見朝。

十九癸酉，陳燕翼吏科右，錢增兵科左。舊閣臣錢士升加太子太保，廕孫燾中書舍人。

廿一乙亥，允部議詔封于謙臨安伯，遣太僕主簿陳濟生致祭。

廿三丁丑，命雪舊順天撫陳祖苞失城之罪。

廿五己卯，念鄖陽孤危固守，加徐起元兵部侍郎，高斗樞副都御史，朱翊辨京堂缺用。唐庶人聿鍵求復王爵，不允，命居廣西之平樂。

廿六庚辰，命婦入賀。復姚思仁、王永吉原官，倪嘉慶刑科右。

廿七辛巳，駙馬齊贊元掌宗人。

廿八壬午，瞿式耜巡撫廣西，馬乾巡撫四川。搜取寧波洹課七千兩。

廿九癸未，布衣何光顯上書乞誅馬士英、劉孔昭，詔僇於市，籍其家。

三十甲申，太監孫象賢、孫珍世錦衣僉事。吏科抄參逆案陳爾翼頌璫，有「內外諸臣心閹臣之心」語。聶慎行久掛吏議，內計處分。楊兆昇亦係察處之人，近皆薦起，抄出議之。

補禁四六儷文。出編年。

98 吴适參駁

十二月十三日丁卯，户科吴适糾亂政監司：「一爲陳之伸，以兖東少參聞警潛逃，革職逮問。捏稱部覆，朦補僉憲。一爲夏萬亨，中書被察，題補勸農知縣，加副使銜，棄地南奔，遂營齎詔之役，稱副使。又借題迎護，陞江西布政，以邑令半載而登岳牧。一爲郭正中，以舉人罪加責戍，朦選知州，避兵不赴，借名修曆入京，奉旨驅逐。今又借危疆，躐得僉憲。由此而推，則從賊投用之黄國琦，應得晝錦矣。」

編年云：吴适抄參忻城伯趙之龍薦用人才疏，謂「陳爾翼頌逆有據，且薦崔呈秀爲本兵，不可復用。」之龍再疏争之，适特疏言：「祖制，惟科臣專封駁之權，未聞勳爵而參駁正之司。勳臣黨邪求勝，將部科俱可不設，不幾背明旨而蔑祖制乎！」是時，張捷秉銓，部務皆阮大鋮一手握定，而選郎以貪黷濟之，吏道龐雜。惟适辦事垣中，抄駁侃侃，不憚權貴。若安遠侯柳祚昌薦授程士達督理京營，适抄參士達「不過積分監生，非屬科貢正途，勳臣乃提督大漢，非有標營之責，何得侵樞戎職掌，以奪銓部權衡」。慶遠知府郭儀鳳，疏言掛冠勤王，且誣巡撫方震孺貪狀。适駁參：「郡守無勤王之例，掛冠非入援之名，儀鳳不候憲檄，非奉明綸，擅離職守，飾詞妄瀆。察撫臣清執有素，儀鳳穢迹著聞，必懼題參，先行反噬，自應嚴究，以杜刁風。」光禄署丞張星疏求考選，适駁參：「張星初以縣令躁進降處，又掛察典，不惟望斷清華之夢，亦已身絶仕進之階。乃無端幻想，僥倖上賞，欺君孰甚！若不一爲點破，則關門大典，不幾爲燃灰之地、向躍之門耶！」保定伯勳衛梁世烈，請襲祖爵，适參：「國難以來，雖王侯戚里，咸餧虎狼，華胄重臣，悉罹鋒刃。而其間脱身圖存，埋名溷俗者，固亦不乏。該勳何以逆料其家之必殲，而忍以子嗣乎？萬一本宗匹馬來歸，將奪諸該勳以授乎，抑姑仍之且兩封乎？恐無此法紀也。該勳世受國恩，誠恢復有志，何難倡諸勳舊，破家從軍，自當直擣燕、雲，上爲先帝復仇，次爲諸勳雪恥。爾時訪問本支有無存否，然後請諸朝命，光復祖爵，不亦休乎！昔李晟收復長安，下令軍中曰：『五日内無得輒通家信。』今長安未復，殊非諸臣問家之日也。」遂安伯勳衛陳濬疏請襲，适參：「自都邑變遷，河山阻絶，世次無憑，單詞莫信，業奉明旨嚴覈。該勳一請再請，若不能待，直視五等之封，祇同土塊之乞，亦與菜傭都督一醉告身，爲可乘時拾芥而攘取乎！況遂安勳衛今或遯迹閭閻，或從容歸國，安可懸坐鬼録，使後來鞍馬遺裔，執途人而可稱；攀髯孤忠，裂本支而他續也！」中書舍人張鍾齡請給部銜，适參：「職方何官，監軍何事，妄行陳請。若果報國有心，何官不可自效，而藉口贊畫，輒請高銜，躁進尤甚。」他若革職司務朱濟之計處吏部，聶慎行、副使曾應瑞等躐躋甞陞，或疏劾，或抄參，不少假借。無奈人心日競，啓事日雜，雖經封駁，銓部竟置高閣，旋駁旋用，使職掌掃地，而宵小盈廷矣。

吴适，字幼洪，號静齋，蘇之長洲縣人。崇禎丙子舉人，丁丑進士。祖諱之佳，庚辰進士，以抗言國本爲民，贈太僕少卿，然則吴黄門殆忠諫世傳乎！語云：「鷙鳥累百，不如一鶚。」信然。

公與舅氏有年誼，當行取時，來謁南昌。時先君子在署中，見其年甚少，美豐儀，朱唇，其言朗朗若金石聲，每語不肖，極賞之。今讀其諸參，益嘆先君子之藻鑑也。復憶昔侍内父杭濟之先生，先生最喜其專稿，是公之文章政事，人物家風，俱有大勝於人者。辛亥六月二十日社埄王館識。

99 五陵注略

二十二日丙子，禁書坊不許行五陵注略。楊士聰曰：「五陵注略者，許生重熙之所撰也。持論頗異，如葉福清之謚忠似謬，方德清之謚正似醜，朝論諱之。至言劉伯温拜渡江勳舊襲封，出鄉人之戴推，前人已有言之。劉孔昭一見大怒，適温相忌倪元璐，恐其入閣，孔昭遂以倪錮妻事，與許並股作疏，意重在許，欲開大獄。上不允，親票旨放歸，許之書遂播行。」

100 韓贊周泣對

除夕，上在興寧宮，色忽不怡，韓贊周言：「新宮宜懽。」上曰：「梨園殊少佳者。」贊周泣曰：「臣以陛下令節，或思皇考，或念先帝，乃作此想耶。」

贊周泣對，有汲黯、魏徵之風。弘光此想，酷似東昏、后主一輩。辛亥六月二十日王館書。

甲乙史載此爲二十四日戊寅事，予按「令節」二字，似「除夕」爲真，故從之。他書俱「新宮宜權」，惟「宜懽」字似與「不怡」相應。

101 太子雜志 以下合録

甲申六月十八日，劉澤清奏：「有典史顧元齡，係浙江錢塘人，五月初二日出北京，傳言皇太子卒於亂軍，其定王、永王，俱於賊走之日遇害於王府二條巷吴總兵宅内。皇城宫殿、太廟、享殿各門，亦俱焚燬，惟存正陽一門。其前三門外，焚刼更慘。」

七月十七日大事記載王燮塘報。

八月二十九日，召北來太監高起潛陛見。起潛實奉太子浮海至南，朝論諱之。

九月丙戌朔，朱國弼、趙之龍上太子及永、定二王謚。時傳太子南來，欲斷之也。

二十五日庚戌。初袁妃、公主受上刃不死，尋復甦活，帶傷殘疾。清王遣出宫，依老中書周玄振家，玄振之子遂妻公主。〔一〕永王久潛民間，至是自出求見，妃、主相把持大慟。玄振懼，奏之。清王使內院謝陞驗視，執言其僞，下之獄。提牢主事錢鳳覽力辯非僞。有士民數人疏請收養，直糾謝陞不忠。當事者謂奸民不應誣詆大臣。錢及士民凡疏有名者悉戮，因並殺王。一日謝陞坐朝房，忽若有物擊其背，疾呼一聲倒地，嘔血數升卽死。

十月二十七日辛巳，鴻臚寺少卿高夢箕北來，復任，謝恩。

十一月朔乙酉，太子潛居興教寺。高起潛私聞於馬士英，遣人殺之。及至，而太子已先一日渡江南遁矣。

十二月十七日辛未，錦衣馮可宗獲妖僧大悲。僧故齊藩宗人，狂言受先帝命，已復王爵。又狂言先帝實未晏駕，指斥上云云。命下鎮撫司。

二十四日戊寅，管紹寧言東宮確然遇害。命於明年二月爲東宮制服。至乙酉二月十一日甲子，紹寧請謚皇太子曰獻愍，永王曰悼，定王曰哀。時定王已沈於海，皇太子方遯紹興，上密令內使召之。紹寧先定謚，以示絕也。

〔校記〕

〔一〕玄振之子遂妻公主　此行八字原闕，今據曹氏藏抄本補。

102 邊鎮諸將

甲申六月十三己巳，以總兵吴志葵鎮守吴、淞。先是，江北諸鎮兵不戢，䀝䀝思渡。葵時爲游擊，隨撫臣鄭瑄鎮京口。葵悉心守禦之任，晝夜靡懈，江上以安，故有是擢。

十六壬申，賜福建總兵鄭芝龍蟒衣。

十八甲戌，劉澤清請誅吕大器，指其起用王重掌選，又指其比雷縯祚，謂縯祚爲吴甡走狗，殺周延儒以媚東林。澤清又薦公忠之賢張捷、鄒之麟、張孫振、劉光斗，及逃撫郭景昌、王永吉。

廿一丁丑，塘報陝西全陷。馬士英請亟獎趙光遠，給以空札一百。時光遠已降賊矣。

廿三己卯，濟寧回子兵朱繼宗，復殺所署副將楊樸一家，而自爲總兵，與李元和共事。

廿八甲申，北將于永綬等領馬兵千人駐扎鎮江。浙江都司賈之奎領步兵至止其地，及京口營兵與各路零卒，分扎西門外與教場等處，類聚繁雜。平日與市舖交易，未免争較錙銖，遂各懷嫌忿。復因馬兵以賤值攫小兒瓜，相持不讓，兵傷兒頰，道路不平，攢毆之，縛而擲之江。馬兵攘臂欲得首事者甘心焉。問之，則浙兵居多，深以爲恨，呼黨致鬬，忿然馳馬來。路遇浙營守備李大開，呵之不下。大開怒，抽矢射之，中數人。馬兵謂浙營兵將皆欺我，羣起攻殺。大開中矢，傷重卽斃。時浙兵於道上有竄隱民家者，馬兵借端挾索，恣其淫掠，焚東門外民居數十里。馬兵有云：「四鎮以殺搶封伯，吾輩何憚不爲！」仇殺不解，幾成大亂。祁撫軍擐甲馳往彈壓，地方以安。而馬兵旋爲史閣部調去儀真安插，其事得解。事聞，上以于永綬等四將馭千餘兵，紀律不彰，仇殺駭聽，宜速處其首釁者，命赴史可法軍前核治。可法下令總鎮官處分起事兵丁一二名而已。其後兵將調集，悉聽本處撫臣節制，著爲令。總兵黃斌卿防禦京口，丘磊鎮守山東。

七月初三戊子，命四鎮各率兵由六合馳赴督輔調用，皆不奉詔。

初五庚寅，祁彪佳、黃斌卿總兵鎮江。命金聲桓駐防淮、揚。

初六辛卯，張鳳翔手書移丘磊，言：「北兵甚迫，義不可往，已率義勇鄉紳離東昌而來。」

初九甲午，加李際遇、劉洪起總兵，防禦河南。

初十乙未，定京營之制，悉照北京。命以杜弘域、楊御蕃、牟文綬補三大營各總兵，各統一營至五營。丁啓元、竇國寧、胡文若補三大營各總兵，各統六營至十營。詹世勳等各補正副號頭。先是，牟文綬協防鳳陵，見賊勢縱橫，捐貲募練義勇數千，以資戰守。至是，有京營之命，即與劉良佐議，原兵願留鳳者、不願留者，各聽自便。於是，不願留者即令原領兵官王先聲、袁大仁等統率，並騎甲器砲，俱赴劉鎮交付外，其餘挈妻子先南走，期以隨綬暫駐江浦四千餘人，兵將不忍相離。綬奏：「該督神機、巡邏二營，名雖一萬六千，實不及一半。倘隸此四千人於二營，可壯京營守禦。」上下其章於所司。詔各鎮舉用，大帥劉澤清薦水陸大將馬化豹、栢永馥，俱聽史可法題用。疏入，上嘉其得體，故有是命。御史陳藎募兵雲南，先攜三萬金備餉。

廿六辛亥，杜文焕提督巡捕營。時改巡邏爲巡捕。

八月初二丁巳，蘇撫祁彪佳言：「鎮臣黄斌卿躬提一旅至京口，正值亂兵肆劫，纔得佈置，鄭鴻逵欲以上江調換他處，挪借之錢糧如何銷算，拮据都置一擲矣。」

初七壬戌，命左良玉開藩武昌，左夢庚、惠登相並都督僉事。

初九甲子，王應熊開藩於遵義。

十五庚午，劉良佐移鎮壽春。馬士英薦汪碩德兄弟招募水師造船。

廿八癸未，劉澤清上言進取之計：「募數十萬之兵，儲數十萬之餉，備十餘萬之馬匹器械，須整頓一二年乃可渡河。而今惟恐姜曰廣、劉宗周不得黨勝爲快快，臣不能隨輔臣急於一渡也。今虜已入臨清，會兵南下。賊已道雒陽攻密縣。如此光景，虜不至河，寇不至江，不止也。」

廿九甲申，福建總兵鄭芝龍南安伯。大事記云：都司同知陳謙奉命往閩，請乞召對，面陳軍政機宜，並祈臣工盡滌積習，忘爾我門户之私，文武協和，中外交應，以贊中興之業。謙鎮粤時，曾與鄭芝龍盟於羊城，矢心報國。近因寇患，陳進勦三策。部議謂其「切於時務，可佐前籌。且與閩帥交善，令齎勅諭、金帛往閩奬賚芝龍，兼調其兵六千入防，即與鄭鴻逵統領共足一萬之數，俟謙差旋推補，以旌賢勞」。

九月初二丁亥，諭史可法：「虜在河北，寇在河南，大兵繼渡，或亦未便。徐、宿之師直抵汴梁，禦寇防河尚可兼顧。汝寧、歸德去寇尚遠，大兵前行，當抵何處？兵由楚、豫，餉猶江、淮，勢分道遠，東事如急，能否四應？詳酌緩急，以爲進取。」

初三戊子，廣西巡撫方震孺言狼兵善火器藥弩，以副將朱之胤統千人入衛。

初四己丑，高傑請瓜洲、泰興、邵伯鹽稅助軍。

初十乙未，總兵黄斌卿駐九江，鄭鴻逵駐鎮江，黄蜚駐采石。

十二丁酉，王之綱爲盪寇將軍、河南總兵官。許定國擒陳州僞官惠在公等。

十六辛丑，牟文綬總兵荆州。移黄得功駐廬州，高傑駐徐州。

十八癸卯，令王允成鎮岳州，馬進忠鎮荆州。

十九甲辰，劉澤清薦張鳳翔、李棲鳳可預重臣之選。本吕棲鳳。

廿一丙午，杜弘域提督池、泰。

廿二丁未，黄斌卿不服調遣，憤懟引疾。諭督輔：「調來防江水師黄蜚四萬之衆太多，淮上扼防亦要，酌議奏奪。」

廿三戊申，田仰爲淮鎮請給米一百六十萬石。

廿四己酉，左夢庚佩平賊將軍印。

廿五庚戌，諭兵部：「沿江文武官，悉聽阮大鋮參處。」又旨：「江上水兵五萬，陸兵三萬，上、下江水陸一萬五千，操江兵三萬，尚少三萬議募補。」

廿六辛亥，盧鼎鎮守武昌。

十月乙卯朔，李成棟鎮徐將軍駐徐州，李朝雲改後勁，李世春改泗州。賀胤昌揚州各總兵。

初二丙辰，鄭芝龍鎮守福建，羅聯芳貴州總兵。

十四戊辰，總兵卜從善駐蕪湖。劉孔昭奏補標營。

十六庚午，許定國開鎮睢州。

二十甲戌，給鄭鴻逵鎮海將軍印。

廿一乙亥，命黄得功、劉良佐合兵駐鳳、壽。

廿三丁丑，加左良玉太子太傅。馬士英奏杜文焕先年成功。鄭鴻逵、黄蜚、黄斌卿各請戰船月餉。

廿七辛巳，都督曹友義領黄河水師，金聲桓改豫、楚援剿。

廿八壬午，劉安行僉都，提督浙、直市舶、屯田，劉若金提督閩、廣屯舶，兼珠池、海防。

十一月初七辛卯，伯常應俊薦許定國實心恢復，着鑄印給之。

初八壬辰，總兵馬進忠鎮荆州。

初十甲午，左良玉奏承、德將士絶糧餓死。

十二丙申，命鄭鴻逵節制京口至海門。

十五己亥，趙之龍奏黔兵萬里荷戈，三月缺餉。上切責户部。

十七辛丑，給浙江總兵王之仁鎮倭將軍印。

廿三丁未，劉洪起加總兵銜。

廿四戊申，馬士英加九江守道。耿廷録太僕少卿，命調臨安。土官沙定洲兵馬一萬，從建昌入川。此從天而下也，允之。

廿六庚戌，黄斌卿改駐安慶。命許定國鎮守開封，與王之綱合剿。高傑請籍没周延儒財産，諭不忍行。

廿七辛亥，黄昇請牛種興屯。楊文驄請金山、圌山建城。

十二月初三丁巳，馬士英奏劉孔昭實心定策，劉澤清、張文光密議效忠。命二劉進侯爵，文光加宫銜。澤清奏請禁巡按訪拿奸黨。

初五己未，加劉承胤右都督。馬士英保薦胡國貞等，悉加總兵銜。

初八壬戌，高傑薦舊臣黄道周、易應昌、黄志道、解學龍、劉同升、趙士春、章正宸爲衆正，吴甡、鄭三俊爲萬世瞻仰，金光宸、熊開元、姜埰無愧社稷臣，金聲、沈正宗夙儲經濟。

初九癸亥，定勇衛營萬五千人。諭太監高起潛：「閣臣已在河上，爾駐浦口，無事便於提調，有事相機應援。」

十二丙寅，史可法請發鉛彈三萬斤、生鐵十二萬斤、銅甲葉五百副。命部給之。又薦舉人韓詩等。

十八壬申，命王永吉防河北、張縉彦防河南，分許定國、王之綱信地。

十九癸酉，諭都督牟文綬鼓鋭先赴施州。

廿四戊寅，張縉彦分諸將王之綱等防河。已入北事內。〔一〕編年云：時賊窺突禹州、襄城等處，各鎮擁兵不進，惟高傑提兵二萬直抵開、雒之間。巡按陳潛夫獲太康僞知縣安中外等，副將劉鉉、郭從寬等，殺賊六百餘級，擒鄢陵僞知縣王度、許州僞巡捕王法唐。批云：一作王清塘。總兵王之綱斬賊都司虞世傑。總兵劉洪起獲汝寧府僞官祝永苞、上蔡僞知縣馮世遇，斬三百七十級，又於襄城斬賊二千二百七十六級，擒賊二百三十一名。總兵許定國獲陳州僞官惠在公等。各加級，以洪起斬獲獨多，仍加二級。

三十日甲申，賈登聯四川總兵。

〔校記〕

〔一〕已入北事內　此行五字杭大藏抄本原無，今據曹氏藏抄本補。

103 僞官

甲申六月初七癸亥，原任河南勸農兵部尚書丁啓睿奏：「弟啓光分守睢陽參將，命副將盛時隆、申吉、白維屏、遊擊黃承國、都司李定國、馬國貞等，密會歸德知府桑開第、舉人丁魁南、郭爌、余正紳等，計擒各縣僞官，俱於五月十六日一齊擒拿，獲得歸德府僞管河同知陳奇、商丘僞知縣賈士俊父子僕三人，柘城僞知縣郭經邦、鹿邑僞知縣孫澄、寧陵僞知縣許承蔭、考城假知縣范雋、夏邑假知縣尚國儁，併各僞契一顆。今將所獲七賊解京，郭經邦以天暑病死，舁屍浦口俟驗。」

時濟寧都司李允和殺僞官劉澹、尹宗衡、張問行、傅龍等九人，因原任兗西道副使叛官王世英，解京獻俘。開封府推官陳潛夫、寨勇李遇知、劉洪起等，各殺僞官南附。青州府衡籓率諸生驅殺僞官，請徙內地。四川巡按御史劉之渤奏報合江、仁懷擒殺賊楊騰鳳、張見陽等。改潛夫江西道御史，巡按河南。啓睿以原官爲河南安撫，賜遇知、洪起總兵官，勅之渤下部紀録。

初十丙寅，馬士英疏曰：「爲請申大逆之誅以洩神人之憤事。縉紳之貪橫無恥，至先帝末年而已極，結黨行私，招權納賄，以致國事敗壞，禍及宗社。闖賊入都之日，死忠者寥寥，降賊者強半。侍從之班，清華之選，素號正人君子之流，皆稽首賊廷。如科臣光時亨，力阻南遷之議，而身先迎賊。龔鼎孳降賊後，每見人則曰：『我本要死，小妾不肯。』其他逆臣，不可枚舉。臺省不糾彈，司寇不行法，臣竊疑焉。更有大逆之尤者，如庶吉士周鍾，勸進未已，復上書勸賊早定江南，又差人寄其子，稱賊爲新主，盛誇其英武仁明及恩遇之隆，以搖惑東南。親友見者無不憤恨，恨不立毀其家。昨臣病中，東鎮劉澤清來見，誦其勸進表聯云：『比堯舜而多武功，邁湯武而無慚德。』又聞其過先帝梓宮之前，揚揚得意，竟不下馬。臣聞之不勝髮指！其伯父周應秋、周維持，皆魏忠賢門下走狗，本犯復爲闖賊之臣。梟獍萃於一門，逆惡鍾於前世。臣按律，謀危社稷謂之謀反，大逆不道宜加赤族之誅，以爲臣民之戒。今其胞兄周銓，尚厠衣冠之列。其親堂弟周鑣，儼然寅清之署，均當連坐，以清逆黨。伏乞皇上大奮乾斷，勅下法司，先將本犯家屬並周銓、周鑣等嚴行提問，依律正法。其餘從賊苟免諸臣，分別定罪。庶國法伸而人心儆，於新政不無小補矣。」

編年云：馬士英疏請誅逆，言從逆諸臣强半素是正人君子之流。禮科袁彭年駁之曰：「從逆姓名傳播不一，在樞輔義憤填胸，或不覺言之偶激。然恐僉人乘間，陽爲正人口實，陰爲逆黨解嘲。甚且借今日討逆之微詞，爲異日翻案之轉語，不至淆國是而傾善類不已，則其害有不可勝言者。夫從來善類所歸，間雜匪德，往往有之。東京盛名，豈無逃死之張儉；元祐錮籍，亦有巧免之王章。三十作朋，業官分席；七賢寄□，山王可□。豈因鄴宮一姓之惡，遂毁銅臺全部之音。惟是温公一信蔡京，而紹述之禍漸起。唐室一進逢吉，而興復之業不終。孔子曰：『君子而不仁者有矣，夫未有小人而仁者也。』歷觀往事，斯言誠千古定案也，今日何獨疑之！」

十二戊辰，通政使劉士禎，請令北回大小文武職官俱著歸原籍，静聽朝廷處分，不得紛然奏辯。上從之。

十五辛未，叙東省擒殺僞官功，以李元和爲首。

七月初二丁亥，命叙山東擒僞功。

初八癸巳，諭北京從逆諸臣倣六等定罪。

廿五庚戌，劉孔昭薦錢位坤，言：「位坤曾經吴三桂收用，忠實可信。長安所刻國變録，爲奸徒指題害人，不止龔彝受屈，請亟收用位坤。」

八月初三戊午，原任昌平撫何謙自北逃歸。

初四己未，朱國昌言：「往者賊入都城，自閣部以至庶僚，有一不青衣小帽叩首賊廷者乎！至賊衆已去，又思藏頭換面，駕言不屈，潛踪覓線，冀燃死灰。如梁兆暘、何瑞徵等，萬口唾罵矣。至若劉大鞏等，恥心蕩然，當與周鍾輩並行正法者也。」

初八癸亥，諭刑部：「所擬從逆諸臣，如領兵獻策，即在庶僚，豈可末減；督撫總兵，降賊情罪極重，豈可列二等；京堂科道翰林，受賊僞命，豈可止於一絞；封疆大吏，聞變倡逃，豈止於流；獻女獻婢，豈止於徒。諸臣負恩辱國至此，須有定案昭示天下。」

初九甲子，逮故大同知府張璘然、户部侍郎黨崇雅、祭酒薛所蘊。

九月十六壬寅，浙按任天成劾浙屬鄉宦金汝礪、繆沅身污僞命；張璘然、方允昌爲賊親任，一歸一未歸；李綱、徐家林俱受僞職；庶吉士魯㮚、王自超、吴爾壎、魏學濂爲賊所留。止學濂痛憤自縊，諸人猶戀身家，臣誼安容！

十八癸卯，田仰拿解光時亨至。

廿一丙午，高傑爲匍匐南歸諸臣請從末減。

十月初五己未，降賊故尚書張縉彦自言在河北收義勇、誅僞官，大學士王鐸保之。命以原官總督北直、山西、河南軍務，文武委用，給空名札二百。

十二丙寅，御史胡時亨言：「近來章奏文武陞授，皆出勳臣之口，至從逆僞官借口軍前，蒙面求進。

武臣不效命，謂文臣掣其肘，今不又武臣掣文臣之肘乎！」又言：「黄國琦、施鳳儀補用，臣實駭然。黄則僞吏部掌硃封者；施則管儀仗時，語賊『不可用亡國之器，願自賠千金造』者。此何人而辱班行乎！」

十五己巳，兵科王奏「李祖述、朱元臣偷生負主，有愧諸勳」。下部議。至十九癸酉，諭兵部：「臨淮侯李祖述奉命守門，城陷君亡，偷生南竄，該部嚴議。」

十七辛未，命北歸庶吉士史可程督輔私寓候議。至十一月初九，可法爲弟可程文過求恕。

十九癸酉，劉澤清招禁商船爲水營，薦黄國琦爲監軍。

二十甲戌，史可法薦北歸諭德衞胤文兼兵科，命監高傑兵。

十一月初五己丑，丁啓睿、丁魁楚合奏：「有僞侍郎金之俊，保舉二人僞撫，遣人持徵文至，爲劉良佐所獲。」二二丁合辭待罪。

廿五己酉，御史沈宸荃劾張縉彦、王永吉、何謙、丘祖德、黄希憲、曾化龍。命縉彦、永吉勿問，何謙等法司提之。

廿七辛亥，劉澤清薦時敏海外興屯。命蘇京駐廟灣防海。

十二月初五己未，春坊韓四維自言未經賊辱，棄家南奔。令復官。四維實願輸銀一萬求賊司業，而賊降爲修撰者。

十一乙丑，光時亨辨罪，不允。

二十甲戌，受僞命李逢甲贈太僕少卿。

廿一乙亥，劉澤清薦受僞命時敏，仍以兵科開屯大瞿山。刑部尚書解學龍請寬貶節偷生諸臣，如何瑞徵、張若麒、楊觀光、黨崇雅、熊文舉二十二人，應候三年定奪。時諸人猶在北京。

廿三丁丑，解學龍上從逆諸臣六等罪：一等應磔，宋企郊等十一人。二等應斬，擬長繫秋決，光時亨等四人。三等應絞擬贖，陳名夏等七人。四等應戍擬贖，王孫蕙等十五人。五等應徒擬贖，宋學顯、沈元龍等十人。六等應杖擬贖，潘同春等八人。存疑另擬，翁元益等二十八人。

保國公朱國弼等合疏糾刑官六失。御史張孫振亦言：「從逆一案，明諭法宜從重。大司寇操此三尺，推諉半年，人人出脫。北來諸人，乃賊棄之而來，非棄賊而來。解學龍賣法舞文，乞勅公鞫。」革學龍職，以高倬爲刑部尚書。

補　八月二十，僞太常丞項煜逮到。二十七日，御史王孫蕃論方以智自虧臣節，復撰僞書以亂是非。命逮以智。

九月初一，下部議王先通恤褒。先通非王守仁後人，冒襲，降賊勸進，爲賊聲罪所誅。

史云：乙酉正月初十，韓四維逃歸，託言前使岷府不污賊塵。上謂「遣封在四月中旬，未及受事，何得欺飾！姑着調用」。工科錢奏：「科場大開賄賂，何瑞徵、項煜公然市貢。」

乙酉二月廿三日，蘇、松按周之泰奏：「楊枝起、宋學顯、楊汝成、宋之繩、曹谷、朱積、翁元益既受僞官，豈容倖漏。」令法司提問。

104 張獻忠雜志

甲申六月初一，左良玉陳恢復多城疏曰：「臣於去年八月初復武昌，旋以江省爲憂，約彼撫、按備糧，擬卽發兵往護。而撫、按二臣，嚴文力拒。臣兵不使得前，賊因入袁州，是禍中西江，非臣之過也。臣隨選副將吳學禮，於十月十三日恢復原城，因糧絕兵回。迨賊復返，臣乃遣馬進忠統騎兵陸走江西。十一月二十七日再復袁州，而江省曾無顆粒寸草以勞軍也。又於本月十三日恢復萍鄉，十二月初二日恢復萬載，初五日恢復湖廣澧陵，二十六等日恢復長沙、湘潭、湘陰、湖南一帶地方，獲各城僞守道等官尹蘇民等，現在九江營監禁。遣副將馬士秀等統步兵由水趨湖廣，因於十二月二十四日恢復臨湘，卽於本月有恢復岳州之大捷，又於十七年正月十六日恢復監利，二十二日恢復石首，二月十一日恢復公安。先是臣又調副將惠登相率兵由均東下，會師彊果，於十七年正月二十四日同副將毛顯文恢復惠安，又於二十六日乘勝直搗隨州。未滿三月，恢復府州縣共計一十四處，屢次捷功，俱經臣與監軍職方司主事李猶龍先後馳報。近檄袁、岳水陸兵馬合進追賊，而逆獻始踉蹌竄蜀。江右、湖南盡爲寧宇。今圖乘隙進復陵寢，方愜臣之本願。江督呂大器駐兵江西省城，從不出一步，乃有恢復吉安之報，顧不思獻賊原未到吉安，何事恢復？反疏『左兵無心剿賊，皆足爲地方之患』等語。」

湖按黃澍疏曰：「正月初三日，據鄖標右營副將賈一選塘報，獻逆於十二月十五日自荆河口搭浮橋渡河，十二月二十四日入荆州城，及老狪狪合營。先是荆爲闖逆部賊任、孟二賊所據，老狪狪曾與之爭衡。自獻逆渡河，而任、孟宵遁，爲分爲合，似未可知。」

獻、狪在荆、襄，闖逆據承、德，楚中入川、入豫要路，我往則寸寸皆斷，彼來則處處皆通。今我所得前者，惟青、徐一綫與亳、歸數武而已。

六月十三日，張獻忠陷涪州，再陷瀘州。

二十二日戊寅，獻忠衝佛圖關，遂圍重慶四日，城中力不能支，乃破。獻忠屠之，一城老幼無孑遺者。取壯男子去耳鼻、斷兩臂，驅至各州縣，言：「兵至而不下者視此。但殺王府官府鄉紳，封籍以待，則秋毫無犯矣！」由是，所至官民自亂，無不破竹下者。巡撫陳士奇時交代未去，與重慶知府王行儉俱死。瑞王避難在渝，合門遇害。總兵趙光遠降賊，士英猶請降勑獎之。

八月初五庚申，獻忠圍成都。

初九甲子，獻忠陷成都，蜀王合宮遭害，撫臣龍文光暨道、府皆死。

三十日，貴撫范鑛奏蜀寇猖獗。

九月十四日，御史徐養心言：「闖賊使孟長庚築江陵城，逆獻復有取荆州之檄。萬一順流而東，潯陽、蕪湖單弱，樞輔尚屬築舍，不幾以金陵爲孤注耶！總督死者止熊文燦耳，其他一味欺飾，失律之罪謂何？」

十二月十九日癸酉，四川僉事張一甲言川事決裂之甚：「東則張賊直衝夔門，由忠、萬而上，勢如破竹。北則李賊漸逼閬中。廣元、昭化以南，久樹降旗。通、巴一帶，日爲摇黃土賊西掠。六月二十一日，張賊陷重慶，瑞王遇害。舊撫陳士奇拷死，將弁俱殲，兵民砍去一手者萬計。八月初五，張賊圍省城。初九日，大砲崩城，官兵盡潰，士民慘死，擁尸塞流。蜀王、撫按、總鎮三司俱無下落。而李賊又於七月招安保寧，士民投順。川北無兵，胆氣已爲摇黄折盡。自涪、渝繼陷，各兵砍手放歸，見者寒心。」

二十日，川督王應熊上言：「重慶、成都二府，凡川民敲骨吸髓所供，殆七八十萬，悉爲賊有。」

105 李自成雜志

甲申七月十三日戊戌，順賊出關，道雒陽，攻密縣李際遇小寨。

十八日，僞順行牌至東昌云：「發兵三十萬，由曹縣至金鄉繳。」

十九日，參將夏有光報：「探至臺兒莊，知順賊見在平陽整兵，太原、潞安鄉紳富户，盡徙西安。」

二十日，李賊遣僞將馬科至四川，招安保寧一路。

二十二日，順賊僞將宋朝臣兵至杜勝集，舊兵部職方主事郭獻珂微服村居，召標將張成初與戰於桃園。賊兵潰，追獲朝臣斬之。遺聞作郜獻珂。

八月二十八，蕪湖主事陳道暉奏，榷關銀被賊入署掠盡。

十月二十一，順賊出潼關，三營向歸德，三營上裕州，二營踞郟縣。

十二月初六，陳濳夫報順賊來窺河南。

106 北事

六月初三己未，都督陳洪範請任北使。命來京陛見。史可法乞選臣賫監國、卽位二詔及使吳三桂、謝陞二敕抵山東、北直曉諭。時訛傳德王起義，以謝陞爲謝陛也。

十五辛未，馬士英以清國攝政王所諭南朝官民示奏聞，請遣官賫詔北行。士英疏曰：「據東鎮太子太師、東平伯劉澤清揭前事，內稱六月初六日，據北來難民嚴太、沈紹祖、潘章、張敬山等報稱：東虜五月初一日追賊至京，出示云：『大清國攝政王令旨，諭南朝官紳軍民人等知道：曩者我國欲與爾大明和好，永享太平，屢致書不答，以致四次深入，期爾朝悔悟耳。豈意堅持不從，今被流寇所滅，事屬既往，不必論也。且天下者非一人之天下，有德者居之。軍民者非一人之軍民，有德者主之。我今居此爲爾朝雪君父之仇，破釜沉舟，一賊不滅，誓不返轍。所過州縣地方，有能削髮投順，開城納欵，卽予爵祿，世守富貴。如有抗拒不遵，一到玉石不分，盡行屠戮。有志之士，正幹功名立業之秋，如有失信，將何服天下乎！特諭。』看得虜示，是不知中國已有主矣，理合速差文武二臣頒詔北行，以安彝、漢臣民之心，從此東南又換一局。臣已遣陳新甲、向議欵主事馬紹愉往督輔史可法處，相機商酌。」

十六壬申，馬士英舉陳洪範北行欵虜。

十九乙亥，僉都左懋第以母死于北京，願同陳洪範北使。

廿六壬午，進舊輔謝陞上柱國少師、盧世㴶工部侍郎、黎玉田兵部尚書、王應華光祿卿，俱充山陵使，祭告先帝，后祔葬。

廿七癸未，清兵入德州，盧世㴶迎降，濟王走死，馬元騄奔南京，謝陞亦出山入仕於清。

廿九乙酉，北歸諸臣南下，舟次上閘，監軍凌駉在州。時李建泰已作清輔，駉有撫東之命，與署道于連躍出示稱「順治元年」。然駉于南京亦發疏不絕。是日，傳報濟寧欽命固山額真石等，奉攝政王令，調兵馬巡視山東，所到地界，官民出郭迎接，違者以抗師治罪。又清國平西王吴三桂稱：「攝政王簡選虎賁數十萬，絡繹南下，牌行山東臨、德一帶，仰體大清安民德意。」

七月丙戌朔，有北騎數人持告示至青州，一爲攝政王，一爲平西王吴，各稱安民。又有北中兵部文二角，索一路清册，惟濟寧未降，東昌、臨清皆服。又臨清中軍張顯榮稱：「攝政王命固山額真石六家總兵駐德州，侍郎王鰲永山東招撫。」

初二丁亥，張鳳翔家眷與楊仕聰同舟，遇南京頒詔官，即同南行，借臨清兵自衛。凌駉預戒兵丁，言北朝兵無送人南往之禮，到濟寧即返。時馮銓、李建泰、謝陞俱爲清國内院大學士。

初五庚寅，進左懋第兵部右侍郎僉都，經理河北，進郎中馬紹愉太僕少卿，陳洪範太子太傅。清已除王鰲永總督山東、河南，以方大猷爲監軍，署巡撫事。楊汝成、張維機從陸至，大猷遣牌送至濟寧登舟。

初六辛卯，視朝畢，召廷臣及左懋第、陳洪範、馬紹愉議北使，遂召面對諭之。尚書顧錫疇進恭擬祭告陵園文、祭告大行皇帝后文、吴三桂封爵制書、勅諭鐵券、黎玉田高起潛勅命、諭宣北京人民、諭宣彝御書，一一呈覽。

十四己亥，僉都御史左懋第言：「臣銜以經理河北、聯絡關東爲命。夫河北則山東、北直也，關東則遼東矣。遼東久爲虜據，北直爲虜現居。山東雖殺僞官，遍地皆土賊。臣家人來云：『膠州被圍，賊至十餘萬。』則不皆向化可知也。經理實有封疆之責，以封疆重寄之銜，而往議金繒歲幣之事，名實相乖，此銜之當議者也。馬紹愉昔年赴虜講欵，爲虜所折，奴顏婢膝，虜送之參貂，臺臣陸清源糾之。其與虜交情深淺，臣誠不知，但聞其私許虜金十萬、銀百二十萬，逢人頌虜，臣不便與之同行也。」

十六辛丑，史可法奏丘茂華所稱吴三桂師次慶都，建立大清國順治元年旗號，迫人削髮。

十八癸卯，催陳洪範速行。

廿一丙午，清國遣遼人四名到沂州，索糧户册。

廿三戊申，催左懋第、陳洪範星馳渡淮，銀幣令馬紹愉隨後護行。

三十乙卯，劉澤清請褒封吴襄，使三桂銜感。劉孔昭奏吴三桂父子效忠，宜加殊禮。時舉朝皆知三桂無心本朝，而奸黨故欲崇之，已寓賣國之意矣。

八月初二丁巳，光禄少卿沈廷揚奏：「命海運十萬石餉吴三桂，道梗不可行，祈止之。」上不許。

廿三戊寅，贈吴三桂父襄遼國公。凌駉在臨清佯款清國，馳奏亟乘機恢復。遂令巡撫王燮、總兵丘磊速赴任山東。改駉巡按山東御史，給空札一百勸功。

三十乙酉，兖東道郭正中奏清騎下東省。

九月十四己亥，御史徐養心言：「人自德州來者，言山東有清國巡撫方大猷、道臣張安豫牌赴濟上，宜勅王燮早行鎮遏。」清國總河楊方興駐濟寧，傳檄山東，州縣漸次欵服。方興，遼東貢生，登進士第一，尚主歷官内院。至是來總河，與濟寧道朱國柱議取江南，以修漕運。

十六壬寅，清兵入宿遷。

廿三戊申，清將楊方興收服土寇掃地王等。

廿五庚戌，清國山東撫方大猷，承選豐、沛二知縣胡增光、欽光到任。二人兄弟也，俱魚臺生員。

廿六辛亥，田仰報沂州、郯城、宿遷烽火逼近。

十月初三丁巳，清國牌到濟寧，稱攝政王發大兵四十萬南下，諭州縣預備糧草。有臨清章總兵，進濟寧駐札。

初五己未，清國東路兵至沂，西路兵至濮。

初八壬戌，清國取豐縣。胡增光入城，前知縣劉燧走死。

十三丁卯，馬士英奏：「賜王永吉一品斗牛服色，少隆接待北使之禮。」劉澤清報：「贛、沭、沛、邳、曹、單、開、歸，處處皆有清兵。陳洪範、左懋第渡河無期，王燮、丘磊赴任無地。徐州爲張成福所守，成福送母至淮，令馬化豹代。須令成福還徐，化豹回淮。清將已在沂、郯，必令丘磊渡海，先收登、萊。邳、宿正當南北通衢，合修清河廢城，使馬化豹、栢承馥防守。如此派定，以待使臣回日定和戰。」

十六庚午，清兵入海州。

十七辛未，清兵至宿遷界，鄉兵羊酒迎之，縣民盡逃。

十一月初四戊子，總兵丘磊報青州之變。磊于白沙祭海，裝家眷行李于船，將下船北發。初六庚寅，丘磊帶百餘騎至安東，栢永馥、王遵坦召磊進署，突兵擒之。至廿一日乙巳，王燮爲丘磊引罪。

初十甲午夜，清兵破海州，將獄囚盡放，天明回兵沏口。沂州清將兵馬八萬分路南下，一向沭陽，一向邳州，一向宿遷。又牌行郯縣，催辦糧料。

十一乙未，清兵攻邳州，署印推官沈泠之固守待救。遺聞云：史可法統兵抵白洋河。十一月十二日，清兵入宿遷，可法提兵救之，隨拔營去。十三日，高傑抵徐州。先是河南巡按陳潛夫探得清朝于十月廿五日發兵，一往山西，一往徐州，一往河南，豫王將從孟縣過河。傑與劉澤清書云：「清朝發一王子，領兵號二十萬，實七八千，齊駐濟寧。近日河南撫鎮接踵告警，一夕數至。開封上下北岸，俱是清兵，問渡甚急。恐一越渡，則天塹失恃，長江南北盡爲戰場，時事到此，令人應接不暇，惟有殫心竭力，直前無二，于萬難之中求其可濟，以報國恩而已。」澤清以聞。

十五己亥，劉澤清奏：「清將夏成祖發兵濟寧，楊方興在宿遷集鐵匠打鐵條爲紮筏之用。臣今議分信防河，三里一保，百步一圈。空處築牆挑濠灌水，勒令有司興工。王燮、田仰、王永吉自安東至徐、蕭、碭屬督輔，開、歸屬越其傑，各申報竣，候左懋第回日另圖也。」

二十甲辰，田仰言：「清將已駐沂、莒二州，哨馬至沭、榆，遼人趙福星爲宿遷道，統兵五千鎮守。」

十二月乙卯朔，清國萬騎下河南。

初三丁巳，命王永吉總督防河，劉、高二將聯絡，張縉彦、王燮分布河北，王㴶移駐淮上。命黄得功、劉良佐移駐近地，以援邳、宿。

十五己巳，左都督陳洪範南還，上言：「初，禮部薦臣與吴三桂同里戚誼，意清之破賊，必三桂爲政，其事殊不然。九月十六日，臣至德州，清撫方大猷示以攝政王令，有『來使不必敬』語，止許百人赴京朝見。夫曰朝見，則目無天使矣。閣臣主議，以抗節爲不辱命。但知三桂借兵於清，未知清勢之驕悖也。錦衣駱養性爲清撫，遣兵相迎。廿九日，至河西務，贊畫王言賫臣名帖送内院，回言馮銓、謝陞等詞色俱薄，却帖不收。十月十二日，奉御書入正陽門，臣隨宿鴻臚寺，關防甚嚴，水火不通，飢寒殊苦。十四日，内院榜什剛林十餘人來，夷服佩刀，直登寺堂，踞上坐，指地下氈，令臣等坐。大聲責臣等江南不應更立天子，批云：責時懋第不屈，洪範降。且曰：『毋多言，我將不日下江南。』十五日，剛林來收銀，將十萬兩一一兑訖，蟒緞餘幣尚在後也。私計吴三桂不出受書，則萬金可以無予，諸虜踴躍搶散。明日，遣兵押行。臣等請祭告諸陵，及改葬先帝，皆不許。朗誦虜檄大都□詞。廿七日促行，防守益嚴。十一月朔至津，後運緞絹悉押去，疑養性有私于臣，削職逮問。初四日過滄州，有夷官來追執左懋第回京，不容敍别。十六日過濟寧，清兵乃還。廿一日到徐州渡河。」洪範入見，言清兵萬分緊急，旦夕必南下。馬士英惡之曰：「有四鎮在，何慮焉。」陳洪範請加恩使北勞臣，兵科戴英劾止之，言：「洪範出使無功，正使身陷異域，下役羣聚晉爵，天下聞之，恐哄然竊笑也。」

十八壬申，馬士英疏言：「清兵雖屯河北，然賊勢尚張，不無後慮，豈遂投鞭問渡乎！且強弱何常之有，赤壁三萬，淝水八千，一戰而江左以定。況國家全盛，兵力萬倍于前，廓清底定，痛飲黄龍，願諸臣刻勵之也。」命王永吉防河北，張縉彦防河南，分許定國、王之綱汛地。遺聞云：大學士王鐸疏請視師江北以復國仇，不允。時清兵至夏鎮，別由濟寧南下，又從睢陽渡河攻海州，圍邳州。史可法、高傑、劉澤清等各告急，不應。

二十甲戌，命史可法會兵援邳州。

廿四戊寅，張縉彦分諸將防河，寧陵以東至歸德屬王之綱，寧陵以西至蘭陽屬許定國，祥符以西至汜水屬劉洪起，河、雒委李際遇。高傑北征，發徐州。

廿九癸未，加高傑太子少傅，史可法太傅。先是，徐州逋賊程繼孔斬木編筏，勾引清兵渡河，僞投傑降。傑知其詐，因誘斬之，收其衆。至是，士英追理其功，故有是命。

107　徐石麒奏款事

甲申十月廿二丙子，前尚書徐石麒上言：「臣見黄耳鼎翻出陳新甲一案，謂臣殺新甲以敗款局，蓋拾馬紹愉之邪唾以顛倒成案，爲日後賣國之地耳。請先言款事。王化貞違熊廷弼節制，而私與孫得功爲市，城陷身逃而款敗。袁崇焕遣僧弔老憨，因以議款。及騎薄都城，先帝誅崇焕而款再敗。楊嗣昌爲樞密，建適内寇，再以款事聞。先帝命偵建情，竟得嫚書，而款議復敗。嗣是，卽新甲主款矣。先帝因傳宗龍之言，召新甲切責。謝陞獨曰：『建果許款，亦可恃。』于是，遣馬紹愉往義州。建不表謝，而復得嫚語。先帝大恨，而款又敗。自張若麒倡逃後，謀國之臣無不望款，天子親發璽書，擇使者而遣之，乘傳至塞外，邊臣張筵燕建使，建使一語不及，云待老憨命。及憨至義州，責諸酋私通中國，將殺我，譯事者叩頭乞哀，馬紹愉匍匐竄歸，未見憨面。臺省惡其辱國，盡發新甲奸罪，此四五月事。至七月，忽下新甲于理臣讞之，引失陷城寨律，秋斬。周延儒極力營解，以虜未薄城爲言。先帝曰：『僇辱我七親藩，不甚于薄城乎！』着即命官處決。所謂親藩者，皇考與焉，皇上遽忘之乎？」

108 清朝移史可法書

甲申十月，清朝攝政王遣副將唐起龍招撫江南，致書史可法云：「大清國攝政王致書于史老先生文几。予向在瀋京，卽知燕山物望，咸推司馬。及入關破賊，得與都人士相接見，識介弟于清班，曾托其手勒平安，奉致衷緒，未審何時得達？比聞道路紛紛，多謂金陵有自立王者。夫君父之仇，不共戴天。春秋之義，有賊不討，則故君不得書葬，新君不得書卽位，所以防亂臣賊子，法至嚴也。闖賊李自成，稱兵犯闕，手毒君親，中國臣民，不聞加遺一矢。平西親王吳三桂，介在東陲，獨效包胥之泣。朝廷感其忠義，念累世之夙好，棄近日之小嫌，爰整貔貅，用驅狗鼠。入京之日，首崇懷宗帝后謚號，卜葬山陵，悉如典禮。親郡王、將軍以下，一仍故封，不加改削。勳戚文武諸臣，咸在朝列，恩禮有加。耕市不驚，秋毫無犯。方擬天高氣爽，遣將西征，傳檄江南，聯兵河朔，陳師鞠旅，戮力同心，報爾君父之仇，彰我朝廷之德。豈意南州諸君子苟安旦夕，不審事幾，聊慕虛名，頓忘實害，予甚惑之！夫國家之撫定燕都，乃得之于闖賊，而非取之於明朝也。賊毀明朝之廟主，辱及先王，國家不憚征繕之勞，悉索敝賦，代爲雪恥，仁人君子，當如何感恩圖報！茲乃乘逆寇稽誅，王師暫息，卽欲雄據江南，坐享漁人之利，揆諸情理，豈可謂平？將以爲天塹足憑，遂不能飛渡耶？況闖賊但爲明朝祟耳，未嘗得罪于國家也，徒以薄海同仇，特申大義。今若擁號稱尊，便是天有二日，儼爲勁敵。予將簡西行之銳，轉旆東征，且擬釋彼重誅，命爲前導。夫以中華全力，受制潢池，而欲以江左一隅，兼支大國，勝負之數，無待蓍龜矣。予聞君子之愛人也以德，小人則以姑息。諸君子果識時知命，篤念故主，厚愛賢王，宜勸令削號稱藩，永綏福位，朝廷當待以虞賓，統承禮物，帶礪山河，位在諸侯王上，庶不負朝廷伸義討罪、興滅繼絶之初心。至于南州羣彥翩然來歸，則爾公爾侯，列爵分土，有平西之典例在，惟執事實圖維之。晚近士大夫好高樹名義，而不顧國家之急，每有大事，輒同築舍。昔宋人議論未定，而兵已渡河，可爲殷鑒。先生領袖名流，主持至計，必能深維終始，寧忍隨俗浮沈？取舍從違，應早審定。兵行在卽，可東可西，南國安危，在此一舉。願諸君子同以討賊爲心，毋貪瞬息之榮，致令故國有無窮之禍，爲亂臣賊子所笑，予實有厚望焉！記有之：『惟善人能受盡言。』敢佈腹心，佇聞明教。江天在望，延跂爲勞，書不盡意。」

109 史可法答書

南中自接好音，隨遣使訊吳大將軍，未敢遽通左右，非委隆誼於草莽也，誠以大夫無私交，春秋之義。今倥傯之際，忽捧琬琰之章，真不啻從天而降也。諷讀再三；慇慇致意。若以逆成尚稽天討，爲貴國憂，法且感且愧。懼左右不察，謂「南國臣民偷安江左，頓忘君父之仇」，故爲殿下一詳陳之。我大行皇帝敬天法祖，勤政愛民，真堯、舜之主也。以庸臣誤國，致有三月十九日之事。法待罪南樞，救援無及，師次江上，凶聞遂來，地坼天崩，川枯海竭。嗟乎！人孰無君，雖肆法于市朝，以爲泄泄者之戒，亦奚足慰先帝于地下哉！爾時南中臣民，哀慟如喪考妣，無不撫膺切齒，欲悉東南之甲，立翦凶仇。而二三老臣，謂國破君亡，宗社爲重，相與迎立今上，以繫中外人心。今上非他，卽神宗之孫，光宗猶子，而大行皇帝之兄也。名正言順，天與人歸。五月朔日，駕臨南都，萬姓夾道歡呼，聲聞數里。羣臣勸進，今上悲不自勝，讓再讓三，僅允監國。迨臣民伏闕屢請，始于十五日進位南都。從前鳳集河清，瑞應非一。卽告廟之日，紫氣如蓋，祝文升霄，萬目共瞻，欣傳盛事。大江湧出楠梓數萬，助修宮殿，是豈非天意哉！越數日，卽令法視師江北，刻日西征。忽傳我大將軍吳三桂假兵貴國，破走逆成。殿下入都，爲我先帝后發喪成禮，掃清宮殿，撫輯羣黎，且免薙髮之令，示不忘本朝。此等舉動，振古爍今，凡爲大明臣子，無不長跪北面，頂禮加額，豈但如明諭所云『感恩圖報』已乎！謹于八月，薄具筐篚，遣使犒師，請命鴻裁，連兵西討。是以王師既發，復次江、淮，乃辱明誨，引春秋大義來相詰責。試推言之，此爲列國君薨，世子應立，有賊未討，不忍死其君者之說耳。若夫天下共主，身殉社稷，青宮皇子，慘變非常，苟拘牽不卽位之說，坐昧大一統之義，中原鼎沸，倉卒出師，將何以繫屬人心，號召忠義？紫陽綱目，踵事春秋，其間特書莽移漢鼎，光武中興；丕廢山陽，昭烈踐祚；懷、愍亡國，晉元嗣基；徽、欽蒙塵，宋高纘統。是皆于國仇未翦之日，亟正位號，綱目未嘗斥爲自立，卒以正統予之。至如玄宗幸蜀，太子卽位靈武，議者疵之，亦未嘗不許以行權，幸其光復舊物也。本朝傳世十六，正統相承，自治冠帶之族，繼絶存亡，仁恩遐被。貴國昔在先朝，夙膺封號，載在盟府，殿下豈不聞乎？今痛心本朝之難，而驅除亂逆，可謂大義復著於春秋矣。若乘我國運中微，一旦視同割據，轉欲移師東下，而以前導命元凶，義利兼收，恩仇倏忽，獎亂賊而長寇仇，此不惟孤本朝借力復仇之心，亦甚違殿下仗義扶危之初志矣。昔契丹和宋，止歲輸以金繒；回紇助唐，原不利其土地。況貴國篤念世好，兵以義動，萬代瞻仰，在此一舉。若夫手足齊難，并同秦、越，規此幅員，爲德不卒，是以義始而以利終，貽賊人竊笑也。貴國豈其然歟？先帝軫念潢池，不忍盡戮，剿撫並用，貽誤至今。今上天縱聰明，刻刻以復仇爲念。廟堂之上，和衷體國；介冑之士，擊楫枕戈；人懷忠義，願爲國死。竊以爲天亡賊闖，當不越于斯時矣。語有云：「樹德務滋，除惡務盡。」今逆成未伏天誅，捲土西秦，方圖報復，此不獨本朝不共戴天之恨，抑亦貴國除惡未盡之憂。伏惟堅同仇之誼，全始終之德，合師進討，問罪秦中，共梟逆成之頭，以洩敷天之憤。則貴國義聞，照耀千秋，本朝圖報，惟力是視。從此兩國世通盟好，傳之無窮，不亦千載一時哉！若夫牛耳之誓，則本朝使臣久已載道，不日抵燕，奉盤盂以從事矣。法北望陵廟，無涕可隕，身陷大戮，罪應萬死。所以不卽從先帝者，實爲社稷之故也。傳曰：「竭股肱之力，繼之忠貞。」法處今日，鞠躬致命，克盡臣節，所以報也。惟殿下實明鑒之！

何亮工，南直桐城縣人，宰相何如寵之孫也。亮工少有逸才，時爲史道鄰幕賓，此書乃其手筆。

及順治丁酉，亮工舉孝廉，家于南京武定橋。

110 高傑移清肅王書

逆闖犯闕，危及君父，痛憤予心。大仇未復，山川俱蒙羞色，豈獨臣子義不共天！關東大兵能復我神州，葬我先帝，雪我深怨，救我黎民，前有朝使，謹賫金幣，稍抒微忱。獨念區區一介，未足答高厚萬一。茲逆闖跳梁西晉，未及授首，凡係臣子及一時豪傑忠義之士，無不西望泣血，欲食其肉而寢其皮。晝夜卧薪嘗胆，惟以殺闖逆報國仇爲汲汲。貴國原有莫大之恩，銘佩不暇，豈敢苟萌異念，自干負義之愆。傑猥以菲劣，奉旨堵河，不揣綿力，急欲會合勁旅，分道入秦，殲闖賊之首，哭奠先帝，則傑之血忠已盡，能事已畢，便當披髮入山，不與世間事，一意額祝復我大仇者。茲咫尺光耀，可勝忻仰，一腔積懷，無由面質。若傑本念，千言萬語，總欲會師勦闖，始終成貴國恤隣之名。且逆闖凶悖，貴國所甚惡也。本朝抵死欲報大仇，亦貴國念其忠義所必許也。本朝列聖相承，原無失德，正朔承統，天意有在。三百年豢養士民，淪肌浹髓，忠君報國，未盡泯滅，亦祈貴國之垂鑒也。

111 肅王報書

肅王致書高大將軍：「欽差官遠來，知有投誠之意，正首建功之日也。果能棄暗投明，擇主而事，決意躬來，過河面會，將軍功名不在尋常中矣。若第欲合兵勦闖，其事不與予言，或差官北來，予令人引奏我皇上，予不自主。此復。」先是，清朝副將唐起龍，其父唐虞時致書傑，勸其早斷速行，有「大者王，小者侯，不失如帶如礪，世世茅土」語。傑皆不聽，身先士卒，沿河築牆，專力備禦。

明季南略卷之三

弘光元年乙酉　即清朝順治二年　正月起至四月止

112 正月甲乙史

乙酉弘光元年正月乙酉朔，上御殿受賀。

初八壬辰，方允元、楊兆升爲吏、兵科，馮志京、張茂梧、袁弘勳、周昌晉補御史，余颺爲稽勳員外郎。史可法奏薦贊畫劉湘客，又奏擇將守邳。馬士英奏撰張捷、盧九德勅。又奏除雜官九十五員。兵侍阮大鋮報沿江築堡，上嘉之。又請黃蜚、杜弘域聯絡水路。劉澤清請添水兵。禁四六駢儷文。制丹陽陸路，視良鄉例給郵符。

初九癸巳，監軍衛胤文奏已冒雪抵徐。吏侍郎陳盟奏川事潰裂。貴撫李若星奏川賊勢甚猖獗。贛撫李永茂奏寇擾汀州。鍾斗添註太常少卿，郭如闇、方士亮補户、刑科。進麗江土知府木增太僕卿。總兵劉洪起擊賊于襄城，俘斬五百餘人。馬士英請録陸獻明撫黔功，予廕子入監。御史沈請舉郊祀，命俟之。督餉侍郎申紹芳言："兩淮運司解銀萬兩渡江，爲鎮江都督鄭彩截留。"詔諭彩勿擅。

初十甲午，修奉先殿及午門左、右掖門。鄒之麟爲應天府丞。四川參議耿庭録改遵義監軍。命御史凌駉巡按河南，給吏部空札三十張、兵部空札一百張，以待矢義南歸者。户尚書張有譽言：「江北各藩新舊兵餉額本有定，今所增萬不能支。」令督輔察議。工部請截御前料價以供楚餉，上不許。侍郎何楷定各鎮鼓鑄。太監高起潛言邊將不宜内轉，又請銀市馬。命給太僕寺銀五萬兩。

十一日乙未，馬士英奏楊御蕃五載戰功，著進左都督，及馬進忠、王允成並加太子太保。晉衆臣迎駕之勞，補指揮、千户等官。命各府推官稽察官役冒破工料。允刑科鍾言，凡監紀等官、猾棍白丁借題幕府騙錢者，悉行驅逐。

十二日丙申，高允滋補御史。都督李際遇謝賞，命再加四表裏。安撫黄鳶廢籍官李喬等。御史游有倫極言朝臣鎮將背公植黨。部院劇，分請馬士英飲酒。刑尚書解學龍奏從逆六案，以登極初，停刑。

十三日丁酉，户科陸請覈學田輸穀裕國，從之。河南副將郭從寬，縛長葛縣僞令來獻。

十四日戊戌，葉廷秀添注光禄少卿。户尚書張有譽言：「舊制，錢糧各處必解部派發於外，宜著爲令。」從之。禁宗室入京。太監高起潛請佃丹陽練湖，可歲得五萬金，從之。又奏浦口增建墩臺，著工部估價鳩工。太監韓贊周告退，奬其定策大功，不允辭。田仰奏敍效勞將領。凌駉請早定恢復大計，命專畀劉澤清、王永吉。太監孫効奏鹽臣李挺欠銀二十六萬兩，不許其報竣。

十五己亥，劉澤清報年終措餉給兵，温旨奬其忠義。又允行間事不中制。蔡秋卿爲廣東海北道。楊振宗奏皖兵缺餉。

十六庚子，錢增爲刑科。松江知府陳亨爲四府兵道。張有譽酌定白糧每石折價一兩三錢。

十七辛丑，吏部右侍郎蔡奕琛兼東閣大學士入直。

十八壬寅，左良玉請留撫臣何騰蛟。有旨：「五省總督之設，不惟恢復荆、襄，且以接應巴、蜀。騰蛟候高斗樞到任，方行移鎮。」

十九癸卯，劉孔昭請革內地監紀，并澄汰武弁。又言：「未嘗到王孫蕃榻前商量定策，孫蕃前奏欺妄，大爲無耻。劉憲章聞變逋逃，自當與余日新同議。」貢生韓詩予職方主事。工科李清辨其祖思誠誤入魏黨逆案，命下部議。申紹芳爲祖時行陳當年回護宮闈曲情，有旨慰勉。真人張應京入朝。史可法弟史可程自北庭南奔，清殺其子弟親戚數人。

二十甲辰，馬思理添註左通政，張時暢尚寶司丞。主事李爾育奉旨宣諭劉洪起、李際遇，二人俱無從見。遇張縉彦，即至睢陽而回。

廿一乙巳，廕故山東巡撫陳應元子入監。郎中趙明鐸爲雲南提學，黎永慶爲貴州提學。賜侍郎阮大鋮蟒服。雪推官周之夔之罪。諭吏部：「鄒之麟清修自守，著起用。」諭刑部：「朱一馮身爲大臣，多藏厚亡，致男追比，大喪縉紳之體。其入官七萬外，田宅所值幾何？九千六百畝之外，有無餘産？着察明。」

廿二丙午，迎神祖御容于宮。起唐世濟左都御史，管右都事。葛寅亮爲大理卿。戴英爲兵科左。廕故輔丁紹軾子入監。吏侍郎陳盟辭任。太平推官胡爾愷辨罪，有旨：「壬午南闈關節濫行，縉紳子弟幾于半榜，公議沸騰，何止周正儀一人。爾愷已經薄處，姑不究。」

廿三丁未，劉孔昭請汰多官。劉攻邳州，推官沈泠堅守十四日乃退。尚寶丞耿章光辨父如杞勤王之禍，上念其首倡可憫，下部察。

廿四戊申，安遠侯柳祚昌廕子入監。尚書黄道周、侍郎梁雲構到任。兵科王之晉奏南陽爲賊所踞，家鄉難歸。

廿五己酉，御史黄耳鼎兼巡上、下江。上林監丞賀儒修論管紹寧貪鄙陰奸，詔不問。議修徐州城。

廿六庚戌，贈張□□守道工部尚書，廕子入監。劉應賓爲太常卿。王夢揚浙江按察使。文士昂雲南右布政使。趙之龍言章服違制，上是之，令武臣自公侯伯而下，非賜肩輿，並遵騎馬；坐蟒斗牛非奉賜、麒麟白澤非勳爵，不許僭用。御史劉光斗請鑒别大臣，詔衰頹庸鈍者，自行引退。

廿七日辛亥，戎政張國維給假歸，李希沆代署。前參政陳堯言嘗任待詔，侍福恭王有舊勞，下部，寢之。先貴陽楊師孔與陳同侍，竟得禮部侍郎，蓋士英密戚也。

廿八日壬子，廕徐大綬子入監。吴希哲爲工科，贈丘禾嘉左副都御史，馮任右都御史，各廕子入監。

113 大悲假稱定王

甲申十二月，南京水西門外小民王二至西城兵馬司報：一和尚自言當今之親王，速往報，使彼前迎。兵馬司申文巡城御史入奏，弘光批：「著中軍都督蔡忠去拿。」忠率營兵四十、家丁二十馳往。和尚坐草廳，忠入問，曰：「汝何人，敢稱親王？恐得罪。」和尚曰：「汝何人，敢問我？」左右曰：「都督蔡爺。」和尚曰：「既是官兒，亦宜行禮，我亦不較。且問汝來何故，得毋拿我否？」忠曰：「奉聖旨請汝進去。」和尚即行，忠授馬乘之入城。有旨：「委戎政趙之龍、錦衣掌堂馮可宗，在都督府會蔡忠勘問。」是十二月十七日事。和尚供稱：「我是定王，爲國變出家，法名大悲和尚。今潞王賢明，應爲天子，欲弘光讓位。」又牽出錢、申二大臣，言語支吾。趙之龍等和顏授以紙筆，命彼自供，奏聞。弘光命刑部拷訊，係是齊庶宗詐冒定王。復批：「九卿科道俱在城隍廟會審，端是詐僞，合詞上奏，即斬首西市。」此野史也，他書載乙酉正月事。

114 誌異

弘光元年，即清朝順治二年也。乙酉年元旦，又爲乙酉日，天文家云：「太歲值事不利。」是日日有蝕之。中書舍人林翹疏稱：「正月初六日，雷聲自北至西，占在趙、晉之野有兵。日在庚寅，主口角妖言。」翹，江浦人，善星術，馬士英在戍日，卜其大用。至是，士英神其術，因薦授中書，尋躐一品武銜，蟒玉趨事。未幾，獲妖僧大悲。僧係齊庶宗詐冒定王，下法司會審，棄市。初八日壬辰，立春，流星入紫薇宮。初九，大雷電雨雹。張縉彥奏：「十一日乙未午刻，河南開封府滎澤縣郭村忽現大城，堞門畢具，二時方隱。天官家謂廣漠之氣成城郭，今河南茫無人烟故也。」十三日丁酉夜亥末，月食。二月二十癸酉，欽天監正楊邦慶奏：「近來日月色甚赤。」上問是何分野，何無占候，其訪術者舉用。三月初二乙酉，楊維垣陞左副都史。時語曰：「馬劉張楊，國勢速亡。」

附記　聞清河縣出一碑云：「兩戸妖魔本姓午，生來戾氣盡燕土。天教木虎出東方，殺盡秦王扶舊主。劈門砍馬痕無主，果毅智權死叫苦。燕京豪傑擁如雲，七百萬兵集淮浦。中間名世是黃鬚，占田之子爲九五。」按，此碑是闖滅清興之意。

是春，我鄉有降乩者，問天下事，乩云：「半是日兮半是月，大川有水流不歇。半爲俗兮半爲僧，清明節候兩平分。」首句是「胡」字，次句藏順治二字，第三句是剃頭意，第四句是國號。人初不解，清至始悟。

時鄉人被竊，降乩云：「可笑凡夫輩，日以家財爲念，不知古月南來，竟作先朝故事也。」秦神之，無錫華藏人，性至孝。是歲元旦子夜，夢西城門懸一牌，大書六字云：「天下已屬之胡。」時江南猶無事，與衆言之，頗未之信。然秦素誠篤，館于舅氏，予聞而異焉。

是春，南京有驢忽作人言云：「造什麽橋，修什麽路，五月干戈亂，人人路上跑。」既而不語，衆大異而傳之。時舅氏在京官屯田，後歸，予談次問驢語信否，舅曰信有之，遂述此。六月二十八日書。

是春，江南督學朱國昌駐江陰歲試諸生，有奔牛王生赴試，寓中夜觀天象，次日卽挈囊以歸，竟不與試。衆怪問之，王生曰：「昨晚毛頭星已現，清人不日至矣，雖試何益！」衆未之信。未幾，南京陷。乃知天下將變，天象必先爲之兆也，特人不之識耳。

時吾錫有旅宦某寓于滄浜，一日羣鳥飛過，仰而視之，嘆曰：「此夷鳥也，此地清人必至。」遂卽日歸。

無錫孫南公見鳥過，乃曰：「此夷鳥也，清人其入南乎？」江陰琉璜鄉亦多異鳥，有一鳥身如鵓鴣，口中吐舌長八寸許。又一鳥花色可觀，頭有兩角，頗似鹿角，行于地上，見人輒飛去。張森之見而問予，予憶古書有鸖鳥，大如鸜鵒，頭似雉，有時吐物長數寸。有鵂鳥，有毛角。此皆夷鳥，天下將亂，鳥能得氣之先，此之謂矣。鸖音逆，鵂音屠。

徐仙宇云：「清初，見一獵者捕一小鳥，體長一寸五分，羽毛醬色。其尾有長毛三，長可一尺九寸，闊如小指，油色。頭有一毛，長寸許。衆不知何鳥，卽獵者亦素未之見也。」

初，崇禎十三年，一五臺僧詣蘇州玄墓山訪道友，語人云：「今天馬星下界，新天子降生北番矣，不久當有易代事。」時共妄之。不五載，清果入。

乙酉元旦，予在四河口杭先生家，閒記：元旦，微雨。夜風。初二，下午雨。初三，雪。初四，雨。初六，終日雪。初九，夜大雪。甫立春而大雪，肅殺之氣兆矣。然吾鄉元旦陰雨，而南京則日有蝕之。初六終日雪，而南京則有雷聲。初九大雪，而他處則大雷電雹。陰陽災異，所在不同，殆天地搏戰之氣鬱結不通，故如此耳。

115 吴适陳維新五事

吴适上言維新五事：「一曰信詔旨。朝廷之有絲綸，所以彰示臣民，俾知遵守。邇因事變錯出，前後懸殊，用人之途始慎而繼以雜，誅逆之典初嚴而終以寬。禁陳乞矣，而矜功訟冤者章日上；重爵賞矣，而請廕乞封者望日奢。鎮帥屢責進取，而逡巡不前；軍需頻督轉輸，而庚癸如故。欲期畫一，宜重王言。今後凡奉明旨，務俾上作而臣下盡遵，毋致游移。一曰核人才。人才爲治道所從出，將爲其終，先謹其始。頃者典籍無稽，錢神有徑，人思躍冶。初仕輒冀清華，官多借題，行間每增監紀，羶逐之謀愈切，卸擔之術偏工。起廢而薰蕕並進，懸缺則暮夜是求，以至薦牘日廣，啓事日勤。今後求才務寬，而用人務覈。寧重嚴于始進，毋追恨于僨轅。一曰儲邊才。將帥之略，豈必盡出武途，如唐之節度，文武兼用，而內外互遷，蓋儲之者素耳。請飭中外蓬蓽之彥，非韜鈐之略，勿講辟舉之選；非軍旅之才，勿登技勇騎射。日日講求，共激同仇，以振積懦。一曰伸國法。陷北諸臣已有定案，但恐此輩輦金圖翻。既以寬其不死者，昭皇仁之浩蕩，尤當以絶其覬用者，明臣子之大防。一曰明言責。祖宗設立六垣，與六部相表裏。是故糾彈之外，復有抄參；補闕拾遺，務期殫慮。倘掖垣僅取充位，則白簡止貴空懸，則抄發本章一胥吏事，豈先王設官意哉！望陛下亟進讜言，見諸施行，毋致批答徒勤，而實效罔著。所裨非淺。」疏入不省。

116 史可法奏李際遇降清

正月初九癸巳，史可法上言：「陳潛夫所報，清豫王自孟縣渡河，約五六千騎，步卒尚在覃、懷，欲往潼關，皆李際遇接引，長驅而來，刻日可至。據此，李際遇附清確然矣。況攻邳之虜未返濟寧，豈一刻忘淦北哉！批云：「淦」古文，同「泉」。請命高傑提兵二萬，與張縉彦直抵開、雒，據虎牢。劉良佐貼防邳、宿。」又言：「御史陳藎往調黔兵五千人，半載沓然，乞催之早到。」上從之，命給闖銃三十枚。又奏清兵渡洛陽，河南撫、按俱避於潁、壽、沈丘。

117 史可法奏和議不成

十二丙申，史可法言：「北使之旋，和議已無成矣。向以全力禦寇而不足，今復分以禦北矣。唐、宋門户之禍，與國終始，以意氣相激，化成恩仇。有心之士方以爲危身之場，而無識之人轉以爲快意之計。孰有甚于戕我君父、覆我邦家者！不此之仇，而修睚眦之微，真不知類矣！此臣所望於廟堂也。先帝之待諸鎮何等厚恩，皇上之封諸鎮何等隆遇，諸鎮之不能救難何等罪過！釋此不問而日尋干戈，於心忍乎？和不成惟有戰，戰非諸將之事而誰事也！閫外視廟堂，廟堂視皇上，尤望深思痛憤，無然泄沓。古人言：『不本人情，何由恢復。』今之人情，大可見矣。」

至十四日，可法七請接濟。時幕客馳金四出，以召集爲名，不問所去。而可法身自儉苦，軍需嘗乏，人皆惜之。

和議不成一疏，編年載於甲申十二月下旬。

118 聲色

馬士英聽阮大鋮日將童男女誘上。正月十二丙申，傳旨天財庫，召內竪五十三人進宮演戲飲酒，上醉後淫死童女二人，乃舊院雛妓馬、阮選進者，擡出北安門，付鴇兒葬之。嗣後屢有此事。由是曲中少女幾盡，久亦不復擡出，而馬、阮搜覓六院亦無遺矣。二十日甲辰，復召內竪進宮演戲。二月二十三日，命禮部廣選淑女。一日士英云：「選妃內臣田成有本來報，杭州選淑女程氏。」上見一人，大不樂，已而批旨云：「選婚大典，地方官漫不經心，且以醜惡充數，殊爲有罪。責成撫按道官于嘉興府加意遴選，務要端淑。如仍前玩忽，一併治罪。」阮大鋮曰：「定額三名不可少。」浙江巡撫張秉貞、內官田成得旨出示嘉興，合城大懼，晝夜嫁娶，貧富、良賤、妍醜、老少俱錯，合城若狂，行路擠塞。蘇州聞之亦然，錯配不可勝紀，民間編爲笑歌。所選程氏寄養母家，每日廩給三兩，仰仁和、錢塘兩縣各差護衛皂快五名，在程門伺候。田成復至嘉興，從者百人，坐察院恣甚。凡選二十餘日，選中二名，一王氏，一李氏，俱小姓女，共程氏淑女三人，乃返南京。四月初九，錢謙益奏選到淑女，着于十五日進元輝殿。十一日，貢院選七十人，中選阮姓一人。田成浙選五十人中，中選王姓一人。周書辦自獻女一人，俱進皇城內。至五月初十辛卯晨，傳旨：「三淑女在經廠者，放還母家。」時以清兵至，是夕將出狩也。

野史載士英語，內及遣選妃內臣往浙江，俱云田壯國，而編年、甲乙諸書則載田成。

故事，宮中有大變，則夜半鳴鐘。一夕大內鐘鳴，外廷聞之大駭，謂有非常。須臾，內監啓門而出，索鬼面頭子數十，欲演戲耳。可笑如此，安得不亡！時表弟胡鴻儀在屯田署中，親所聞見者。

蘇州醫者鄭三山，日以春方進上，多鄙褻，上寵之

119 許定國殺高傑

許定國，河南歸德府睢州人，膂力千斤。初，高傑爲李自成將，時嘗刼定國村，殺其全家老幼，惟定國逃免。至是同爲列將，定國銜之，秘而不言，陽與傑好。時傑冒雪防河，疏請重兵駐歸德，東西兼顧，聯絡河南總兵許定國以奠中原。定國在睢，聞傑將至，遣人致書云：「睢州城池完固，器械精良，願讓公駐兵。」傑信而不疑。甲申十二月二十七日，傑在歸德貽定國千金、幣百匹。乙酉正月初九，定國約傑會於睢州。初十，傑抵睢州，定國來見，傑即回謁，各敍思慕意。十二日丙申，定國招傑飲，傑即與張縉彥、監軍李升偕部將八人及親兵數十人，坦然赴之。定國設專席于內以宴傑，布別席于外以宴諸將、從兵。酒醪悉盛，酣飲竟日，繼之以燭。傑醉，定國伏甲於內，飾美妓薦寢，先竊去傑之甲兵。夜半，帳外伏兵四起，大聲連呼高傑。傑夢寐間聞之，大驚，曰：「誰人敢呼我名，中其計矣！」急起覓鎗甲，已不可得。定國持鎗直入刺傑，傑雖短小，而勇悍絶人，連折二鎗。定國持短刀殺之，剖其腹以祭先靈。張縉彥、李升走免。時八將猶飲于外，聞内變，大駭，推倒筵案，逾垣狂走。親兵被殺者三十餘人，餘趨出城去。定國持傑首招撫士卒，士卒以失主將，遇州中人即殺，謂其合謀也。城中如沸，竟夜走空。定國遂以衆渡河降清，清封爲平南侯。既而引清兵入儀、封。

高傑，清澗人。聞定國殺傑有授旨者。

二月初五，史可法請優恤高傑。十二乙丑，傑妻邢氏率子元爵請卹，可法請以傑部將李本身爲提督。有旨：「興平有子，朕豈以兵馬信地遽授他人。加監軍衛胤文兵部侍郎，總督傑軍。所部將士仍聽邢氏統轄。」既而再請加本身太子太保、左都督，提督本鎮赴歸德。中權總兵楊承祖赴夏邑，副將劉應虎赴虞城，苗順甫赴碭山，後勁總兵李翔雲赴雙溝，右協總兵胡茂貞、左翼總兵郭虎赴泗州駐防。

二月十四丁卯，黄得功嘗與傑争揚州而鬨，至是，聞傑被害，欲向揚州洩忿。史可法馳歸鎮撫之，請旨。上諭曰：「大臣當先國事而後私憾，得功若向揚州，致高營兵將棄汛東顧，設清兵乘隙渡河，罪將誰任？諸藩當恪守臣節，不得任意。」又諭史可法：「卿既歸揚，解諭黄得功回汛，何必與孤兒寡婦争搆。河上防禦，責成王永吉、衛胤文料理。」

十五戊辰，劉良佐見傑死，欲併其衆，疏稱潰兵不宜授本身提督。劉澤清、黄得功、劉良佐又合奏：「高傑從無寸功，驕横淫殺，上天默除大惡。史可法乃欲其子承襲，又欲李本身爲提督，是何肺腸！倘誤聽加恩太重，臣等實不能相安矣。」

寧南侯左良玉有忠胤將同壓卵之疏，九江總督袁繼咸亦有興平有可念之勞之疏。詔贈傑太子太保，許其子襲爵，再廕一子錦衣衛百户，從優祭葬。

閲「不能相安」語，黄、劉輩挾制朝廷，目中無上矣。

120 清順相抗

正月十五己亥，張縉彦言：「臘月，清屯武涉、孟縣，拘船百五十艘將渡河，爲順賊副將夜掠去百三十艘。清卽治浮橋南渡，順亦治浮橋北渡，兩相抗拒。」

121 新殿推恩

十九癸卯，殿宇鼎新，推恩輔臣馬士英、王鐸、王應熊、史可法，尚書何應瑞，侍郎高倬、劉士禎，科道李維樾、游有倫、周元泰，主事朱日燦、秦祖襄，各賜金幣。內官韓贊周、盧九德、劉文忠、屈尚忠、張執中、田成、王肇基、高起潛、孫象賢、車天祥、喬尚、谷國珍、何志孔、趙興邦、李燦、蘇養性、孫珍、諸進朝銀幣外，各廕子錦衣指揮。李國輔錦衣千户。

三月二十二日乙巳，殿工落成，加恩史可法、馬士英、王鐸、高弘圖、姜曰廣、管紹寧、朱之臣、高倬、劉士禎、何應瑞、陳盟、曹勳、葛寅亮，各加官。惟顧錫疇不許敘。

二十三丙午，叙内臣殿上功，韓贊周、盧九德等三十五人賞賚有差。

122 三案要典逆案重翻

先是甲申十二月二十二日丙子，張捷抄出楊維垣所題，言：「韓爌之再相也，舉國皆推之，獨臣不肯附和。己巳東變，有一非爌所召者乎！只造一本不公之逆案，阮大鋮及臣皆不附楊、左而入。乞皇上重復審定。有劉廷元、徐紹言、霍維華、吕純如、徐大化、賈繼春、徐揚先、岳駿聲，雪之而恤之。周昌晉、徐復陽、虞廷陛、郭如闇、季寓庸、陳以瑞、曹谷，雪之而用之。王永光、唐世濟、章光岳、許鼎臣、楊兆升、袁弘勳、徐卿伯、水佳胤，發憤此案者，亦宜恤之。」

乙酉正月二十甲辰，編修吴孔嘉言：「三朝要典須備列當日奏議，以存其實。删去崔呈秀附和。」命下所司。

二十一乙巳，總督袁繼咸言：「要典不必重陳。」有旨：「皇祖妣、皇考無妄之誣，豈可不雪！事關青史，非存宿憾，羣臣當體朕意。」

二十三丁未，楊維垣又請重頒三朝要典，言：「張差瘋顛，强坐爲刺客者，王之寀也。李可灼紅丸，謂之行鴆者，孫慎行也。李選侍移宮，造以垂簾之謗者，楊漣也。劉鴻訓、文震孟只快驅除異己，不顧誣謗君父。此要典一書重頒天下，必不容緩也。」

二月初四丁巳，楊維垣請郵三案被罪諸臣。初五戊午，昭雪璫案編修吴孔嘉。十七庚午，予逆案徐景濂郵典。二十二乙亥，御史袁洪勳追論梃擊、紅丸、移宮三案，及焚要典諸臣罪，因摘吴甡、鄭三俊，并言「管紹寧不亟搜要典，袁繼咸公然怙逆，宜並行究治」。詔勿問。二十五戊寅，予逆案徐大化郵典。二十八辛巳，劉孔昭言：「逆案盡翻似濫」。

左良玉力言要典治亂所關，勿聽邪言，致興大獄。有旨：「此朕家事，不必疑揣。」此二月廿二史，應在前。

三月初一甲申，逆案楊所修子爲父雪罪，允之。

初二乙酉，陞楊維垣都察院副都御史。陞阮大鋮兵部尚書，賜蟒服。

三月十九日壬寅，設壇太平門外，百官素服，望祭先帝。獨阮大鋮後至，哭呼先帝而來，曰：「致先帝殉社稷者，東林諸臣也。不盡殺東林諸臣，不足以謝先帝。今陳名夏、徐汧等俱北走矣。」馬士英急止之曰：「徐九一現有人在。」大鋮日與楊維垣謀，必欲盡殺東林、復社諸人。大獄將興，尋以上游告警始緩。

四月初五丁巳，吏部尚書張捷奏請表章附鄭戚諸臣，允之。於是，劉廷元、呂純如、王德完、黃克纘、王永光、楊所修、章光岳、徐大化、范濟世各予謚廕祭葬，徐揚先、劉廷宣、許鼎臣、岳駿聲、徐卿伯、姜麟各贈官予祭葬，王紹徽、徐兆魁、喬應甲、陸澄源各復原官，而唐世濟、水佳胤、楊兆升、吴孔嘉、郭如闇、周昌晉、袁洪勳、徐復揚、陳以瑞等先後起用。

初七己未，御史袁弘勳請究追三案諸臣得罪孝寧太后、先莊妃者。

監生陸濬源又借題三案疏詆。光禄少卿許譽卿一代正人，疏言：「當日諸臣以翊戴光廟爲正，今日諸臣以翊戴陛下爲正，俱從倫序起見耳。光宗母子無間，先帝身殉社稷，何嫌何疑！而小人無端播弄，假手濬源。先帝久任體仁，養寇釀禍，使得生榮死寵，竊謚文忠。陛下追削，萬口稱快。濬源滿口頌其平章之功，甚矣，若輩之敢于黨奸欺上也！」

史載譽卿疏在甲申八月十七日，而遺聞則列于乙酉年也。重提三案，欲傷宫幃骨肉之倫，搆清流危亡之禍，小人之毒謀詭計如此。此乾坤何等時，而欲殺正人。若非告警，恐清流之禍正未有已耳。先是，楊維垣言要典爲黨人所燬。夫小人自爲黨，而反目君子爲黨，此從來一網打盡之計。當時被其禍者三十餘年，而國亦與之終始矣。辛亥七月朔書。

123 史可法求退

乙酉正月二十四日戊申，史可法上疏求退言：「衛胤文揭爲一事權，謂臣贅疣應去，欲召臣使還。臣討賊未效，妄冀還朝，臣雖至愚，計不出此。遭君父之變，膺簡命之隆，千難萬苦，臣何自安。」上慰勉之。又言：「春秋卽位初年，必稱元年，明人君之用也。敬天法祖，任賢使能，節用愛人，勤政講學，惟皇上力行無斁，將因元年以至億萬年矣。」

124 二月甲乙史

初一甲寅朔，命于嘉興、紹興二府選淑女。〔一〕

初二乙卯，時東川侯勳衛胡家奴作横，兵部言：「東川久已革襲，又戚畹向無勛衛，草創冒濫。」命清釐之。覈北京錦衣衛官南奔實迹，不許輕題。廕杜鏘太倉衛百户。袁繼咸報鄖鎮重圍。刑科梁奏全蜀已無完土。

初三丙辰，大學士蔡奕琛入直。王驥右副都御史，巡撫湖廣。劉應賓太常卿。李清添註大理丞，徐復陽御史。甘惟爍、邢大忠雲南、廣東各按察使。譚振舉蘇松糧儲道，田有年貴州驛傳道。嚴究司庫侵欺。謚桂王曰端。高起潛請開納銀贖罪之例。上以納銀免死，則富豪墨吏何所不至，流罪以下或可贖，下部酌議。

初四丁巳，太監王肇基條議京城購捕方畧。錢繼登、周端豹各添注光禄尚寶少卿。陸懷玉福建按察使。胡世宗自稱越公八世孫，求附勳衛。

初五戊午，蔭故輔朱國祚子入監。贈許士柔詹事兼侍讀學士，蔭子入監。行人朱統鐼訐御史周燦，命勿究。工科吴薦起被察官李永昌、周之夔。安廬撫程，奏「獲假弁王夢旭，自稱藩府都司，搶掠民商，辱及官吏。又有銅陵縣盗大船，牌額上寫『天子一家』」。

初六己未，阮大鋮陞兵部尚書佐部，高倬刑部尚書，吏部陳盟改左侍郎，王志道右侍郎。吴本泰添註尚寶丞，關守箴廣西左布政使。調浙江巡按彭遇飂于淮揚，以淮揚按何綸移浙。遇飂，癸未進士，避亂南渡，首附馬士英，誕説蠭湧，授職方主事，改御史，身任募兵十萬，或問餉安出，曰：「搜括可辦也。」纔抵任即移家入杭，縱强奴掠市錢。撫臣張秉貞以聞，士英以遇飂邊才，調用。

初七庚申，贈馮垣登太僕少卿，鄒逢吉太僕丞。李長春添注太僕少卿。太監孫元德覈報蘇州七年欠餉六十四萬兩，金花銀七萬兩。

初八辛酉，朱國弼請核勳臣世系，無容倖襲。命飭之。天啓、崇禎之際，冒襲最多，惟有力者得之。如王先通以王守仁異母弟之後，劉孔昭之父藎臣係劉尚忠出婢外生之子，竟自奪嫡，莫之敢問。顧元鏡爲廣東嶺西道，孫時偉浙江驛傳道。遣户科倪嘉慶、中書胡承善掣鹽于瓜、儀，加鹽課每引五分。

初九壬戌，杭州機匠疏稱舊撫潘汝楨遺澤難忘，辨其建逆祠係前任事。上以會稿甚明，不允。蓋汝楨事久有言其墮誤者。

初十癸亥，馬士英以京師水陸各營雜揉，令造小印號色分別。高起潛奏分汛築臺事宜。點用雲南、貴州試官徐復儀、林志遠等。

十一甲子，兵科戴英論「陳洪範所請敍録，從行員役有何勞，致濫予非宜」。上是之。太常卿張元始請虔祀社稷。陸康稷改文選郎中。加沈廷揚參議。宫繼蘭、曹燁廣東、江西副使。葉紹顒太僕卿。考選林有本、沈應昌、張利民、韓接祖、錢源、徐方來、莊則敬爲給事中，王錫袞、劉襄、夏繼虞、郝錦、王大捷、畢十臣、張兆熊、王養、郭貞一爲御史。

十二乙丑，上始御經筵。阮大鋮請江上築堡助工。命張亮、程世昌嚴督州縣經營。中書陳爊自陳擁護有勞，願與考選。不許。故巡撫蔡懋德之子爲父求邺，内批：「懋德縱賊渡河，一死何贖！」不允。户部言兵餉日增，有旨：「各督折兵十八萬，一切舊兵應併銷入數内。」都督楊振宗請裁冗糜之餉，以供屯鑄。太監高起潛請餉，着于浙、閩增派二十萬，令孫元德催解軍前。

十三丙寅，靖江王亨嘉表賀登極，因奏全、永、連三州皆爲土賊所踞，撫按匿不以聞。兵部右侍郎徐人龍罷。諭祭兵部尚書張希武。

十四丁卯，諭都督毛文綬：「久住江上，大肆騷擾，户部所欠之餉何不速發，坐視流毒！即徵鹽抵補，催兵起行。」御史鄭瑜劾前總督朱大典侵贓百萬，上謂：「大典創立軍府，所養士馬豈容枵腹！歲餉几何？不必妄訐。」命衮劣在京諸臣俱着自陳。賜罪誅内官劉元斌、王裕茂祭葬，廕子錦衣指揮使。舊府厨役各授百户。姚思孝、沈胤培大理左、右少卿。廕方孝孺裔孫五經博士。

十五戊辰，史可法奏擒巨賊程繼孔，又奏左懋第抗節清廷。常沆嗣上饒王。

十六己巳，諭部：「捐助原聽民樂輸，抄没乃朝廷偶行，豈刁民獻媚報仇之事！宗藩、勳戚、武臣，須敬禮士夫，與地方相安，不得聽奸人撥置，非法罔利。」復李嗣京御史。丁允元、吴志儒禮、刑科。

十七庚午，諭吏部：「吏貪民困，全由撫按婪賄。林贇、李仲熊互訐事情，延閣已經十月，虚實應與立剖，何必復行外勘，以滋延卸。」予罪譴尚書劉榮嗣昭雪。予蘇、松殉節王鍾彦、宋文顯、施溥祭葬。太常卿張元始請改皇考謚號。張縉彦報清敗于陳州，許定國東還劉家城。

十八辛未，馬士英請免朱一馮籍産。逆案楊維垣起用，補通政使。獎盧九德營糧就緒。兵科戴英劾奏：「陳洪範使清無功，正使左懋第身陷異域，下役羣聚晉爵，使清聞之，哄然竊笑者也。」

十九壬申，蔡奕琛進尚書文淵閣。起朱大典、吴光義、易應昌户、兵、工部各左侍郎，陳洪謐太僕少卿。侍郎錢謙益請即家開局修史，不允。獎劉廷元保全慈孝有功，特予優卹。王驥驚聞滇信，辭任。不許。

二十癸酉，令劉良佐駐歸德。馬士英請褫中書唐允甲。李維樾爲兵科。存問大學士錢士升。兵侍郎練國事罷。張亮請立鹽税局于皖城，不允。

廿一甲戌，先帝謚號改用毅宗烈皇帝。王鐸六懇告歸。

廿二乙亥，諭阮大鋮：「江上奸人出没，亂兵縱横，以致商旅梗塞，不可不嚴備。」太監孫元德搜覈常州府久欠金花銀九萬五千，積欠三餉至三十三萬。命勒限嚴征。

廿三丙子，衛胤文奏：「柳城土寨金高自築土城，集勇壯，不受僞官，乞授以副總兵職。」葛含馨考功郎中，武清稽勳主事，陳瑞大理寺副。何楷進錢式，命以六斤四兩爲準。

廿四丁丑，張承志襲惠安伯。來方煒添註太僕少卿，吴适兵科右。吏科馬嘉植轉嶺西道，御史沈荃蘇松兵備，御史高允兹湖南道，文選主事余颺廣東水利道。户科熊維典奏：「四府逋欠三年，內三百三十一萬八千五百，皆屬應徵。又已徵不解九十五萬六千有奇。」又奏：「正項輒借支，贖鍰侵那弊藪，至批詳纔下，提差已至。撫按身先不法，何以剔蠹釐奸。」又奏：「松江內庫侵匿至九萬三百餘兩。」户科王奏：「守令失職，賦額不清，飛派朦朧，火耗太虐。」

廿五戊寅，貴督李若星奏以兵勤王。諭止之，如已到常德，即留隸何騰蛟。户科熊維典察覈嘉定漕折，吏胥侵匿至五萬兩。管紹寧私寓失去部印。

廿六己卯，奉安御容于武英殿。吏部恭報剪除羣賊，加馬士英太保，王鐸少傅。

廿七庚辰，朱國弼請治郭維經庇逆。盧九德等九員加級。

廿八辛巳，大興伯鄒存義請加提舉公署。

廿九壬午，馬士英狥管紹寧之私，請更鑄各衙門印，去南京字，其舊印悉行繳入。進都督趙民懷太子太保，廕子世錦衣百户。陸朗、吴希哲爲户、工科左。劉孔昭請益操江書役俸糧。吴希哲奏：「都城五方雜處，假宗冒戚、僞勛奸弁横行不道，虐民厲商。」有旨嚴緝。

三十日癸未，起熊化太僕少卿，水佳胤尚寶司丞，皆添注。兵部李向中嘉湖道。太監李國輔請考成欠，大庖府縣官。〔二〕

〔校記〕

〔一〕初一甲寅朔，命于嘉興、紹興二府選淑女　此條題旁原注：「初一事闕。」今據通行本補，且去此注。

〔二〕太監李國輔請考成欠　「欠」字原作「厶人」，今據原有眉批「厶人似欠」改。

125 吴适論雲霧山

二月初六己未，太監李國輔請往雲霧山開採，命馳驛去。給事中吴适疏言：「雲霧山卽名封禁山，縱横數百里，北通徽、池，南連八閩，東抵衢、嚴，西界信州。唐、宋以來，每爲盜藪。其間深谷窮淵，虎狼接迹，險阻極目，無徑可攀。且地接祖陵龍脉，爲神京右臂，歷朝禁止樵牧，封禁所由名也。英宗初年遣官採木，於是地方訛棍，互相煽惑，而狐假之輩，因之攘奪小民，招引匪類，共肆刼掠。兼多内外官屬供億之費，數邑坐困，民不聊生，近山良民遂鳥獸散。大盜鄧茂七等聚衆數萬，藉以爲窟，攻城殺令。合四省兵力討之，十四年乃戡定。奉旨照舊封禁，往禍蓋可鑒也。臣竊以界通四省，境地相岐，內阻峻嶺，外多絶谷，綿延重叠，華路崎嶇。厲禁既久，開鑿維艱。不便一。林莽高深，重嶂叠峯，毒蛇猛獸，生育繁滋，一旦開伐，奔突狂噬，傷人必多。不便二。邃深幽奧，迴絶垣區，水不通舟，陸難移運。縱使輪垂再出，疇令神輪？不便三。乘傳驛騷，有司困于供億，誰籌正賦？且吏胥假公行私，何所不至。而力田小民，棄本逐末，消磨歲月，土田有荒蕪之困，力役多死亡之憂。不便四。興朝舉動，天下顒望，以卜安危。今以無利有害之事，而特遣重臣，摇動人心，傾危四省。垂之史册，貽譏後世。不便五。遠邇傳聞，必且蜂屯蟻聚，競營巢穴，居奇召亂，約束無力，是使盜賊復生，而殺戮再見。不便六。況臣訊之父老，僉云此山地連陵寢，自正統初開伐，致傷地脉，遂釀土木之難，洩山川靈氣。不便七。舉此數端，有害無利，伏惟陛下採擇。」國輔亦疏請中撤。俱不許。馳視，如适言，報罷。國輔係大司禮韓贊周養子。贊周閹寺中正人也，傷心時事，杜門休沐。國輔時在宮中，每有匡救，人以張永目之。馬士英視爲眼中釘，因屬所私以開採事詆國輔，具疏請往。其實士英意不在開採也。國輔提督勇衛營，操練禁旅，及奉命往浙，士英竟奪營篆，授其子馬錫。以乳臭兒綰兵柄，時事可知。适疏出，士英遂切恨之。

直言無諱，雖以此忤權相，身輕似葉，名重如山矣。

126 史可法論軍資

二月十四丁卯，史可法言：「當日建置四藩，恢復難期，而軍資最乏。在淮、揚有税可榷，而廬、鳳則否，此得功、良佐所以有偏苦之嗟也。臣每歲餉銀有本折六十萬，數内五萬養徐州兵，一萬五千養泗州兵。官兵聞有犒賞，議將淮、揚兩關歲徵，臣與得功、良佐三股均分。此時北道不通，每季不過五千。若能守住江北，則税歸朝廷。否則地且難存，何從榷税。」

127 清兵屯青州

二月十八辛未，陳洪範報：「清于正月初六發兵往清口。又調登州、天津船沿海巡邏。平度州望高山有土賊作亂，燒萊州西關。清兵往剿，不服。清號許王者，兵數萬屯青州。」

128 飛將卜從善

辛未，張縉彦奏：「狄、白二賊流蔓汝、固間，臣委李鼎招安。鎮臣王之綱以争地之故，激陷主帥，乃閉門自守，縱兵刼殺。臣以爲之綱宜坐鎮内地，安享温飽。蕪湖卜從善，恩威久著河北，有『飛將』之號。調使恢復，則督撫有臂指之使。」

129 朱國弼劾路振飛

二月二十癸酉，保國公朱國弼劾舊淮撫路振飛：「賊信日逼，先縱獄囚，天潢洊至，兵拒河上。皇上扁舟不納入城，且云鳳陽有天子氣。僞官武愫係進學門生，代爲夤緣。乞敕法司逮治。」章下部院。

130 三月甲乙史

甲申朔，上受朝畢，始御日講。命高起潛安撫揚州。御史徐復陽許吏部以文德翼、夏允彝匿喪陞補，上切責之。刑部郎中繼揆請嚴責左光先抗提。

初二乙酉，御史袁請起罪廢諸人，諭史堃、陳啓新、張文郁不准。福府舊役乞恩者百餘人。吏科張希夏陞太常少卿。

初三丙戌，錢謙益進宮保兼翰林學士，陳燕翼、楊兆升爲禮、工科右。

初四丁亥，吏部尚書張捷奏：「故輔温體仁清執忠謹，當復文忠之謚，顧錫疇以私憾議削。文震孟宜改謚。」上命温允復、文免議。

初八辛卯，劉澤深自陳棄家南奔。予註鴻臚卿。右都唐世濟到。

初九壬辰，馬士英自列誅盜程繼孔之功，又奏李天培等各錦衣指揮世襲。耿廷籙巡撫四川，朱之臣添註兵部左侍郎，劉應賓通政使，吳希哲吏科都。汝寧鎮將劉洪起以無餉撤兵還楚。工科楊兆升奏：「江南有司既徵本色在倉，不肯還民，重新又徵漕折。」

初十癸巳，禮部請卹甲申殉難諸臣。有旨：「閣部大臣謀國無能，致茲顛覆，雖殉節堪憐，贈卹已渥。先帝靳焉不永，諸臣延世加恩，臣誼何安！通著另議。」劉理順、成德准廕子入監。户尚書張有譽請于文武廩祿外各加公費。不許。加鄭芝龍太子太保，其弟及將士二十人各陞授。御史郝奏：「各鎮分隊於村落打糧，澤清尤狠，掃蕩民舍幾盡。」又奏：「官買私賂，量出剩餘助公，以佐民急。」時買官者大縣多至二十餘家，少亦有數家，然止兩殿中書及改貢各有事例，其職方、待詔、監紀、追廕、起廢，皆向權門投納，故郝言之。錦衣衛請添旗役。

十一甲午，李守貞廕都督同知。停八九品官移封及援納待詔等官。

十二乙未，史可法自劾師久無功。馬士英請廕內官三人，各錦衣千户世襲。阮大鋮薦馬錫充總兵，仍蒞京營。錫即士英長子，以白衣徑任。張捷言：「左懋第抗節清廷，請優其母兄，并馬紹愉家屬。」左僉都郭維經告病去，江中遭寇甚慘，人皆惜之。或云阮大鋮密遣兵劫之也。

十三丙申，廬撫張亮飛報闖賊分股南來，求解職放歸。賀世壽、曹勳回籍。

十四丁酉，起罪廢陳於鼎掌翰林院。張捷奏嘉靖間侍郎瞿景淳補廕。李若星加一品服，李乾德加一級，于元熚八人紀錄。李希沆兵部左侍郎。户部張有譽奏：「鄖兵三千，先解五萬兩，運至九江，交袁繼咸送去。」又奏：「浙省銀十二萬，閩省銀八萬，解至高起潛軍前開銷。」

十五戊戌，復會審太子。

十六己亥，徙崇王居福州。命黃得功移鎮廬州，與劉良佐合力防禦。

十九壬寅，思宗忌辰，上于宫中舉哀，百官于太平門外設壇遥祭，以東宫、二王祔。

二十癸卯，命三法司覆審太子，燬黄得功疏，以絶奸謀。〔一〕

廿一甲辰，封黄九鼎雒中伯，其弟金鼎都督同知。許定國前哨抵歸德。王之綱屯宿州。

廿二乙巳，清豫王入歸德，凌駉服毒不死，豫王禮遇之。駉遣姪潤生間道賫敕書繳上。黔將包琳爲其下所殺。黄希憲以擅棄封疆逮戍。劉孔昭請存問于仕廉。祭興宗陵，惠王及諸王祔。

廿三丙午，朱大典尚書，提督江上。兵科戴英訟故罪輔薛國觀之寃，株累葉有聲、林棟諸臣。上是之，下部議覆。清封許定國平南侯。張天福請于史可法回揚安頓家口，留防之兵遂離象山，幾至瓦解。

廿四丁未，方國安佩鎮南將軍印。張有譽酌議賣官、贖罪納銀事例。

廿六己酉，劉良佐奏荆州失陷。錢繼登僉都御史，總理兩淮鹽法。

廿七庚戌，登、萊巡撫王瀠繳納勅印。清兵向徐州，總兵李成棟登舟南遁。

廿八辛亥，贈故輔李標少傅。王國賓太常少卿，提督四夷館。

廿九壬子，進李本身太子少保、左都督。廕左良玉世錦衣指揮使。清陷潁州、太和，劉良佐檄各路兵防壽州。

〔校記〕

〔一〕十六己亥……以絶奸謀　此段原作「遺　十六己亥、十七庚子、十八辛丑、十九壬寅、二十癸卯，上五日事闕」，今據通行本補。

131 史可法奏泗州將

三月甲申朔，史可法上言：「泗州鎮將李世春廉而有威，一病遽亡。其弟遇春，隊伍精嚴，地方相安，奉旨用代矣。黄得功墍逐浦口將張天福，部議改天福于泗州。高營各將以泗州爲其分地，天福若來，恐難相安。比伊兄張天禄遷家屬至，總兵卜從善扼之於泊所，奪其馬騾，家眷驚落水中。乞敕部仍用遇春，其天福另用。」上如其言。

132 王應熊請節制楚鄖貴廣

初五戊子，四川督輔王應熊上言：「蜀境西北接鄖，東抵夷陵，西南由建昌通雲南，東南由遵義通貴州。今寇踞成都，蜀人殆無孑遺。議者謂李賊在陝，獻忠必不北向。然李賊自七月入蜀，虚喝保寧、順慶之吏民而制之。一旦爲獻忠所驅，則獻忠之無顧畏可見矣。川、陝總督宜提兵復保寧，牽賊北顧。臣得合滇、黔之力，以擣其空。賊若不南不北，則仍趨正東，未可料也。廣西、鄖陽許臣節制，則緩急可以呼應。臣名總督四省，而兵止于黔，餉止于滇，不幾輕視巨寇乎！」有旨：「命楚、鄖、貴、廣悉聽督輔節制。」

133 黄耳鼎劾解學龍張縉彦

十二日乙未，御史黄耳鼎言：「解學龍執法大臣，受賄黨逆，如光時亨、周鍾、方允昌、項煜、陳名夏議緩、議贖，豈古三宥八議之道！進于此者，張縉彦俛首賊吏，延喘偷生。皇上重以制鉞，優游數月，不恢復寸土；高傑之變，單騎逃避，乞付法司，治以棄誤國之罪。」詔勿問。

134 太子一案

乙酉三月甲申朔，皇太子至自金華，從石城門入，送止興善寺，蓋東宫舊豎李繼周密奉御札迎之至也。先是吴三桂擁太子離永平，檄中外臣民，將奉入京即位。至榆河，陰逸之民間，使人導入皇姑寺。太監高起潛奔西山，太子自詣之，遂同至天津，浮海而南。八月，抵淮上，聞定王之沉，懼弗敢留，前至揚州。起潛訪的中朝之旨，欲加弑害。其姪鴻臚序班高夢箕義不可，挾之渡江，因棲于蘇，復轉于杭。太子不堪羈旅，漸露貴倨之色，於元夕觀燈浩嘆，遂爲路人所竊指。高夢箕懼禍及己，乃赴京密奏，并密啓于士英。於是遣内豎李繼周持御札召之。繼周至杭，聞已詣金華，即往見之。太子居觀音寺，繼周熟視頗似，乃跪曰：「奴婢叩小爺頭。」太子云：「我認得汝，但遺忘姓氏。」繼周以告，且云：「奉新皇爺旨，迎接小爺進京。」太子云：「迎我進京，讓皇帝與我做否？」繼周云：「此事奴婢不知。」遂呈御札。時金華諸臣聞之，俱朝見饋禮。越二日，開舟至杭，撫臣張秉貞來朝，與文武百官導之而過。繼周進京，先白士英，隨奏弘光。時太子止石城門外，上復使北京張、王兩内豎覘之，且迓之入城，權居興善寺。二豎一見太子，即抱足大慟，見天寒衣薄，各解衣以進。上聞之大怒，曰："真假未辨，何得便爾！太子即真，讓位與否，尚須吾意，這厮敢如此！"遂掠二豎，俱死。繼周亦賜酖死。都人初聞青宫至，踴躍趨謁，文武官投職名帖者絡繹不絶。最後督營太監盧九德至，正視，一時難辨。太子呵之曰："盧九德，汝何不叩首！"盧不覺叩頭曰："奴婢無禮。"太子曰："汝隔幾時，肥胖至此，可見在南京受用。"盧復叩頭曰："小爺保重。"觳觫辭出，與衆曰："我未嘗伏侍東宫，如何云此？看來有些相像，卻認不真。"隨戒營兵曰："若等好好守視，真太子自應衛護，即假者亦非小小神棍，須防逸去。"尋傳旨，諭文武官不許私謁。自此衆不得見，中夜移太子入大内。

三月初三丙戌，阮大鋮自江北馳密書于士英，士英密奏，請以太子及從行二人，俱下中城兵馬司獄。遂捕高成、穆虎。夜更餘，肩輿送太子入中城獄。時已大醉，獄中有大圈椅，坐其上即睡去。黎明，太子甫醒，見副兵馬侍側，問何人，以官對。太子曰："汝去，我睡未足。"良久，問兵馬曰："汝何以不去？"兵馬曰："應在此伺候。"又問："此何地？"曰："公所。"又問："紛紛來去者何？"曰："行路人。"問："何故皆藍縷？"兵馬未及答，太子曰："我知之矣！"兵馬以錢一串置几上，曰："恐爺要用。"太子命撤去。兵馬曰："恐要買物。"太子頷之，令撩之壁間，曰："你自去。"乃出。頃之，校尉四人至前，叩頭曰："校尉伏侍爺的。"太子指壁間錢曰："持去買香燭來，餘錢可四人分之。"香燭至，太子即燃火，問南北向，再拜，大呼太祖高皇帝、皇考皇帝，復再叩首，號泣數聲，拭淚就坐，飲泣不已。滿獄爲之悽然。

楊端甫，無錫人，時爲校尉，監視太子于獄中，太子語之曰：「昔賊破北京，予趨出欲南走，時賊恐上南行，俱嚴兵堵截，無些子隙處，東北二面亦然，獨正西一隅爲賊巢窟。賊之來處，兵衆稍疎，予遂西走，終日不得食，晚宿野舍開浴堂家，及明復走。自此七日不食，轉而南，遂止于高夢箕家。」邑人口述。

初五戊子，兵科戴英奏王之明假冒太子，請多官會審。先是楊維垣颺言于衆曰：「駙馬王昺姪孫王之明之貌甚類太子。」英即襲其言入奏。

初六己丑，會審太子于大明門外。上先召中允劉正宗、李景濂入武英殿諭之曰：「太子若真，將何容朕！卿等舊講官，宜細認的。」正宗曰：「恐太子未能來此，臣當以説窮之，使無遁辭。」上悦。羣臣先後至讞所，太子東向踞坐，人尚不敢以囚待之。一官置禁城圖于前問之，曰：「此北京宮殿也。」指承華宮曰：「此我所居。」指坤寧宮曰：「此我娘娘所居。」一官前問曰：「公主今何在？」曰：「不知，想必死矣。」一官問公主同宮女早叩周國舅門，太子曰：「同宮女叩國舅門者，我也。」劉正宗前曰：「我是講官，汝識否？」太子一視，不應。問以講所，曰：「文華殿。」問做何書，曰：「詩句。」問寫幾行，曰：「寫十行。」問講讀先後，曰：「忘之矣。」正宗更多其詞以折之，太子笑而不應，曰：「汝以爲僞，卽僞可耳。我原不與皇伯奪做皇帝。」諸臣無可如何，仍以肩輿送入中城。正宗遂奏：「眉目全不相似，所言講所、做書悉誤。」時内侍皆謂非妄，特劫于上威，莫敢相剖。主以柄臣，和以講幄，如出一口，中外悲之。兵科戴英奏：「王之明僞假太子，質以先帝曾攜之中左門而不答，問以嘉定伯姓名而不答，其僞無疑。然稚年何能辦此，必有大奸人挾爲奇貨，務在根究，宜勅法司嚴之。」

遺聞云：「昔先帝攜太子在中左門鞫吴昌時，故戴英問曰：『先帝親鞫吴昌時于廷，東宮立何地？』對曰：『誰吴昌時？』英乃直詰之，曰：『汝是詐冒，以實告當救汝。』即跪請救命。授以紙筆，供稱高陽人王之明，係駙馬王昺姪孫，家破南奔，遇高夢箕家人穆虎，教以詐冒東宮。王鐸等面奏狀，弘光流涕曰：『朕未有子，東宮若真，即東宮矣。』至初八日，集文武百官、舉監生員、耆老于午門外鞫之。夢箕、穆虎皆具服如之明言，下之明刑部獄。而京師士民謬以太子爲非僞也。」

此與他書所載大異，據此則太子的係假冒矣。自供既明，即當如大悲棄市矣，何須屢次再審，獄久不決也？此非信史可知。辛亥七月四日立秋書。

初七庚寅，有內官以密疏勸上曰：「東宮足骭，異于常形，每骭則雙，莫之能誣。」上令盧九德持至馬士英寓商之。士英具疏答云：「臣病在寓，皇上令監臣以密疏示臣，臣細閱之，其言雖似，而疑處甚多。既爲東宮，幸脱虎口，不即到官説明，却走紹興，可疑一也。東宮厚質凝重，此人機辨百出，可疑二也。公主現養周奎家，而云已死，可疑三也。左懋第在北，北中亦有假太子事，懋第密書貽蔡奕琛，令奕琛抄謄進覽，是太子不死于賊，即死於清矣。原日講官方拱乾在刑部獄，密諭來廷辨之，如其假冒，當付法司，與臣民共見而棄之。如其東宮，則祈取入深宮，留養別院，不可分封于外，以啓奸人之心。」刑部嚴訊穆虎、高成，五毒備至，誓死不承假冒。穆虎云：「我家主是忠臣，直言奏聞，一字非謬，我等何得畏死背義！」法司氣奪。夢箕復上書自明，并逮治之。

穆虎真義士，馬、王輩不如僕隸遠矣。

初八日辛卯，復會審太子于午門。時方拱乾在刑部獄。是晨，張捷坐刑部尚書高倬家，以名帖召之至，捷曰：「先生恭喜，此番不惟釋罪，且可以不次超擢，全在先生一言耳。」拱乾唯唯。既詣門，百官集定，各役喝太子跪，太子仍前面西蹲踞。衆擁拱乾前，王鐸指示太子曰：「此何人？」太子一見卽云：「方先生也。」拱乾懼，卽退入人後，不敢復前，亦不敢言真僞。張孫振曰：「汝是王之明。」太子曰：「我南來從不曾自己說是太子，你等不認罷了，何必坐名改姓。」又曰：「李繼周持皇伯諭帖來召我，非我自來者。」又曰：「你等不嘗立皇考之朝乎，何一旦蒙面至此？」衆官竊竊，有赧者，有恨者，莫之敢決。最後王鐸前曰：「千假萬假，總是一假，是我一人承任，不必再審。」叱送還獄。應天府官蔡某，自朝審出，人問云何，蔡云：「卽非真太子，亦是久熟內朝事者。」旁一官云：「汝此言明日卽當棄官矣。」自後朝臣不復有敢稱太子者。京中謠曰：「若辨太子詐，射人先射馬。若要太子强，擒賊須擒王。」一云審時太子云：「我南來從不曾說自己東宮，你等不認便罷，何必坐改名姓。」刑部尚書高倬及給事戴英齊聲云：「既認王之明，何須再問，亦不必動刑，回奏便了。」

看太子語，原未嘗自認王之明，乃高、戴齊聲做作上去，衆耳衆目所在，而有掩盜鼠狗之說，小人真可笑也。至王鐸身爲大臣，敢云承任，真鄙夫妄人也哉！

初九壬辰，中允李景濂奏云：「太子的係假冒，閣臣王鐸再加質問，使之供吐姓名。」都察院粘示通衢：「王之明假冒太子。」

十四丁酉，諭刑部：「穆虎若非奸人，豈敢挾王之明冒認東宮？正月、二月所成何局？往閩、往楚欲幹何事？豈高夢箕一人所辦？主使附逆，實繁有徒。著法司窮治。」蓋士英意在姜、黃輩，故嚴旨究問。黃得功上言：「東宮未必假冒，各官逢迎。不知的係何人辨明，何人定爲奸僞？先帝之子，卽陛下之子，未有不明不白付之刑獄，混然雷同，將人臣之義謂何！恐在廷諸臣諂狗者多，抗顏者少。卽使明白識認，亦誰敢出頭取禍乎！」有旨：「王之明假冒來歷，係親口供吐，有何逢迎，不必懸揣過慮。」

十五戊戌，復會審太子于朝，左都李沾先令校尉私戒太子，須直言某某。及審時，沾呼王之明，不應。喝問何不應，太子曰：「何不呼明之王！」沾喝上拶，太子號呼皇天上帝，聲徹于內。士英傳催放拶，沾復好言問之。太子曰：「汝令校尉囑我，校尉自能言之，何必我言？前日追我何處，追者自知，何必問我？」高倬見其言切，急令扶出。將出朝，舊東宮伴讀丘致中捧持大慟。上聞，卽令擒下，發鎮撫司嚴訊。有題詩于皇城者，曰：「百神護蹕賊中來，會見前星閉復開。海上扶蘇原未死，獄中病已又奚猜。安危定自關宗社，忠義何曾到鼎台。烈烈大行何處遇，普天空向棘圜哀。」

馮可宗卽訊高夢箕，夢箕列自北來來歷甚詳，假冒欺隱至死不認，爰書故久之未定。御史陳以瑞奏：「愚民觀聽易惑，道路籍籍，皆以諸臣有意傾先帝之血胤。」有旨：「將王之明好生護養，勿驟加刑，以招民謗。俟正告天下，愚夫愚婦皆已明白，然後申法。」

李沾喝拶，與禽獸何擇！夢箕互死不認，烈丈夫也。陳以瑞一疏可云婉而直。

三月二十三日丙午，劉良佐疏言：「王之明、童氏兩案，未協輿論，懇求曲全兩朝彝倫，毋貽天下後世口實。」有旨：「童氏妖婦，冒認結髮，據供係某陵王宮人，尚未悉真僞。王之明係駙馬王昺姪孫，避難南來，與高夢箕家人穆虎沿途狎昵，冒認東宮，妄圖不軌，正在嚴究。朕與先帝素無嫌怨，不得已從羣臣之請，勉承重寄，豈有利天下之心毒害其血胤！舉朝文武，誰非先帝舊臣，誰不如卿，肯昧心至此！法司官卽將兩案刊布，以息羣疑。」

二十八日辛亥，左良玉具疏請保全東宮以安臣民之心，謂：「東宮之來，吴三桂實有符驗，史可法明知之而不敢言，此豈大臣之道！滿朝諸臣，但知逢君，不惜大體。前者李賊逆亂尚錫王封，不忍遽加刑害，何至一家反視爲仇！明知窮究並無別情，必欲轉輾誅求，遂使皇上忘屋烏之德，臣下絶委裘之義，普天同怨，皇上獨與二三奸臣保守天下，無是理也。親親而仁民，願皇上省之。」有旨：「東宮果真，當不失王封。但王之明被穆虎使冒太子，正在根究奸黨。其吴三桂、史可法等語，尤係訛傳。法司將審明略節，宣諭該藩。」

四月初一癸丑，工部侍郎何楷奏鎮疏東宮甚明，有旨：「此疏豈可流傳，必非鎮臣之意。令提塘官立行追毁，敢有鼓煽者，兵部立擒正法。」

初二甲寅，湖廣巡撫何騰蛟疏言：「太子到南，何人奏聞、何人物色？取召至京，馬士英何以獨知其僞？既是王昺姪孫，何人舉發？內官公侯，多北來之人，何無一人確認，而泛云自供？高夢箕前後二疏，何以不發抄傳？明旨愈宣，則臣下愈惑。此事關天下萬世是非，不可不慎。」有旨：「王之明自供甚明，百官士民萬目昭然，不日卽將口詞章疏刊行，何騰蛟不必滋擾。」

十三乙丑，御史張兆熊奏：「僞太子一案，謗議遍處沸騰。」上命：「即將口詞章疏連夜速刻，即付詔使逐郡宣布。」

十六戊辰，袁繼咸奏左良玉舉兵東下，請赦太子以遏止之。有旨：「王之明的係假冒，如果先帝遺體，朕豈無慈愛，人臣何即稱兵犯闕！繼咸身爲大臣，兼擁兵衆，如何說不能堵止！」

編年云：江督袁繼咸疏言：「太子居移氣養，非必外間兒童所能假襲。王昺原係富族，高陽未聞屠害，豈無父兄羣從，何事隻身流轉到南？既走紹興，於朝廷有何關係？遣人蹤迹召來，詐冒從何因起？望陛下勿信偏詞，使一人免向隅之悲，則宇宙享蕩平之福矣。」有旨：「王之明不刑自認，高夢箕、穆虎合口輸情，諸臣無端過疑，何視朕太薄，視廷臣太淺！袁繼咸身爲大臣，不得過聽訛言，別生臆揣。」

十七己巳，史可法恭請召見，面言東宮處分，以息羣囂。有旨：「西警方急，卿專心料理，待奏凱後見。」可法嘆曰：「奏凱二字，談何容易。誠如上所言，面君不知何日矣。」

不要史公回京，便是事有可疑。丁卯閏五月廿七補評。

135 三皇子紀

先帝共三子，太子年十六歲，定、永二王皆十三歲。闖入京時大索，惟永王不知所在。自成東出，人見太子馬銜尾隨後，不見定王，或曰已先日隨闖出京。過通州，馬上失一履，有人拾而進，王伸足與着，因問軍平、民平，人以民對。王曰：「軍則食我家飯者，民方受征税之苦，有何好事到汝。」其人泣，王亦泣謝之。自成戰敗西還，不見太子隨後，人傳太子歸吳三桂軍中矣。十月，有男子自詣周中書家求見，公主相抱持大哭，滯留不去。周僕逐之，遂爲街道所奏。明日殿中勘之，言宮中事頗合。以訊內官，莫敢認者。有楊宦在旁，皇子曰：「此楊某，曾侍我。」楊卽詐曰：「奴婢姓張，先服侍者非我也。」又呼舊侍衛錦衣卒十人訊之，咸曰是永王。有晉王者，山西從闖來，因留京師，獨言其僞。一內監言真，于是言真者皆下獄。刑曹郎錢鳳覽詳訊，遂以真皇子報命。晉王遂抵覽，覽勃然，語侵晉王。復廷訊之，內閣謝陞執以爲僞，皇子曰：「某事先生憶之否？」陞默然，一揖退。鳳覽面叱陞不臣。正陽門商民數人具疏救皇子，詈謝陞禽獸無道，具疏人亦下獄。乙酉正月初十日，攝政王謂廷臣曰：「皇真僞無傷，但晉王明朝宗室，謝陞係明朝大臣。鳳覽呵晉王，百姓罵謝陞，皆亂民也。」命繫獄者盡殺。謝陞早朝，見鳳覽與拱手，頸忽漸垂，時時自語曰：「錢先生饒我。」腫潰卽死。四月初六日，鳳河民張三聚衆誓救皇子，以楊生員爲謀主，采育生員孫三應之，俱經擒殺。初十日，皇子遂死。

東村老人曰：國變後皇子凡三見，北京則自詣周中書家者，南京則內使踪迹來者，太平則有人出首者。以問世路人，皆曰僞也。愚謂不然。今人見小害必避，明知皇子出則必死，誰肯冒必死之事而僞爲之！故吾謂成方遂事，于古則有，于今未必然也。在北京一以爲永王，一以爲太子。若是太子，則南京信僞矣，馬士英已言之矣。然觀當日南中人情，人人欲翻鄭戚舊案以謀進，誰證先皇之有子？據馬士英疏云：「既爲東宮，幸脫虎口，不卽到官，却走紹興。」卽其言而覈之，既非東宮，彼自走紹興，于朝廷何關利害，而遣人追之來，不可解也！初到時安置僧寺，百官羣遞紅帖，旋有諭禁止，多兵雜沓于街，似護似防。隨取入宮，越日付之獄，何多周旋也！多官會審不決，王鐸一人定假，李沾始喝用刑。確然僞也，又不加之縲絏，仍以肩輿送獄，一對板前導，不可解也！我不能隨世路人雷同，且存當日之實案耳。

順治八年冬月，有人出首三皇子在民間，擒捉至。馬督府審問，皇子自書供云：「雲庵，係崇禎第三子，名慈煥，年二十歲。兄慈烺，卽東宮，同爲周后所生。弟慈燦，田妃生。煥居景仁宮，乳母鄧、蔣。八歲就外傅，講讀官傅、張。賊犯都時，先帝托予于張近侍及指揮黃貴，送周皇親家，不納。潛藏民間，爲闖搜出，隨營到山海關。闖敗，携之潼關，隨營至荆、襄，遇左良玉戰，闖敗散，卽隨左營，改姓黃，稱爲黃貴叔。左兵爲黃得功所敗，黃蜚擄左兵船，殺貴，張近侍以實告，蜚秘其事。明年五月，得功亡，蜚携走太湖，遇江西樂安王。蜚託之，王携往孝豐，遇瑞昌王。樂安往閩，以予託瑞昌轉藏。九月，詣於潛鄉官余文淵家，假稱宋座師公子。有湖廣人陳砥流，時相親密。砥流改名李玉臺，算命浪迹，得太平府鄉友夏名卿重義，卽與名卿同至於潛來接，予在陳監生家，監生與文淵說知而別。予改姓孫，名卿以女字之。四年十二月，余文淵與知縣不和，前事遂露，行文太平，查不獲。五年五月朔，予削髮爲僧，號雲庵，或稱一鑑，或稱起雲。砥流亦忽張忽李，隨口應人，浪迹江北各庵。砥流訪知寧國府秀才沈辰伯好義，六年七月，同予往訪，遇于船中。一老秀才呂飛六善詩文，辰伯卽託飛六留家讀書。八年閏二月，辭別沈、呂二人，與砥流復到夏家，三月完親。因夏貧苦甚，自租鄉村空屋一間居住，度日維艱。四月，與砥流議，得蕪湖借銀二十兩，買細茶，同徽客汪禮仙往蘇州賣。禮仙與常州人楊秀甫吳中虎丘相識。茶賣畢，同到常州。秀甫言周介之是好人，到其家住幾日。介之又言路邁是好人，卽往謁路邁。臨行時送吴中詩扇一，其母銀五錢。在路邁家住幾日，將回夏家，不意吴中私作假劄，賈利不遂，因出首于撫院。撫院差官先到寧國沈、吕二家，跟尋至蕪湖，卽獲祇流。予挺身出，隨撫院差官趲行于途，遇江寧趙同知、當塗某知縣，帶到太平，隨到江寧也。」

東村老人曰：三皇子，定王也。路邁家，懷遠侯一見，言：「曾侍班識王，此非是。」或云：「出幼，八年猶故貌耶？」又有疑者，謂左方反兵東下，必喜得王，何故隱名？太湖，安慶屬縣，黄蜚一帆到海，尋依李監，奉義陽王，何故舍皇子而戴宗室？嘻！事固有不可度者，存疑可耳。辛亥七月二日書。

136 錢鳳覽疏争太子

錢鳳覽，字子瑞，會稽人，相國麟武公之孫也。以祖廕入中書，烈皇授刑部主事。弘光時，以東宫事，北京廷臣皆斥爲假，鳳覽獨疏争之。其略曰：「太子危地，死生之權，一在朝廷。據其供詞，保者驗者，確有憑証。在部五日，悲懽言動，絶無裝飾。今責其身大音宏爲非真耶？人幼而渺小，至十六而頓長且豊大者，比比也。責以不能書寫爲非真耶？東宫素無能書之名，雖經講筵，安知無内動坐馳及倩筆强學之事！若責以不能盡悉宫中事耶？播遷流竄，魂魄未安，人于富貴時多不經意。試問各官，朝賀跪起，惟聽鴻臚傳呼而已，能于倉猝中悉其禮數否？太子在宫中，未寒而衣，未飢而食，隨侍者衆，安能盡呼姓名？試問各官，書吏皂役等幾何人，能一一悉其姓名面貌否？當時二王在劉宗敏家，人心知有二王，不知有太子。今詰問時不能明對者責處，東宫何堪挫辱，自不可以民犯同觀也！總之，大臣不認則小臣瞻顧，内員不認則外員箝口。然天地祖宗不可欺滅，敢以死争之。」疏上，下獄。法吏諷之曰：「苟易汝言則生。」鳳覽毅然曰：「我身早辦一死耳，言不可易！」竟坐誅死。事聞于南，贈以太僕寺卿，謚忠毅。

137 附記徙潞王

四月十六戊辰，徙潞王于湖州。王初至杭，適海寧百姓羣訐編修陳之遴于兩臺，王得其揭，偶向監司言之，之遴懼。及補官，同御史彭遇颽召對，力言「舊大臣意立潞王，幸馬士英違衆獨立。今杭城省會，非所宜居，恐有密圖者」。乃有湖州之命。桂王子安仁、永明二王，召赴近畿居住。

138 童妃一案

乙酉三月十三日丙申，有童氏自稱舊妃，自越其傑所解至，上命付錦衣衛監候。初，上爲郡王，娶妃黄氏，早逝。既爲世子，又娶李氏，洛陽遭變又亡。嗣王之歲，即封童氏爲妃，曾生一子，不育。已而遭亂，播遷各不相顧。及棄藩南奔，太妃與妃各依人自活。太妃之南，陳潛夫奏妃故在，上弗召。至是，自詣其傑所，其傑不敢隱，解至南。上弗善也，繫之獄。妃在獄細書入宫日月相離情事甚悉，求馮可宗達上，上棄去弗視。至四月初六日，諭襄衛伯常應俊：「朕藩邸事，宜卿所詳，童氏生育皇嗣，絶無影響。」馮可宗辭審童氏，着太監屈尚忠會同嚴審。初七日己未，以童氏獄詞所連，于史可法營中逮庶吉士吴爾壎及中軍孫秀。

此甲乙史與編年同。

遺聞云：童氏本周府宫人，逃亂至尉氏縣，遇上于旅邸，相依生一子，已六歲。已而賊破京師，播遷云云。劉良佐言：「童氏知，非假冒。」馬士英亦言：「苟非至情所關，誰敢與陛下稱敵體！宜迎童氏歸内，密諭河南撫按迎致皇子，以慰臣民之望，以消奸宄之心。」上命屈尚忠嚴刑酷拷，童氏號呼詛駡，尋瘐死獄中。

野史云：馬士英語阮大鋮曰：「童氏係舊妃，上不肯認，如何？」大鋮曰：「吾輩只覩上意，上既不認，應置之死。」張捷曰：「太重。」大鋮曰：「真則真，假則假，惻隱之心，豈今日作用乎！」士英曰：「真假未辨，從容再處。」

童氏係河南人，知書，與馮可宗云：「吾在尉氏縣遇上，卽至店叩首，上手扶起，擕置懷中，且云：『我身伴無人，李妃不知何在，汝貌好，在此事我。』吾從之。居四十日，聞流寇寖近，上挈我南走。至許州，遇太妃，悲喜交集。州官聞之，給公館及廩餼。居八月，吾養一子，彌月卽死。時已有内相隨事矣。及李賊破京，地方難容，上又走。中途遇土賊，拆散。」童氏述至此，呼天大哭。又云：「時同太妃流散苦甚，後聞上爲帝，大喜。誰知他負心，止接太妃進宫，不來接我。我至此，又不肯認。天乎！這短命人少不得死我眼前。汝爲錦衣官，求汝代言，將字與他，視如何答我。」馮可宗見所陳本末甚詳，入奏。弘光見童氏書，面發赤，擲於地曰：「吾不認得妖婦，速速嚴訊。」可宗不敢再奏。次日，呼毛牢子傳諭童氏云云。童氏大哭，且咒且詈，飲食不進，遂染疾浸重。可宗密奏弘光，竟不批發。時奸人詹自植闖入武英門，坐御幄妄語。又有瘋癲白應元闖入御殿肆駡。俱奉旨杖死。牢子等懼，遂不進食，童氏因餓死獄中。

遺聞載生子六歲，士英疏迎致皇子。而編年、甲乙史童妃口詞，則云「生而不育，彌月卽死」，似爲近之。嗚呼，弘光薄行甚矣！辛亥七月初五書。

甲乙史云：四月初一，詹有恆混入宮門，穢言辱駡，着打一百。則是有恆而非自植也。二字相似，或有誤，須核。

139 童妃續記 南京人口述

光禄寺卿阮大鋮，年未老而尼于逆案之禁，閑居無事，爲菟裘、爲梨園、爲博古、爲結交、爲貨殖，俱無所殫抒其技。而燃灰一策，涿州主之于上，亦百計營之，而無能甲其芽蘖。會崇禎甲申之變，神宗第三子諱常洵，封福王，都河南府，世子諱由崧。于崇禎十四年，張獻忠破藩邸，擒殺福王。王體肥，重三百餘斤，臠其肉，與囿中之鹿同烹，列賊臚食，謂之「福禄酒」。世子隻身逃出，潛内城脚之厠室。有府皂劉正學者，負一危病之母，意擬跳城，世子浼之。劉睨世子雖青年，體實肥重，躍出安能存命！世子曰：「爾母老頹，賊見之必不害。爾能救我出城，後自還爾之富貴，吾乃福王嫡子也。」劉爲籌之，于隣近染坊中，見有舊黄絹傘併衣服等，室皆無人，取之爲世子包襯頭面與上身，外以傘裹之，又用繩緊縛，擇城垣斜坦處橫滾而下。劉再安置其母，復躍出解之，本不傷寸膚，乃與間道趨野外。行約五十餘里，世子告困，足不能前。劉爲之解所衣紗裙一襲，易舊破椅，兩人舁之。又前往二十里，借宿一荒村，流賊之氛已遠矣。劉誡其勿露王府字，但云教書先生。劉歸覓母，母果無恙。城中流賊雖去，公廨與民房燒燬無存。又遍地皆白棒手與官兵搶奪，實甚於賊。至王府眷屬，更無隻影覓也。劉亦携母居于鄉，再來訪世子。衆皆謂東渡黄河而始安，相與步行二百里，從米澤口渡河，至曹州界之新店，見有賣臘酒之高標，居其店之空室。店無男主，孀嫗當壚。有一弱子與長女，姓童氏，家頗裕。劉浼之，使世子安其身，因教其子讀小書，劉復歸。過冬，再特訪世子，已遷入内室，則盡其隣之蒙童而就學矣。劉見其隔内外之木板有隙二三寸，若内外相視然，已爲其家之長女疑之。然世子之身已得所，劉遂歸。再閱月，李闖又破懷慶府。時親王之暫棲此城者爲周、潞、崇三王，逃出流離播遷，復各彙集，從水道由曹州南下，時爲崇禎十七年二月。又逢京變，挽泊世子所寓近處。世子又會其女之夫家有搆釁情，乃趨入舟邊，訴履歷于三王。又有福藩舊内寺田成、應進二人在内，識故主，遂同舟下淮安。時三王俱有宫眷，惟福世子葛巾敝袍而已。四月初一日，入儀真。北都三月十九之信已確，留京各大老會議擁立，兵尚史可法、户尚高弘圖、工尚程註、左都張慎言、翰林姜曰廣、六科李沾、十三道郭維經、太常寺何應瑞等，皆屬意于潞王。馬士英時在鳳督，獨未與，不欲徇留京諸公意，乃内賄勳臣劉孔昭，外賄鎮臣劉澤清，先陰使人導福世子，借漕撫路振飛之船，在儀真載之過江，卽挾率諸大僚見之舟次。士英首薦房師阮大鋮，謂亟用此人，方可議中興事。時有應天府學生員何光顯亦于舟次上揭，有正國體以正人心議，隱刺阮大鋮一黨不應起用也，馬、阮甚恨之。福世子五月初六日監國，十六日正位，大赦，改明年爲弘光。太后亦自衛輝來，當年同世子逃出而失散者，一皮匠護藏之。至是，皮匠封伯。何光顯知弘光在曹州有童姓之女事，密奏前迎。内亦密詔齎發，卽遣儀真所來之船彩畫龍鳳，並差内寺田、應二人迎接來京。七月二十日到水西門，二十一日擬進大内，合城小民捐綵供香，皆謂聖后進朝。而馬士英秉政，一憑阮大鋮主裁，以爲后之來也自何光顯，后入而光顯内助之力巨矣，亟尼之，以敗乃事。鸞輿已進朝門，忽傳太后懿旨："在藩原配周氏已經死難，並未再婚，今突聞有童氏擅自入京，必係假僞奸棍引誘，着三法司勘問。"時阮大鋮職總憲事，舉朝奉風旨，竟加嚴刑訊問。各刑曹官今日上桚，明日上夾。童氏有隨來之族兄，亦潛逃以全命。荒村野店之孤女，權貴以"冒認"二字加之，大内又不出一旨，何從分辨！衆廷臣亦以爲此非中興盛事，方欲縱之外境，以寢其事矣。九月初一日，河南劉正學踉蹌而來，先知護藏太后者已封伯爵，謂己之功不在皮匠下。乃一入城，便知有訊質童女事，倡言其事之真確，謂朝官不宜如此誣罔，已大觸時忌矣。馬、阮聞之，深嫉其人，疏入留中。見朝不許，後竟直闖朝堂，攘臂泣陳。弘光一無發揮，但云從外候旨。童女亦禁于獄。明年五月城破，童女不知隨何人而去，劉正學亦逃出城。阮大鋮爲亂兵索金銀，活釘入棺，埋之地下。馬士英逃至浙江，在紹興府亦爲亂兵所擒，活剥其皮。何光顯于洪承疇入南京謁文廟講書後，宣問馬士英如何不忠，光顯入對曰："馬士英雖然不忠，未事二姓。」洪怒，叱縛之，衆以爲必正法。明日，批仰江寧府，府教官戒飭十五下而釋。

童女云：「于弘光到家之前一夕，夢黑蛇纏身。」蓋蛇也，非龍也。又聞其暇時喜以舌餂其陽，獸轉世也。至爲人不過「柔、懦」二字盡之，淫惡則全未有。

140 四月甲乙史

癸丑朔，頒各官新印。王永吉報：「清已過河，自歸德以達象山，七八百里，無一兵防守。揚、泗、邳、徐，勢同鼎沸。」黔兵殺掠徽境，徽人汪爵率衆禦之，殺其兇首數人，詔擒爵抵罪。御史黄耳鼎請赦，不允。詹有恆混入宫門，穢言辱罵，着打一百。

初二甲寅，罷練湖屯兵太監高起潛。湖撫何騰蛟請解任，不允。

初三乙卯，馬士英告退，慰留之。

初四丙辰，遣内官守十三門，禁各官家眷不許出京城。徐文爵嗣魏公。〔一〕惠安伯張養志論選郎陸康稷貪污，詔勿問。御史畢十臣言：「孟夏享太廟，文武班寥寥，不至陪祀。」命戒其後。清兵分路至亳州、碭山。

初五丁巳，左兵入九江。

初六戊午，梁雲構、李喬皆兵部右侍郎。逮前巡按陳潛夫于家。

初七己未，祁逢吉總督倉場侍郎。王驥加侍郎，仍巡撫。周宗文光禄少卿，劉呈瑞御史。兵科錢奏警報日至，劉澤清、劉良佐退兵近郊。百姓王詔奏：「鎮兵避清南遷，占奪民房民物。」

初八庚申，馬士英自出五千金，委黄金鍾招募健卒，即補府同知。士英薦白衣李毓新知兵，即補職方主事。衛胤文以緊急辭任。

初九辛酉，決從逆賊臣光時亨、周鍾、武愫于市。周鑣、雷縯祚勒令自盡，餘盡革職放還。路振飛自明守淮有功，朱國弼復論之，有旨慰國弼，責振飛。王時敏起太常少卿。李沾請聽民搬運柴米入京。

初十壬戌，御史何請禁四六文章並坊間社草。

十一癸亥，馬士英奏順、清並急，請征皖餉。户部奏催各府兵練餉。

十二甲子，户部請催徽、寧等府，預征來年之銀。劉澤清陳文武考察舊例，不許借題羅織，驅除異己。皇親黄九鼎言：「皇親滿街作横，請查核之。」

十五丁卯，太監屈尚忠奏催大禮措辦，着部火速挪借。馬士英言：「開洋之船，每隻或二百三百金，設太監給批放行，于崇明等處起税，如臨清關例。」

十八庚午，王永吉改總河，兼督淮安、鳳、廬。錢繼登兼撫揚州，田仰撤回另用，衛胤文事定再議。

十九辛未，范鳳翌光禄少卿，黄國琦試兵科。御史劉奏：「緝奸嚴密，下役四出擾害。」命申紹芳親浙按何倫束裝赴任，着門軍放行。太僕丞張如惠丁憂，着留其遺貲充餉。

至浙直催餉。德清縣大荒之後，一縣民逃亡殆盡，實徵銀三萬三千兩。着有司官挪借。

二十壬申，命參政馬鳴霆駐江陰，副使印司奇往京。楊文驄專監鎮軍，凡逃軍南渡，用砲打回，不許過江一步。王永吉奏：「徐棄萬分可惜，乞勅劉澤清固守淮安，勿託勤王移鎮。」命差風力科臣督催江南賦役全書。令一榜廩生輸銀准貢。高起潛言：「闖賊尾後，我兵擊前，左黨窮蹙，自當授首，不煩過慮。」前山東提學翁鴻業之子求父褒卹，下部察議。國亡後鴻業尚存，逾年乃歿。

廿一日癸酉，劉澤清大掠淮安，席捲輜重西奔。

廿二甲戌，清師渡淮。澤清真可斬也！然使路、王二公若在，當必死守，苟延時日。清師雖盛，豈能飛渡耶！嗚呼，士英之罪，可勝誅乎！

〔校記〕

〔一〕徐文爵嗣魏公「徐文爵」原作「徐允爵」，今據明史表六改。

141 史可法北征疏

四月癸丑朔，史可法北征疏云：「臣受命督師，無日不以討賊爲念。而人情難協，事局紛更。睢州大變之後，又有維揚之搆。外侮未禦，內釁方深。擁節制之虛名，負封疆之大罪，竊自悲也。先是提督之命未下，高營將士洶洶，臣不得不容之以鎮靜。本月二十三日，臣議調兵北向，李本身患癱未起。今臣不得已，先將鎮臣胡茂貞進發矣。」

142 凌駉自縊濟館

初一癸丑，凌駉自縊於濟館。傳曰：駉原名雲翔，字龍翰，徽州歙縣人，崇禎癸未進士。甲申正月授兵部職方司主事，督輔軍前贊畫。批云：督輔李建泰。曲沃兵潰降東，駉獨走至臨清，糾合三百人起兵，擒僞防禦使王皇極等三人，傳檄山東，其畧云：「迹今逆賊所恃，無過假義虛聲。假義則預免民租，虛聲則盛稱賊勢，以致浮言胥動，舉國如狂，愚愞無知，開門揖寇。及至闕城一啓，即便毒楚交加。一官而徵數萬金，一商而派數千兩，非刑拷比，罔念尊賢。縱卒姦淫，不遺寡幼。將軍出令，先問女人；州縣升堂，但求富户。」於是山東、河北各土寨來歸者甚衆。上疏南京，改浙江道監察御史巡按山東，而清兵日逼。駉復上疏言：「臣以鉛槧書生，未諳軍旅，先帝過簡，置之行間。遭值危亡，不能以死報國，乃以萬死餘生，糾集義師，討擒僞逆，誠欲自奮其桑榆之效。然不藉尺兵，不資斗粟，徒以忠義二字激發人心。方今賊勢猶張，東師漸進，臣已上書東國大臣，及覆懇切，不啻秦庭之哭矣。然使東師獨任其勞，而我安享其逸，東師克有其土，而我坐受其名，恐無以服彼之心而伸我之論。爲今日計，或暫假臣便宜，權通北好，合兵討賊，名爲西伐，實作東防。俟逆賊已平，國勢已立，然後徐圖處置之方。若一與之抗，不惟兵力不支，萬一棄好引仇，並力南向，其禍必中於江、淮矣。若臣之自爲計，則當不出此。臣南人也，即不肖而有功名之想，尚可幾幸于南。但恐臣一移足而南，大河之北，便非我有。故忍苦支撐于此，以爲他日收拾河北、畿南之本。夫有山東，然後有畿南；有畿南，然後有河北。臨清者，畿南、河北之樞紐也。與其以天下之餉守淮，不若以兩淮之餉守東。伏乞皇上擇一不辱君命之使臣，聯絡北方以弭後患，宣慰山東州縣以固人心。」時朝廷已遣陳洪範北行，而竟無一兵收山東者。清兵盡下山東州縣，駉南走至大名。清國以兵科印劄招駉，駉懸之陳橋驛中，遂獨身至南京入對。復差巡按河南。駉受命疾馳入歸德，而清兵已至城下。大帥王之綱引兵南走，獨駉與土兵數百守城中。遊擊趙擢入城說降，駉斬之以徇。次日，率兵出西門斫營，而守者已開東北門迎降。清帥傳令必生致駉。駉自刎，爲其麾下所持。乃以兩印投井中，命參將吳國興等齎勅旨並具遺疏入奏。卽書一官銜帖與其從子潤生，單騎詣營，見清帥豫王長揖不拜。豫王雅重駉，命具酒饌，親持金爵飲駉，駉辭以性不飲酒。留營中，另設一幕，贈大帽一、貂裘一、革舄二，駉不受，強留之一日夜，與姪潤生同自縊死。遺豫王書云：「世受國恩，不能濟，報之以死，駉義盡矣。願貴國無負初心，永敦隣好。大江以南，不必進窺。否則揚子江頭凌御史，卽昔日錢塘江上之伍相國也。承貴國隆禮，人臣義無私交，謹附繳上。」豫王命殯之察院公署，送銀一百兩治喪，城中吏民皆大哭。駉母年七十歲，子年四歲，登第後未得一省云。事聞，朝廷壯之，下部議卹，會國亡，不果。自弘光初立，史公請分淮南四鎮，遂無一人計收山東者。使乘清兵未下之日，一旅北出，與公犄角，上扼滄、德，下蔽徐、兖，天下事未可知也。

編年云：清兵至苑家寨，總兵王之綱邀巡按凌駉南避，駉不聽。清陷睢州，巡按御史凌駉被執不屈，與姪潤生自縊。事聞，贈駉兵部侍郎，潤生御史。

143 左良玉參馬士英八罪

四月初四日丙辰，寧南侯左良玉舉兵東下，馳疏至云：「竊見逆賊馬士英，出自苗種，性本凶頑。臣身在行間，無日不聞其罪狀，無人不恨其奸邪。先帝皇太子至京，道路洶傳，陛下屢發矜慈，士英以真爲假，必欲置之死而後快其謀。臣前兩疏，望陛下從容審處，猶冀士英夜氣稍存，亦當剔腸悔過，以存先帝一綫。不意奸謀日甚一日，臣自此義不與奸賊共天日矣！臣已提師在途，將士眦目指髮，皆欲食其肉。臣恐百萬之衆發而難收，震驚宮闕，且聲其罪狀，正告陛下，仰祈剛斷，與天下共棄之。自先帝之變，人人號泣，士英利災擅權，事事與先帝爲仇。欽案，先帝手定者，士英首翻之；要典，先帝手焚者，士英復修之；思宗改謚毅宗，明示先帝不足思，以絶天下報仇雪恥之心。罪不容於死者一也。國家提衡文武，全恃名器鼓舞人心。自賊臣竊柄以來，賣官鬻爵，殆無虛刻，都門有『職方賤如狗，都督滿街走』之謡。如越其傑以貪罪遣戍，不一年而立陞部堂；張孫振以贓污狡犯，不數日而夤緣僕少。袁弘勳與張道濬，皆詔獄論罪者也，借起廢徑復原官。如楊文驄、劉泌、王燧以及趙書辦等，或行同犬彘，或罪等叛逆，皆用之於當路。凡此之類，直以千計，罄竹難書。罪不容於死者二也。閣臣司票擬，政事歸六部，至於兵柄，尤不得兼握。士英已爲首輔，猶復掌樞，是弁髦太祖法度。又引腹心阮大鋮爲添設尚書，以濟其篡弒之謀。兩子梟獍，各操重兵以爲呼應，司馬昭復生於今日。罪不容於死者三也。陛下選立中宮，典禮攸關。士英居爲奇貨，先擇其尤者以充下陳，罪通於天。而又私買歌女寄養阮大鋮家，希圖進選，計亂中宮，陰謀叵測。罪不容於死者四也。陛下卽位之初，恭儉神明。士英百計誑惑，進優童艷女，損傷盛德。每對人言，惡則歸君。罪不容於死者五也。國家遭此大難，須寬仁慈愛，以收人心。士英自引用阮大鋮以來，睚眦殺人，如雷縯祚、周鑣，煅煉周內，株連蔓引。尤其甚者，借題三案，深埋陷阱，將生平不快意之人，一網打盡。令天下士民，重足解體。罪不容於死者六也。九重秘密，豈臣子所敢言。士英遍布私人，凡陛下一言一動，無不窺視。又募死士，竄伏皇城，詭名禁軍，以觀陛下動靜，曰『廢立由我』。罪不容於死者七也。率土碎心痛號者，先帝殉難。皇子幸存，前此定王之事，海內至今傳疑未已。況今皇太子授受不明，臣前疏已悉。士英乃與阮大鋮一手拿定，抹殺的確識認之方拱乾，而信串通朋謀之劉正宗，不畏天道神明，不畏二祖列宗，不畏天下公議，不畏萬古綱常，忍以先帝已立七年之嗣君，爲四海謳歌訟獄所歸者付之幽囚。天昏地慘，神人共憤，凡有血氣皆欲寸磔士英、大鋮等，以謝先帝。此非臣之私言，諸將士之言也；非獨臣標將士之言，天下忠臣義士、愚夫愚婦之公言也。伏乞陛下立將士英等肆諸市朝，傳首四方，用抒公憤。臣等束兵計刻以待，不禁大聲疾呼，激切以聞！」

數列八罪使人摭辯不得，躲閃不得，足褫奸雄之魄矣！七夕書。

144 左良玉討馬士英檄

蓋聞大義之垂，炳于星日；無禮之逐，嚴于鷹鸇。天地有至公，臣民不可罔也。奸臣馬士英，根原赤身，種類藍面。昔冒九死之罪，業已僑妾作奴，屠髮爲僧；重得三代之恩，徒爾狐窟白門，狼吞泗上。

會當國家多難之日，侈言擁戴勸進之功。以今上曆數之歸，爲私家攜贈之物，竊弄威權，煬蔽聰明。持兵力以脅人，致天子閉目拱手；張僞旨以讐俗，俾兵民重足寒心。本爲報仇而立君，乃事事與先帝爲仇，不止矯誣聖德；初因民願而擇主，乃事事拂兆民之願，何由奠麗民生！幻蜃蔽天，妖蟇障月。賣官必先姻婭，試看七十老囚，三木敗類，居然節鉞監軍；漁色罔識君親，託言六宮備選，二八紅顔，變爲桑間、濮上。蘇、松、常、鎮，横征之使肆行；檇李、會稽，妙選之音日下。江南無夜安之枕，言馬家便爾殺人；北斗有朝彗之星，謂英名實應圖讖。除誥命贈蔭之餘無朝政，自私怨舊仇而外無功能。類此之爲，何其亟也！而乃冰山發焰，鱷水興波，羣小充斥于朝端，賢良竄逐于崖谷。同己者性侔豺虎，行列豬猳，如阮大鋮、張孫振、袁弘勳等數十巨憝，皆引之爲羽翼，以張殺人媚人之赤幟；異己者德並蘇、黄，才媲房、杜，如劉宗周、姜曰廣、高弘圖等數十大賢，皆誣之爲朋黨，以快虺如蛇如之狼心。道路有口，空憐「職方如狗、都督滿街」之謡；神明難欺，最痛「立君由我，殺人何妨」之句。嗚呼！江、漢長流，瀟、湘盡竹，罄此之罪，豈有極歟！若鮑魚蓄而日羶，若火木重而愈烈。放崔、魏之瘈狗，遽敢滅倫；收闖、獻之獮猴，教以升木。用腹心出鎮，太尉朱泚之故智，幾幾殆有甚焉！募死士入宫，宇文化及之所爲，人人而知之矣。是誠河山爲之削色，日月倏以無光。又況皇嗣幽囚，列祖怨恫。海内懷忠之臣，誰不願食其肉；敵國嚮風之士，咸思操盾其家。本藩先帝舊臣，招討重任。頻年痛心疾首，願爲鼎邊雞犬以無從；此日履地戴天，誓與君側豺狼而併命。在昔陶八州靖石頭之難，大義于今炳然；迄乎韓蘄王除苗氏之奸，臣職如斯乃盡。是用礪兵秣馬，討罪興師。當鄭畋討賊之軍，憶裴度閉邪之語，謂「朝中奸黨盡去，則諸賊不討自平。倘左右兇惡未除，則河北雖平無用」。三軍之士，戮力同仇。中明仁義之聲聞，首嚴焚戮之隱禍。不敢妄殺一人以傷天心，不敢荒忽一日以忘王室。義旗所指，正明爲人臣子不忘君父之心；天意中興，必有間世英靈矢翼皇明之運。泣告先帝，揭此心肝，願斬賊臣之首以復九京，還收阮奴之黨以報四望。倘惑于邪說，詿誤流言，或受奸臣之指揮，或樹義兵之仇敵。本藩一腔熱血，鬱爲輪囷離奇；勢必百萬雄兵，化作蛟螭妖孽！玉石俱焚之禍，近在目前；水火無情之時，追維心痛。敬布苦衷，願言共事。嗚呼！朝無直臣，誰斥李林甫之奸邪；國有同心，尚懷鄭虎臣之素志。我祖宗朝三百年養士之德，豈其決裂于僉壬！大明朝十五國忠義之心，正宜暴白于魂魄。速張殪虎之機，勿作逋猿之藪。燃董卓之腹，膏溢三旬；籍元載之厨，椒盈八百。國人盡快，中外甘心。謹檄。

145 又檄

左良玉反兵東下，請除君側之惡，移檄遠近，以討馬士英。其畧云：「馬士英者，蠻獠無知，貪狼悖義。挾異人爲奇貨，私嫪毐以種姦。欺蝦蟇之不聞，恣鹿馬以任意。不難屠滅皇宗，遂敢刑戮太子。效胡潑之名訪邋遢，既不使之遁于荒野；踵錢寧之即訊大千，又不容其斃于深宮。羣小羅織，比燕啄而已深；中犴幽囚，視雀探而更慘。李沾威拷，何如崔季舒拳毆；王鐸喝招，有甚朱友恭塞謗。豈先帝不足復留種，既沈其弟，又滅其兄；將小朝自有一番人，既削其臣，並翦其主。嗟乎！安金藏之不作，丙定侯之已亡。附會成羣，誰敢曰吾君之子；依違欲了，咸稱曰的係他人。臨江之當乳虎，是可忍也？子輿之遇毒蟒，尚何言哉！良玉受恩故主，爵忝通侯，寧無食葚之思，詎忘結草之報！願同義士，共討天仇。嚴虎豹之亟驅，風雲氣憤；矢鷹鸇之必逐，日月光昭。郿塢豐盈，應有然臍之禍；漸臺高擁，難逃切舌之災。」檄下，遠近傳播，惟京中噤口。

前檄出遺聞，在初四日丙辰下。此檄出甲乙史與編年，載初三日乙卯也。

初五日丁巳，左兵入九江、安慶，至于建德，順流東下。

初七日己未，左兵入東流。良玉沿途遍張告示，稱：「本藩奉太子密旨，率師赴救。」士英等大懼，京師戒嚴。士英專理部事不入直。江督袁繼咸請赦太子以遏止之。批云：繼咸請十六日也。弘光切責士英，調黃得功、劉良佐離汛，遣劉孔昭、阮大鋮、方國安、朱大典共禦左兵。陞大典兵部尚書，國安掛鎮南將軍印。

四月十四丙寅，黃得功兵至江上。着于荻港、三山暫駐，有警進前。

十五丁卯，馬士英言：「水陸諸軍必直抵湖口，與九江、安慶呼吸相通，乃知上游消息。」即催阮大鋮、朱大典督諸軍前發，不得稽延。

十七日己巳，馬士英奏上大捷。賞劉孔昭、朱大典、黃得功、阮大鋮、黃斌卿、黃蜚、鄭彩、方國安、趙民懷、鄭鴻逵、卜從善、杜弘域、張鵬翼、楊振宗銀幣。

五月初一，張捷率百官進賀捷表。時維揚信絶，左兵停留不下，阮大鋮、劉孔昭虛報捷音，以愚都人耳目也。

初五丙戌，黄得功與左兵屢戰，身中二矢。捷聞，詔封靖國公，遣太監王肇基勞之。並進阮大鋮、朱大典並太子太保，總兵張杰、馬得功、鄭彩、黄蜚並加三級。副將而下，各進一級，仍予錦衣世襲。

遺聞云：良玉舉兵不數日卽病死，子夢庚東下至采石，爲黄得功、方國安所敗。尋聞清兵緊急，遂引兵還。

左、馬鷸蚌也，都是罪人。七月初八書。

146 誅周鍾等

四月初九辛酉，殺從逆光時亨、周鍾、武愫，又殺原任武德道僉事雷縯祚、禮部主事周鑣。鑣與鍾從兄弟也，負時譽，與阮大鋮有隙。馬士英參鍾從逆，謂鑣當坐。照磨張明弼奏鑣險惡，朱統鑽復摭鑣他事論劾提問。縯祚亦與大鋮有怨，劉澤清疏攻吕大器及縯祚，大鋮復奏縯祚不忠不孝，吏科林有本繼之。有旨：「從逆各犯及雷縯祚二案，着法司速行訊結。」光時亨者，與李明睿不同聲氣，阻駕南遷者也，故與四人同死。

周鍾遁居嘉興項仲展家，時遣無錫武舉鄒浩之往逮。鍾見鄒謂之曰：「汝非有年誼乎？」鄒曰：「然。」因僞云：「老年翁此去亦不妨。如不去，晚生妻子已下獄矣。」鍾與千金，鄒不受。鍾曰：「去終是死者，亦避不得矣。」遂行。至南京，殺于大中橋。臨刑，謂衆曰：「今殺我，天下遂太平乎？」吾看時年四十四，萬曆壬寅生也。

147 清豫王曉諭

四月十七日己巳，大清國攝政王奉義皇令旨，曉諭江南、南京、浙江、江西、湖廣等處文武官員軍民人等知悉：爾南方諸臣，向佐明朝，崇禎皇帝有難，天闕焚毁，國破家亡，不遣一兵，不發一矢，不識流寇一面，如鼠藏穴，其罪一也。及我進戰，流寇西奔，爾南方未知京師確信，又無遺詔，擅立福王，其罪二也。流寇爲爾大仇，不思征討，爾諸將各自擁衆擾害良民，自生反側，以起兵端，其罪三也。此天下所共憤，王法所不赦，予是以恭承王命，援兵大師，問罪征討。爾文武官員，速以地方城池投順者，不論功之大小，各陞一級；抗拒不順者，自身遭戮，妻子受俘。如福王改過前非，自投軍前，面釋其罪，與明朝一體優待。福王親信諸臣，知罪改過歸誠，亦仍予祿俸。文到之日，士民不必驚慌逃竄，農夫照前耕種，城市秋毫無犯，鄉村安堵無妨。但所用糧草，預解軍前，兵部作速火牌曉諭，毋得遷延，以違軍法。咸使聞知。

148 議禦北兵

清兵攻破徐、碭，又破亳、泗。四月八日庚申，史可法三報緊急。弘光曰："上游急則赴上游，北兵急則赴北兵，自是長策。"可法曰："上游不過欲除君側之奸，原不敢與君父爲難。若北兵一至，則宗社可虞，不知輔臣何意朦蔽至此！"乃移書馬士英，懇其選將添兵，大聲疾呼。士英惟以左兵爲慮，不應。

初九辛酉，清兵至潁州，南將降者、逃者相半。梁雲構請召劉澤清、黃得功將兵入衛，黃斌卿請留駐防。初十壬戌，徐、邳告急。令衛胤文、李本身督兵駐泗州。十四丙寅，劉澤清、劉良佐各請將兵入衛，諭以防邊爲急。十五丁卯，劉洪起奏：「清兵乘勢南下，如同破竹，無人敢遏，恐爲南京之憂。」王永吉奏：「徐鎮孤危援絶，勢不能存，乞勅史可法、衛胤文共保徐州，方可保全江北。」十七己巳，史可法奏：「清騎分路南下，鎮將平日擁兵糜餉，有警一無足恃。」又奏李成棟避敵棄地南奔，士英亦不應。時塘報洶洶。十九辛未，弘光召對，士英力請亟禦良玉。大理寺卿姚思孝、尚寶司卿李之椿等，合詞請備淮、揚。工科吴希哲等亦言淮、揚最急，應亟防禦。弘光諭士英曰：「左良玉雖不該興兵以逼南京，然看他本上意思原不曾反叛，如今還該守淮、揚，不可撤江防兵。」士英厲聲指諸臣對曰：「此皆良玉死黨爲游説，其言不可聽，臣已調得功、良佐等渡江矣。寧可君臣皆死于清，不可死于良玉之手！」瞋目大呼：「有異議者當斬！」弘光默然，諸臣咸爲咋舌，於是北守愈疏矣。禮部尚書錢謙益言：「陳洪範還該收他。」弘光曰：「國家何嘗不收人，只是收來不得其用。」希哲退曰：「賈似道棄淮、揚矣。」

先君子嘗述舅氏語曰：弘光召對時，羣臣俱請禦北兵，弘光然之。獨馬士英大聲面斥上曰：「不是這樣講，寧可失國于清。」云云。弘光不敢言。此豈對君之道！又朱大典含怒入朝堂，曰：「少不得大家要做一個大散場了！」衆聞之愕然。七月廿二，奇識。

149 史可法奏官多無益

二十日壬申，史可法言：「今日江北有四藩，有督師，有撫按，有屯撫，有總督，不爲不多矣。敵寇並至，曾何益毫末哉！臣近至揚州，一時集于城內者，有總督，有提督，有鹽科，酬應繁雜，府縣皆病。今又添鹽監、鹽督，人人可以剥商，商本盡虧。新征不已，利歸豪猾。不足之害，朝廷實自受之。」

150 吴适下獄

二十一日癸酉，兵科給事中吴适疏參方國安、牟文綬言：「文綬本無寸功，驟列大帥，乃復縱兵譁掠，摧陷建德、東流，大屬非法。國安受國厚恩，乃銅陵西關、南陵城外，聚兵攻擊。赤子何辜，遭兹塗炭，益之深熱，其與叛逆何異！陛下宜加禁戢。」蔡奕琛等票旨切責云：「左良玉稱兵犯順，連破九江、安慶。文綬久在南康，國安現在剿逆，吴适訛言亂政，爲逆臣出脱，是何肺腸！」明日，奕琛具疏特糾逮适下獄。先是左光先按浙，會鞫奕琛一案，适時爲衢州司理，與紹興司理陳子龍共成是獄。及奕琛入相，與阮大鋮同心排擠光先，以致褫逮，並及于适。實借題以快夙憾，而國事封疆俱置不問。御史張孫振又有疏糾适爲「東林嫡派，復社渠魁，宜速正兩觀之誅」。

東林，正人之藪；復社，名士之林。以此論罪，榮于華衮矣！

151 史可法揚州殉節

四月廿二日甲戌，清師渡淮，如入無人之境。廿四日丙子，清兵猝至揚州，圍攻新城。可法力禦之，薄有斬獲。攻益急，可法血書寸紙馳詣兵部代題請救，不報。廿五日丁丑，可法開門出戰，清兵破城入，屠殺甚慘，可法拔劍自刎。原任兵部尚書張伯鯨被執不順，身被數創，自剄死，妻楊氏、媳郝氏從之。伯鯨標下游擊龔堯臣被執不屈死。

甲乙史云：甲戌，清師渡淮，是晚猝至揚州新城，破之，悉屠其民。史可法在舊城，清帥檄云：「若好讓城，不戮一人也。」可法不爲動。丁丑，清師詐稱黄蜚兵到，可法縋人下城詢之，云：「蜚兵有三千，可留二千在外，放一千入城。」可法信之。時敵在東門，約以西門入。及進，而屠戮甚慘。可法立城上見之，即拔劍自刎。左右持救，乃同總兵劉肇基縋城潛舟去。或云引四騎出北門南走，没于亂軍。或云敵甚鋭，攻北門，可法震大砲擊之，死者甚衆。再震，而兵愈聚，敵氣益鋭，已破西門入矣。擁可法見豫王，長揖正言不屈，遂遇害。

予思甲戌渡淮，是晚猝至揚州，未必如此之速，則疑丙子爲是。至于史公死節，其說不一。然豫王入南京，五月廿二日癸卯，即令建史可法祠，優恤其家。是王之重史必在正言不屈，而縋城潛去之說非也。更聞江北有史公墓云。康熙初年，予在樅陽，見公之祠，謚爲清惠，入謁之，父老猶思慕焉。

憶順治六年己丑仲冬十八日長至，予入城應試，有浙之嘉興人同舟，自言久居於揚。予問清師破城事，彼云：「我在城逃出者，稔知顛末。初，揚人畏高傑淫掠，鄉民悉避入城。後以水土不服，欲出城，江都令不許，遂居于城。四月十九日，清豫王自亳州陸路猝至揚州，兵甚盛，圍之。時史可法居城內，兵雖有，能戰者少，閉門堅守不與戰。清以砲攻城，鉛彈小者如杯，大者如罍。堞墮即修訖，如是者數次。既而砲益甚，不能遽修，將黃草大袋盛泥于中，須臾填起。清或令一二火卒偵伺，守兵獲之，則皆歡呼曰：「擒了韃子矣，進去請賞！」可法賜以銀牌，俱喜，殊不知清師甚衆。可法日夜待黃得功等兵至與戰。圍至六日，乃廿五丁丑也，忽報曰：「黃爺兵到矣。」望城外旗幟信然，可法令開門迎入。及進舊城，猝起殺人，有如草菅。衆知爲清人所給，大驚，悉棄甲潰走。百姓居新城者一時譁叫曰：「韃子已入舊城殺人矣！」衆不知所爲，皆走出城。走不及者被殺，凡殺數十萬人，所掠婦女稱是，無一人得存者，揚城遂空。可法不知所終，或云遁矣。史公爲人形容猥陋，而忠于體國，在軍中時止茹麥粞飯，食不二味，衆共憐之。」辛亥七月二十三日書。

或云揚城破，清帥發令箭，一門殺人一百，以未破城時發炮傷兵也。既而傳箭，一門殺人一千。殺訖，隨出一箭，又殺一千。連續傳箭，直殺至數十萬。揚州烟爨四十八萬，至是遂空。

徽客巴姓者，自揚城逃出，云：「初城破時，將民或一百或二百各閉室內，使兩兵守視。久之，有服紅袍者手執旗箭各一，馳馬大呼曰：『將這須蠻子去了罷！』揚民被拘者聞之，謂爲釋己也，俱大喜。已而，牽一人出跪之，左邊兵一刀，右邊兵亦一刀，既殺兩刀，以爲必死，即擲下，復拽一人出，仍如前法，一似蛙然。若頸不斷，雖死復蘇。」巴某亦親受兩刀而復生者也。

揚州初被高傑屠害一次，殺人無算。及豫王至，復盡屠之。總計前後殺人凡八十萬，誠生民一大劫也。

予按：宋恭帝時，元右丞相阿杰圍揚州，日久而無成功，築長圍困之。城中食盡，死者枕籍滿道。明太祖遣將繆大亨克揚州，止餘居民十八家而已。然則自宋、元以迄于今，揚民已三罹兵劫矣。豈繁華過盛，造化亦忌之耶！

152 附記因果

揚州有一僧，生平誦金剛經，既卒，葬于近城。及清破城後，有兵夜行，見塔內光射出，上騰于天，異之，以爲寶也。詢之土人，土人曰：「此僧塔耳。」兵謂紿己，不信。啓之，見一僧端坐缸內，儼如生者。衆大驚異，舁出移置庵內，焚香禮拜，號爲金剛和尚。蓋誠心誦經，故得此不壞身也。

程伯麟，徽州商人也，久居揚州，事觀音大士甚虔。清兵破揚州，程禱大士求救，乃得夢云：「汝家共十七人，餘十六口俱不在劫，惟汝在數，不可逃也。」程既醒，又復懇禱，仍得夢云：「汝前生殺王麻子二十六刀，今須償彼，決不可逃。汝當吩咐家中十六口並住東廂，汝獨在中堂俟之，勿併遺累家人也。」程領之。越五日，兵扣門，程即問曰：「汝非王麻子乎？若是王麻子，可來殺我二十六刀。若非王麻子，則本無怨，不須進門。」兵云：「我正是王麻子。」程遂開門納之。兵下馬驚問：「汝何以知我姓名？」程具以兩夢告之。兵嘆曰：「汝前世殺我二十六刀，致我今世報汝。我今世殺汝，汝於來世不將又報我乎！」乃以刀背斫程二十六下而釋之。伯麟攜其家屬同至金陵。

又池州府有一人恒誦三官經，流賊臨城，其人夢三官大帝告云：「汝前世曾殺一人，今來報讐，不可免矣。」驚懼而醒，復加懇禱，又得夢云：「往孽難逃，豈能曲救？但汝夙寃名朱七，騎紅馬，明日必來，汝可跪于門首，口稱朱七將軍饒命。彼或問汝何以知我名字，即以兩夢告之可也。」次日，果于門首見有騎紅馬者，跪稱朱七將軍饒命。賊聞驚異，問知其故，遂憮然若失，不殺而去。此事與前事相類，故併附之。

153 張氏賦詩投江

乙酉四月，清兵破揚州，豫王部將掠張氏至金陵，以珠玉錦繡羅設于前。張氏弗顧，悲泣不已。既而部將隨王北上，張從之。出觀音門，將渡江，密以白綾二方，可二尺許，楷書絶命詩五首于上，乘隙投江以死。屍浮于高子港，爲守汛者所獲。其詩跋云：「廣陵張氏題。有黄金二兩，以作葬身之費。」遍體索之，無有也。已而于鞋内得之，蓋密紉于中者。衆以此金易銀葬焉。康熙四年乙巳六月七日，予在六合，得閲其詩，併聞其事如此。

七言絶句

深閨日日繡鸞凰，忽被干戈出畫堂。弱質難禁罹虎口，衹餘魂夢繞家鄉。

二

繡鞋脱却换鞾靴，女扮男裝實可嗟。跨上玉鞍愁不穩，淚痕多似馬蹄沙。

三

江山更局聽蒼天，粉黛無辜實可憐。薄命紅顔千載恨，一身何惜悮芳年。

四

翠翹驚跌久塵埋，車騎轔轔野塹來。離却故鄉身死後，花枝移向别園栽。

五

碎環祝髮付東流，吩咐河神仔細收。已將薄命拚流水，身伴豺狼不自由。

154 召問遷都

四月二十六日戊寅，上視朝畢，對羣臣問遷都計，禮部錢謙益力言不可，乃退。自左兵檄至，清兵信急洶洶，上日怨士英強之稱帝，因謀所以自全。士英請潛召黔兵入衛，辦走貴陽，工科吴希哲等力諫乃止。是日，召黔兵一千二百名入城，命駐鷄鳴山，踐踏僧房殆遍。每夜撥二百名守私宅。

155 馬士英荅驛報

二十七日己卯，龍潭驛探馬至，報云：「敵編木爲筏，乘風而下。」又一報云：「江中一砲，京口城去四垛。」最後，楊文驄令箭至云：「江中有數筏，疑是敵兵，因架砲城下，火從後發，震倒頹城半垛。早發三砲，江筏粉碎矣。」士英將前報二人綑打，而重賞楊使。自是，報警寂然。

156 召對

二十八日庚辰，召對，上下寂無一言。良久，上云：「外人皆言朕欲出去。」王鐸云：「此語從何得來？」上指一小奄，正色語奄曰：「外間話不可傳的。」鐸因請講期，上曰：「且過端午。」馬士英發黔兵六百赴楊文驄軍中。

是時，清兵渡江甚急，王鐸身爲大臣，而無一言死守京城以待援兵至計，乃第請講期，豈欲賦詩退敵耶，抑效戎服講老子耶！這都是不知死活人，國家用若輩爲輔臣，不亡何待！然鐸意已辦歸清一着爲善後策，故發如此淡話耳。弘光云「且過端午」，此語頗冷，使鐸多少没趣。君雖庸憒，亦密知清兵將至矣。辛亥七月廿四上午，社埄王館書。

無錫日記曰：四月中，亂信紛紛，或言高兵，或言左兵，或言清兵，人心摇摇不定。官府借此催科督迫，自鄉紳大户分外加派，以及細户加增，殆無寧日。「小民不死於兵革，死於催科。」斯言良驗。四月廿一日，督餉坐射圃，衙役羣哄門首，以嚴刑責罰故也。是夜卽去。

明季南略卷之四

乙酉五月起

157 五月紀略

初一日壬午，有書聯於東、西長安門柱云：「福人沉醉未醒，全憑馬上胡謅；幕府凱歌已休，猶聽阮中曲變。」又云：「福運告終，只看盧前馬後；崇基盡毁，何勞東捷西沾。」又云：「二𪕒翻世界，批云：𪕒音柳，似鼠而大。七煞捲地掃；東林一路踏江南，四鎮擎天歸北幕。」

時張捷率百官進賀，阮大鋮虛報捷音，又與楊維垣謀殺東林諸人，故有此聯。

遺聞云：先是三月下旬，或夜半書士英堂中云：「闖賊無門，匹馬横行天下；元兇有耳，一兀直搗中原。」求其人不得。

福人指弘光，本福王也。阮大鋮喜作歌曲，時爲兵部報捷，故幕府云云。盧，盧九德太監也。西沾，李沾也。𪕒、劉同音，指澤清、孔昭也。路指路振飛。至闖賊無門，駡士英「馬賊」也。元兇有耳，「阮」字也。

初二日癸未，遣京營兵二百迎黄得功移守坂子磯。

時清兵已駐瓜州，躭躭欲渡，猶不思調大帥與鄭鴻逵爲犄角，乃徒守坂子磯以禦左兵。士英之罪，可勝誅哉！

初三甲申，馬士英過清議堂召百官，無一人至。士英怒，罷歸。命惠王移居紹興。點用陳之遴、戴英主試福建。

初五日丙戌，百官進賀，上不視朝，以串戲無暇也。

予聞外弟胡子鴻儀云：「都中雖不敢言亂，然止有一二龍舟，人情意興，極爲冷淡無聊，殊不似向時光景矣。」然則張、楊輩雖日報捷進賀，欲愚都人耳目，亦何益乎！七月廿五日書。

初六日丁亥，有二騎從金川門入馬士英家。午報劉澤清率兵至浦口。午後，馬士英入大內，與韓贊周、盧九德二監商議，傳令各門下閘，辰開申閉。

初七日戊子，集百官清議堂議事，預坐者十六人：馬士英、王鐸、蔡奕琛、陳于鼎、張捷、陳盟、張有譽、錢謙益、李喬、李沾、唐世濟、楊維垣、秦鏞、張孫振、錢增、趙之龍，各竊竊偶語。百官集者甚衆，皆不得與聞。臨散，李喬、唐世濟齊聲相和曰：「便降志辱身，也説不得了。」散後有叩諸大僚者，皆云：「清信雖急，如今不妨了。」蓋所商議藉之龍納欵於清也。是日晝晦，大風猛雨，人心洶洶。

陞監軍楊文驄爲右僉都御史，巡撫蘇、松、常、鎮、揚五府。鄭鴻逵封靖虜伯，世襲，賜蟒衣金幣。將士各進二級，金五千、幣一百分賞，遣太監盧九德勞之。

初八日己丑，發黔兵六百守陵，門禁益嚴。清兵駐瓜州，排列江岸，沿江窺渡。惟總兵官鄭鴻逵、賽者已三日矣。

鄭彩一旅帥水師禦之。京口兵舡時到江中，而黄斌卿、楊文驄兵列南岸，隔江互發，炮聲相應，如相戲

158 豫王渡江

初九日庚寅晨，清兵開閘放舟，蔽江而南。二鄭兵見之，各揚帆東遁。江南之師，一時皆潰，武弁各卸甲鼠竄。巡撫霍達方整導出衙，未至江邊，即狼狽返，易服雜下役中竊逃，附小舟潛入蘇州。鄭鴻逵復入丹陽，燒劫南走，雞犬一空。黔兵之從楊文驄者，存二百五十人奔還南京。傳言敵已下江，京口無備，都人大震。

甲乙史及編年等書俱載庚寅晨渡江，而遺聞則云：「初八日夜，清兵編筏張燈向鎮江，而別由老鸛河渡。初九日，盡抵南岸。」蓋初八夜渡，而初九晨始抵南岸，故云庚寅也。或曰老鸛河即俗所稱七里港是也。

予聞豫王謀渡江，夜半乘西北風大順，令軍中每人具案二張、火十把，如違，笞四十棍。衆兵掠民間檯几及掃帚，將帚繫縛檯足上，沃油燃火，昏夜乘風放入江中，順流而下，火光徹天。南兵見之，謂清師濟江，遂大發砲擊之。然風順水急，愈擊愈下。久之，砲幾盡，王乃從七里港渡江。

嘗讀史記，漢二年八月，韓淮陰擊魏，魏王盛兵蒲坂，塞臨晉。淮陰乃益爲疑兵，陳船欲渡臨晉，而伏兵從夏陽，以木罌缻渡軍襲安邑，虜魏王豹。豫王用此道也。

無錫日記云："五月初旬，合城避難，十室九空。傳聞清兵逼南京，自鎮江、丹陽、常州，居民紛紛避難。錫中亦驚惶失措，風鶴皆兵，亦三百年來之奇事也。"

159 弘光出奔

五月初十日辛卯，閉京師各城門，傳旨縉紳家眷不許出城。午後，喚集梨園子弟入大内演戲，上與太監韓贊周、屈尚忠、田成等雜坐酣飲。二鼓後，上奉太后一妃與内官四五十人，跨馬從通濟門走出，文武百官無一人知者，遺下宫娥女優五六十人，雜沓於西華門内外，得隨一人拉去爲幸。編年云："上跨馬從聚寶門出狩。"

附記　時清兵已渡江，而南京猶不敢言，雖竊竊語亂，各官猶未知確信。初十日，舅氏邀同道鄭之瑜飲於屯田署中，鄭曰："昨吏部大堂密傳一行，云聖上頗有三十六着之意，不解所謂，幸公教之。"舅氏聞之大驚曰："諺云『三十六着，走爲上着』，聖上殆出狩乎！"鄭始大懼，知時事不可爲矣，因辭去。吏部大堂者，張捷也。客既散，舅氏亦秉燭而坐。及四鼓，外傳榜進報曰："大駕已出，城門洞開。"舅氏大駭，欲卽扈駕。適同年秦鏞至，遲疑片晌而别。已而趨至城門，遇同邑紳龔廷祥、馬瑞等。時趙之龍令兵守門，不得遽出。俄，馬瑞于刀戟下俯首趨出，舅氏復還屯署協恭堂，幾罹虎口，得免。

160 馬士英奔浙

十一日壬辰，黎明，錢謙益肩輿過馬士英家，門庭紛然。良久，士英出，小帽快鞋，上馬衣，向錢一拱手云：「詫異，詫異！我有老母，不得隨君殉國矣。」卽上馬去。後隨婦女多人，皆上馬妝束，家丁百餘人。出城至孝陵，詭裝其母爲太后，召守陵黔兵自衞。黔兵亦半逃。平旦，百姓見宮門不守，宮女亂奔，始知君、相俱遁去，驚惶無措，遂亂擁入內宮搶掠，御用物件遺落滿街。一時文武逃遁隱竄，各不相顧。洗去門上封示，男女衆湧出城。有出而復返。少頃，忻城伯趙之龍出示安民，有「此土已致大清國大帥」之語，閉各城門以待清兵。

黔兵自江上隨尹帥還鷄鳴山者，先至一百九十人，隨士英出；後至六十人無歸，劫行城中，司城方勇巡警竟夜，乃不敢肆，有潛藏者，有逃出城者，民盡殺之，無一人存。黔兵在城者，百姓盡搜殺之，以先受其害也。

附記　士英衞卒三百人，從通濟門出，門者不放，欲兵之。乃出私衙元寶三廳，立刻搶盡。有一圍屏，瑪瑙石及諸寶所成，其價無算，乃西洋貢入者，百姓擊碎之，各取一小塊卽值百餘金。多藏厚亡，信哉！

161 趙監生立太子

十一日午刻，有趙監生率百姓千餘人，擒王鐸到中城獄，羣毆之，使認太子。鐸呼云：「非干我事，皆馬士英所使。」衆笞鐸，鬚髮俱盡。太子亟止之，命禁中城獄。百姓擁太子上馬，入西華門，至武英殿，又擁至西宮，尚未櫛沐。時倉卒無備，取戲箱中翊善冠戴首，於武英殿登座，羣呼萬歲。兩日天氣陰霾悽慘，日色罕見，是日天清日朗，衆心開悅。各部寺署官見者，俱行四拜禮，大僚亦間有至者。

162 十二日癸巳

城内栅門盤詰，獲馬士英中軍八人，送戎政趙之龍，斬之。

午後，太子粘示皇城，略云：「先皇帝丕承大鼎，惟兹臣庶同其甘苦，胡天不祐，慘罹奇禍，凡有血氣，裂眦痛心！泣予小子，分宜殉國，思以君父大仇，不共戴天，皇祖基業，汗血匪易，忍垢匿避，圖雪國恥。幸文武先生迎立福藩，予惟先帝之哀，奔投南都，實欲哭陳大義。不意巨奸障蔽，至攖桎梏。予雖幽獄，無日不痛絶也。今福王聞兵遠遁，先爲民望，其如高皇帝之陵寢何！泣予小子，父老人民圍抱出獄，擁入皇宫。予身負重冤，豈稱尊南面之日乎！僅此布告在京勳舊文武、先生士庶人等，念此痛懷，勿惜會議，予當恭聽，共抒皇猷。勿以前日有不識予之嫌，惜爾經綸之教也。」

左都李沾肩輿微服詣趙之龍家求庇，之龍以令箭護送之出城。吏部尚書張捷微行至鷄鳴寺，以佛幡帶自縊。左副都御史楊維垣自鬣二妾朱氏、孔氏死，買三棺，旁置二妾，中題楊某之柩，並埋中堂，身挈一僕夜遁，至秣陵爲怨家所擊殺。數日，僕復迹之，屍爲犬食半。

163 十三日甲午

太子令釋王鐸，仍以爲大學士。又召方拱乾、高夢箕於獄，並爲禮部侍郎、東閣大學士。二人出獄即逃。

趙之龍召勇衞營兵入城，城中乘間而出者甚衆，柵禁稍寬，店肆頗有開張者。

文武諸僚集中府會議，齒及太子，皆有難色，曰：「前日幾番云云，恐有蹈呂、張之谷者。不然，弘光帝復來，將奈何？」趙之龍曰：「此中復立新主，款使北歸，其何辭以善後！」衆皆然之，哄然而散。各衙門出示安民城守，並不及立新主之事。

馬士英寓在西華門，其子馬錫寓北門橋都督公署，在鷄鵝巷，百姓焚燬一空。次掠及阮大鋮、楊維垣、陳盟家，惟大鋮家最富，歌姬甚盛，一時星散。

太子敕封中城獄神爲王，差官捧勅，二人行至獄中，開讀勅文，稱「崇禎十八年，兵馬司素服迎之。」

監斬生徐瑜、蕭某謁趙之龍，勸其早奉太子卽位。之龍立叱斬之。差官自北軍中回，之龍卽入西宮勸太子避位。

馮可宗、陳盟、王心一等皆棄官逃，高倬、張有譽初傳死，後亦逃。李沾既去，李喬自爲總憲。

王鐸不認太子，罪可斬矣。而太子止其毆，釋其獄，仍以爲相，其度量必有大過人者。惜乎！全軀保妻子之臣之衆也。使鐸清夜自思，其知愧否！

164

十四日乙未

報清豫王兵到都城，忻城伯趙之龍率禮部尚書管紹寧、總憲李喬，各遣二官縋城出迎，跪道旁高聲報名。將近豫王前喝起，衆人倉皇入報。此時大雨淋漓，無一騎一卒敢站簷下者。二大僚匍匐進，行四拜禮，豫王駐師天壇中。

趙之龍，號易庵，河南儀封籍，南直虹縣人，太子太保、忻城伯。

附記　豫王到城下，遣四十人入城詢問降情真否，衆以實對。北使乃出王令，兵退四十里駐營，或云即紫金山下也。初，豫王駐師城外，趙之龍欲迎入，百姓不願，羅拜於地。之龍下馬諭衆曰："揚州已屠，若不迎之，又不能守，徒殺百姓耳。惟竪了降旗，方可保全。"衆不得已，從之。

無錫日記云：十四夜，知縣林鈁逃去。廿五早晨，衙役搶内衙，家伙爲之一空。是日，鄉紳請朱學師掌印，人心皇皇。林公併印帶去。先是十二日，衙役王阿喜問庫吏討銀，吏即以王某劫庫大事稟林公。王又醉，倚立庭柱駡林公，林佯不知。已而，王駡不已，林公始問，趣下手斬之。衙役即以報仇之説稟林公，林公亦爲此逃去。公登崇禎癸未進士，福建福清人。

165 十五日丙申

大開洪武門，二大僚統百官獻册，行四拜禮。趙之龍叩首請豫王進城，保國公朱國弼、鎮遠侯顧鳴郊、駙馬齊贊元咸至。豫王問勳戚爲太祖、爲成祖，之龍一一具答。豫王喜，加之龍位興國公，命立朱國弼上，賜金鐙銀鞍馬、貂裘八寶韃帽。命軍中設牛酒，席地共坐。豫王問太子何在，之龍以王之明對，豫王曰：「逃難之人自然改易姓名，若説姓朱，你們早殺過了。」朱國弼曰：「太子原不認，是馬士英坐易。」豫王大笑曰：「奸臣！奸臣！」

李喬進城賫大清告示二道，一爲大清攝政叔父王曉諭江南文武官民，一爲欽命定國大將軍豫王曉諭南京官民，大約言：「福王僭稱尊號，沈緬酒色，信任僉壬，民生日瘁。文臣弄權，只知作惡納賄；武臣要君，惟思假威跋扈。上下離心，遠近仇恨。」時以爲實録。晚間，趙之龍奉太子出城。至營，豫王離席迎之，坐於己右，相去不離丈許。

166 十六日丁酉

是晨，豫王受百官朝賀，遞職名到營參謁如蟻。趙之龍令百姓家設香案，黄紙書「大清國皇帝萬萬歲」，又大書「順民」二字粘門。王鐸詣營投到，以其弟王鏞在營，甚禮之。

查不朝參者，妻子爲俘。差假本堂報知註册，每日點名，大僚俱四更進而午後歸。工部尚書何瑞徵先於十一日自縊，不死，損左足，卧家不朝，王命縛之。瑞徵索劍自刎，其子持之，賂官以揭進，某官爲之請，乃准調理。

附記　是日，鄭鴻逵兵過石幢，予往東觀之，水陸擁擠疾行，自北而南，秋毫不犯，凡三晝夜。或云六萬人。嗚呼，雖多亦奚以爲！

167 十七日戊戌

禮部引大清官二員，從五百騎由洪武門入，清騎謂城上人曰：「勿放炮。」禮部向帝闕四拜，因淚下。北兵問故，禮部曰：「我痛惜高皇帝三百年之王業，一旦廢墜，受國厚恩，寧不痛心！」北兵爲之嘆息。候開正陽門，索匙不得，禮部引進東長安門。盤九庫，見銀九萬兩，卽命此官駐皇城内守之。

總憲李喬獨先剃頭胡服，豫王罵之。劉澤清自浦口掠舟東遁入海。

常州知府郭佳胤遁入太湖。郭字如仲，號虁一，河南歸德府寧陵縣人。崇禎丙子舉人，丁丑進士。初爲無錫知縣，後卽陞常州太守者也。時清已遣使至常州索册，府無正官，留張守備坐堂。是日，無錫放監鋪。

先是南京居民自相禁止，途次寸步難行。至是以豫王曉諭百姓，居行如故。

168 十八日己亥

文武官與坊保進牲醴、米麵、熟食、茶果於營，絡繹塞路。趙之龍喚優人十五班進營開宴，逐套點演。正酣悦間，忽報各鎮兵至，之龍跪呈豫王，王殊不爲意。又點戲五出方撤席，發兵三百，遣將將之即行。有頃，擒劉良佐至。良佐叩首，請以擒弘光贖罪，豫王允而遣之，隨撥三百人同行。或云清將招劉良佐曰：「爾等豪傑，不知天命乎？」良佐遂請降。

內官進鰣魚二大籠，極其卑禮，豫王不受。

169 十九日庚子

趙之龍同大清並騎入城，分通濟門起以大中橋北河爲界，東爲兵房，西爲民舍，通濟、洪武、朝陽、太平、神策、金川凡六門，居大清兵。自是，東北城民日夜搬移，提男抱女，哀號滿路。西南民房一椽，日值一金。豫王斬兵搶物者八人。清兵搜不朝賀現任官陳盟等家。豫王示：「前日入内搶掠諸物，自行交還江寧縣，藏匿者梟示。」

南京人云：清兵入城亦不殺人，俄出示「兵居東半城，民居西半城」。兵卽入東城，百姓俱狼狽走，稍遲則刀棍交下，立斃。什物悉爲兵有，百姓止走空身而已。

無錫日記云：是日下午，常州推官何家駒在無錫殺二人於大市橋。二人俱姓華，與道鄉人，兄弟五人在鄉間搶擄，族叔呈之四尊，立刻梟首。所搶不過西瓜及酒二罈而已。族叔之意亦欲笞責之已耳，何以時亂，借以警衆，竟殺之。族叔亦悔而泣焉。

170 二十日辛丑

清內院學士洪承疇牌諭：「翰林大小官每日入內辦事，仰掌院陳于鼎造册送進，每日侵晨點名。」午後，令文武官將印信、札付盡數交納武英殿換給。御史王懩、大理丞劉光斗、鴻臚丞黃家鼒等往各府取降順册。

171 二十一壬寅

大放三日，婦女出城者萬計。趙之龍先剃頭，魏國、安遠、永康、靈璧、臨淮以漸剃訖，文官惟李喬、姚孫渠自剃。

172 二十二癸卯

豫王令建史可法祠，優卹其家。

豫王入南都有六事可取：一不殺百姓，二斬搶物兵八人，三罵李喬先剃頭，四放婦女萬人，五建史可法祠，六修太祖陵。不獨破揚渡江以用智見長也，頗有古賢將風。辛亥七月廿七日書。

173　二十三甲辰

豫王進城，衣紅錦箭衣，乘馬入洪武門，白棍一對前導。文武班立道旁，無一不至者。中書舍人龔廷祥自投武定橋河死。編年、遺聞俱載投秦淮河水死。

174　劉良佐挾弘光回南京

二十四日乙巳，劉良佐以弘光到，暫停天界寺。先是，弘光出至太平府，劉孔昭閉城不納，徬徨江次，乃奔坂子磯就黄得功營。得功方出兵與左兵戰，聞之卽歸營，向弘光泣曰：「陛下死守京城，臣等猶可借勢作事，奈何聽奸人之言輕出，進退將何所據！此陛下自誤，非臣等負陛下也。臣營弱薄如此，其何以處陛下哉！」居兩日，劉良佐奉豫王令追至，且招得功。得功怒，不甲而出，單騎馳北營，隔河罵之，揮鞭誓死，言：「我黄將軍志不受屈！」良佐伏弩射中得功喉。得功嘆曰：「我無能爲矣！」歸營拔劍自刎。良佐卽入其營，挾弘光回南京。

一云：馬士英撤江北諸軍堵左兵，惟劉澤清不行，亦不北拒，清兵遂直下。五月十一日，弘光出奔。十二日，駐太平府二十里外。阮大鋮、朱大典、方國安等來見，欲避入太平，劉孔昭率百姓閉城不納。十三日，往蕪湖，水師總兵官黄斌卿先遁，登中軍翁之琪舟。十四日，因就黄得功營。居兩日，將謀往浙。劉良佐追及，得功死之。兵未渡，浮梁鐵索忽斷，軍士望洋而止，帝遂蒙塵。翁之琪投水死。

附記　清初有人降乩，黄得功題詩云：「悲風蕭瑟故園秋，戰馬咆哮豈自由。只爲皇恩多雨露，故將朽骨付吴鈎。」頗似得功語氣，生而忠義，没而爲神，有是理也。先君子有云：「夫人生不知書，死則識字，蓋爲鬼或多靈氣耳。況忠義大將，前身原非凡質，成神賦詩，殆不可誣。」辛亥七月廿八識。

田雄，字明宇，宣府左衛人，爲黄得功左協部將。得功死，雄負弘光獻於清豫王。清授雄提督浙江全省，加太子太保總兵官都督同知，鎮浙。當雄負弘光時，弘光恨甚，嚙其肩，遂成人面瘡。時以五月事，故每逢夏五月便發，痛不可忍，每日食肉三斤，以一臠覆其上，痛稍止。頃之復痛，又易新肉覆之，痛乃緩。已而復痛，復覆，不得休息。如是者凡十八年，至康熙二年五月二十日，終以此瘡痛死。夫始於五月，亦死於五月，何天道之不爽也！雄既死，妻柴氏有先夫遺言事一疏，並獻明珠十餘顆、馬二百疋、盔甲數副。上以其子世襲。

馬得功，字小山，遼東廣寧人，爲黄得功右協部將，與田雄同降豫王。清授鎮守福建右路福、興、泉、漳等處地方總兵官左都督。得功兩目赤，臨陣大呼，故衆號爲馬叫唤。至康熙三年十一月十九日入海征鄭成功，親率三舟前行。後兵未繼，忽遇鄭五舟圍之，被炮擊，與麾下四五百人俱殁於海。其第三子居鎮江。

無錫日記云：五月廿四日晚，推官何家駒去。衙官俱去，監鋪蕩然。

175 弘光拜豫王

五月二十五日丙午，錢謙益兼吏、禮二部尚書，李沾復爲都御史。弘光以無幔小轎入城，首蒙包頭，身衣藍布衣，以油扇掩面。太后及妃乘驢隨後，夾路百姓唾駡，有投瓦礫者。進南門易馬，直至内守備府，見豫王叩頭。豫王坐受之，命設酒於靈璧侯府，坐弘光於太子下。趙之龍暨禮部共八人侍宴，唤樂户二十八人歌唱飲酒。席中豫王向弘光問曰：「汝先帝自有子，汝不奉遺詔，擅自稱尊何爲？」又曰：「汝既擅立，不遣一兵討賊，於義何居？」又曰：「先帝遺體止有太子，逃難遠來，汝既不讓位，又轉輾磨滅之何爲？」弘光總不答。太子曰：「皇伯手札召我來，反不認，又改姓名，極刑加我，豈奸臣所爲，皇伯或不知？」弘光復不言。豫王又曰：「我兵尚在揚州，汝何爲便走？自主之耶，抑人教之耶？」弘光答話支吾，汗出沾背，終席俯首。席散，囚於江寧縣，與太后一妃同處。豫王令舊臣往視，唯安遠侯柳祚昌、侍郎何楷視之，弘光嘻笑自如，但問馬士英奸臣何在爾。

附記　是日，常州推官何家駒遁，清差經歷在府中。江陰知縣林某遁。林將去，諸生留之，林曰：「父母養子，當幼時要讀書，及登黄甲做官，不爲朝廷出力，尚欲作清官耶？予去決矣。」有六百金在當鋪中，半與諸生公用，半與百姓，留數兩作路費。時張參將留林，亦不從，遂去。林，莆田人，崇禎癸未進士，與無錫、靖江三令俱福建人，林姓，時號「三林」。

176

二十六丁未

豫王各城門帖示云：「剃頭一事，本國相沿成俗。今大兵所到，剃武不剃文，剃兵不剃民，爾等毋得不遵法度，自行剃之。前有無恥官員先剃求見，本國已經唾罵。特示。」

黄營兵萬餘人隨清官進城，向豫王求用，豫王收其衣甲，散遣之。

附記　豫王入城，越二日，詣校場出寶刀豎立案上，拜而祭之。若城應屠，當祭時刀鞘自出；如不應屠，則刀鞘不出。豫王祭畢視之，刀鞘不出，遂免屠。既而，上有使至，以南京人衆，復將議屠。豫廿六日，王令發三炮乃屠。及放第三砲，見關帝服緑袍，以袖拂炮，數燃火數拂之，炮終不得鳴。豫王見而異之，拜焉，謂其下曰：「關聖在此顯異，不可屠。」遂免。此雖在京人傳述，不見正史，姑附誌以俟考。

177

二十七戊申

豫王謁太祖陵，行四拜禮，四顧嗟嘆，喚靈谷寺住持速行修理。黄家鼒至蘇州，撫臣霍達復歸郡。一云家鼒至蘇州招撫，被害。

馬士英自率黔兵，假稱奉太后南遷，所過村鎮奔避一空。至廣德，州守閉城不納。士英督兵攻之，破城殺知州。遠近民聞風逃匿，安吉知州黄翌聖亦遁入山。士英不敢趨獨松關，迂道由安吉，手書移翌聖曰：「廣德見拒，故爾行權用兵。若首先倡義，當有不次之擢。」於是，翌聖率士民肅迎道左，掃衙舍以停僞太后及士英家眷，其隨行皆有酒肉之獻，士英大悦。浙撫張秉貞下檄安吉問真僞，翌聖啓云：「閣部既真，恐太后亦非假。」秉貞遂備法駕迎入杭州，太后舍公廨，士英屯兵於城南。潞王時寓杭州，恭謁太后如常禮，太后辭之。已而，王令妃具宴，送妃躬陪侍，太后亦峻辭之。日夕惟與士英後妻及婢數人相處，人始疑其僞。

附記　無錫日記云：五月廿七，劉光斗至無錫討册，舟泊西門橋。光斗武進人，天啓乙丑進士，崇禎朝爲河南道御史，因貪黜罰。清入南京，遂爲清官，安撫常、鎮士民，討州縣户口糧役册，旗蓋炫煌，邑中鄉紳拜之者如市。望亭巡檢來見，光斗曰：「汝好，該陞一級。」即陞主簿，掌縣印。將糧舡俱提常州去。先有示云：「安撫劉批，該縣速備舡隻，士民不必驚惶。常州道張健批，本道發令箭一枝，仰無錫百姓各安生理，大兵到處，秋毫無犯。」

178 二十八己酉

豫王出南門報恩寺行香，觀者如堵。黄端伯向豫王憤懑大慟。趙之龍請殺之，豫王不許，之龍乃執送獄。豫王令確報殉節諸臣及民間婦女，各坊共報男二十八人。

179 二十九庚戌

豫王令調兵八萬下蘇、杭。劉孔昭自太平掠舟順流而東，江行入常熟，詭言起義。僉都御史霍達招之入郡，不應。停攻一縣，白糧滿載入海。

180 三十日辛亥

馬士英竊僞太后離杭渡浙南遁。潞王在杭，馬士英欲奉立之，王峻辭不可。及後清帥至，以書招王。王度力不能拒，遂身詣其營，請勿殺害人民。清帥許之，按兵入杭，市不易肆。豫王以弘光所選淑女配太子。數月後，豫王北行，太子及弘光隨之，潞王尋亦至北，後俱凶問。有遺臣奉魯王監國，令謚太子曰悼皇帝、弘光赧皇帝、潞王曰潞閔王。

181 宋蕙湘題詩汲縣壁

蕙湘，金陵人，弘光宮女也，年十四歲，爲兵掠去，屬鑲黃旗下。

風動江空羯鼓催，降旂飄颭鳳城開。將軍戰死君王繫，薄命紅顔馬上來。

廣陌黄塵暗鬢鴉，北風吹面落鉛華。可憐夜月箜篌引，幾度穹廬伴暮笳。

182 南京遇變諸臣

乙酉五月十二日，欽天監挈壺官陳于階自經，此殉節之最早者。張捷、楊維垣事已載於前。豫王入京，刑部尚書高倬、户部郎中劉成治署中自經死。十八日，國子監生吳可箕鷄鳴山關廟中縊死。二十三日，龔廷祥投河死，後有傳。其死不知日者，中書舍人陳爊及子舉人陳伯俞、户部主事吳嘉胤也。死不知名者，投秦淮河中馮小璫與百川橋下乞兒也。小璫以色，卒以身殉。乞兒題詩橋上，有云：「三百年來養士朝，如何文武盡皆逃。綱常留在卑田院，乞丐羞存命一條。」又禮部郎中劉萬春、主事黄端伯以不朝被殺。端伯字元之，江西南昌人，深明禪學，其絶命詞云：「問我安身處，刀山是道場。」

補遺云：南京之下，遯而不與迎降者，尚書張有譽、陳盟，侍郎王心一，太常少卿張元始，光禄丞葛含馨，給事蔣鳴玉、吳适，部屬周之璵、黄衷赤，主簿陳濟生等二十餘人。有譽號靜涵，江陰人，素有品望，潛居青暘不入城市。南京遘變，五月十五日抵家，有問之者，摇首涕泣而已。尚書印重六十兩，挈歸。陳盟號雪灘，蜀人，道遠不能歸，潛居浙之台、處間。後寓迹嘉、秀，僧服自晦。其以死聞者，尚書何應瑞、光禄卿郭正奇、户部郎劉光弼等也。

弘光時，有古史不經見者二事：其始立也革工常應俊封伯，及其失也乞兒死難。一勳臣，一忠臣，異矣。然封伯，遇也，爲應俊易；死難，義也，爲乞兒難。予思乞兒非常人，蓋隱君子也，欲以一死愧當時大臣之不如乞兒者。八月初一書。

附記　劉萬春，揚之泰州人，進士。清兵入南都，萬春降。時豫王禁出城，萬春有妾在城內，縋之而出，爲守者所執。入見豫王，萬春大駡而死。此與前載稍異，乃泰州邵廷輔口述。邵又云：吳甡，揚之興化人，崇禎朝大學士，清兵至，祝髮居師姑潭，自題句云：「宰相出家，師姑潭裏吳和尚。」久之，無有續其聯者。

183 龔廷祥小傳

龔廷祥，字伯興，號佩潛，無錫人。幼時，鄉達陳幼學一見稱異。爲諸生，游馬文忠世奇門中。崇禎己卯舉人，癸未進士，有「不願爲良臣，願爲忠臣」之語。甲申，思宗死社稷，世奇殉難，廷祥設師位，爲文祭且哭，如謝翱祭文信國狀。乙酉，補中書。居無何，南都陷，廷祥具衣冠，別文廟，登武定橋，睹秦淮嘆曰：「大丈夫當潔白光明，置身天壤，勿泛泛若水中鳧，與波上下。」乃發憤自誓曰：「敢貪生以全軀者，有如此河。」遂沉水死。前一夕手書寄子，書成付家人，越日乃逝，實五月廿三日也。書曰：「節義之士何代無之，只是吾節不成節、義不成義，愧赧在心。顧吾諸兒守吾父訓誡，做好人、行好事，吾雖在地下，有餘榮矣。但目前事不得不細言之，自吾正月出門，與吾母執手相別，欲得一誥命以榮父母。四月十八日，果命下，准誥封，吾事濟矣。吾又討差，可歸定省矣。不意五月十一日，天子播遷，吾是時艱苦萬狀，有欲強吾奉迎一事者。吾此心何心，忍背國恩乎？唯有損軀見志而已。但思一見吾老母而不得，肝腸寸割，血淚滿襟。氣數既如是，汝輩要小心謹慎奉事祖母，切不可預外事，切不可得罪于人，至惹災禍，此卽吾之孝子也。吾因生平愚拙，事事要學古人，故至於此。然不忠不孝，何以見先人於地下！念之愴然，思之快然！」

附記　公幼穎敏，其父令作破題，時有燭在案，即以爲題，公作一破云：「丹心照國，身盡而心完矣。」父大賞之，知非凡兒也，後竟以爲讖。公家貧，與杭濟之先生善。先生嘗云：「公作文迅疾，有中才。」一日，應童子試不利，共走常州。晨飲白酒於市，即大吐，俱粉糰也。蓋貧不舉火，買糰坊間，因饑勞作嘔耳。諸生時會嚴寒，與先君子同卧於舅氏。及晨，先君子起，聞公在帷中作衣被聲，良久不起。先君子問之，公應曰：「汝不解妙法。」及揭帷，公語先君子曰：「吾服尚無綿，頗覺背冷。今以跨下一層反折背上束之，豈非妙法乎！」相與一笑，其貧苦如此。

184 馬純仁小傳

馬純仁，字樸公，號范二，南京六合縣人。曾祖在田，鉅富而善。祖恒，字衷一，邑庠生。父之驥，字德符，邑太學生，選縣佐二，縣丞一。母唐氏。純仁仲子也，幼穎慧。崇禎八年，督學金蘭，補弟子員，許以大成。乙酉，薙髮令下，純仁方巾，兩大袖囊石，不告妻子，竟赴龍津浮橋，自沈于河，而屍僵立不移。時七月六日也，年甫二十歲。襟間大書曰：「朝華而冠，夕夷而髡。與死乃心，寧死厥身。一時迂事，千古夏人。古棠處士樸公純仁。」批云：古棠，六合也。先是，同筆硯生汪匯，字百谷，才名並噪。國變，約同赴水，而匯竟負約。是歲即舉清朝孝廉，己丑登進士，選湖廣承天府景陵知縣。未幾，純仁顯異，遂卒。純仁妻侯氏無所出，其父廩庠欲令改節，屢欲自縊，父遂不敢逼。純仁生平多著作，于赴水前一夕，盡取文章詩稿焚之，蓋不欲以文傳世云。康熙□年，予在六合，邑人稱之。□月□日，予訪至其家，伊弟友公亦庠士，出見述其事如此。純仁既效屈平之節，生員袁逢盛等具呈在縣，以表其事。野史氏爲之紀曰：志力具足，愚狷爲憑。既列士臣，何俟從容之義；漫言贖國，羞當忼慷之名。故一聞變于燕都，遂不願生于異境。龍津一曲水，軀争投而七日不變；鮫宫千尺淚，流不斷而千古常靈。魂其歸兮，帝久蒙亂髮相待；河之永矣，鯨將鼓毒浪爲驚。于以爲生死美談，復揣其富貴非志，只畢丈夫之事，豈同女子之貞！人祇嘆當吾世而誰無痛哭，孰爲嗟良士而獨浣丹心？

附記　六合人語予曰：當汪匯在湖廣作令時，一日白晝間，匯適坐公堂，忽見純仁舁至，以大義責之曰：「汝不能死已負約矣，復登清進士、做清官何也？」匯大驚駭，遜謝不能出一語，遂得疾，未幾乃死。妻年少，或萌他志，純仁輒報夢，令守節，後遂貞志。

聞純仁已爲水神，凡舟子賽福，俱有馬相公神馬。其英靈顯赫，一時異之。

185 六月新志

初一日壬子，聞蘇州巡撫霍達將糧散于百姓。常州竪順民旗，至丹徒迎清兵。時隔晚三十日，清兵前鋒千餘騎駐常州。有鄉民離城三十里操舟，忽聞砲聲，驚入河中，此吾里人也。府城家眷竟夜搬出如蟻，舟不論大小，須銀一兩，婦女方得下舟。清兵過潘葑，塘河雖廣，乘騎飛渡，一如履坦。

初二日癸丑，無錫選貢士王玉汝等具肉一百擔、麵一百擔、羊三頭以迎清兵。傳聞清兵惡門神，城中各家洗去，皆粘「大清萬歲」于門上。按，玉汝字元琳，庶吉士王表裔孫，崇禎甲申選貢。清兵南下時，劉光斗與玉汝善，移劄曰：「師至而抗者屠，棄城而乏供應者火，公有心人，當爲桑梓圖萬全。」玉汝乃與邑民具牛酒云云。已而，同邑顧杲擁衆鵝湖，玉汝單舸往諭，遂遇害。杲掠沙山，亦爲土人所殺。此載無錫實録。

日記云：初三日甲寅，下午，清兵三百餘騎自北而南，穿錫城中而走，秋毫無犯，觀者如市。吳、越一家，奇絶！奇絶！

初四日乙卯，五更時分，穿無錫城中走，至傍晚止，約萬人，馬三萬餘匹，奔放縱横，見者面面相覷，寂無人聲。

初七日戊午，下午，清兵到無錫，穿城而過，一夜不息。月夜張買貨物，清將殺四人，懸其首于南、北門禁，城中頗稱秋毫無犯。水陸俱進，水多于陸。

初八日己未，清兵又過無錫一日，舟中俱有婦人，自揚州掠來者，裝飾俱羅綺珠翠，粉白黛緑，亦一奇也。語云：「軍中有婦，兵氣不揚。」斯言不驗。

自六月廿六至閏六月盡，無錫合城盡空。

186 閏六月

自前六月初三清兵過無錫以後，無日不過。閏六月廿五以後，自鄉間入城者紛紛矣。

187 七月附志

無錫日記云：初一日庚戌，下午，清兵過往蘇、杭去，城中秋毫無犯。是日，秀才守城。初七丙辰，是夕守城。時，無錫知縣喬昌，河南舉人，清朝第一令也。十七日丙寅，無錫秀才守城。二十日己巳，無錫點百姓民壯上城。廿一日庚午，無錫百姓齊集箭垛，喬知縣堅欲令秀才守城，七月輪守一月。至八月，秀才乘兵備到無錫動呈，自此免守城。

南京人述云：七月廿九日戊寅，南京孝陵衞營舊有四十八營，乃神樂觀武生所管，至是以清兵入，遂糾衆，乘夜每人束柴一把，突燒城門。清帥發兵，出一矢射斃二人。營兵發砲，不傷清兵一人，遂敗。止剩營兵十八人，清以五十人圍之，不克而死。再益兵，再敗，至三百人俱斃，營兵僅存一人，清兵止存三人。三人圍營兵一人博戰。已而，營兵以鈎刀破清兵一人腹，腸出外猶未斷也，其人忍痛奮力殺營兵，始死。清兵止存二人，乃走還。

營兵十八人殺清兵三百，可謂勇矣。所餘一人能戰三人，且破其腹，則尤勇也。至腸決猶能殺兵同死，清兵更不可及。安在行伍中無將材也！惜乎，其名不傳。辛亥七月廿九日書。

188 徐見湖智術

徐見湖，揚州如皋人。乙酉，以術起兵，有衆萬人。攻城，清兵射之，中而不傷，俱驚。城將陷，一僧進曰：「此邪術耳，刳孕婦血和牛犬糞灑之，可立破也」。如其言，圍乃解。見湖敗遁走河濱，追者將及，棄馬步行，以多金授田夫曰：「我饑矣，爲我市物。」田夫利其金，遽歸。見湖卽戴笠而鋤。須臾，追者至，問曰：「汝見徐某否？」見湖紿之曰：「前行已久矣。」追者疾馳去。已而追兵繼至，見湖佯作鄉人，脱麻服于岸側，從容入河捕蚌。追者問之，見湖對如前，乃免。其臨難應變類如此。清遍索之，久而不能得。後入海歸鄭爲將，尋降蘇州撫臣，卽居于蘇，病死。其子歸如皋，如皋鎮將欲執之，徐子曰：「我欲見通州馮爺耳。」馮用救之，遂免。初，見湖在海中舟山，曾爲馮用畫策歸清，故用救其子云。

189 鎮江生賦詩

江南既定，清朝督學使者初至，歲試鎮江諸生。有一少年生竟不作文，止于卷上題詩一絶云：「曼周醫伏曼周投，謾麵萎封謾麵修。鰻衍和三鰻衍累，漫強鍾異漫強綿。」賦畢竟出，一時異之，而世多諱之不敢傳也。此特存其實云。

〔校記〕

〔一〕按此詩真意以諧音現：「滿洲衣服滿洲頭，滿面威風滿面羞。滿眼河山滿眼淚，滿腔忠義滿腔仇！」

190 常州石生

常州石生及賣扇歐姓者，投西廟池中死。

191 賣柴鄉民

一鄉民賣柴入城，聞安撫使至，棄柴舡躍入文城壩南龍游河死。

192 五牧薛叟

五牧有蓄鵜鳥薛叟，以薙髮自縊死。

193 武進董元哲

武進諸生董元哲痛哭死。崇禎末，元哲歲試名居第一，蓋文行兼優士也。

194 常州吳福之　徐安遠

常州諸生吳福之、徐安遠入太湖從黃蜚兵。兵敗，福之投水死，安遠被殺。

195 張龍文

諸生張龍文率鄉兵薄郡城，殺死。

196 武進許生

許某，武進諸生也。順治三年丙戌八月，鄉試近期，舟車雲集。部院洪承疇疑之，每寓密令兵居内偵察。時有一人，晝則閉户，夜半始出，佯云出恭。兵疑有奸，觸之，其人怒而訌。兵揺其首，乃未薙髮者。解於承疇嚴訊，遂招多人。遣兵各寓搜獲，有册藏金山下。無錫諸生華時亨，字仲通，亦有名。蘇撫土國寶逮至，見時亨雙瞽，釋之。武進許生爲首事人，亦見國寶，毅然曰：「老大人三年前亦與生員一般的，生員無他意，只是不忘大明耳。今生員含笑而去，不望含淚而歸。」人咸壯之，解南京殺焉。是案凡殺千人，鄉試因改期。至十月初七日下午，無錫始報新解元范龍。龍本王姓，字雲生。

197 無錫華允誠傳

華允誠，字汝立，號鳳超，常州無錫人。天啓壬戌進士，癸亥選工部都水司主事。會魏奄用事，諸名賢皆放逐，公假歸。崇禎己巳，起補營繕司主事，尋陞員外郎。其冬，清兵入塞，都城戒嚴，諸曹郎分守城門，多以守禦不備杖闕下，有死者。而公守德勝門獨完。調兵部職方員外，乞休不允。公見當時銓閣比周，舉錯狥私，上疏言三大可惜、四大可憂，可憂一條言：「國家罷設丞相，用人之職吏部掌之，閣臣不得侵焉。今次輔冢臣以同邑爲朋比，惟異己之驅除。閣臣兼操吏部之權，吏部惟阿閣臣之意。線索呼吸，機關首尾，庇同鄉則逆黨可公然保舉，排正類則講官可借題逼逐。」又言：「喪師誤國之王化貞宜正罪，潔己愛民之余大成有可矜。」疏入，奉旨切責回話。公再疏，直糾次輔温體仁、冢臣閔洪學罪狀，言尤切直。體仁、洪學疏辯。幸上明察，頗得其情，公僅得罰俸。未幾，以終養歸。上尋釋余大成于獄，置王化貞于法，逐唐世濟而罷閔洪學，皆用公之言。公里居十餘年，而有京師之變。南京立，起補吏部驗封司員外郎，署選司事。公見時事日非，嘆曰：「内無李、趙，外無韓、岳，欲爲建炎、紹興，亦何可得！」遂謝歸。南京陷，公惟飾巾待盡，杜門者三年。戊子，潛居鄉間，偶過其婿家。會有告其婿未薙髮者，下逮，並執公。公見巡撫土國寶，國寶勸公薙髮，不從。解至南京，見巴某不跪。時巴著快鞋，踢折公膝，復拔公髮幾盡。公曰：「吾不愛身易中國之冠裳也。」遂見殺。從孫尚濂，字静觀，平日舉動皆效公，同日遇害，年僅十九耳。公登第出賀文忠逢聖之門，而師事高忠憲攀龍。嘗師程子静坐，終日如泥塑人。忠憲臨難特書一帖授公曰：「心如太虚，本無生死。」公遂豁然於生死之際矣。詩文不多，蓋得力在理學，文章其餘技也。最著者有渡江一律，云：「視死如歸不可招，孤魂從此赴先朝。數莖白髮應難没，一片丹心豈易消。世傑有靈依海岸，天祥無計挽江潮。山河漠漠長留恨，惟有羣鷗伴寂寥。」人共傳之。

198 嚴紹賢同妾縊死

嚴紹賢，字與揚，無錫人，爲吴諸生，從叔司寇嚴一鵬籍也。生而正氣嶽嶽，周文簡炳謨深器之，每以正誼相砥。崇禎末，流寇蠢動，紹賢侍司寇，輒云：「烽火照二泉，當坐卧臨池一小樓，勢亟，有蹈水死耳。」其蓄志殆如此。甲申，思宗殉社稷，紹賢每慷慨流涕，痛不若都城一菜傭，猶得望梓宫奠杯水也。自此憧憧惘惘，若失所依。乙酉，新令下，知國祚改，忽題壁曰：「此乾坤翻覆時，讀聖賢書，當守義全歸，與妾張氏同殉難，亦一暢事。」遂與妾相對就經，一女呱呱亦死。韋布盡節，方之全軀保妻子者，不啻霄壤云。

199 孫源文哭死

孫源文，字南公，無錫人。萬曆甲戌狀元孫繼皐季子。性孝友，博學工詩文，凡河漕、軍屯、錢賦、曆律、山川、星緯之書，悉窺其奥。甲申三月，思宗死社稷，源文晝夜哭，鬻產得金，倣宋任元受故事，集緇流刺血爲文，恭薦帝后，躃踴幾絶，觀者皆泣下。遂咯血聲瘖，賦詩曰：「少小江南住，不聞鳴雁哀。今宵清枕淚，知爾舊京來。」悲吟不輟，疾益甚。友人詢以後事，唯曰：「家受朝廷特恩，死吾分也。」餘不及，遂卒。論者謂源文一草莽臣耳，至悲其君以死，豈特屈原之於懷王哉！

200 王獻之不屈 附記鄒來甫

王謀，字獻之，號春臺，無錫人。本杭姓，濟之先生異母弟也。父諱州牧，高才博學，賫志以没。公居三，幼嗣南門王氏，遂因王姓。崇禎己卯、庚辰之際，訓蒙洛社，移家居焉。每日晡，輒至先生齋中，清談片晌而去。性敏而嗜飲，先生每以爲狂。丙戌仲冬，公將起義，時先生居江陰，又以平日性謹，故不敢告。公素精管輅術，卜之不吉。再卜，兆益凶。大怒，擲課筒于地，次日遂行。率鄉兵萬人，夜薄郡城，積葦焚門。將破，蕭太守聞報，登城望之，俱白布裹首，乃曰：「賊夜至，必非明兵。」親率師啓門出戰。有家丁温台者，于陣前擒一人斬之，將首級飛擲空中。鄉兵本烏合，俱賣菜兒，素不知兵，猝見首級飛墮，皆驚，悉潰走。公皮靴步行，道復滑，蕭守馳騎突追，遂被獲。庭見不跪，蕭太守問何人，公曰：「先鋒王某也。」嚴刑拷訊，公猶自侈其衆，大罵不屈。蕭守亦異之，因下獄。此十一月十一日事。久之，諸囚越獄，公獨不走，遂見殺。嗟嗟，韋布之中，非無義士！惜乎其子單寒，不克傳之于世也！

予思當日驅市人圍郡城，猶以螳臂當車，羊肉投虎耳，其迂戇固不足道。所難者瀕死不屈，獄開不逃，雖古之烈士，何以加焉。

附記　鄒來甫，無錫泰伯鄉人，庠士，不剃髮，隱居教授。至康熙初年，族紳鄒式金被仇家訟陷藏來甫于家，遂逮來甫。郡守趙琪欲併究十年前總甲及館主不舉報罪，某某費千金，家幾破。解于兵備胡亶，亶本浙之仁和翰林也，廉明仁恕，衆號「神君」，呼來甫案前熟視，謂趙守押差曰：「此是剃不全，不是全不剃。」遂申文南京部院郎廷佐，乃免。夫以諸生全身二十載，亦異矣。

201　宜興盧象觀死難

盧象觀，字幼哲，宜興人，象昇弟。崇禎壬午解元，癸未進士。授江西撫州府金谿知縣，未任，改中書。乙酉之變，起兵不克而死。

象觀里居距城六十里，族人千計。清至，象觀聚鄉兵千人，象昇故將數人亦歸之。有陳坦公者，勇而才，象觀以爲將。時清兵已踞宜興城，而鄉鎮擁衆悉歸象觀，象觀遂得烏合數萬。謀破城，自率前隊先行，坦公以大軍繼後。行三十里，至一鎮，象觀遣使覘城中。還報無兵，可取。象觀信之，竟不俟坦公，身率三十騎疾趨入城，不知清兵駐營城外平原，蓋利于馳突也。守卒見象觀至，登城射矢，外營清兵馳入，象觀遇于曲巷，被圍。坦公引兵半道，問留兵曰：「盧公安在？」兵曰：「適報城中無兵，輕騎先入矣。」坦公大驚曰：「書生不曉兵事，身爲大帥，輕至此乎！」即選精騎三百赴援，見象觀頰中二矢，危甚。殺退敵兵，以己馬授象觀馳出城，自爲拒後。初，鄉兵甚盛，緣此失勢，清兵遂長驅下鄉。至中途過鎮，坦公駐橋上，清騎至，坦公連殺七人，傳殺一王子。清兵數百搶屍去，置關廟殮之。兵復至，坦公力拒，終不得過橋。清兵乃由他道填河而渡，鄉兵不能禦，悉潰。坦公立橋上，四面皆清兵，力戰而死，清兵臠之。象觀之昆季子姪死者凡四十五人。清兵將搗盧氏故居，族人謀曰：「今兵之所以至者，爲象觀耳。不如殺之以獻，可免滅族禍。」象觀聞之，遂率三百人入湖。時舊紳王其陞、荆本徹俱擁衆湖中，象觀具述前事，且云宜興不足爲，不如取湖州。于是，王、荆率兵陸行，象觀由水道。陸兵無所遇。象觀忽遇清兵，與戰，衆寡不敵，左右欲退，已揚帆矣。象觀持刀斷索，曰：「誓死于此！」不去，遂被殺。盧象晉，象觀弟也，不薙髮，佯狂。己丑七月，捕置獄中，蓋一門忠義云。是歲六月二日，宜興人口述，而象晉則別聞也。

又聞：己丑春，宜興演精忠，有清兵持刀登台，見正生裝岳武穆敗金兀朮，卽殺之。衆大怒，殺六兵。常州鎮將趙虎率兵下宜興，殺六十人，餘衆走入山。虎後發人面瘡而死，或謂好殺之報。

202 江陰紀略

江陰以乙酉六月方知縣至，下薙髮令。閏六月朔，諸生許用大言于明倫堂曰：「頭可斷，髮不可薙！」下午，北門鄉兵奮袂而起，拘縣官於賓館，四城内外應者數萬人，求發舊藏火藥器械，典史陳明遇許之。隨執守備陳瑞之，搜獲在城奸細。以徽商邵康公嫺武事，衆拜爲將，邵亦招兵自衞。舊都司周瑞龍船駐江口，約邵兵出東門，己從北門協剿。遇戰，軍竟無功。敵勢日熾，各鄉兵盡力攻殺，每獻一級，城上給銀四兩。徽商程璧入城，盡出所儲錢與明遇充餉，而自往田撫及吴總兵志葵乞援。田、吴不至，程亦不返，遂祝髮爲僧。是時，叛奴乘釁四起，大家救死不暇。清兵首掠西城，移至南關。邵康公往禦，不克。敵燒東城，大掠城外富户，鄉兵死戰，有兄弟殺騎將一人者。鄉兵高瑞爲敵所縛，不屈死。周瑞龍船逃去。明遇遣人請舊典史閻應元爲將，鄉兵擁之入城，率衆協守。敵四散焚刼，鄉兵遠竄，無復來援者。敵專意攻城，城中嚴禦。外兵箭射如雨，民以鍋蓋爲蔽，以手接箭，日得三四百枝。一人駕雲梯獨上，内用長鎗拒之。將以口納鎗，奮身躍上，一童子力提而起，旁一人斬首，屍墮城下，或曰此卽七王也。又一將周身縛利刃，以大釘插城而上，内用鎚擊斃之。敵騎日益，依君山爲營，瞰城虛實，爲砲所中，乃移營去。居民黄雲江素善弩，火鏃發弩，中人面目，號叫而斃。陳瑞之之子在獄製木銃，銃類銀鞘，從城上投下，火發銃裂，內藏鐵烏菱，觸人立斃。應元復製鐵撾，用棉繩繫擲，著人卽吊進城。又製火毬、火箭之類，敵皆畏之。劉良佐降敵，爲上將，設牛皮帳攻城東北角，衆索巨石投下，數百人皆死。良佐移營十方庵，令僧望城跪泣，陳說利害，衆不聽。良佐策馬近城諭，應元罵曰：「我一典史卑官，死何足惜？汝受朝廷封爵，今日反來侵逼，汝心何心！」良佐慚而去。明遇日坐卧城上，與民共甘苦。戰則應元當先，明遇平心經理，民瀕死無恨。一夕，風雨怒號，滿城燈火不燃，忽有神光四起，敵中時見三緋衣在城指揮，其實無之。又見女將執旗指揮，亦實無之。敵破松江，貝勒率馬步二十餘萬盡來江上，縛吳志葵、黃蜚于十方庵，命作書招降。蜚曰：「我與城中無相識，何書爲？」臨城下，志葵勸衆早降，蜚默然。應元叱曰：「汝不能斬將殺敵，一朝爲敵所縛，自應速死。」志葵大泣拜謝。城下大砲日增，間五六尺地一，其彈飛如雹。一人立城上，頭隨彈去，而僵立不仆。又一人胸背洞穿，而直立如故。有敵將坐十方庵後，城上發砲，忽轉向營，立斃。八月望，應元給錢與民賞月，攜酒登城嘯歌。許用作五更曲，命善謳者高唱，城下人悲怒相半，有激烈感慨者。廿一日午時，祥符寺後城傾，敵從烟雨溷雜中潛渡，遂入城。民猶巷戰，有韓姓格殺三人，乃自焚。男婦死者，井中處處填滿，孫郎中池及泮池疊屍數層。陳明遇合門投火死。閻應元投水被縛，大罵死。明遇，浙人，故長厚循吏。應元，北通州人，多膽畧，有治才。甲申，海寇顧三麻子直抵黃田港，應元率鄉兵拒戰，手射三人，應弦而倒。以功加都司銜，陞廣東簿，道阻未去。義民陸先同殉。訓導馮某，金壇人，自經于明倫堂。中書戚勳，字伯平，家青暘，入城協守，知力不支，大書于壁曰：「戚勳死此，勳之妻若女、子若媳死此。」合室自焚。許用亦合室自焚。黃雲江故善彈唱，城陷後，抱胡琴出城，人莫識爲弩師也。

江陰野史曰：有明之季，士林無羞惡之心，居高官、享重名，以蒙面乞憐爲得意。而封疆大帥，無不反戈內向。獨陳、閻二典史，乃于一城見義。向使守京口如是，則江南不至拱手獻人矣。時爲之語曰：「八十日戴髮效忠，表太祖十七朝人物；六萬人同心死義，存大明三百里江山。」

附記　八月，清兵四掠鄉野，至青暘殺九人，至祝塘殺良家婦。殺一人于田間，止有白乳，竟無血矣。

203 江陰續記

難民口述

崇禎二年己巳，江陰城鳴，時吴鼎泰作令。及崇禎十五六年間，有阿囫鳥在城中哀鳴一月，聲如小兒啼，邑令聞之嘆曰：「此城將有兵難！」十七年甲申冬，五里亭出一虎，大如犢而勢猛捷，千人持械鳴金，逐至百丈地方，欲過河，跳陷水中不得躍起，適近漁舟，漁婦頗有膽，急持小刀亂砍殺之。其衆人雖競逐不敢近，傷者頗衆，然不甚創，亦旋愈。或謂虎屬陰，兵兆也。乙酉五月，江陰知縣林之驥，福建莆田人，不解江南語，衆號林木瓜。時有紅羅頭兵千人過邑賣鹽，百姓歸咨，俱銀與爵也，争市之，而兵不知，蓋小鹽包乃掠人者。兵欲劫城，而帥與林同鄉，林出謁，賓主燕語，遂斂兵去。五月二十五日，林掛冠歸。六月二十日，清朝新知縣方亨、縣丞木某初蒞任，方令猶紗帽藍袍，未改明服，年頗少，不携家屬，止有家丁二十人。已而耆老八人入見，方令曰：「各縣獻册，江陰何以獨無？」耆老出，令各圖造册獻于府，府獻南京，已歸順矣。不數日，常州太守宗灝差四兵至，居于察院，方知縣供奉甚虔。閏六月朔，方行香，諸生耆老等從至文廟。衆問曰：「今江陰已順，想無事矣。」方曰：「止有薙髮耳，前所差四兵爲押薙故也。」衆曰：「髮何可薙耶？」方曰：「此清律，不可違。」遂回衙。適府中詔下，開讀有「留頭不留髮，留髮不留頭」二語，使吏役書示至此，即投筆于地曰：「就死也罷！」方令欲笞之，共譁而出。北門少年素好拳勇，聞之，遂起鄉兵，各服册紙，以錦袍蒙外，四門應者萬人，俱揚兵。行至縣前，三銃一吶喊，至縣後亦如之。方令見事急，閉衙不出，移書宗太守云：「江陰已反，速下大兵來剿。」時城門已詰奸細，獲書，衆大怒，將使者臠之，遂入縣，以夏手巾繫方之頸拽之，曰：「汝欲生乎、死乎？」方曰：「一憑若等。」衆使人守視，因曰：「既已動手，今察院中有韃子四人，乃押薙頭者，不如殺之。」于是，千餘人持鎗進院，四兵發矢，連傷數人。衆懼欲退，有壯者持刀擁進，四兵反走，一墮厠中，一匿厠上，一走夾牆，一躍屋上，悉被擒。四兵初至時僞作滿狀、滿語，食生物，小遺室內，席地而卧。至是入内，見帷灶頗麗，四兵遂作蘇語曰：「吾本蘇人，非韃子，乞饒性命。」衆磔之。入縣，擕方令與木縣丞出，木請曰：「願降爲明官。」遂囚于獄，此閏六月初二日事。有守備陳瑞之居江陰，衆欲推爲主，瑞之不遽從。甫出，衆以鎗刺之，瑞之躍屋上趨出城，伏于荳内。次日上午，鄉兵縛送城内殺之，食其心。有一妻二子一女一僕，欲盡殺之。其子叩首請曰：「吾能製軍器，幸貰我。」乃繫獄，凡木砲、火毬、火磚，俱陳子手造。木砲長二尺五寸，廣數寸，置藥于中，狀如銀鞘，敵攻城即投下燒之。火磚廣二三寸許。有黃雲江善作弩，弓長四尺，箭長一尺，以足踏上絃，百發百中。初，明末兵備曾化龍聞流寇，亟造見血封喉弩，藏三間屋。又張調鼎，字太素，福建甌寧人，亦爲兵備，鑄大砲及火藥等，至是發之。徽人程璧，字崑玉，開當城中，出金爲餉。又徽客邵康公，年三十餘，力敵五十人，推爲將。宗太守得報，遣王良率兵三百人，大半居民。行至湖橋，遇江陰鄉兵，被圍，俱跪云獻刀，悉殺之，投屍河中，積如木牌，南流數十里。經石幢，臭穢難聞，撑出高橋外。王良本江陰大盜而降清者也。已而，清兵至西門，江民出戰，被殺五十人，而兵不傷，遂退入城。清兵又陸續至北門等處。時借靖江沙兵二千，每人犒千錢，與清戰，殺傷五百人，沙兵揚帆去。程璧有當，靖江沙兵敗歸，恨之，劫掠一空。方令在獄，使作書退兵。及兵日進，夜半，衆擁入，赤身擒出，殺于堂上。舊典史閻應元善捕盜，清至，見林令歸，挈家出城，寓祝塘。六月十五日，典史陳明遇遣邑人迎入城爲主，應元曰："若等能聽我則可，不然，不能爲若主也。"衆從之。祝塘少年六百送應元入城。四城俱以張睢陽城隍神坐月臺上，舁之巡城，儀容甚盛，清兵遥望，驚疑爲將。四門分堡而守，如南門堡内人卽守南門也。城門用大木塞斷，一人守一堞。如戰，則兩人守之，晝夜輪换。十人一面小旗、一銃，百人一面大旗、一紅衣砲。初時，夜間兩堞一燈，繼而五堞一燈，後遂八堞一燈。初用燭照，繼用油。又以飯和油，則風不動、油不潑。每堞上瓦四塊，磚石一堆。清兵攻城，或以船及棺木與牛皮蔽體而進，城内以砲石箭弩雜發，無不立碎。清兵乘城内食時，架雲梯數十而上，凡城堞凹進而兩對直守者，見兵至，卽發銃斃之。或城下攻掘，將長階沿石擲下；或以旗竿截段，列釘于上投之；或以木砲擲出，兵見而異之，咸争奪，忽内機發反射，皆死。故兵一攻城，無不流涕。閻應元晝夜不寢，夜巡城見有睡者，以箭穿耳，軍令肅然。城堞被砲擊墮，卽時修葺，外以鐵門固蔽，内以棺木築泥于中，又塞以木石。城下十堞一廠，日夕輪換，居內安息燒煮。公屋無用，則使瞽者毁拆磚瓦，傳運不停。攻城日急，城中百計禦之，用油與糞清各半和煎，俟沸澆下，無不燒着。閏六月二十四日，降將劉良佐在東城外射進箭書勸降，其言曰：

「傳諭鄉紳士庶人等知悉，照得本府原爲安撫地方，況南、北兩直、山、陝、河南、山東等處俱已剃髮，惟爾江陰一處敢抗違國令，何不顧身家性命耶？今本府奉旨平伊江陰，大兵一二日即到，爾等速薙髮投順，保全身家。本府訪得該縣程崑玉，若係好人，爾等百姓即便具保本府，題敍管爾縣。如有武職官員，亦具保狀，仍前題敍，照舊管事。本府不忍殺爾百姓，爾等係清朝赤子，錢糧猶小，薙髮爲大。今秋成之時，爾等在鄉者即便務農，在城者即便貿易，爾等及早投順，本府斷不動爾一絲一粒也。特諭。」

廿五日，江陰通邑公議回書，其畧曰：「江陰禮樂之邦，忠義素著。止以變革大故，隨時從俗，方謂雖經易代，尚不改衣冠文物之舊。豈意薙髮一令，大拂人心，是以城鄉老幼誓死不從，堅持不二。屢次兵臨境上，勝敗相持，皆係各鄉鎮勤王義師聞風赴鬥。若城中大衆齊心固守，並未嘗輕敵也。今天下大勢，所争不在一邑。蘇、杭一帶，俱無定局，何必戀此一方，稱兵不解？況既爲義舉，便當愛養百姓，收拾人心，何故屠戮姦淫、燒燬劫掠，使天怒人怨，慘目痛心？爲今之計，當速收兵，靜聽蘇、杭大郡行止。蘇、杭若行，何有江陰一邑！不然，縱百萬臨城，江陰死守之志已決，斷不苟且求生也。謹與諸公約，總以蘇、杭爲率，從否唯命，餘無所言。」或傳諸生王華作。

八月初六日，清之七王服重甲，遍身繫雙刀雙斧及箭，手執鎗，登城毁雉堞，勢甚勇猛。守者以棺木捍禦，用鎗刺之，俱折不能傷。或云止有面可刺耳，遂羣刺其面。旁一人用鈎鎗投其甲，乃仆棺中，又一人斬之，首重十八斤。持以示城下，清兵皆跪求首級，將屍擲下，首懸城上。敵復跪求，乃投下，取去縫合，掛孝三日，道士設醮城下招魂。有六人服紅箭衣跪拜，城上砲發，悉化爲塵。劉良佐百般勸降，城中遣四人出議，良佐厚待之，約曰：「竪了順民旗，薙頭數十，周行城上，卽退兵矣。」一人先還報，三人後去，各送十金。及還，白應元，竟匿饋銀事。次日，四城立順民旗，忽城下呼曰：「昨先回一相公尚未有銀，特送至此。」城中聞之，疑三人爲間，卽殺之。且内有不願降者，於是拔順民旗，復竪大明旗，守之如故。攻城日急，内外殺傷相當。然江民晝夜拒戰，亦甚疲矣。或揚兵稍後，口有然疑者，立殺而焚之，幾千百人。平旦攻城，城碎，夜半修訖，清以爲神。是時，城中益急，人人有必死之志，中秋家家暢飲如生祭然。至十九日，貝勒王掠松江二萬餘人，統兵數萬至，圍之，自巡城下者三，復登君山望之，謂左右曰：「此城舟形也，南首北尾，若攻南北必不破，惟攻其中則破矣。」收沿城民家鍋鐵鑄彈子，重二十斤，納大砲中，用長竹籠盛砲。二十日，鼓吹前導，砲手披紅，限三日内破城。在南門側發砲，石泥俱碎，城崩，遂不可修。衆困憊已甚，計無所出，待死而已。陳明遇不由階級登城，從泥堆走上城，燃火發砲，擊死敵兵頗衆。東、西、南三門俱堅守，而北門一堡人獨少。貝勒舁大砲君山下，放砲人用竹棧包泥自蔽，伏于炮側，俟炮發過卽抹浄炮，再納藥與鐵子，復發。城上燃炮欲擊放炮者，鐵子遇竹簍軟泥卽止，不能傷。一云清兵舁大炮近城，藥線數尺，放砲者鑿地穴伏下，塞兩耳燃火，卽伏地不動。不然，震破胆死矣。八月廿一日庚子，二更候，敵以大砲連擊城，城墮。鐵子重十三斤，城中洞門十三重，遇樹，樹亦穿過，落地深一尺，守者大懼。城壞無站立處，時天復雨。敵見城墮，遂左右兩路發砲不止，多置鐵石。獨中路一砲止有狼煙，不納鐵石，但乾響而不傷人。時煙漫障天，咫尺不辨，守者謂砲聲霹靂，兵難遽入，不知敵竟乘中路黑煙內突入，躍馬城上大射，守者潰走，城遂陷。須臾，清兵俱集城上，恐有伏，持刀立視半日。至午後，見城中大沸，遂下，縱兵大殺，屍骸滿道，家無虛井。有少年五百人相謂曰：「總是一死！」搏戰于安利橋，殺敵甚衆，力盡而敗。河長三十餘丈，積屍與橋齊。殺至夜，始收兵，復上城。及天明，下城大殺，凡三日，止十二三歲童子不殺。有一四眼井，死者如市，一人趨下，後有壯者提起，謂之曰：「讓我先下。」壯者死而提起者反生，亦數也。封刀後，井中撈屍二百。觀音寺僧初亦不殺，後兵掠婦女淫污地上，僧惡其穢，密于後屋放火。兵大怒，大殺百餘人，僧盡死。有匿塔內者，去梯得免。觀音寺後有華嚴庵，卽毛公祠，有三人避于韋馱頭上天花板內，兵以鎗刺之而去，得免。有一人趨佛殿隱處，已有一人在內矣。已而復一人至，三人同匿。至第三日，饑不可忍，一人曰：「吾有生米一掬在此，若奪覆，則俱死，須均分乃可。」遂出而各得之。時天雨，伸手受簷水，和米而飲，得不死。有某家一母一子，一女十四歲。兵淫其女，哀號不忍聞。將殺其子，家有父柩，子曰：「願別父而死。」兵許之。遂以饅頭一置小櫬上祭父，拜畢，卽側首櫬上，謂兵曰：「汝斬吾頭。」兵拔刀殺之，釋其母，抱女馬上去。有一家兄弟二人，持鎗隱衖中曲處對立，兵不知，直入，兄刺仆之，弟拽去。後兵繼至，復如前法，凡殺十六人。適一兵繼進，望見前兵被殺，驚走，出引十餘人並進，遂走屋上，被執殺之。有一兵挾一婦人走，後隨兩小兒，大可八歲，小可六歲，即婦之子。小兒對兵大駡，且曰：「何不殺我？」又詈其母從兵。婦慰兵曰：「都都爺，這小孩子不解事，幸勿怒。」其子駡益厲，不絶口。兵不能忍，遂殺之。此徐時進子匿屍内親見者，後遍訪其姓不得。閻應元在南門顧振東家自刎，有黄雨錫與之善，見其佩刀一，右手持刀刺心，仰死天井中。黄欲殮之，適兵至，棄而走。後稍定，覓其屍，失所在矣。邑人義之，爲立廟祠焉。清兵入，肅然起敬。戚勳，字伯屏，青暘鄉人，合門自焚，題壁曰：「大明中書舍人戚勳合門殉節處。」清兵趨進，見紗幘紅袍仰卧于地，蓋灰影也，覺陰風凜烈，懼而返走。程璧見勢急，假乞師出城，故免。

清兵屠城凡三日，晨出殺人，暮則歸營。八月廿二、三日，晝時避難，夜間可逃。有一人夜半欲出城，走至街中，望見一戴方巾者，後隨二十人，疑爲清官，即匿屍内。須臾走至，不行，一吏執簿，使從者將屍逐一檢視，唱名云某人應一刀死，某某應二刀、三刀死，某某應一刀、二刀或三刀不死。遇不應死者，即傅藥。遞及某人，乃佯死。戴巾者曰：「此人還不該死。」左右問故，主者曰：「此人應該王三殺的，前世殺了王三，故今世該王三殺他。」言畢乃去，方知爲神。自思大數難逃，不如覓王三速殺，遂出城，遇清兵，跪問曰：「有王三爺在否？」曰：「無也。」第二、第三隊至，問亦如前，兵以爲愚，竟不殺也。及問第四隊，果有王三。王三問曰：「何以識我？」其人細述神語，王三于馬上默思半晌，乃曰：「前世汝殺我，今世我殺你，寃寃相報幾時休，吾與汝解了結罷。」遂抽刀割截其髮，擲于地下，付令旗一面，呼之速去。江陰舉人薛嘉祉曾與吾述此事。

有一家母子二人，城破，其子避于觀音寺大鐘內，上以繩懸繫，下踏一塊橫板。及夜，走歸與母寢。未明，仍趨入鐘內，如此兩日夜矣。至第三夜歸，對母大哭曰：「吾今日死矣。」母問故，子曰：「前兩夜神至寺內點死者姓名不及我，昨夕點名已呼我名在內矣，故知必死。」是夜，同母宿于家，酣寢。及覺，已天明矣，踉蹌欲趨寺，適遇清兵，果被殺。

有一書吏與孔縣丞善，孔陞湖州一知縣，攜吏爲主文，在署中夢神謂之曰：「汝是六萬七千數內人，何不速歸。」既覺，不解所謂，請歸，孔留之。復夢亡祖，語亦然。會孔物故，星馳歸。時江陰適起兵，將閉城矣。意欲出城，其父罵曰：「不孝子去我而之外耶！」復欲送母出城，亦不聽。吏以父母家口在城，不得已而止。後合門遇難，果符前夢。

有奉三官齋者，方飯，聞城陷，置飯而出，突走城上，躍下匿于蘆內。忽有乾點心一包，取食之。三日後，清兵封刀，還入城，家中飯尚在，什物一毫不失，一門七人俱全，咸謂茹素之報。蔡某親在圍城語此。

江陰未破前三日，晝夜炮聲不絕。予鄉距江城四十餘里，砲聲發，卧床間地亦震動，枕上夢恒爲之醒。予下午往四河口訪內家，遥望東北一帶煙火冲天而起，砲聲轟烈，令人膽墮。

當攻城急時，鄉民爲奴僕者，勾結數百千人，問本主索文書，稍遲則殺之，焚其室廬。凡祝塘、璜、暘祁等處，莫不皆然，人人危懼。暘祁徐亮工，崇禎庚辰欽賜進士，被僕殺死，妻與三子諸生俱遇害，獨季子汝聰遁免。未幾事平，爲主者亦多擒僕甘心焉，亦異變也。故令馮士仁，蜀人，寓居琉璜鄉。兵起，有張姓以舊時被笞十五板，至是，持斧砍殺之。

次年正月朔，合城百姓無一人不披麻者，慘甚！及十一月十一日，江陰糾衆破城，不克而走。撫臣土國寶欲屠之，賴劉知縣不從，指名擒獲，一邑遂安。

204 黃毓祺起義 附小游仙詩

甲乙史云：江陰貢生黃毓祺，亦授隆武官，破家起義。事敗，變姓名遁于淮南，爲人首發，捕至金陵戮死。

小游仙詩 介子自訂

四

大夢誰分醜與妍，白楊風起總茫然。瓠緣無用從人剖，膏爲能明苦自煎。桂折蘭摧誠短景，蕭敷艾菀豈長年。歸途不向虛無覓，朽骨徒爲蔓草纏。

七

爲愁草盛稻苗稀，日暮徐看荷鍤歸。何處先生都好好，此中居士故非非。肥魚不肯憐鮫瘦，飽鷃偏能笑鶴饑。讀罷蒙莊齊物論，橫空白月冷侵衣。

非非居士，王姓，予嘗贈詩曰：「坐中上客有王生，問訊居然字子明。節度聲名同豹變，相公事業與槐蔭。出奇制勝三軍服，守正推誠萬物平。文武只今誰得似，因君遥見古人情。」朱梁王鐵鎗彦章、趙宋王文正旦，皆字子明，故云。

十五

散髮人間汗漫遊，風吹白日忽西流。淘河慣嚇斜飛燕，孔雀偏逢觝觸牛。鄉里小兒朝拜相，江湖暴客夜封侯。神仙赤舌如飛電，開口舒光笑不休。

凡拜相者無救時之手，封侯者有洗村之軍，皆小兒暴客也。淘河之于飛燕，牯牛之于孔雀，有何相及？而嚇之、觸之，真可付諸一笑。吸風飲露之神人，豈争烟火食；採薇行歌之義士，豈争鉅橋粟哉！

二十二　此立秋前一日七夕作也，後半截律詩出註中。

腹中書任他人曬，犢鼻褌從甚處懸。惟有方心堅自愛，忍能鑿破化爲圓。

二十六

最無根蔕是人羣，會合真成偶爾文。沙際驚鷗常泛泛，風前落木自紛紛。掉頭東海隨煙霧，屈指西園散雨雲。況復炎涼堪絶倒，霸陵愁殺故將軍。

宗門云：「如蟲嚙木，〔一〕偶爾成文。人生無根蔕，會合亦如是。」杜工部詩：「巢父掉頭不肯住，東將入海隨煙霧。」風流雲散，一别如雨，此五官中郎將所以有西園賓客之感也。

三十九

百年世事弈棋枰，冷眼旁觀局屢更。烏喙只堪同患難，龍顔難與共昇平。遥空自有饑鷹擊，古路曾無狡兔橫。爲報韓盧並宋鵲，只今公等固當烹。

黄毓祺自跋詩後曰：余渡江後，詩皆爲□弁取去，止存小遊仙四十二章，海陵獄中多索書者，聊以此應之。書有餘紙，輒跋數語于後，異日復書跋語，輒又不同。友人羅學製惜其散落人間不可收拾，請予每章下作一小註。註畢，付門人鄧起西。嗟乎！游仙詩予寓言也，卽註亦非的解。後世有黄介子，庶幾不昧我心。

〔校記〕

〔一〕如蟲嚙木　杭大藏抄本「嚙」原作「槷」，旁有眉注「槷疑嚙誤」，今據此改。

205 黄毓祺續紀

黄毓祺，字介子，江陰貢生，居月成橋。素有文譽，與常熟武舉許彦遠善。彦遠與南通州監生薛繼周第四子稱莫逆，薛子亦諸生，居鄉間湖蕩橋，家貲三萬。清初，毓祺受隆武劄，佩浙直軍門印，得私署官屬，僞爲卜者游通州，與彦遠主于薛。薛生改稱爲周相公。時，江陰有徐摩者，字爾參，亦寄食焉。毓祺居久之，凡游擊參將自海上來見者，外雖滿裝，及入謁，俱青衣垂手，衆莫之知。既而毓祺作一聯，人頗疑之。毓祺將起義，遣徐摩往常熟錢謙益處提銀五千，用巡撫印。摩又與徽州江某善，江嗜賄而貪利，素與清兵往還，窺知毓祺事，謂徐摩返必挾重貲，發之可得厚利。及摩至常熟，錢謙益心知事不密，必敗，遂却之。摩持空函還。江某詣營告變，遂執毓祺及薛生一門，解于南京部院，悉殺之。錢謙益以答書左袒清朝得免，然已用賄三十萬矣。通州王園夫口述。

206 蘇州顧所受投泮池 長洲

顧所受，字性之，號東吳，長洲人。六世祖巽，巽子皠，批云：皠音催，上聲，霜雪狀。皠子餘慶，相繼舉永樂甲辰、正統丙辰、成化壬辰進士，故表其坊曰「三辰」云。公生而穎異，邑令江盈科稱爲國士。十一歲補弟子員。崇禎十五年，流賊破袁州，犯吉安。時龍泉令劉汝諤請公爲幕賓，畫戰守具甚備，賊因去。十七年，賊陷北京，公絕飲食。已而聞許琰死，曰：「吾今且可以無死，爲琰傳。」又一年，南京不守，公夜寢，微聞嗟嘆聲，明日言笑如平常，謂子善曰：「吾以老諸生出入文廟者五十餘年矣，時事至此，恐委禮器于草莽也，將往觀焉。」遂與其孫珩俱往。既至，作捲堂文以辭宣聖，且拜且泣。出廟門，命珩先歸，有頃，遂投泮池死，尸植立不仆。是日，士民弔者千餘人，邑令遂寧李實爲文哭之，言：「兩日前君儒服，手一狀，閱之，則言死節事也。」聞者矜其志云。

甲乙史云：乙酉，公聞郡人執香迎師，嘆曰：「此學宮明朝所建，將改制乎！家貧身賤，何忍見此。」遂儒服投泮池云云。

附　玄妙觀前賣麪人夫婦對經死，可與常州賣扇、賣柴者並香千古。此等異人，惜失其姓氏。

207 長洲徐汧沉虎邱後溪

徐汧，字九一，號勿齋，長洲人。崇禎元年戊辰進士，改庶吉士，授簡討，累遷右春坊右庶子。庚辰，分考禮闈。辛巳，奉差南歸，尋丁憂。南京建國，起詹事府少詹事兼翰林院侍讀學士。公知事不可爲，不之官。乙酉閏六月，清兵至，下令薙髮，公誓不屈辱，曰：「以此不屈膝、不被髮之身，見先帝于地下。」遂自沈于虎邱後溪死。批云：附記，公聞薙令至，痛恨，方巾駕小舟游虎邱，坐於舟首，先以足入水濯之，舟子不之疑，公忽投入水而死。自己巳之難，公從都中寄書故人曰：「明天子在上，知萬萬無虞。然事勢危急，即有不可知，惟以一死報君父。」甲申之變，公方里居，號慟欲絕。是年，烈皇聖誕，感激賦詩四章，言言血淚。自題畫像曰：「汧乎，而忘甲申三月十九日事耶？而受先皇厚恩，待以師臣之禮，而子枋、柯，以稺子一登賢書、一食廩餼，尺寸皆先皇賜也。而不能斷腸納肝以殉國難，復不能請纓枕戈以雪國耻，而息偃在牀，何爲者耶？義當寢苫，罪當席藁。存此寢苫、席藁之心，以教誨爾子，庶幾其勉于大義，毋若厥父之偷惰負恩也。」蓋公忠義出于天性，捐軀報國，其志然也。公少就學于兄養淳，養淳爲陳文莊妹婿，因得見公文，奇之，曰：「吾里中乃有湯若士。」後公在翰林，每向人述文莊言，有知己之感。公長子孝廉枋，自公没後，杜門不入城市。

附聖誕哀感云：「灑淚先皇似向隅，吞聲豈忍憶嵩呼。衣冠此日趨南闕，玉帛何年會冀都。聖主哀思應避殿，微臣隱忍尚全軀。亦知佐命悲歡異，還記今朝令節無。」又輓許琰云：「禍纏霄極帝星微，龍馭蒼黄去不歸。漢殿衣冠渾欲掃，燕京鐘簴已全非。人輕李蕚師誰借，邑刎王生義庶幾。瞻拜鼎湖因北首，朝朝應見素魂飛。」

208 楊廷樞血書併詩

楊廷樞，字維斗，蘇州人。無錫庠士，崇禎三年庚午解元，與金壇周鍾爲復社長，名聞四海。清至不剃髮。丁亥四月，時隱山中被執，大罵不屈。舟中題書血衣，併賦詩十二首寄歸，後見殺。其書曰：

蘇州有明朝遺士楊廷樞，幼讀聖賢之書，長懷忠孝之志。立身行己，事不愧于古人；積學高文，名常滿乎宇内。爲孝廉者一十五載，生世間者五十三年。作士林鄉黨之規模，庶幾東京郭有道；負綱常名教之重任，願爲宋室文文山。惜時命之不猶，未登朝而食禄；值中原之多難，遂蒙禍以捐生。其年則丁亥之年，其月則孟夏之月。才隱遁于山阿，忽罹陷于羅網。時遭其變，命付于天。雖云突如其來，吾已知之久矣。有妻費氏，吴江人，歸予二十餘載。有女觀慧，適張氏，亦二十餘春。罵賊全真，不愧丈夫之氣概；舍生就死，殊勝男子之鬚眉。一家視死如歸，轟轟烈烈；舉室成仁，無愧炳炳烺烺。生平所學，至此方爲快然！千古爲昭，到底終須不殁。但因報國無能，懷忠未展，終是人臣未竟之事，尚辜累朝所受之恩。魂炯炯而升天，當爲厲鬼；氣英英而墜地，期待來生。舟中書此，不能盡言，留此血衣，以俟異日。願我知己，面付遺孤。如痛父母，即思忠孝。垂殁之言，以此爲訣。」四月廿八日，舟中血書：「余自幼讀書，慕文信國先生之爲人，今日之事，乃其志也。四月廿四日被縛，餓五日，未死。罵賊，未殺。未知尚有幾日未死。遍體受傷，十指俱損，而胸中浩然之氣，正與信國燕市時無異。俯仰快然，可以無憾。覺人生讀書至此，甚是得力！留此遺墨，以俟後人知之。」因舟中漫就一十二首。

詩曰

人生自古誰無死，留取丹心照汗青。正氣千秋應不散，於今重復有斯人。

二

浩氣淩空死不難，千年血淚未曾乾。夜來星斗中天燦，一點忠魂在此間。

三

社稷傾頽已二年，偷生視息又何顏。衹令浩氣還天地，方信平生不苟然。

四

罵賊常山有舌鋒，日星炯炯貫空中。子規啼血歸來後，夜半聲聞遠寺鐘。

五

有妻慷慨死同歸，有女堅貞志不移。不是一番同患難，誰知閨閤有奇兒。

六

近來賣國盡鬚眉，斷送河山更可悲。幸有一家妻共女，綱常猶自賴維持。

憶順治四年，予館于方全華氏，有友自蘇歸寄此，惜遺其六首，須覓之。然公死節事他書不載，何也？

209 魯之璵韋武韜戰死

蘇州原任遊擊魯之璵及韋武韜，以起兵俱戰死。

210 長洲劉曙就義

劉曙，字公旦，號穉圭，長洲人。崇禎癸未進士，亦以事累被執，解南京部院洪承疇，繫獄八十日，與顧咸正、夏完淳從容就義死。

211 文秉見殺

文秉，長洲諸生，相國文震孟仲子。隱居山中，有告其與吴昜通者，執至官。秉不辨，曰：「不敢辱吾父，願速死。」遂見殺。

212 崑山朱集璜赴水

朱集璜，字以發，崑山貢士，故恭靖公孫。陶琰，字圭穉，崑山諸生。縣令楊永言濬夏加浦二十餘里，議發自朱。邑中談經濟推朱，言理學推陶。乙酉閏六月，崑山士民起義兵，斬守令，迎舊令楊永言入城拒守。永言，河南人，善騎射，抗禦若干日，集璜協守甚力。七月初五日甲寅，清兵至城下。初六乙卯，砲擊西城，城潰而入。集璜被執，大罵不屈，見殺。故將王公揚，年七十，奮勇力戰死。陶琰居鷄鳴塘，去城二十餘里，方率鄉兵三百人赴援，中途聞城破而潰，徬徨久之乃還，曰：「以發其死矣，後之哉！」是夜，拒户自縊死。而他書則云自刎死也。啓禎實録云：朱集璜掌東南門鎖鑰，啓門以出，莫禁也，而集璜竟赴水死。後十日，家人始獲屍于薦嚴寺後之河，同殯于陶氏之廬。集璜子用純，變後絶制舉，讀史，工詩詞。

原任狼山總兵王佐才，爲亂兵殺死，一家老幼屠戮殆盡。

他書載集璜見殺，陶琰自刎。而皇士則云集璜赴水，陶琰自經。玆雖並録，要以皇士之言爲實。

213 顧咸正答洪承疇

顧咸正，字端木，號㧊菴，崑山人，文康公之曾孫，咸建兄也。崇禎六年癸酉舉人，十三年庚辰，以副榜除延安府推官。延安荒亂，咸正招撫有法，又奉檄追賊李明才等三百人，殲之。又招降㹧賊張成儒、丁世番等二百餘人，慶陽土賊潘自安等千餘人。于是延中稍寧。會孫傳庭將出關，咸正上書謂：「出關安危繫全秦，全秦安危繫天下。軍志曰：『兵無選鋒曰北。』萬一蹉跌，將不止三秦之憂。」不聽。賊陷西安，咸正率三百人登陴，並棄甲去。賊執咸正，欲降之，不屈，乃拘之營中。吴三桂兵入秦，人多應之。韓城人推咸正爲主，斬僞令王業昌。已而知爲清兵，遂入山中。明年，以全髮歸南。會雲間吴勝兆、陳子龍事敗，録其黨姓名，首及咸正，乃與同事四十餘人並死。子天逵，字大鴻，貢生；天遴，字仲熊，諸生，皆以藏子龍故亦死。當咸正解南京時，審官内院洪承疇問曰：「汝知史可法在乎、不在乎？」咸正亦答曰：「汝知洪承疇死乎、不死乎？」承疇默然。是時，清兵所過州縣從風而靡，長吏罕有殉城者，獨公弟咸建，字漢石，號如心，崇禎癸未進士，除錢塘知縣，以焚册故被擒，不屈，殺之。時盛暑，懸首鎮海樓，三日無集蠅。杭人收而殯之，祀之土穀祠中。咸正季弟咸受，天啓四年甲子舉人，城破亦死，僅存一孫晉穀，年五歲得免。大鴻兄弟自謂「世受國恩，雖書生義不苟活」，故一門父子兄弟五人同死國事，吴中人士莫不悲之。

214 常熟徐懌 附姪徐守質

徐懌，字瞻淇，常熟諸生，家徐市。聞縣城陷，嘆曰：「吾家世科第，竟無一義士耶！」薙髮令至，服布袍，別親族，題壁曰：「不欲立名垂後代，但求靖節答先朝。」夜半自縊。諸姪徐守質，亦常熟諸生，家南郭，母病不能遷。兵至，母與妹投井，守質曰：「吾不辱身。」與兵格鬭死。

215 項志寧扼吭

項志寧，常熟諸生，遁于野。方食餅，聞薙髮令，餅半墮地，扼吭不食死。

216 許烈婦

烈婦許氏，常熟諸生蕭某妻，諸生許重光女。爲兵所掠，至蠡口，見同掠有受污者，許氏罵曰：「人何得狗彘偶！」兵怒，縛之桅，支解之，食其心。羣視者曰：「烈婦也！」潛瘞其一股。初亂時，女子義不受辱者不能詳記，此其最也。

217 吴江吴昜 附知一禪師

吴昜，字日生，號朔清，吴江人。崇禎丙子舉人，丁丑進士。祖邦禎，嘉靖癸丑進士，官太僕。清至，昜起義被執見殺。先是崇禎末有知一禪師，道行高邁，遊燕都，士夫悉尊禮之。時昜候選在京，聞而往謁，贈銀二十兩。師慨受不辭。晨夕辯議，相得甚歡。及甲申三月十七八兩日，賊攻城甚急，昜叩吉凶。師曰：「止一路，無二路。公試自思，功名是分内帶來的，便可草草。若是朝廷所賜的，『忠、孝』二字正在此際分明。」昜聞言大悟，即欲祝髮。師曰：「公向以貪衲削髮被緇，蒙施多金，今日理應回敬。」遂取前銀歸趙，原封未啓。昜心異之，乃下拜。師曰：「不須如此，去、去！我與汝從東便門走，送汝還鄉。異日汝必盡忠王國，但闖賊非汝前生對頭，今決無患。」次日出城，師送昜歸，竟不知所之。至丙戌六月被殺，果應盡忠之語，師亦神矣。

附記　昜多力善射，登進士，文聲籍甚。乙酉六月，江左降清，昜舉兵僅得三十人。七月，衆至三百，併三十艘居湖中。會松江盜首沈潘，有徒千四百人，刦掠不常，諸紳患之，移書於昜。昜起兵往戰，以計擒之，沈潘降，併其衆，獲艘七十。居無何，昜拜衆曰：「鎮江諜報，清兵二千某時過此，願邀之。」遂僞作農船，每里伏一于湖濱，凡三十里。清兵夜至不疑，過半伏發，以長戈擊之，應手而墮。其地左河右湖，中岸頗高，清兵止短刀，無舟不得近，大發矢。衆以平基蔽之，河側復以火器夾擊，遂斬千餘騎。丙戌元夕入吴江，殺令及新舉人，庫藏一空。鎮將吴勝兆兵至，昜已入湖，民盡走。大掠二日而還。四月，勝兆復率衆七千入吴江肆掠，舟重難行。勝兆令軍中曰：「敢挈婦人者斬！」有一舟百五十人，悉沈諸湖。甫行，見岸上白衣四人，擒之使挽舟，問：「見白羅頭賊否？」曰：「見之。」問：「幾何？」曰：「三十號。」清兵恃衆不戒，呼曰：「蠻子速進！」俄四人拔刀將舟中兵盡殺之，後兵見而疾追，遥望湖中泊舟，兵至即散。復追之，忽砲發，飛舸四集，矢砲突至，煙火迷天，咫尺莫辨。勝兆勢急棄舟走，兵亦委輜重而潰，凡斬將數人。勝兆大沮，謂渡江以來未有此敗。及還蘇，慚忿不言，恨吴江民不救，屠之。已而率三千人復至吴江，經長橋，昜用草人裝兵，清帥射之。昜度其將竭，乃戰，大敗之。撫臣土國寶忿昜久爲湖患，密遣蘇人僞降，昜推誠以待。忽反兵相向，昜急换舟，舟連繫，乃入小舟。舟重，三十人盡覆。昜浮水半里，其姪見水面紅快鞋，謂昜已死。以追兵急，不得遽挈，即繫舟後。復行半里，始舉視之，尚未死。倒傾血水，酌酒數大觥，乃曰：「今追者已退，吾兵尚有幾何？」左右曰：「百人耳。」昜曰：「速返追擊，此去必大勝。」果敗之，奪其輜重而還。昜有腹心某，居嘉善，六月，親訪之其家。仇人密白縣令，令遣人猝取之，解于杭州殺焉。此蘇人口述。

218 嘉定侯峒曾侯岐曾

侯峒曾，號廣成，嘉定人，以江西督學分守，歷官至順天府丞，未赴而京師陷，家居。弘光立，召爲左通政使。峒曾見朝事舛謬，嘆曰：「覆巢之下尚爲處堂，難矣哉！」遂不赴。乙酉閏六月，邑人起義，推爲盟主，與子諸生侯玄演、侯玄潔大治兵食。李成棟降爲清將，廿二日壬寅來争邑城。峒曾約進士黄淳耀共爲死守，百方禦之，攻城者多死。解而復圍者再，死守十二日。七月初四癸丑，天忽大雨，平地積數尺，城一隅崩，成棟入。峒曾趨拜家廟，赴池死。玄演、玄潔相抱入水。成棟恨之，斬其首，題曰「元兇」，以狗于城中。舉人張錫眉、龔用圓及龔用廣、夏雲蛟、唐全昌皆死。北門有賈朱某者，悉以家財佐軍。城破，誘家人盡入一舟自沉。峒曾弟岐曾坐藏陳子龍，執至官，大駡死。二僕亦駡不絶口而死。岐曾大駡難，二僕亦駡更難，非烈丈夫而能如是乎！峒曾父子兄弟主僕之際，誠盛事矣。八月十三書。

219 黄淳耀淵耀 附性如

黄淳耀，字蘊生，嘉定人。崇禎壬午舉人，癸未進士。弟淵耀，字偉恭，庠士。淳耀素與僧性如善，性如亦非淳耀不交。乙酉閏六月，清兵圍嘉定，淳耀居城中寺内，淵耀宿城堞，晝夜拒戰。七月，勢益急，淳耀語淵耀曰：「城破即馳信於我。」淵耀素文弱，城未破三日，兩目忽突出青鐵色，狀如睢陽，筋悉隆起。堞墮，實泥大袋中，重數百斤，用長木肩之登城，修訖，衆異焉。癸丑，城破，趨報淳耀，淳耀曰：「吾了紗帽事耳，汝若何？」淵耀曰：「吾亦完秀才事，復何言！」淳耀整袍服，淵耀亦儒冠，同縊寺中。淳耀題壁曰：「弘光元年七月初四日，遺臣黃淳耀自裁於西城僧舍。嗚呼，進不能宣力王朝，退不能潔身自隱，讀書寡益，學道無成，耿耿不昧，此心而已！異日夷氛復靖，中華士庶再見天日，論其世者，尚知余心。」時避難者悉趨寺中，清兵入寺俱殺之。次及性如，性如曰：「吾已閉關二十年矣。」兵問何人，性如告之，默然去。兵繼至，問答如前。兵索寶，性如答以無。有兵曰：「許大施主供養，豈無寶乎？」性如指地曰：「若此屍橫滿地，假有寶亦逝矣，奈何坐守於此？」兵曰：「無寶殺矣！」性如曰：「殺則殺耳，寶終無有，此亦前世孽，奈之何哉！」兵問懼否，性如曰：「亦安避之！」兵曰：「遍地皆屍，汝畏乎？」性如曰：「殺尚不畏，而況屍耶！」兵曰：「倒好，吾給一箭於汝，以懸寺門，自此無有入之者矣。」乃去，兵果不入。及初七日，買二棺殮淳耀、淵耀，俱僵屍，絶無惡氣。衆屍穢腐難聞，裹以蘆席焚之。

附記　順治丁酉，張能鱗督學江南，嘉定令入謁，張問曰：「黃淳耀子若何？」令茫然無以對。張曰：「忠義文學之後，乃不知耶？速訪之。」既而縣試，令爲黃子道張意。黃子亦以外侮欲赴試。將試之夕，夢父罵曰：「汝何不肖若此，不許考！」乃止。及案發，置第二，不應府試。府案發，亦置第二，遂至江陰。是夕，忽腹疾難以進院。家人進勸曰：「只須一進去耳，不必作文也。」勉赴之。及入轅門，恍忽見父前立怒罵曰：「汝尚不走去耶！」黃子驚問僕見否，曰：「不見也。」又進儀門，將唱名矣，被父向小腹下一踢，遂仆，口吐鮮血，昏迷扶出。未幾疾愈，咸以爲異。

編年、遺聞諸書俱載淵耀爲淳耀之兄。

220 崇明沈廷揚

沈廷揚，崇明人，以海運策干時見用，加銜光禄少卿。後從魯監國於海。丁亥歲，風飄舟至常熟境，監司禮待，勸之降仕，廷揚不從，與六十人同日受刑。

221 華亭教諭眭明永不屈

國初最重師儒之官，故靖難時有濟陽教諭王省、漳州教諭陳思賢，以殉節著。厥後選用漸輕，而其人亦無所表見。眭公諱明永，字嵩年，鎮江丹陽人。曾大父燁，官給事。父石，官太史。崇禎十五年壬午，公舉於鄉，年六十矣，選華亭教諭。乙酉八月三日壬午，城破，公書明倫堂曰：「明命其永，嵩祝何年。生忝祖父，死依聖賢。」遂自經，不死，出投泮水被執，以不屈而死。公之子本，字允立，諸生，甲午春，坐同邑賀太僕、王盛事，株連被繫，一夕死。論者以爲不愧其父云。

222 王域大罵不屈

王域，字元壽，號兩瞻，松江華亭人。天啓元年舉人，以孝友聞，除宿州學正。流賊犯州，公固守以全。甲申十月，積官陞建昌知府，加銜江西按察司副使。清兵陷撫州，公誓衆固守。而城中有内應者，遂陷。益王出走，公被執至南昌，大罵不屈，送武昌殺之，時八月二十日。同死者江西布政夏萬亨、分巡湖東道副使王養正、推官劉允等，與公六人並傳首江西，棄其屍城下。武昌人收而葬之於沌砦河，題曰「六君子之墓」。公第三子鑰走福京請卹，未覆，閩中陷，不果。

223 李待問章簡

松江原任中書李待問、博羅知縣章簡，城破被殺。

224 吴志葵黄蜚

總兵吴志葵、黄蜚駐兵豆腐浜，被擒，解至南京殺死。

225 夏允彝赴池死

夏允彝，字彝仲，號瑗公，松江華亭人，嘉善籍。通尚書。萬曆四十五年戊午舉人，崇禎十年丁丑進士。弘光立，爲吏部主事。清兵下松江，允彝避匿，其兄強之謁官，允彝潛赴池中死。同年陳子龍輓詩有聯云：「志在春秋真不愧，行成忠孝更何疑。」

公殉節處須再核之。

226 吴勝兆 蘇人口述

乙酉，江南初定，清遣兩撫臣駐蘇州：土國寶兼理軍民，吴勝兆專掌兵事。勝兆力敵百夫，善運鐵鞭，雙劍常佩不離。丙戌，平吴江，國寶奏其功，加鎮南大將軍，賜東坡巾。批云：賜巾再核。猶未實授，巾先至，卽冠以見國寶，有矜色，國寶不悦。已而出遇道左，旌旗相接，各不讓。國寶逡巡退，勝兆亦將返，又自思爵大，遂策馬前馳，蹂仆國寶儀仗，國寶怒。是日未刻，勝兆欲閲操，國寶曰：「晚矣，姑點兵。」勝兆不從。國寶曰：「互點若何？」勝兆曰：「不可，我兵無糧不整，汝兵是有糧者。」遂相訌。勝兆揮拳土之齒，國寶手批吴之頰，巡按等解紛。時洪承疇鎮金陵，國寶白之，勝兆降三級，勅鎮松江。將行，勝兆聲言缺糧一萬，欲假此起釁，國寶卽如數予之。勝兆無以爲辭，忿忿去。至松江，大布惠愛，以收人心。承疇慮其有異志，移鎮淮、揚。勝兆心知之，不行。及貝勒過松，欲乘其見擒之。緣百姓遮留乃免，止絶俸三月，勝兆喜。後貝勒返，復遣六人逮勝兆，勝兆繫之獄。長洲諸生戴務公説勝兆反正。丁亥四月十六日，勝兆邀推官等謂之曰：「我與若共戴紗帽，誠美觀，此紅帽不好。」遂將頂髮自剪去，卽戴紗帽、服紅袍，以剪刀遞下，衆相顧駭愕，不知所爲。從者剪之，不從卽斬。初，國寶疑勝兆反，陰遣都督詹某居其麾下圖之。至是，勝兆舉事，詹於十八日僞邀勝兆飲。既酣，縛之。一云勝兆宴同知通判推官等，問曰：「從清乎、抑從明乎？」或對曰：「第明朝無人耳。」勝兆怒曰：「云何無人！」拔刀斬之，乃起兵。時舟山、福山諸處皆期十六同舉，會是日大風，舟多漂散不得集。標下參將高永義知事不成，遂縛勝兆以解于蘇州。國寶不見，解至南京殺之。

227 陳子龍投河

陳子龍，字臥子，號海士，青浦縣籍，松江華亭縣人。父所聞，萬曆己未進士，歷官屯田。子龍崇禎三年庚午舉人，丁丑進士，仕至給事。以吳勝兆事敗亡命，所至之家輒遭禍。顧咸正及其子天達、天逵皆坐是受戮。後子龍被獲，乘間投河死。

臥子與夏彝仲同舉進士，房藝一出，膾炙人口。東南士子稱大名家必曰陳臥子、夏彝仲。是兩公者生而文章名世，沒而忠義傳世者也，齊驅並駕，洵爲邦家之光矣！八月十六書。

228 貴池吳應箕傳

同里劉城撰　字伯宗

吳應箕，字風之，其後更字次尾，而名曰益高。所點定經義，天下士子誦習之，故稱次尾先生甚著。次尾世貴池興孝鄉人，父某隱者，家故習儒，然鄉之人知舉子藝耳。次尾少即獵治詩古文詞，時時口李、王也。鄉之人視郡邑已闊遠，絶不達國事。次尾則喜游通都間，鉤致京朝輿罷、朋黨始末具曉之。鄉人好曲謹，拱揖問答，咸有尺寸。次尾獨輕脱率己意，人桊韝曲䠊，批云：「桊」音「絹」，囊也，又卷劍衣，又權囊有底。「韝」音「溝」，又音「遘」，射所以韜臂者。「䠊」音「跽」，小拜。「跽」音「計」，伸兩足，兩膝着地而立身，乃長跪也。而或踞坐自若，或解襪繫爬搔也。又高言指斥，辭氣湧射，屈一座人。人指目狂生，率辟去。以是數者，聲日以起，亦用以敗。當崇禎初元，三吳中創爲復社，才十餘人耳，不佞城與次尾實共之。十餘人者尚名誼、擯逆節同，而次尾好譏訶特甚。又其後社亦不無濫觴也，僉人切齒謀相傾，勢及次尾。賴學使蔡公、葉公、金公輩皆國士之，不及禍。然次尾四顧儕偶，人材下中，居恒無一差強人意者，咸竊科第去而已。顧旅進諸生中也，愈憤悱悁怒。又見國事日棘，中外大小臣碌碌取充位，無一能辦者。既摩切歷詆之，遂好奇計畫策，門雜進武夫介士，身鈞奇度務，不復經生自處，言當世事益急，動止益自抗，視鄉里中蔑如也。怨家用是益深，相嗾使持挺刃來，欲殺之不可得，火其居以去。次尾亦恨甚。會世變，南土陸沉，忠義者起恢復。次尾曰：「吾有以自見矣。」署謝詩於壁曰：「韓亡子房奮，秦帝魯連恥。」帥義兒門徒，糾合拳勇，與其曹攻郡城，不克。同事者遁，己獨募士治衆，以計連復建德、東流縣，聲甚振。時歙州金聲首倡義，舉奉隆武朔，擢都御史，得承制專拜牒。次尾署池州推官，監紀軍事，且云將晉道臣秩也。次尾勢始張，而金先中間敗，頗失援，乃益勵有死之心矣。身練卒深山，飛檄郡治，語皆醜詆多恨且愧者，鄉人怨家咸爲耳目，偵間百輩，戰敗遂不得脱。既被執，不屈。與兵官偕，輒先踞上坐，自稱必曰「本道」，兵官亦敬重之不加害。未至郡十餘里，有必欲殺之者馳諭指，乃以卒來捽。次尾叱曰：「吾不死於卒手，爾官自持刃。且巾幘漢服也，吾不去此，不得無禮我！」兵官從其言。以頭入郭門如生，歷三日色不變，人異之。次尾雖貢高慢世，顧善獎誘人才，一端之美，揚之過量，士嘗由以得名，族子皆其成就者。余遺子鑾師之，得其指授爲多。黑面紫髯，目光奕奕射人，性喜聲伎娛樂，不肯作一日鬱鬱窮悴云。子二，次尾死時，長孟堅十一歲，次穉圭十歲。所著樓山堂集若干卷行於世。

論曰：今天下知有敝邑，則以次尾與予哉！予自顧勿敢當次尾也。方其矜己藐物，不謂非過；其舉事疎脱，亦嘗有所規。要其人材，求之今日，可再得哉？景毅没齒於元禮，王成刻志於子堅，至痛在心，衡焉莫解，悲夫！

附記　宣城諸生麻三衡，以起兵見殺。

229 宣城麻三衡

麻三衡，字孟璿，宣城人，布政使溶之孫。生有異相，長好習武事，以詩酒自豪。既起兵，與旁近諸生吴太平、阮恒、阮善長、劉鼎甲、胡天球、馮百家號稱「七家軍」，皆諸生也。三衡駐兵稽亭，每戰當先，舞大刀陷陣，人多畏之。後以衆寡不敵被獲，殺於江寧，七家皆死。〔一〕

〔校記〕

〔一〕本篇内容原闕，今據通行本補。

230 黟縣僕變　徽人口述

黟縣與休寧俱屬徽州府。乙酉四月，清兵猶未至也，邑之奴僕結十二寨，索家主文書，稍拂其意，即焚殺之，皆云：「皇帝已换，家主亦應作僕事我輩矣。」主僕俱兄弟相稱。時有嫁娶者，新人皆步行，竟無一人爲僮僕，大約與江陰之變略同，而黟縣更甚。延及休寧，休寧良家子聞之大懼，遂立七十二社，富貴者俱寫銀糧，保護地方。知縣歐陽鉉，江西人，邀邑紳飲，痛哭，遂起義。金聲、黄賡等亦舉兵，而僮僕於是不敢動。

231 張天禄襲休寧

張天禄，字桂吾，陝西榆林人，明將，降清爲總戎。乙酉九月廿二日庚午，引兵下徽州，距休寧六十里，邑人聞之，一夕走空。十月朔己卯，天禄至休寧，下令剃髮。知縣歐陽鉉遁去。邑紳金聲曰：「吾不出，恐百姓被害。」乃見天禄，遂執解南京洪承疇。時隆武相黄道周遣王總戎率兵千六百人至徽州，義旅從者復數千，與天禄戰，互有勝負。後王兵漸傷乃去，蓋王係杭州絲客，詣閩中用賄得官，本非將材。部下有風、雲、雷、雨副將四人，而鄉兵多市人不習戰，故敗。十二月，又有鄭兵駐休寧，而天禄駐徽州。於三十日午候，率總戎賀某、卜某五人，引兵萬人疾行七十里，至休寧高堰駐營，時一鼓矣，寂然不擾。天禄設虎皮而坐，漏下四鼓，起馬疾馳百里，晨至黄源小河地方。時爲丙戌正月朔，鄭兵以除夕醉卧，方起拜年，竟不及備，而清兵已入營矣，遂大敗。天禄追出嶺，至衢州開化及常山等處，俱降之。初，天啓、崇禎之際，徽州方一藻爲陝西撫臣，時天禄爲旗牌官。至是，天禄謁方夫人，遣兵守護其家，軍令肅然。

天禄此舉頗似李愬入蔡州、狄青奪崑崙關，可謂知兵矣。八月十七書。

232 金聲江天一罵洪承疇

金聲，字正希，徽人。崇禎戊辰進士，授編修。南京陷，起義守休寧，被執。張天禄解於洪承疇，承疇以有年誼勸之曰：「多少臣子今俱亡歿，公宜應天順人，毋徒自苦。」聲默然。諸生江天一大言曰：「流芳百世，遺臭萬年，千古之下，在此一時，不可錯過。」且罵承疇曰：「汝爲天朝大臣，不能死節，而反誘人耶！」承疇命左右斷其舌，天一罵不絶口，遂殺之。聲亦罵曰：「崇禎是汝君，今何在？父在泉州，今何有？汝無父無君，與禽獸何異！」承疇曰：「汝罵我極是，奈時不得已耳。」豫王亦欲留之，聲大罵□□□。承疇曰：「使公爲僧可乎？」聲曰：「何以稱忠臣？」復戟手大罵。承疇曰：「成彼之名。」遂殺之，僅截其喉而不斷其頸，以示全屍。一僧收葬，木客出棺云。聲舉族殉義，學者稱爲正希先生。時武臣陳有功、余元宣、萬會、吴國楨皆死。

233 黄賡爲僧

黄賡，徽人，明季武狀元也。與黄澍同族，有膂力，能運鐵鞭二十四斤。清兵至，率衆固守徽州，身爲前鋒，斬獲甚衆。後敗，賡走閩。閩復陷，清帥招之，不從，乃削髮爲僧。清封爲天下都綱僧，後竟善終，亦過於澍遠矣。宣城人語我曰：「黄賡率鄉兵數千，十九戰俱捷。後自宣城水東鎮統衆禦清於港河，爲徽寧界也。清騎日益，被圍。賡舉鞭擊敵，鞭忽折，重十二斤。乃易樣，鞭重二十四斤。賡馬見清馬即跪，賡怒，鞭殺之，步戰清之騎。將舉鞭一擊，清將以刀捍之，連擊三鞭，清將捍之如前，賡乃走。左手於腰袋中取出搭箭一枝，長數寸，毛竹而淬以桐油者，回身向清將搭去，正中其左目，趣上一鞭擊死。然清兵甚盛，賡以衆寡不敵乃走。鄉兵被殺遍野，慘不可言。」

234 黄澍降清

黄澍，字仲霖，崇禎丁丑進士，弘光時巡按湖廣。乙酉清兵下徽州，已而闖相黄道周遣將拒於徽州之高堰橋，自晨至暮，斬獲頗多。澍以本郡邑人，習知橋下水深淺不齊，密引清騎三十，由淺渚而渡，突出閩兵之後。兵驟見駭甚，謂清兵腹背夾攻矣，遂潰。徽人無不唾駡澍者。後澍官於閩，謀擒鄭成功家屬，以致邊患，遂罷。

附記飢饉　崇禎十三年，徽州米五兩二錢一石。十四五兩年，五兩一石。至順治八年秋，米缺，至七兩二錢一石，實止八斗，糠一斗、水一斗也。富家每日人食米三合，凡婢女俱流散境外。

235 嘉善徐石麒自縊

徐石麒，字寶摩，號虞求，嘉興嘉善人。天啓壬戌進士，除工部營繕司主事，爲權奄所惡，以新城侯王昇墳價事，矯旨奪職。崇禎改元，補原官，歷陞通政司、刑部侍郎，陞尚書。而兵部尚書陳新甲以失事下獄，公奏新甲陷邊城四、陷腹城七十二、陷親藩七，當斬。奏上，新甲棄市。時周延儒救解甚力，上不許，新甲之黨皆大恨。而公復譏光禄少卿監軍張若麒臨敵先逃，總兵許定國失誤軍機，搶殺人民，及兵部尚書丁啓睿兵敗竄逃、棄去勅印，俱當斬。會禮科姜埰、行人熊開元以言事忤旨，上震怒，下二臣獄。而劉宗周争之，並奪職。及二臣發西曹，公疏薄其罪，上怒，罷官。弘光立，起公右都御史，未至，轉吏部尚書。公出户科陸朗、御史黄耳鼎爲藩臬，有旨特留用。朗與耳鼎遂疏訐公爲吴昌時報復，又言公殺新甲以敗欵局。公乃歷陳自有東事以來主欵之誤，且言：「先帝之誅新甲也，曰陷我七親藩。夫七藩之中，恭皇帝居一焉，皇上忘之乎！」因引疾乞休，命馳驛去。明年，南京陷，公遁於鄉。鎮將陳梧起義，迎之主盟。三塔之敗，城將不守，自經死。謚忠襄。其僕祖敏、李謹，皆從公自縊。公有二子，長爾穀，次柱臣。爾穀官生，以松江事見殺。公與海鹽吴忠節麟徵同門，皆爲李宗伯小灣所取士。

甲乙諸書俱載徐錦，非李謹也。海鹽亦屬嘉興。

236 錢棅被殺

錢棅，字仲馭，浙江嘉興嘉善人，相國士升之仲子也。崇禎十年丁丑進士，爲吏部郎中。破家集義旅拒敵，蹋於震澤。兵返戰，旅潰，棅殺於水中。士升，萬曆四十四年丙辰狀元。

237 徐爾穀錢旃夏完淳

松江吴勝兆反正，長洲諸生戴務公實説之，遠近嚮應。錢棅從兄旃，字彦林；夏允彝子完淳，字存古；徐石麒子爾轂，字似之，皆受隆武命。錢爲太僕卿，夏爲□□□，徐爲少卿。事敗，俱被執。錢、夏岳壻也，徐慷慨無撓詞。審官曰："汝父爲忠臣，汝定爲孝子。"三人同日受戮。旃妻徐氏、轂妻孫氏，各自沈殉其夫。

238 使臣左懋第

左懋第，字仲及，號蘿石，登州萊陽人。崇禎辛未進士，出陳文莊之門。壬申冬，授韓城令，三年之中，流寇薄城者三，入境者再，皆設法擊走之。癸酉，考選户科給事中，尋以吏科給事中奉勅察核南京、蕪湖等處兵餉，未復命而上崩。弘光立，入見，陳中興大計，命視師江上，陞僉都御史，巡撫應、安等處。以母死於天津，乞守制。而朝議遣大臣使北通好，瞽先帝山陵，並議割地歲幣。公自請北行，因得葬母。陞兵部侍郎，賫國書、金弊以行。而副之者太子太傅左都督陳洪範及太僕寺少卿兼兵部職方司郎中馬紹愉。兵部司務陳用極等從行。八月，行次滄州，陳洪範遣信先致吴三桂封册，三桂不啓封，緘奉攝政王。九月，至楊村，士人曹遜、金鑣、孫正疆謁見，言報國之志。公喜，署以參謀。十月，進至張家灣，聞以四夷館處使臣，行屬國進見之禮。洪範無言，參謀陳曰："此事所繫甚大。"公争之，乃改鴻臚寺，遣官騎迎入。十四日，内院剛林來，責以朝見。公曰："勅命先謁陵，後通好，今未拜先帝梓宫，不敢見。"剛屈而去。明日復來，言如前。公終不屈，一一抗拒，聲色俱厲。既持國書、金幣去，公遣參謀陳以謁陵事請，不得。乃陳太牢於寺廳，率士哭三日。二十七日，忽數騎奉旨遣行，出永定門。十一月初五日，止滄州十里鋪，又數騎追執公及紹愉還，而獨令洪範南，副將張有才、楊逢春、劉英止滄州。公返北都，拘之太醫院，不通出入。公上攝政王啓，不報，而時令人説之降，公不答。洪承疇謁之，公曰：「鬼也！承疇松、杏敗死，先帝賜祭，加醮九壇，錫廕久矣，今日安得更生！」李建泰亦來謁，公曰：「受先帝寵餞，不能殉國，降賊又降清，何面目見我耶！」漢臣投謁者皆受罵，亦憚見之。乙酉正月，劉英及曹遜、金鑣入訊，逾垣得見，遂發疏令金鑣及都司楊文泰赴金陵奏之。及至，而金陵已失守矣。曹遜曰：「如何？」公曰：「復何言！」七日不食，慟哭，誓必死。閏六月十五日，以江南既平，再下髡令。副將艾大選首髡如詔，公杖大選及傅濬。大選自經死。濬恐，爲蜚語聞。十九日，捕下刑部。公曰：「我自行我法殺我人，與若何與？可速殺我。」以兵脅公薙髮，公大呼不可。而參謀、兵部主事陳用極，字明仲，蘇州崑山人，與游擊王一斌、都司王廷佐、張良任、守備劉統亦大呼不可，遂以公等六人下獄。二十日，攝政王召見，鐵鎖擁入內朝。公麻衣孝巾草履，向上長揖，南面坐於庭下。攝政王數以僞立福王、勾引土寇、不投國書、擅殺總兵、當廷抗禮五大罪。公辯對侃侃，終不屈，惟請一死。命薙髮，堅不肯。攝政王問在庭漢臣云何，吏部侍郎陳名夏曰：「爲福王來不可饒。」公曰：「若中先朝會元，今日何面目在此！」兵部侍郎金之俊曰：「先生何不知興廢。」公曰：「汝何不知羞耻！我今日則有一死，又何多言。」攝政王揮出斬之。僉都趙開心將起有言，同坐掣其裾而止。公至宣武門外，神氣自若，南向四拜，端坐受刑。僧子楊某涕泣稽首而後行刑。公既出，趙開心始得啓王。王將從之，而已報死矣。題絶命詩有云：「峽坼巢封歸路迴，片雲南下意如何。寸丹冷魄消難盡，蕩作寒煙總不磨。」馬紹愉率所從將士悉薙頭降，陳用極、王一斌、王廷佐、張良任、劉統與公同日見殺，忽沙風四起，捲市棚於雲際，屋瓦皆飛，一時罷市。陳用極之門人咸默序其事傳之。蓋國朝以奉使死者，忠文王禕、忠節吴雲與公三人而已。公與會稽章大理正宸誼最深，公死，大理亦遯荒。公之同鄉姜給諫埰，出其詩以梓於世。

東村老人曰：蘿石之死，比之文信公尤烈，有一人而可洗中朝三十年之穢氣，亦見讀聖賢之書者原自有人實踐。紛紛盜名無恥輩，妄言聲氣，賣降恐後，何哉！

左公至北，陳洪範欲以國書畀禮部，公謂：「館伴必以龍亭出迎，不然，勅書不可與。」故攝政王責公不投國書。他書載陳用極五人從死，内有張良佐。而此則云張良任。他載十九見殺，而此則云二十日也。須核。

239 總論江南諸臣

東村老人曰：蘇代有言，「爲人妻則欲其許我也，爲我妻則欲其詈人也」。每一王興，有附而至榮者，即有拒而死烈者，生易而死實難。高帝斬丁公，藝祖褒韓通，所重固自有在。諸公毋乃得所重乎！若夫沈廷揚之有衆，無愧田横之客矣。

240 總論起義諸人

夫以國家一統，而自成直破京師，可謂強矣。清兵一戰敗之，其勢爲何如者！區區江左，爲君爲相者必如勾踐、蠡、種，卧薪嘗膽，或可稍支歲月。即不然，方清師之下，禦淮救揚，死守金陵，諸鎮犄角，亦庶倖延旦夕。乃清兵未至，而君相各遁，將士逃降，清之一統，指日可睹矣。至是而一二士子率鄉愚以抗方張之敵，是以羊投虎，螳臂當車，雖烏合百萬，亦安用乎！然其志則可矜矣，勿以成敗論可也！八月十八書。

241 總論國家運數

予思太祖得北京於順帝，其後失北京於順治，以「順」始，亦以「順」終。太祖得南京於福壽，其後失南京於福王，以「福」始，亦以「福」終，豈非數耶！

242 又

昔成祖□年，恐後代久遠，子孫名字重復，命姚廣孝每代定一字，其第二字則臨時取定。廣孝進十字云：「高、瞻、祁、見、佑、厚、載、翊、常、由。」成祖覽之，嫌其少，欲益焉。後增「慈、和、怡、伯、仲、簡、靜、迪、先、猷」十字，終是勉强。然予思之，亦有深意焉。試觀崇禎、弘光、永曆等諱，俱是「由」字，是明示明係至「由」字止矣。雖益以「慈」等字，終無用也。況「猷」字亦與「由」字同音，則止於「由」無疑矣。此仙機妙數也。八月十八書，乙卯六月初二張館點完。

明季南略卷之五

乙酉浙紀　六月起

243 貝勒入杭州　附陸培等

乙酉五月，豫王既定南都，因分兵入浙，清之大帥乃貝勒王也。時潞藩避杭，六月，杭州擁戴之。貝勒以書招王，王度力不能拒，又不忍殘民，遂身詣其營，請勿殺害人民。貝勒許之，遂按兵入杭，市不易肆。後潞王北行，與弘光、王之明俱兇問。

附記　編年云：兵至杭州，原任行人陸培縊死，錢唐縣知縣顧咸建不順被殺，事具前卷。某縣知縣梁于涘亦死，一載自死。

244 祁彪佳赴池水

貝勒既駐杭，遂散布官吏至浙東招撫，且令薙髮，召鄉紳朝見。山陰原任蘇松巡撫祁彪佳赴池水死。祁公諱彪佳，字幼文，號世培，紹興山陰人。父承㸁，知長洲縣有惠政。公年十七舉於鄉，天啓二年壬戌進士，授興化府推官。郡兵以餉稽，譁於藩司，公挺身往諭，刻期給餉，皆斂手不敢動。復令自推爲首者縛送藩司治之，衆皆帖服。崇禎四年，考選福建道御史。五年冬，上疏言：「凡大小文武内外諸臣，皆使之各安其位，而後有以各盡其心。若越俎而問庖，即曠官而怠事。邇來六卿九列之長，詰責時聞，引罪日見，因而有急遽周章，救過不遑之象。竊恐當事諸臣怵於嚴旨，冀以迎合揣摩，善保名位，則未得振勵之效，反滋悠忽之圖。臣所慮於大臣者此也。人才有限，中下半參，非藉上感發其忠義，則無以鼓舞其功名。今司道有司，或欽案之累由人，或錢穀之輸未至，降級住俸，十居二三。臣子精神才具，必其稍有餘地，而後可以展布。若迫於功令，必至苟且支吾，急功赴名之心，不勝其掩罪匿瑕之念。臣所慮於羣臣者此也。皇上聞鼙而思將帥之臣，倘得真英雄，即推轂設壇，夫豈爲過！但骫髒負俗，決不肯俯仰司馬之門。若必依序循資，則雖冒濫之竇可清，似亦獎拔之術未盡。臣所慮於武臣者此也。皇上深懲惰窳，特遣内臣，然必搜剔出於不意，奸弊乃可無遺。若撫按之事，多令監視會同，則恐同罪同功，反使互蒙互蔽。開水火之端，其患顯；啓交結之漸，其患深。臣所慮於内臣者此也。」時以爲讜論。尋巡按蘇、松諸府，所至省騶從，延問父老，盡得其利病。豪右兼并，細民皆得控陳，一時權貴爲之側目。吴中無賴自署天罡黨，凌轢小民，官治以法，則攤贓無辜，人愈益畏之。公至，捕其尤者四人，立磔於市，由是羣奸股慄。他若定徵解法、捐贖鍰，爲長洲置廣役田，清吴縣隱租以備荒，無錫役米以惠解，借華亭義米，置上海役田；時粟貴，率二石得一畝，計三年子粒，即賞華亭之數，平漕兑，歲省四郡耗羡十餘萬金。吴人至今德之。八年，請告歸。十五年，清兵深入逼淮，道路阻絶。起公掌河南道，微服冒險間行達京師。明年，佐大計，一主虚公，無敢以一錢及門者。會上命臺省遷轉，必歷藩臬以考其才。面折選郎於朝，因疏列其事。於是，御史蔣拱宸等羣起攻之，事遂已，而公竟改南京織道。十七年甲申五月，公與史可法等決計定策，以公舊有威德於吳，命奉敕安撫。尋晉大理寺丞，卽留爲巡撫。首募技勇，設標營五，營各五百人，緣江要害增置屯堡。公受事六閱月，開館禮士，設筒受言，日夕拮据。又上疏請除詔獄、緝事、廷杖諸弊政，爲朝臣所忌，遂謝病歸。乙酉夏，清兵入浙，檄諸紳投謁。公聞之，語夫人商氏曰：「此非辭命所能却，若身至杭，辭以疾，或得歸耳。」陽爲治裝將行者，家人信之不爲意。閏六月六日丙戌夜分，潛出寓園外放生碣下，自投池中。書於几云：「某月日已治棺寄蕺山戒珠寺，可卽殮我。」其從容就義如此。後謚忠敏。公生二子，長理孫，字奕慶；次班孫，字奕喜，皆有文譽。女德茝，字湘君，年十三四卽韶慧絶人，其哭父詩有云：「國耻臣心在，親恩子報難。」時盛稱之。

245 劉宗周不食死

劉公宗周，字啓東，紹興山陰人，學者稱爲念臺先生。萬曆二十九年進士，三十二年授行人，先後以喪母及養祖里居者十餘年，始補原職。尋充册封益藩副使，歸陳宗藩六議。四十一年，疏請修正學。明年，復謝病去。天啓元年，起爲禮部儀制司主事，劾魏忠賢、客氏，坐奪俸半年。二年，遷光禄寺丞。三年，遷尚寶司少卿。尋改太僕寺，告歸。四年，補右通政，力辭。上怒其矯情厭世，革爲民。崇禎元年，召爲應天府尹。二年，上疏陳堯、舜之道，因言遼事不足圖與加賦之害。上雖目爲迂濶，然亦嘆其忠。會京師被圍，米價踴貴，乃請罷九門税，修舖房以處貧民，爲粥以濟老疾，嚴行保甲之法，人心稍安。時樞督諸臣多下獄者，公獨抗言：「國事至此，諸臣負任使，誠無所逃罪，而臣以爲陛下亦宜分任其咎。昔禹、湯罪己，其興也勃焉。今日首當開示誠心，爲濟難之本。日御便殿，延見羣臣，相對如家人父子。以票擬歸閣臣，以庶政歸部院，以獻可替否予言官。不效，則從而更置之，無坐錮以深其罪。乃者朝廷縛一文吏如孤雛腐鼠，而視武健士不啻嬌子，漸使恩威錯置。至文武皆不足信，必曰吾舍一二內臣無可與同患難者，于是總提協之命，而閫以外次第委之。自古來未有宦官典兵不誤國者。仰祈陛下翻然感悟，以親內臣之心親外臣，以重武臣之心重文臣，則太平之業可一舉而定也。」又劾張鳳翼、馬世龍等罪，皆切直忤上意。三年，以疾在告，復上言除詔獄、蠲新餉爲祈天永命之本。上方憂旱齋居，責其不修實政，徒託敷奏。公遂堅求去，許之。九年，〔一〕召爲工部左侍郎。明年，上言時政云云。上曰：「宗周素有清名，亦多直言，但大臣論事，宜體國度時，不當效小臣歸過朝廷爲名高。」會温體仁捐俸市馬，公言不敢懷利事君，得旨切責，遂引疾求罷。既就道，聞清兵自昌平深入，極論體仁大奸似忠、大佞似信，并及刑政舛謬數事。上怒，以爲比私亂政，革爲民。十四年，起吏部左侍郎，陳聖學三篇，以切劘上躬，多見採納。尋遷左都御史，請申飭憲綱、復書院社學、罷詔獄，從之。會當大計，發中書某爲人行賄事，置之法，一時風紀肅然。已而京師復被圍，行人熊開元劾奸輔誤國，觸上怒，下獄廷杖。公力爭於朝，坐免官。十七年，南京再造，起原官。公力詆時政，馬士英、劉澤清等欲殺之，遂力請致仕。明年，清兵至杭州，公與同郡祁彪佳約舉事，不果。彪佳先死，公絕粒二旬，至閏六月八日戊子乃卒。有絕命詩曰：「留此旬日生，少存匡濟志。決此一朝死，了我平生事。慷慨與從容，何難亦何易。」又示婿秦嗣瞻詩云：「信國不可爲，偷生豈能久。文山與叠山，〔二〕只争死先後。若云袁夏甫，時地皆非偶。得正而斃矣，庶幾全所受。」公以宿儒重望爲海内清流領袖，嘗以出處卜國家治亂，而終以節見。悲夫！其論學也，以爲學者學爲人而已，將學爲人，必證其所以爲人。又作紀過格以相糾考，立古小學，每日生徒會講其中。嘗與高忠憲攀龍往復辨論，忠憲以爲畏友。祁彪佳曰：「公之奏疏出，可廢名臣議奏。」人以爲知言。子名汋，遵遺命不以詩示人。

〔校記〕

〔一〕九年　原作「八年」，今據明史卷二五五劉宗周傳改。

〔二〕文山與叠山　「文山」原作「止水」，今據明史卷二五五劉宗周傳所載宗周臨死前「有勸以文、謝故事者」改。

243 王毓蓍　潘集　周卜年

王毓蓍，字玄趾，紹興衛人。甫婚而父隣卒，經年不就内寢。爲郡諸生，師事劉宗周。乙酉六月，清兵破杭州。時諸生無賴者羣議犒師，毓蓍憤甚，榜其門曰：「不降者會稽王毓蓍也」。衆懼禍，陰去其榜。聞劉宗周舉義，毓蓍喜。越數日事不就，乃爲書告曰：「門生毓蓍已得死所，願先生早自決，毋爲王炎午所吊。」又作憤時致命篇投其子，復榜於孔廟。將赴泮池，池水淺，乃赴柳橋河死，時六月二十二日也。

後四日，復有潘集死之。集字子翔，會稽布衣也。性嗜酒，家貧不數得，時從友人索飲。既醉，或歌或泣，人皆狂少年目之。聞清使至，自誓必死。家人詫曰：「江南甚大無死者，一布衣死何爲？」集曰：「薊州之役，吾王父母俱死，於是吾三奔喪，不得一骸骨歸。今靦顏爲彼民，苟偷視息，死何以見先人地下！」已聞毓蓍死，爲文哭之。出東門半里許，袖二石，渡東橋下自沉死。或曰此其意將以擊當事倡降者，不得間，故死。

其後十二日，復有相繼死者周卜年，字定夫，山陰人，周文節公族子也。家貧力學，年三十猶爲布衣，濱海而居。聞二子死，曰：「二子死不先，年死不後也。」及傳城中已薙髮，邏騎四出，卜年仰天大呼曰：「天乎！天乎！余尚何以生乎！」遂肅衣冠趨出，自磯上躍入海中死，時閏六月八日也。越三日，其妻泝流而號，求之不得，忽見一屍逆流東來，復於磯上，兀然而止。就視之，則顏面如生，衆嗟異之。是日，越中師起，承制贈毓蓍翰林待詔，集、卜年教授、訓導。而越人感三子之節，私謚毓蓍曰正義先生，集曰成義先生，卜年曰全義先生。

247 高弘圖不食死

原任大學士高弘圖，流寓紹興城外，逃至野寺，不食死。

248 吴芳華旅壁題詩

吴芳華，武林人，文學康某婦也。結縭三月，清兵迫錢唐，從夫逃亂天竺，道爲亂軍所獲，屬正黄旗下尤某，挾之北去。題詩旅壁有云：「後之過此者爲妾歸謝藁砧，當索我於白楊青塚之間也。」見者哀之。

臙粉香殘可勝愁，淡黄衫子謝風流。但期死看江南月，不願生歸塞北秋。掩袂自憐鴛夢冷，登鞍誰惜楚腰柔。曹公縱有千金志，紅葉何年出御溝？

249 王思任請斬馬士英疏

時馬士英潛率所部奉弘光母后突至紹興，紹興士大夫猶未知弘光所在。原任九江僉事王思任因上疏太后，請斬馬士英，曰：「戰鬭之氣必發於忠憤之心，忠憤之心又發於廉恥之念。事至於今，人人無恥，在在不憤矣。所以然者，南都定位以來，從不曾真真實實講求報雪也。主上寬仁有餘，而剛斷不足，心惑奸相馬士英援立之功，將天下大計，盡行交付。而士英公竊太阿，肆無忌憚。窺上之微，而有以中之。上嗜飲則進醽醁，上悦色則獻妖淫，上喜音則貢優鮑，上好玩則奉古董。以爲君逸臣勞，而以疆場擔子盡推史可法，又心忌其成功，絶不照應。每一出朝，招集亡賴，賣官鬻爵，攫盡金珠。而四方狐狗輩願出其門下者，得一望見，費至百金；得一登簿，費至千金。以至文選職方，乘機打刼；巡撫總督，現兑即題。其餘編頭修脚、服錦横行者，又不足數矣！所以然者，士英獨掌朝綱，手握樞柄，知利而不知害，知存而不知亡，朝廷篤信之，以至於此也。兹事急矣！政本閣臣可以走乎？兵部尚書可以逃乎？不戰不守而身擁重兵，口稱獲太后之駕，則聖駕獨不當護耶？一味欺蒙，滿口謊説，英雄所以解體，豪傑所以灰心也。及今猶可呼號泣召之際，太后宜速趣上照臨出政，斷酒絶色，卧薪嘗膽。立斬士英之頭，傳示各省，以爲誤國欺君之戒。仍下哀痛罪己之詔，以昭悔悟。則四方之人心士氣，猶可復振，而戰鼓可勵，苞桑可固也。」

250 思任又上士英書

閣下文采風流，才情義俠，職素欽慕。卽當國破衆疑之際，爰立今上，以定時局，以爲古之郭汾陽，今之于少保也。然而一立之後，閣下氣驕腹滿，政本自由，兵權獨握。從不講戰守之事，只知貪黷之謀，酒色逢君，門牆固黨，以致人心解體，士氣不揚。叛兵至則束手無策，强敵來而先期以走，致令乘輿播遷，社稷丘墟。閣下謀國至此，卽喙長三尺，亦何以自解？以職上計，莫若明水一盂，自刎以謝天下，則忠憤節義之士，尚爾相諒無他。若但求全首領，亦當立解樞權，授之才能清正大臣，以召英雄豪傑，呼號惕厲，猶可倖望中興。如或逍遥湖上，潦倒煙霞，仍效賈似道之故轍，千古笑齒，已經冷絶。再不然如伯嚭渡江，吾越乃報仇雪恥之國，非藏垢納污之區也。職請先赴胥濤，乞素車白馬，以拒閣下。上干洪怒，死不贖辜。閣下以國法處之，則當束身以候緹騎；私法處之，則當引領以待鉏麑。」士英愧憤不敢答。

以伯嚭比士英，最爲酷肖。一疏一書，痛快絶倫，足褫奸魄。王公以文采風流擅名當世，豈知其當大事而侃侃若此，可與黃、左兩疏鼎足千古。八月廿二日。

251 魯王監國

乙酉二月，張國維爲戎政尚書，與馬士英意見不合，遂請歸里。五月，南都陷，國維在家，聞變，收集義勇以待。六月，杭州擁戴潞王。潞王尋以城降。貝勒布散官吏于浙。招撫使至錢塘江上，原任山西僉事鄭之尹子鄭遵謙忿殺之。聞魯王避難在台州，而熊汝霖、孫嘉績各起義于餘姚，遵謙遂與共謀，迎立魯王於台。適朱大典亦遣孫珏上表勸進。時張國維至台州，與陳函輝、宋之普、柯夏卿及鄭遵謙、熊汝霖、孫嘉績等合謀定議，斬北使禡旗，擁戴魯王監國，此乙酉六月二十七日戊寅也。卽日移紹興，以國維爲大學士。是時，馬士英逡巡浙東，聞魯王監國，亦率所部至赤城，欲入朝。國維知之，首參其誤國十大罪。士英懼，遂不敢入。起舊大學士方逢年入閣。之普、大典俱爲大學士，函輝爲兵部侍郎，而國維督師江上。調方國安守嚴州，張鵬翼守衢州。補御史陳潛夫原官，加太僕寺少卿，命監各藩鎮兵馬。

252 張國維賜劍

七月，張國維復富陽，命姚志卓守分水。八月，又復於潛。時兵馬雲集，人治一軍，不相統一，部曲騷然。國維疏請於王，謂「剋期會戰，則彼出此入，我有休番之逸；而攻堅擣虛，人無接應之暇。此爲勝算」，必連諸帥之心化爲一心，然後使人人之功罪，視爲一人之功罪」。魯王加國維太傅，賜上方劍以統諸軍。

富陽、於潛二縣屬杭州。分水縣屬嚴州。

253 清兵大敗

十月十四日壬辰，清兵至，方國安嚴陣當之。張國維率步兵接應，王國斌、趙天祥踵繼，清兵大敗回城，追至草橋門下，疾風暴雨驟至，火炮弓矢不得發，遂收兵。如是數日，士氣大沮。清兵營木城於沿江。

甲申、乙酉間，清兵南下，至兗、至豫，至淮、揚，以及入金陵，下蘇、杭，所至逃降，莫敢以一矢相抗者。至是而始與之戰，戰而且捷，真三十年來未有之事。乃風雨突發，天之眷清也厚矣。八月廿二日書。

254 浙閩水火

閩中隆武頒詔至越，越中諸求富貴者争欲應之，魯王不悦，下令欲返台州，士民惶惶。國維聞之，星馳至紹興，上啓監國曰：「國當大變，凡爲高皇帝子孫臣庶，所當同心併力，成功之後，入關者王。監國退居藩服，禮誼昭然。若以倫序，叔姪定分在，今日原未假易。且監國當人心奔散之日，鳩集爲勞。

一旦南拜正朔，恐鞭長不及。猝然有變，唇亡齒寒，悔莫可追。攀龍附鳳，誰不欲之，此在他臣則可，在先臣則不可。臣老臣也，豈若朝秦暮楚之客哉？」批云：編年云上隆武疏。疏出，於是文武諸臣議始定，然浙、閩成水火矣。

遺聞諸書俱云上疏隆武，獨甲乙史云啓監國。

255 封諸臣

十一月，進方國安爲荆國公，張鵬翼永豐伯，王之仁武寧伯，鄭遵謙義興伯，國維子世鳳爲平敵將軍。

明季南略卷之六

丙戌浙紀　魯王監國　隆武二年　順治三年

256 王之仁請戰

浙東將士與清兵跨江相距，自丙戌春屢戰不勝，各營皆西望心碎。王之仁上疏魯王曰：「事起日人人有直取黃龍之志，乃一敗後遽欲以錢塘爲鴻溝，天下事何忍言！臣爲今日計，惟有前死一尺，願以所隸沉船一戰。今日欲死，猶戰而死；他日即死，恐不能戰也。」

申酉間，武臣未建寸功輒封侯伯，竭天下之餉以奉之。平日驕横，卑視朝廷，一聞敵至，莫不逃降。「戰」之一字，雖上趣之不能，而況自請乎？今讀王公疏，凜凜有生氣，洵推當時武將第一。使國安諸人皆如此，未知鹿死誰手。八月廿三日書。

257 王之仁擊清兵

三月朔戊申，清兵驅舡開堰入江，張國維嚴敕各營守汛，命王之仁率水師從江心襲戰。是日，東南風大起，之仁揚帆奮擊之，碎清舟無數。鄭遵謙擄鐵甲八百餘副。國維督諸軍渡浙江，清兵爲之少却。

會隆武使陸清源賫詔至江犒師，時馬士英依棲方國安，因唆國安斬之，且出檄數隆武罪。國維聞之，嘆曰：「禍在此矣！」

馬士英既斷送南都，復離間閩、浙，小人之敗壞國家事可恨如此！然三月士英唆斬閩使，六月錢邦芑疏斬魯使，兩國自殘而敵乘之以入，俱小人爲之也。武寧奮擊之功，能不付之東流乎！

258 魯王懼閩發兵

四月，魯王既斬閩使，恐閩發兵，又見清兵固守杭州，堅不可破，遂定議抽兵屬國維西征。以禮部尚書余煌兼兵部尚書事，督師江上，而事不可爲矣。

與其懼之于後，何如計之于始。大敵在前而操戈同室，晉之八王可以鑒矣。夾兩大間而與爲仇難，以是求濟，未之前聞，方、馬真罪人哉！

259 方國安夜走紹興

五月，清貝勒王偵知浙東虛實，遂益兵北岸，以江涸可試馬，用大砲擊南營，適碎方兵内厨鍋灶。國安懼，嘆曰：「此天奪我食也，我自歸唐王耳！」謂清兵勢重莫可支，又私念隆武曾以手敕相招，入閩必大用。事即不濟，可便道退入滇、黔。遂于五月二十七日丙申夜，拔營至紹興，率馬兵、阮兵以威劫魯王南行。

國安擁兵衆二十餘萬，以鍋灶之碎遂未戰而逃，小人之賤者也！可斬、可斬！

260 浙師潰散

五月二十八日丁酉，江上諸師聞方國安走，鄭遵謙携貲入海，餘俱潰散。二十九日，惟王之仁一軍尚在，將由江入海。國維與之仁議抽兵五千分守各營，之仁泣曰：「吾兩人二年心血，今日盡付流水，壞天下事者非他人，方荆國也。清兵數十萬屯北岸，倐然而渡，孤軍何以迎敵？吾兵有舟可以入海，公兵無舟，速自爲計。」國維不得已，乃振旅追扈魯王。

261 余煌赴水

禮部尚書余煌，大張硃示，盡啓九門，放兵民出走畢，遂正衣冠赴水死。

余煌，浙人，天啓五年乙丑狀元。以魏黨，崇禎初罷歸，科名幾穢矣。而其末節如此，是能洗穢爲香者，可稱也。

附記　公微時祈夢于于忠肅公廟，夢演梨園，金鼓競震，止一净出場，以頭撞公而覺，竟不解。及乙丑春及第，有司送匾至，顏曰「乙丑狀頭」，始恍然前夢云。

262 清兵渡錢塘江

六月初一日丙子，清兵渡錢塘江。

附記　五月中，貝勒聞報方兵訴詈，諭其下曰：「勿聽，若有福者自能過去，如無福自然過去不得。」二十三四，日夜砲聲不絕。二十八九，潮不至，貝勒乃率兵拔船過三壩，壩大鳴。初一，貝勒祭壩渡江。王勇甚，身披重甲，負矢二百，長戈短刃俱備。及已渡，浙兵棄輜重無算。王令諸軍毋掠，俟回時好婦人自有也。舊有讖云：「火燒六和塔，沙漲錢塘江，天下失矣。」崇禎九年，六和塔災，中心悉燒去，止餘四圍不動，有若煙樓然。至是而錢塘江又沙漲矣，前數可知。

263 魯王遁入舟山

張國維追王至豐橋，方、馬、阮兵斷所過橋，橋石下舊刻大字二行云：「方、馬至此止，韃兵往前行。」國安、士英南行，決計執魯王投降，爲入關進身地，乃遣官守王。守者忽病，魯王得脫。比方兵追至，王已登海舶矣。後王遁入舟山。

甲乙史云：國安決計降北，欲執魯王獻之爲進身地，是前日之走，原非欲歸隆武，不過遣散諸軍以歸清耳。後卒不免，天道哉！

264 張國維赴園池

魯王既登海舶，聞國維至黄巖，因傳命國維遏防四邑。國維至台州，無舟不能從王，遂回東陽，治兵再舉，時六月十八日也。二十五日，清兵破義烏，親衆勸國維入山以圖後舉，國維嘆曰：「誤天下事者，文山、叠山也，一死而已。」二十六日，清兵至七里寺，國維具衣冠南向再拜，批云：一云東向。曰：「臣力竭矣！」作絶命詩三章，從容赴園池死。子世鳳，後以蘇壯、吴昜事連，與族人同日遇害。次子世鵬，亦能文章，負才氣云。

自述曰：「艱難百戰戴吾君，拒敵辭唐氣勵雲。時去仍爲朱氏鬼，精靈當傍孝陵墳。」念母曰：「一瞑纖塵不掛胸，惟哀耋母暮途窮。仁人錫類能無意，存殁銜恩結草同。」訓子曰：「夙訓詩書暫鼓鉦，而今絶口莫談兵。蒼蒼若肯施存恤，秉耒全身答所生。」

公字止菴，號玉笥，金華東陽人。天啓二年壬戌進士，除番禺知縣，以卓異薦擢刑科給事中，歷吏科，陞禮科都給事中、太常寺少卿。崇禎七年，以都察院右僉都御史巡撫應天等處地方。先是，巡撫駐蘇州，行文書各屬間，一出巡駐句容。及公時，而江北多事，往往出鎮皖口。賊破廬、圍桐，駸駸有南窺之勢，而安慶素無兵。國初有軍五千七百餘，宣德中徙二千人于河間、懷來諸衛，後又以二千人運糧，三百人入南都班操，餘丁不足以待戰。乃調吴淞戍卒及徽、寧兵往，而海上復告警。公請益募兵千人，比楚、黔故事，留新餉給之，報可。復議增馬步二千人，於是皖爲重鎮。上采科臣言，申飭江防。公請募兵千二百，半戍浦口，半戍鎮江，修繁昌、太湖、建平、六合、高淳諸城，建敵樓于蕪湖。十二年，海寇焚崇明之東三沙，犯福山及陸座港口，公設伏擒其魁袁四、吴通州等。明年，陞兵、工二部侍郎，兼僉都御史，總督河道。會大盜李青山起，山左騷動。公擒之，東方遂寧。批云：擒李青山事已入壬午年，此不具載。十五年，陞兵部尚書。公視事則清兵已入邊七日矣，乃奏大調天下援師。清兵深入至山東、淮北，無能禦之者。癸未春，載獲車牛人口，徜徉竟去。周延儒出視師，不能一有所創。公乃請告歸，爲言官所糾，緹騎逮下刑部獄。甲申春，特旨赦公，以前官督餉直、浙，公出都而聞先帝之變。南渡以爲戎政尚書，加太子太傅，請建四輔以藩南京，未果行，復告歸，而南京失國。會鄭遵謙等迎立魯王，召公直東閣，而以長子世鳳代總軍事，支撐江上者一年。丙戌六月，清兵至紹興，公走歸東陽，赴池中死。

附記　當緹騎逮公過蘇州，蘇人感公舊德，萬衆擁之，羅拜慟哭，宰羊豕生祭公，筵席之盛，衆所未覩，且拜且哭且獻酒。公從容語衆曰：「予何德于汝？今兹行無傷也，有周相公手書在，非我不堵清兵之罪也。」遂受而飲之。及北上，出書示上，故得免。此蘇人口述，以爲公之快事。東陽、義烏二縣屬金華府。

265 王之仁見殺

興國公王之仁，載其妻妾并兩子婦幼女諸孫盡沉于蛟門下，捧所封敕印北面再拜，投之水。獨至松江，峨冠登陸，百姓駭愕聚觀。之仁從容入見内院洪承疇，自稱：「仁係前朝大帥，不肯身泛洪濤，願來投見，死于明處。」承疇優接以禮。命薙髮，不從。八月二十四日丁酉見殺。

聞王之仁駡承疇曰：「昔先帝設三壇祭汝，殆祭狗乎！」

266 陳函輝自縊

公諱函輝，字木叔，號寒山，台州臨海人。崇禎甲戌進士，除靖江知縣。先帝留心吏治，許科道官以風聞上言。而御史左光先按浙過吳，因劾滸墅鈔關主事朱術垧及公，公坐罷里居。浙東監國，授公吏部侍郎。越州之亡，公赴水死。公少年時落筆妙天下，笑駡皆成文章，人争誦之。其交游亦遍吳、越間。及爲令，嘗以縣奉客，遂挂彈文以免。及公一死，而海内翕然稱其大節焉。余讀其文，殆類有道者，録其絶命詞云：『余以五月晦日晚從主上出亡，值亂兵，問道相失，還自僻路，徒步重繭，八月始得抵台。城閉，痛哭入雲峰山。中有池，可從靈均大夫之後。是夜，宿先湛明大師禪房。漏下五鼓，作六言絶命詞十章。

一曰：「生爲大明之人，死作大明之鬼，笑指白雲深處，蕭然一無所累。」

二曰：「子房始終爲韓，木叔死生爲魯。赤松千古成名，黄蘗寸心獨苦。」

三曰：「父母恩無可報，妻兒面不能親。落日樵夫河上，應憐故國孤臣。」

四曰：「臣年五十有七，回頭萬事已畢。徒慚赤手擎天，惟見白虹貫日。」

五曰：「去夏六月念七，今歲六月初八。但嚴心内春秋，莫問人間花甲。」

六曰：「斬盡人間情種，獨留性地靈光。古衲共參文佛，麻衣泣拜高皇。」

七曰：「手著遺文千卷，尚存副在名山。正學焚書亦出，批云：一云禁書。所南心史難删。」

八日：「慧業降生文人，此去不留隻字。惟將子孝臣忠，貽與世間同志。批云：一云人間。」九日：「敬發徐陵五願，世作高僧法眷。魂游寰海名山，身到兜率内院。」十日：「今日爲方正學，前身是寒山子。徒死尚多抱慚，請與同人證此。」又遺友人書云：「輝死矣！季札之劍，孝標之書，皆諸先生心事也。或念輝平生忠悃，得存其遺孤，藏其遺骨，收其遺文，所謂埋吾三年而化碧地下，必有以報諸公矣！」又自作祭文一、埋骨記一，從容笑語，扃户自經死。

編年載「自經詩八首」，又云「虚度一年世法」。又啓禎録載「赴水」，又云「今歲六月初八詩十首」，但末有「正學」二字重出。姑並誌之俟核。

267 陳潛夫合室沉河

太僕少卿陳潛夫偕妻孟氏、妾孟氏，夫妻姐妹聯臂共沉河死。陸培與潛夫皆杭人，諸生時同盟相善，潛夫有失行事，培擯之，遂相仇。尋俱入仕。清兵至，潛夫死，培居家聞城降，即自縊。兩人卒同殉國，人咸稱之。

268 諸臣殉難

禮部侍郎王思任不食死。兵部主事葉汝蘇與妻王氏同溺死。兵部主事高岱絶食死，子諸生高朗赴水死。通政使吴從魯不薙髮死。原任山西僉事鄭之尹沉水死。諸暨諸生方烱、山陰諸生朱煒俱赴水死。蕭山諸生楊雲門自縊死。醫生倪舜年正襟危坐磁缸内,命人掩覆,朗聲誦佛經死。

269 朱大典合門焚死 附鄭邠

朱大典,號未孩,浙江金華人。萬曆四十四年丙辰進士,歷仕巡撫鳳陽、户部侍郎,魯王監國,加大學士。清兵至金華,大典固守。攻月餘不下,用紅衣砲破之。大典合門縱火焚死。其子師鄭邠,武進人,亦死。

270 馮用降清

馮用,字春華,南通州人,有膂力,善泅水。微時藝菜,晨至西城,門尚閉,以天寒臥蔣店柜上。蔣夢黑虎寢檻前,驚起出視,見用尚睡,異之,延入優禮。用欲投軍,蔣贈三十金,詣狼山營,俄爲什長。時白蓮道人亂,平之,陞百户,居劉良佐麾下。會良佐夜巡,遇用,問之,對曰:「百總馮用。」他夕良佐復出,仍遇用,問答如前。良佐謂其勤而才,識其名。適守備缺,遂補用。會流寇起,用泅水劫營,殺賊甚衆,立奇功,秩遂顯。良佐陞去,即以用代。崇禎末,爲淮撫朱大典中軍。未幾,擢總戎,賜玉。乙酉,與大典守金華。城破,大典死。用降,得大典金寶無算,併挈其女孫歸以配蔣子,報蔣德。後爲清將,與良佐破江陰，掠梅氏女爲妾，年十三。生二子。其妻所生則貢士也。用以破江陰等功擢總兵官、都督僉事，鎮守台州等處，聽馬信節制。順治十餘年，信降海，用從至舟山。時如皋徐見湖亦居海中，用以同郡請曰：「某來此，一家老幼不免矣，願得良策以歸。」見湖曰：「某日將拔營，號炮發，諸舟即揚帆行矣。汝截斷篷索，佯作繫綴狀。俟衆艘先開，汝舟稍後，始可歸耳。」用如其計，乃還。守臣謂其叛，已封室矣。一大僚曰：「用隨信往，非叛也。」得免，年六十餘矣。故居在通州新城南門西水關，草舍而已。初，用母死，以家貧未葬，停柩于室。出投軍，及貴而歸。陰陽家曰：「此地甚佳，名仙人照鏡。」用即覆其瓦爲墓云。通州諸生陸軼凡口述。

271 張鵬翼被殺 附諸王 王景亮

總兵張鵬翼守衢州。標下副將秦應科等爲清内應，城破，鵬翼及樂安王、楚王、晉平王皆被殺。督學御史王景亮被執，不屈遇害。

附記　貝勒王在衢州賞玩山水，見一卧石，長可二丈餘，命左右立起，俱不能動。貝勒駡曰：「若輩無用！」揮之退，親起舉石，插竪輕甚，衆服其力。

272 錢肅樂入海

錢肅樂，字希聲，號虞孫，浙江寧波鄞人。崇禎丁丑進士，授太倉知州，嘗兼攝崇明、崑山兩邑事。

年饑，崑山貧民相聚掠富家，公捕倡亂者，杖殺之，邑賴以安。壬午，入爲刑部員外，尋丁艱。乙酉，南京破，浙、直風靡。公在籍，集士民懸高皇帝像慟哭，遂與鄭遵謙、孫嘉績、陳函輝等會師江干。浙直歷授公僉院副院、少司馬，皆辭，戮力軍中者一年。丙戌，錢塘失守，公携家入海。閩中復授公副院，公至，則延平已破，復遁迹海島中。丁亥，鄭彩治兵海上，福建起兵，公復以掌邦政召，乃與熊汝霖、馬思理、沈宸銓、林垐、吴鐘巒等協力任事。戊子，加閣銜。公見國勢日蹙，藩鎮驕悍，憂憤成疾，卒于海外之琊琦山。遺命以先朝時員外官服殮，故仍稱員外云。

273 王瑞枏自縊

王瑞枏，字聖木，温州永嘉縣人。天啓五年乙丑進士，原官兵部職方郎。清師陷温州，貝勒下擢用之令。乃集先世遺像，親爲題誌，拜且泣，曰：「死見先帝，卽歸膝下耳。」遂與姻友會酌，悲歌盡歡，已而入户縊殉。

274 鄒欽堯赴江

鄒欽堯，字維則，永嘉人，郡庠生。清朝總督范某下令髠髮，欽堯卽赴江，流屍不可得。

275 葉尚高飲藥痛駡

葉尚高，字而栗，永嘉邑庠生。清兵入城，尚高披髮佯狂，儒巾帛衣，截神祠木臺爲鐸狀，揺市幻言，惟「洪武聖訓」四字朗朗徹人耳。上丁釋奠，尚高冠進賢冠，倚廟柱肆詈當事，庭鞫不跪，鞭箠血遍體，終無一語，唯呼太祖高皇帝而已。被創後吟咏自若，和正氣歌，有「未吞蒲酒心先醉，不浴蘭湯骨已香」之句。飲藥痛罵死。獄吏欲例出尚高於竇，諸士擁圜扉，枕尸環哭，幾譟。事聞，有司乃壞棘牆，輿尚高至宅殮焉。

276 周應期閉户

周應期，萬曆己未進士，原官天津巡撫。坐卧一小樓，清兵苛索，各憲念其德劭年高，聽其閉户，一切不問。康熙初年，壽八十有一，日著史傳正訛書，燈下尚手不釋卷。

277 林增志爲僧

林增志，崇禎元年戊辰進士，原官大學士。鼎革初，隱居山中，矢願興復密印寺，第苦殿址爲水石盪坎，一夕，龍雹運平，即捐家貲大造叢林，約費數萬金。本師雪竇安期和尚付拂壽誕，道府等皆參祝。時年七十，號法和尚，居永嘉密印寺。

此康熙初年舅氏紀。

278 劉基墓碑

「順治三年半，天禧復一春，天下猶未定，如何開我墳！」碑後記曰：「貝勒、貝勒，天下無敵。生于北方，死在浙、直。」

順治四年丁亥，貝勒旋師，道經處州青田，聞劉基是仙，墳内必異，發之止空棺一碑而已。貝勒見碑後記，因憂悸發病死。一云：「貝勒、貝勒，所向無敵。生在滿州，死在浙、直。」又云墓内多設機械，開者多被傷焉。

明季南略卷之七

隆武元年乙酉　六月十五日起

279 閩中立唐王

弘光元年乙酉五月，清兵渡江，南都失守。鎮江總兵官鄭鴻逵、鄭彩，知勢不可爲，因撤師回閩，會唐王從河南來。王諱聿鍵，太祖後也。性率直，喜詩書，善文翰，灑灑千言。初封南陽，以父殀失愛于祖端王，兩叔謀奪嫡，未得請名。及祖端王薨，守道陳奇瑜、知府王之柱始爲請嗣。批云：編年云王三柱。後復以統兵勤王擅離南陽，錮高牆。會赦出，避亂適浙，鴻逵因奉之俱南至福州，與福建巡撫張肯堂、巡按御史吳春枝、禮部尚書黃道周、南安伯鄭芝龍等，共會議立王監國。時擁入者艷翊戴功，咸請正位。諸大臣多言監國名正，出關尺寸，建號未遲。芝龍意別有在，亦固爭以爲不可。而侍郎李長倩有急出關緩正位示監國無富天下心之疏。惟鄭鴻逵請正位，曰：「不正位無以壓衆心，以杜後起。」遂定議于閏六月十五日乙未，奉王卽皇帝位于福州。是日郊天，大風震起，拔木揚沙。及駕回宮，尚寶司卿坐馬忽驚躍起，玉璽墜地，損其一角，人咸異之。改福州爲天興府，以布政司爲大內，大赦，改元隆武，命頒詔于兩浙、兩粵。

附記　華廷獻，號澹思，無錫人。萬曆乙卯舉人，乙酉爲歸化知縣，歸化屬閩之汀州府。廷獻閩事紀略云：閏六月，邑簿陳王道自京口來任，始知有五月十一日之事。時傳鄭鴻逵數乘過嶺，中有真主，俄而百官郊迎。閩中有大鄭、二鄭之目。鴻逵守金山，遇敵而潰。會唐藩以恩詔出中都，聞變渡江，邂逅于京口，塵埃物色，引與俱東。王雅好圖書，喜翰墨，有河間獻王風。傳檄手書，先述世系，後及時艱，一稱張鯢淵先生，一稱吴梅谷先生，千言灑灑，卽監國位于省城，越旬而登極議起云。吴春枝，號梅谷，宜興人，崇禎丁丑進士。

280 文武諸臣

封鄭芝龍爲平□侯，鄭鴻逵爲定□侯，鄭芝豹爲澄濟伯，鄭彩爲永勝伯。設六部九卿，以張肯堂爲吏部尚書，李長倩爲户部尚書，曹學佺爲禮部尚書，吴春枝爲兵部尚書，周應期爲刑部尚書，鄭瑄爲工部尚書，馬思理爲通政使，鄭廣英爲錦衣都督。以天、建、延、興四府爲上游，汀、邵、漳、泉四府爲下游，各設撫按。縣陞府，府陞道，道轉内卿。一命以上，咸與寵錫。

於是敷求耆碩，起蔣德璟、黄景昉、黄道周、蘇觀生、何楷、陳洪謐、林欲楫、朱繼祚、黄鳴俊，皆爲大學士，而蘇觀生最信任。又起曾櫻、何吾騶、郭維經、葉廷桂、路振飛，以次至，皆入閣辦事。其遠不能至者，如王應熊、楊廷麟等，僅列其名。閣臣至三十餘人，然不令票旨，俱閒無事。凡有批答，皆上親爲之。德璟、景昉、欲楫皆力疏上辭，行人以死請，乃至。德璟陛見，首以清屯練軍上請。上然之，而不能行。改庶吉士爲庶萃士，命蘇觀生主之，以招選賢才。

281 鄭芝龍議戰守

時内外文武濟濟，然兵餉戰守機宜，俱鄭芝龍爲政。鴻逵、芝豹皆其弟也，故八閩以鄭氏爲長城。芝龍開府於福州，坐見九卿，入不揖、出不送。集廷臣議戰守，兵定二十萬，自仙霞關而外，宜守者一百七十處，每處守兵多寡不等，約計十萬。餘十萬，今冬精練，明春出關。一枝出浙東，一枝出江西。統二十萬之兵，合八閩、兩浙、兩粵之餉計之，尚虞不足。

282 湖廣試貢士論

乙酉夏日，湖廣貢士姜翌姫，字伯璜，常德武陵人，應試作封田千秋爲富民侯論，曰："武帝之不有太子，不於出武庫以擾長安日，正于弗陵生而命堯母門之日。當是時衛皇后與太子據皆無恙，命鉤弋宫曰堯母，非名也，於此知其非禮。奸臣得逆上旨，思掩義而儲嗣必不堅，因存危太子之心，遂來危太子之口。至危太子之事成，而太子竟危，于此知其非仁。江充昔爲趙王客，亂乃國，父子得詣闕，憸其慝而忘前此之爲，顧使案巫蠱而激太子變，于此知其非智。至太子之不得無罪，特不亟詣上，亟走甘泉，乃與丞相戰五日，何爲也？然矯制發反之侔於反者，以從少傅石德計耳。不置賢傅而立博望、通賓客，卒以師説誤，于此又知其非義且非慈。要所以如此者，亦由必欲以小加大，少陵長，故易儲之事遂危以成。不然，既少動于三老言，何徒一感悟而不顯言赦之也？故尚論者又當于征和、太始之際，知易儲之事固成，而易位之事必起也。彼孝昭童稚辨霍光，天姿何英敏也，享國不久且不嗣。觀戾太子之仁恕温謹而不傳以嫡，又何惑于孝昭之聖聞周達，而不衍其傳哉！病己曾孫，仍膺皇緒，本始可觀天意矣。」

此論出懷湘樓集，時無文章，故録入之。

283 殺靖江王

時粤西有靖江王者，八月稱監國，隆武詔至不受，舉兵將東。廣西巡撫瞿式耜知之，移書兩廣總制丁魁楚爲備，又檄思恩參將陳邦傅防梧，再檄星調兵勿應靖。靖江遣桂平道井儕促式耜入，式耜不允。未幾，靖江提兵至梧，命式耜易朝服朝。式耜不從，且以兵脅之，卒不可奪。靖江兵尋爲丁兵戰敗還桂。時宣國公焦璉爲粤西總鎮，楊國威旗鼓，式耜因密授計于璉，而邦傅亦應檄統兵至，并受令，遂擒靖江王及國威與吏科給事中顧奕等，械至福州，奉旨斬于市。以擒靖功封魁楚爲伯，晉式耜兵部侍郎銜兼副都御史。是時，浙東亦奉魯藩監國。

靖江王，太祖甥朱文正裔，故名不用金木五行。

284 華廷獻守歸化縣　閩事紀畧

八月，賊逼沙縣，縣屬延平府，接壤紫霞山，蕭族最盛。邑有娘娘廟，以滅賊成神載邑誌，祈禱輒應。

卜云："此番無恙，後益盛。"賊約二千，日破一鎮，蕭、陳諸生被掠入營，詢是在庠，與坐飲食，勒令贖身，或四五十金，少至數金，移信家屬，取償乃返。各村担負耄倪，肩摩城闉，號呼不絕。救之不能，委之不可。邑鮮搢紳，惟兩曾孝廉及勳丞貲秩數人，而迂腐輩皆謂戰乃可守。華廷獻曰："關頭距城數里，至此則勢在必救。"十三日，掠關頭村，諸生憤憤請行。廷獻曰："兵無紀律，毋乃性命爲兒戲！止宜揚兵城外，勿遠離。"于是陳三尹慨然誓師，冀得一當。驅市人而出，望見賊兵手招蕭生打話。蕭善辭令，廣交游，在賊營頗見禮，合城趣之行。蕭生請命，廷獻曰："諸君謂戰乃可守，又忽議撫耶？城下之盟，非敢聞命。"僉謂如合城性命何，情甚迫。廷獻謂蕭生曰："汝即往，姑款之，以需大兵可也。"蕭生往見，營皆鄭幟。賊曰："儂係關兵，有便宜借糧之檄，並非犯境，何爲截路？沙縣犒兵千金，亦爾則當假途城外。"蕭生戒勿近濠，賊謹候命。蕭生還報，邑父老曰："城守令公事，郊勞我輩事也。"令蕭生懷金夜往，竟如約。次早，我兵繞城而列，陳三尹率兵據高阜爲犄角。賊果迤運而來，城上刁斗無聲。忽酋頭突至濠邊，我兵擒而殺之，令蕭生責其倍約。賊轉而西，與陳三尹兵相持于巖阿，遠望武平一路而去，此八月十七日事也。武平、上杭二縣俱屬汀州。後武平城破，被逮。廷獻與上杭羅文止以城守加試主事銜，照舊管事。而陳三尹竟爲禦賊墮潤，一僕被殺，歸衙半月，憂悸而卒。廷獻經紀其後事，旅魄凄然。雖蝸名蟻秩乎，其殁于王事一也。昌黎所言："遐方小吏，不能自達，而轉于溝壑。"可勝道哉！

重九日，報守道于華玉之任上杭。于係舊寧化知縣，嘗毆府廳、毆諸生，而亦時見毆于上官、諸生。編年云："乙酉正月，汀州賊閻王豬婆盤據簾子洞，劫掠横行，福建巡撫張肯堂親征之。寧化知縣于華玉不得于鄉紳，願撫賊自效。既往，賊橫幾不免，遂許以官，與數百人偕來。肯堂給劄，命華玉率之勤王。至浙東，各散去，華玉亦削髮爲僧。至是，華玉復蒞任，見廷獻則敍同鄉親誼及庚辰譜誼，蓋以中途被劫，行李蕭然，意有所貸也。

十一月，兵部張景星使滇過歸化縣。景星係恩選，雙眸炯炯，習讖緯，工劍術，滇南人也。以州守軍功擢部，齎詔沐府，敕令沿途奏報，凡地方情形、人才吏治，得舉所知。與廷獻傾蓋如故，欷歔時事，謂：「廷議缺兵，招安反側，令守關自贖，隨地打糧，命曰憲副，關統之，名爲官賊。于是素稱賊渠者儼然摇扇拜客，有司抗禮，而道路以目，莫可誰何。自是星軺雨徼，不辨其是兵是賊，而風鶴無虚日矣。頗聞前途兵阻，暫爾淹留。」長至夜，忽報賊攻清流縣，砲穿雉堞。清流與寧化同府，張景星曰：「勢必犯境，我雖過客，而眷屬在城，誼無退避。吾有二弁數僕，皆膂力，無憂也。」至是而神言果驗。廷獻與景星集士紳瀝血于神曰：「狡賊再犯，矢不俱生，敢私通往來者，有如此盟！」由是衆志成城，平日嚚矜悍卒，頗得其力。先是設爲門禁囊石濠邊者，始炤入，已積石如山矣。諸生百人就近輪值，晝司盤詰，夜司巡瞭。初七日，賊過清流，屯九華駬，駬去歸化城六十里。廷獻一面申請大兵，一面堅壁清野，議毁沿城房屋，而羣情顧惜，謂臨時一炬未遲。駬吏奔竄，謂賊舍駬他往。景星曰：「必從間而來，此時可以焚矣。」急壘石四門。是夜，火光不絶，至黎明而賊騎遍西關，掠飲食，環營衍作陣勢。景星登陴曰：「此赤脚賊，如馬足裹鐵，單裙白扇爲記，履山坂如平地，吾識此陣。」以符咒破之，立解。賊相顧曰：「此城有人。」大聲謂景星：「汝必行客，何苦乃爾！」張弁發數矢，中其二，城上呼聲如雷。四野頹垣尚在，賊蔽身而前，突抵城下，矢炮無所用，則拳石擊而退之。賊往打糧，是夜廷獻與景星同宿城樓，戒士民曰：「每堞二人，一瞭一炊。晝則無聲，而列幟于雉堞之上，則我逸而彼勞；夜則無火，而懸燈于雉堞之下，則我明而彼暗。守此十日，必退無疑。」僉曰：「謹如約。」嗣後，下午必打糧，黎明必犯城。或掘地道，則禦以矢炮；或從水門，則禦以火石，如是者三晝夜。至十二而士氣懈矣。景星厲聲曰：「今晚男子困乏，須婦女上城。吾老妾幼婢尚堪鞍馬，何論紳衿！有下城者共砍之！」于是復奮。廷獻謂非信賞無以必罰，乃悉捐其俸資。會清流李介石以事赴省，阻于蕭生家，捐五十金示同舟誼，于是益奮。諸生揭三龍入鄉省丘壠，遇賊不屈，竟被殺。十三日侵晨，賊取斷榱壞棟，打造天車，上如方柵，容四十餘人，下如車輪，數人推而前，與城齊高，從西關迤邐而來。景星曰：「此西賊最狠伎倆，惟衝木可禦。」以徑尺大木，作丁字形，旁作兩耳，繫索置堞間，使數人守索。車近城數尺，一呼而上，則棟摧轅折。但賊車逼城必發矢砲，守者無站立處，須團牌架隔方可着力。是時守者望之無不失色，亦危矣。廷獻登陴，見賊踞岡阜望城如掌，設伏于東南，候車登爲號，則四面環攻，首尾莫顧。日旁午而車漸近。景星熟視久之，與廷獻至神祠拜祝曰：「人力竭矣。」城中哭聲如雷，呵之不止。矢炮將盡，衆曰有積石在上。民知必死，上城飛石，石少則婦女拾瓦礫佐之，城坂狹則取里巷門扉拓之。當是時，呼聲動天地，車雖四圍而上，而覆蓋瓦石如飛蝗。賊向以虛聲誘我，弦無矢、炮無藥，車近城丈許，果炮矢齊發。正危急間，而炮發忽反風擊車，瓦石又從空而下，或中肩、或傷額，遂沸然棄車走。有陳勇士乘勢越城取車而上，則周圍木柵，生牛皮障其外，血肉淋漓，火不焚、鏃不入，而隙光必辨。此西賊長技也，可畏哉！會汀李李之秀者，淮揚人，爲于華玉監紀，縋城而來云：「于道兵救清流，知賊在此，當踵至。」廷獻曰：「賊忽潛匿，必得是耗，詐稱鄉兵而要于。」惟恐墮其計，急修二函具言狡賊詭迎狀。厚犒兩役，爲難民丐者，兩路間行。其一果遇害，其一遇于兵于九華馹，得爲之備。未幾，果望賊衆，卽整旅迎之。賊計阻，候于兵近城，竟拔營邀擊。事出不意，華玉急下馬雜稠人中奔至城，則門已環堵。李之秀從城上縋之，而苦肥偉，縋而墮者再，傷其臂，顛其趾。廷獻急令撥石，石堅，有頃始拔。華玉側身掖而入，則僵仆於地而掣廷獻之肘，瞪目發喘曰：「我救汝，汝不救我？」廷獻謂：「九華一書，非救而何？」華玉嫚語曰：「汝卽陞轉，我不能劾邪？」廷獻拂衣起，衣爲之裂，復堵城登陴。景星謂廷獻曰：「彼劾汝，我不劾彼耶？將在外君命不受，况守道乎！且兵機危狀，臨時無驗，烏知其是道非盜而開門揖進乎！」是日，于兵五百、鄉兵續至千餘，皆派宿民房，官給酒食。次日，賊無動静。至薄暮，文廟火起，有識者知賊必遁，可擊尾，華玉不可。賊果退，遂下搜山之令，于是沐猴而冠，凱歌而出，則青山盡是朱旗遶矣。諸生請追賊，華玉曰：「窮寇勿追，且我兵遠勞，恃輦而行，汝邑能千乘否？」廷獻歸印於華玉，將去。已而華玉委署篆，報素封，逼助餉，遲則縱兵脅而譁之，而邑苦于兵甚于賊矣。華玉陽招廷獻赴賞功宴，陰揭廷獻委城于賊，賴彼得全。而景星亦飛章直陳所見。適推官王三俊陪巡按高念東至汀州，百姓遮道而訴，三俊以實告。高念東特疏謂：「城係廷獻與士民血守，華玉援在賊車已潰之後，廟燬在華玉兵既到之時，此孰功孰罪？且斂餉賈怨，衆實有口，誰其掩之！」司馬吴春枝語太宰路振飛曰：「功罪宜明，而屬吏與守道不相能，宜變計。」于是擬華玉薄罰，張景星加俸，而廷獻與上杭羅文止以加銜候考赴省。廷獻行而無資，淹留閩境。

285 鄭芝龍議助餉

十月，閩餉不足，鄭芝龍遣給事中梁應奇入廣督餉。應奇往督，因參遲誤者數十人，俱奉旨提問，然遲疑未有提至者。潮州知府楊球欲入朝，聞旨遂止粵界，不敢入。芝龍又令撫按以下皆捐俸助餉，官助之外有紳助，紳助之外有大户助。又借徵次年錢糧，又察括府縣庫積存銀未解者，釐毫皆解。不足，又大鬻官爵，部司價銀三百兩，後減至百兩。武劄僅數十兩，或數兩。於是倡優厮隸，盡列衣冠，然無俸、無衙門，空銜而已。其黠者倩軒蓋，僱僕役，拜謁官府，鞭韃里隣。晉江令金允治莅訟，兩造皆稱官職，則立而語，不服，互毆於庭而不可制。受害者延頸清兵，謡曰：「清兵如蟹，曷遲其來！」識者已知其必敗也。

國家新造，當内撫百姓，外禦疆場，或可稍延。乃助餉賣官，較士英當國爲更甚焉，安得不傎乎！易言「負乘」，洵矣。八月廿七日書。

286 曾后入閩

鄭芝龍所招關門兵，不過疲癃數百人而已。廷臣請出關者，章滿公車。隆武每欲躬履行間，而芝龍但以缺餉爲辭。會十月曾后至，迎入宫。時胤嗣未育，或勸珍攝以俟來春，乃暫止。初隆武孤身南來，鴻逵以所掠美人十二獻，隨居官衙。至是，曾后至，遂大興工作，擴搆宫殿。巵匜之屬，皆用黄金。

開織造府，造龍袍，后下體服皆織龍鳳。然后性儆敏，頗知書，有賢能聲。隆武每召對奏事，后輒於屏後聽之，共決進止，隆武頗嚴憚之。

287 鄭森入侍

隆武尚未有嗣，鄭芝龍乃令子鄭森入侍，隆武賜國姓，改名成功。隆武每意有所向，成功輒先得以告芝龍。由是廷臣無敢異同者，宰相半出門下。何楷與芝龍爭朝班不合，乞歸，中途盗截其耳，詔追賊，不得。兵科給事中劉中藻亦以忤鄭氏去。有密告芝龍攬權者，隆武輒責芝龍。芝龍怒，佯欲謝去。隆武心知芝龍不可恃，無以制之，因復固留曰「此非朕意，乃某人言也」。芝龍潛中傷之。於是，左右無一同心，皆鄭人矣。

明季南略卷之八

隆武二年丙戌 清朝順治三年

288 刑罰用舍

丙戌正月朔己酉，早朝，鄭芝龍以手板擲蔣德璟幾傷。邵武知府吴炆煒、推官朱健以南安王入境，疑敵兵，移眷他駐，坐倡逃；建寧府建陽知縣施爃，爲奸胥摘發，坐貪酷，俱駢斬市曹。漳州府龍溪知縣謝泰宗以貪參，罰入千金。杭嚴道龔可楷航海至閩，不用，有「噓爾蹴爾」之疏，終被賊殺死。而南來無賴之徒，争上疏談兵，卽得召對。片言合旨，賚寶錠、賜官爵。久之漸多，部曹幾及千人，所賞芝龍亦不應。

289 築壇遣將

廷臣屢請命芝龍出關，芝龍亦知不出關無以壓衆心，因分兵爲二，聲言萬人，實不滿千。以鄭鴻逵爲大元帥出浙東，鄭彩爲副元帥出江西。隆武倣淮陰故事，築壇郊拜而送之。二將既出關，疏稱候餉，不行，逗留月餘。内催二將檄如雨。隆武下詔切責曰：「倘畏縮不前，自有國法在。」二將不得已逾關，行四五百里，仍疏言餉絶，留住如故。

隆武之遣二將，猶思廟之遣李建泰也。二將之逗留關外，猶建泰之逡巡畿内也。

290 黄道周不屈

大學士黄道周憤師不前，因請以師相募兵江西曰：「江西多臣子弟，願招之效死軍前。」隆武命芝龍助之資，芝龍不與一錢，隆武惟給空劄百函而已。道周以劄號召門下，得百人，居吉安，與楊廷麟、萬元吉爲呼應。出兵徽州，爲清兵所執，械送南京。道周絶粒不食，積十四日不死。清内院洪承疇憐而欲生之，道周不屈，承疇疏救之曰：「道周清節夙學，負有重望，今罪在不赦。而臣察江南人情，無不憐憫道周者，伏望皇上赦其重罪，待以不死。」清主不允，尋同中書賴雍、蔡繼謹等俱殺於市。

291 黄道周誌傳

三代之後，漢、唐、宋末造可鑑也。東、西漢之有梅福、龔勝、管寧，徒高避之爲高。唐司空圖、韓偓亦然。要諸公非身當事任，出處易裁耳。睢陽張、許，義與城俱存亡，封疆之臣，死自其分。至宋李若水烈矣，考其先有邀駕出都之誤，若非是莫贖者，求其取義成仁，磊磊軒天地、旗今古，則必以文信國爲正焉。明銅山黄公，後先最並美者矣。公諱道周，字幼玄，一字螭若先生。先自莆田徙居銅山所，所隸漳，岐海最南，海波拍户。環崖諸峯含霞飲景，在嵯峨掩靄間。所居負數間巨石，恒有落勢，公號石齋以是。曾祖宗德公、祖世懋公代著方直。父青原公嘉卿，學困儒冠。母陳氏通經史大義。舉公之夕，夢有金甲斧神人擁異兒至，所爲別字螭若亦以是也。公生而狥齊英敏，甫成童，博極羣書，數千言立就。青原公懼其軼也，爲置性理鑑綱案頭，未浹旬繙閲殆盡。極厭薄卑瑣，慨然有辭家輕舉之意。粤羅、浮二山，故靈奥區，公以十四五時往遊而賦之，窮搜所謂朱明洞，未獲。一日，策衞渡水驟泛，所乘漂溺。良久，公忽振衣出，頗傳有所遇，談將來事。其後赴省試還，艤釣龍江，舟覆，又恍惚如有導之前，至某殿，額榜甚奇者兩，亦莫測何指云。公時雖一寠人子，未籍諸生，往來郡賢士大夫林公茂桂、高公克正、薛公士秀、張公燮率嚴重，禮爲上客，罔敢齒易之者。初首舉邑生童試，以青原公憂輟。越五年，郡邑試，並首公，補郡掌故。歲乙卯，試闈牘，業擬公第一，格次場式不終録。主司來公、姜公、督學鄭公，共歎惋久之。余以是秋舉於鄉，始獲交公，猶憶送主司芋源江上，既登舟，特再延元魁五人，公與焉。未幾，鄭公改組歸，獨偕公舟行數百里乃別，所慰藉良至。公尋舉戊午鄉試第七人，成壬戌進士。海内久熟公名，共諷誦公制舉藝，紙勞墨敝，比諸章程，再購爲駢枝別集、續離騷行之。公自以束髮授書，窮微極幽，將以明天地之道、帝王之義、萬物變化之紀，如大咸經、三易洞璣諸書尚未成，徒區區托於雕蟲之末，非其質矣。既改諸中秘，益好爲深湛之思。先是公之畢會闈也，既草萬言疏，獻之閤下，會已擢第，不果。至是，魏璫禍漸萌，同館文公震孟首挫其鋒。疏入，公擬繼之，屬迎母太孺人佇至，議且有待，於是公決意歸隱。館散，授翰林編修。甫數月，亟請告行。余乙丑春猶及一謁公，後聞之前輩，云公職當經筵展書。故事展書官跪膝行數步，公謂膝行非禮也，平步進，傍侍駭然，逆璫連目攝之，不爲動。噫，如公者豈可以死生禍福移其意哉！歸，葬青原公北山，躬負石。亡何，陳太孺人卒。公毀甚，三載廬居，敕斷外事。海寇屢肆掠，相戒無敢犯公。既釋墨，始稍談經矢咏，以其間料理三易有成緒，因於己巳冬辭墓出山。自是公終與人艱危事矣。庚午，掄典浙江鄉試，事竣，晉右春坊中允。時督臣袁崇煥以誘殺毛文龍抵罪，辭連舊輔錢龍錫，逮詔獄，舉朝震恐。公奮書請寬罪輔死，願身輟清華，歷疆埸，約束江東，收拾遼、廣，誓得一當爲贖。得旨，責令回奏。凡三奏，竟以抵毀曲庇爲疑，鐫三級調用。乃聖主則已陰納其言，旋於南郊步禱後，釋錢輔出獄，舉朝懽動。錢輔出，頗費宜興周公延儒力，顧公疏實發其端，周公得内倚爲重。方久旱驟雨，惟是浙闈磨勘事蔓引匝年，怪當事無端倡爲磨勘試卷之説，試卷多難雅馴，直省多羅織者。幸楚榜免，余是秋叨典楚試，公心微以是望余，實余同事鍾擢都禮垣，無自參罰理，非有他也。公屢疏乞休不允，念鐫級得當大行，欲自請使朝鮮，用内靖島民、外聯屬國，雄心尚爾勃勃。忽登州陷，無可爲者。垂出都，復以易數上陳，遂坐褫職。曩時詞林不言事，徒合門眷望，無咎無譽，需數次遷。公偕其同門倪公元璐出，數十年頑滯之習爲之一洗，後進益發舒志氣，折檻引裾，大都自公啓之。宋人之頌歐陽子曰：「天下士争自濯磨，以通經學古爲高，救時行道爲賢，犯顔敢諫爲忠。」胥歐陽子功，誠有味乎其言之也。途次，遍徜徉山水。至武林，諸生徒爲築大滌山書院待公。山故宋洞霄宫遺址，舊祀李伯紀、朱元晦香火。公留少頃，同人響集。旋覽天台、雁蕩諸勝以歸。歸仍廬北山墓，衿從如雲，學舍無所容。漳守敦請入郡，卽紫陽學堂。歲定四仲月大會，剖析疑義，先經後傳，先籍後史，皆前賢尋味之所未及。所著有榕壇問業、懿畜前後編行世，亦間作時文。公嘗云：「漢、唐而下，斗分自羸趍縮，文章自盛趨衰，崔、蔡之文不及班、揚，韓、柳之文不及沈、宋。至元以來，斗分自縮趍羸，文章自衰趨盛，陶、劉之縱而有徐、何，徐、何之繼有王、李。又先輩詩盛而制義未昌，今詩衰而制義始盛。」理各關至極遠，若近著奉焉。斯時也，公得長保林壑爲佳。朝議復念公，召復原職，以六品高與朝推，不獲已，出。丁丑，分校會闈，陞諭德，掌司經局事。再陞少詹事，協理府事與經筵講。公每壹遷官輒懼辭，舉賢自代。暫抵職則必死乎其官，或旬月不訟言得失爲負心，靦顏寢食若靡措者。前後以慎喜怒回天請、以省刑請、以補牘陳言請，回環深切，半在俞咈間。惟申明司經局職掌一疏得請，俾輯纂各經書進覽。公正當具草，值有東宮講官之選，後進以選不及公非是，連章讓美。時朝野必欲得公。首廷推當國，奥窔之地指點他移。部寺卿僚，争攘臂希得大柄。卽詞林耆宿亦不甚利公。顧無奈嘈嘈輿論何！余心知局且有變，以册使行至中途，始聞公召對事也。公三疏齊上：一劾中樞楊嗣昌奪情，一劾宣督陳新甲冒推，一劾遼撫方一藻謬款。楊新入閣，承眷上心，疑公以不簡用，故有所恚懟者。公侃侃舉綱常名教聲責，楊因摭鄭鄤事抵公。蓋公前有三罪四恥七不如疏，內云：「文章意氣，轗軻歷落，臣不如錢謙益、鄭鄤。」鄤行誼實不與於鄉。微獨鄤，卽錢公未測何如。然公但言其文章意氣，立言固有法矣。同鄉台省正合疏攻楊，益以「朋謀」爲誣，誦天語「向以汝偏激，稍示裁抑」。後聞操守，隨卽賜環。又謂：「暑天勞頓之餘，能成一篇文字，才誠可愛。」洵不爲不知公，獨用舍權自操防，或借之爲名。又盈廷唯諾久，驟見公犯顏抗辯，迹涉創見，故雖以史册所恒聞之語，動觸威嚴。部覆鐫六級調用，補江西布政司都事。臨行，公裒所纂完洪範、月令、儒行、緇衣八册，凡三千萬餘言呈進。諸書出公手繕寫，即諸疏亦然，筆畫端謹遒媚，可一望知公五官之用，各絶人遠。腕日可萬字，足重趼行二三千里。口裁腹約，令數日不食不饑。眼如鏡，骨如鐵，姿如獨鶴。至其中所矻持，壁立萬仞，便自謂奔雷掣電、排山倒海弗能奪之矣。公業得罪去，度且厭心，羣奸恨恨未已。再歲，適江撫解公學龍陞任，薦僚屬首列公，疏例下部，不足萬幾，聞有簽貼其旁致怒者，遂得緹騎扭逮之命。公先還閩，聞信馳詣南昌。諸士紳慰問，不答；陰醵金爲贈，不納。觀者皆哭。至京與解公皆杖八十，下刑部獄。余趍視之獄中，創雖重神氣未損，獨以虧體辱親爲言。越數日，户部主事葉公廷秀救公疏上，杖一百，削籍爲民。葉公濮州人，講程、朱學，與公初未相識，疏自分必死，旗尉至即與偕行，將拜杖言笑自若，覽杖者亦爲心折。公久繫，醫治略可而太學生涂仲吉疏又上，杖如葉公。涂即公郡人，激於義，壯年發憤。納言施公邦耀，坐落職。馬公思理並下詔獄矣。復公及解公對北司簿，仍即家逮葉公。廷訊日，葉問：「孰爲閩黄公者？」二公於是恨相見晚也。北司帥逼供黨與，煅煉酷極無所得，突謬指數員塞責。有崑山諸生朱永明者，持百錢將遺仲吉，亦在繫中，並送部擬罪。疏上，屢嚴駁，聲息洶洶，西曹莫必其命。余爲拉同鄉蔣公德璟、王公家彦謁謝德州，公請之。謝太息曰：「死矣，遲秋爲幸！」聞之失色。總閣承韓城毒焰之後，餘威尚震。武陵雖有督輔出柄，得遥參宣督，遂入爲中樞，同憾公前疏刺骨。同年費縣、井研誼漠如，滑縣且下石矣。宜興周公新召至，衆喁喁想望風采。公前斯壬申褫職，屬周爲政，頗内愧。至是，諸名流力慫恿之，婉代開釋，得免死，改永遠戍。公在獄中手寫孝經百餘本，流傳爲寶。所著易象正一書，直於血肉淋漓、指節垂斷時成之。二十圖、六十四象，正天心、出月窟，自二三高足外，鮮能傳其學者，董生繁露、邵子皇極方之徧矣。公沈酣易象，晚若前知，其以都事里居，不免縲絏。既就逮，送者有「蕭蕭易水」之咏。公曰：「無憂，但書完三千紙者出矣！」卒驗。戍楚辰州，取道復杭大滌，與諸生極論朱、陸同異。過九江，病瘧，更取易象正刪定之，曰：「後世誰復定此者！」間循省身世，中夜酸凄：「自己巳出，得褫革；丙子出，得纍繫，九死一生。方當以望六之年，荷戈赴伍，道之將廢也、與命也？可奈何！」不圖上意終念公，諭：「黃某清操力學，尚堪策勵，特准赦罪還職。」旨下，中外感泣。是役緣周公於講筵平章他疏馴及公，余與同里蔣公同贊其說。顧初冀得脱戍籍幸矣，竟復原職，出望表。本聖主乾斷度越百王之舉，而天下亦以是差亮宜興焉。公疏謝稱病，兼爲解、葉二公祈免，以癸未春抵家。暇開山得蓬萊峽，營治講舍於其間。秋，孝經集傳成。冬，坊記表記集傳成。甲申，會浦之明誠堂。其日，郡邑畢至，孝秀咸來。堂設先聖賢坐，具鐘磬琴瑟，立監史，讀誓戒，以次問難訖，即席歌詩，賓主百拜酬酢，徐成禮還。自是，會鄴園者三禮如之。忽燕都三月十九變聞，自洪武戊申迄崇禎甲申，二百七十五年，從河、洛之數爲稼穡末際，同曆西周，公於璣、象二書已預言之，其云：「同曆西周者，將有望於周之東也。」弘光立，起公吏部侍郎、禮部尚書。過泉與余輩登源山，北向揮涕，僉以江左夷吾望公。北至，睹事無可爲，自請祭禹陵。行，留都覆。閩續建號，特隆公將相之任，而故尼其權，竟以捐軀。其故余難言之矣！難言之矣！公自云初出都，泊龍江灣，夢高皇帝至，厲聲曰：「卿竟舍朕去耶！」公對：「朝廷舍臣，非臣舍朝廷。」寤，傍徨而泣。又甲子散館夕，夢神宗危坐甚偉，呼近前，大聲云：「汝能勝人，道在自勝。」公恒鐫此八字自佩。又丙子賜環入都，夢於關神廟見文皇帝，帷卧擁被，屈指者再，云：「三九四七，誠如所云。」意指易象中命曆也。公自係宗廟社稷之身，陟降有靈，不盡爲末造二主，漳人因言公有小册子，自推年曆，至丙戌止，早悟夙因。其初覆釣龍江，所睹殿額「倪、黄」二字，卒與上虞倪公同致命遂志，千秋爲烈，亦異聞也。公奏疏、詩文、語録，概宜全誦，不便割入。狀中殉節某地、某年月，別有能識之者。溯公生萬曆乙酉，得年六十有二。元配林氏，繼蔡氏。子男四，曰中、成、和、平，俱蔡出。舊史氏曰：公字石公，不詳其最後一着，媿與、畏與？昔夷、齊采薇之歌，論、孟闕載，至司馬遷始詳言之。春秋之「獲麟」，其仲尼卒以後有待續書，抑亦其例乎！公瀕殁自識云：「防風雖倒，猶留一節，以問尼丘。」嗚呼，世誰可問者？其需之聖人復起也夫！庚寅季冬，東崖黄景昉識。

先人生平德業以及致命遂志，諸爲本傳紀實者，代不一家，闡微抉幽，莫可殫述。獨東崖相公舉立朝居身之大概，列爲行狀，迨世久澤湮，繼以兵燹，載籍竟成灰壁。嗚呼！遭家不造，多難難堪。蠱弗幹、薪弗荷，痛前烈之不彰也。爰手勒成編，所賴好我鉅儒，披其雲漢，千秋信史，錫之貞珉，堡兄弟無任感激之至。

男子中
疏
姪子堡

附記　或曰清將張天禄引兵徽州，公親往招之，天禄即縛公解南京内院。及入見，公問内院姓氏，左右曰洪承疇。公大罵曰：「吾福建洪承疇昔年已死節，先帝曾賜祭葬，立祠京師，他是忠臣，豈有如此不肖者？斷必假冒！」公尋殺於南京清水潭。按此與左公懋第之罵承疇略同，姑誌之。八月廿九。

公丁亥二月十二致命詞四首：

陋巷慚顏、閔，行籌負管、蕭。風煙起造次，毛羽合飄搖。火熾難棲焰，江橫舍渡橋。可憐委佩者，燕燕坐花朝。

刼火愁開眼，冰輪倦著身。持危千古事，失路一時人。碧血流芳草，白頭追釣綸。更何遺憾處，燥髮爲君親。

諸子收吾骨，青天知我心。爲誰分板蕩，不敢共浮沈。鶴怨深山淺，鷄啼終夜陰。南陽山路遠，悵作卧龍吟。

搏虎仍之野，投豺又出關。席心如可捲，鶴髮久難删。愁子不知愁，閒人安得閒。乾坤猶半壁，何忍道文山！

戊午十一月廿九雪天晚刻徐館補書。

292 蔣德璟告病 李長倩 毛協恭

閣臣蔣德璟見鄭師逗留，因自請行關，確察情形，相機督戰。隆武許之。比至，則疲兵弱卒、朽甲鈍戈，一無可爲，德璟因嘆息告病去。户部尚書李長倩以餉不繼，憂憤而死。提學御史毛協恭亦憤卒。

293 張肯堂請襲金陵

吏部郎中趙玉成與尚書張肯堂同籍江南，疏言：「臣等生長海濱，請以水師千人從海道直抵君山，襲取金陵，以迎陛下。計陛下陸行期，同會於金陵。」隆武大喜，亟催芝龍造艘。芝龍笑諾。會有上疏言「水師諸臣宜留其家眷，以防逃歸」者，事遂不果。

294 隆武駐建寧

隆武決意親征。二月，駐建寧。楚撫何騰蛟、江右楊廷麟皆有疏迎隆武。隆武意往江右，猶豫未定。而芝龍以關門單薄，固請回省。省中人數萬，呼擁請還，不還則絶天下望。因駐蹕劍津。任兵部尚書吴春枝留守，晉大學士，辭不受。留駐浦城。浦城縣屬建寧府。

295 華廷獻論浙閩事

華廷獻云：時東南民望漸屬魯藩，畫錢塘爲界，烽火相望，説者謂胡、越也而吴、越矣。自兩都破竹，至此始阻，相距于七里灘者十餘月。五月端午，至延平之順昌縣，遍訪鄉音，微聞有黄兵之説。會中州侯若孩攜家往贛，詢及世事，搖手蹙額，謂：「此時宜枕戈待旦，戮力一心。乃處累卵之危，而修筆舌之怨；忘敷天之憤，而操同室之仇。吾其濟乎？」時浙、閩甌脱，自分彼此，宦兩地者各不相安。朱大典以一旅處兩大間，顧左右如九江關外。聲援既絶，錢塘兵力不支，時事難言之矣！

296 解元葉瓚

六月，吴炳來自江右，單騎入關。命以布政，提調棘闈。以編修劉以修爲主考。是月即開科，題大學之道三句，取中舉人葉瓚等百餘名，猶雍雍太平象也。而編年載萬瓚解元。

297 衡州府鄉試 新記

時湖廣武昌省郡多陷於清，遂於衡州府開鄉試，表題云擬上。視學行釋奠禮成，命儒臣賴垓、陳燕翼進講易之元亨利貞、書之聖神文武。圜橋肅穆，聖德誕敷，羣臣賀表。姜翌姬中副榜。

298 皇子誕生

六月，皇子誕生，羣臣賀表，有「日月爲明，止戈爲武」語，隆武嗟異。大赦，覃恩，鄭氏厮養俱得三代誥。撰勅者、織軸者日不暇給。當是之時，兵羸餉絶，行止猶豫，召對會議，欠伸而已。當事無談及兵事者，舉朝如夢如醉，不待識者而知其敗壞矣。

299 殺魯王使陳謙

都督陳謙奉魯王使與行人林垐至閩，趦趄不敢入。謙與芝龍有舊，先遣人問之。芝龍以書招之，曰：「我在無妨也。」乃與林垐入陛見。啓函稱「皇叔父」而不稱「陛下」，隆武大怒，下廷議，二使皆下獄。芝龍疏救，不聽。陳謙者，武進人，舊鎮金、衢。乙酉春，賫弘光詔封鄭芝龍爲南安伯，比啓讀券，乃誤書「安南」。謙謂芝龍曰：「安南則兼兩廣，南安僅一邑耳，請留券而易詔，更晉伯爲侯。」芝龍大喜，厚贈而別，及半途而南京變。芝龍素德之，故至是力救。時有錢邦芑者，自請召對言天下事。語未竟，中旨，即擢爲監察御史，實出芝龍門下，而與隆武親，最蒙信任，密啓隆武：「陳謙爲魯藩心腹，且與鄭至交，不急除恐有內患。」隆武信之。或以告芝龍，芝龍謂刑人必經其門，臨期救之更便。不意至夜半，內傳片紙，別移謙他所斬之。芝龍急救，則已授首矣。伏尸而哭，極其哀，以千金百布葬謙，爲文以祭，有「我雖不殺伯仁，伯仁爲我而死」之句。

天下之勢，當論其輕重大小。昔七國時，勢莫强于秦，蘇季子合六國以拒之，得安者十五年。後秦日夜攻韓、魏，而齊、楚不救。及韓、魏亡，而齊、楚亦隨之矣。清勢重若泰山，即昔日之秦不足以喻，而魯以新弱猶未及韓、魏。隆武雖不悅，而同舟之誼、唇齒之言，不可不思。姑以大度優容，連兵共拒，俟事勢稍定，大小自分。不此之計而自相尋仇，則魯勢必折而入于清，而閩之亡可立待矣。昔晉滅虢而虞亡，秦滅韓、魏而齊、楚亡，晉滅蜀漢而吴亡，八王自相殘滅而劉、石滋强，元滅金而宋亡益速，古今之勢，大可見矣。八月廿八書。

或云錢邦芑字開孝，鎮江人。

300 鄭芝龍拜表即行

時六月，清兵渡江，錢塘不守。鄭芝龍微聞之，因疏稱：「海寇狎至，今三關餉取之臣，臣取之海，無海則無家，非往征不可。」拜表即行。隆武手勅留之，曰：「先生稍遲，朕與先生同行。」中使奉勅至河，而芝龍飛帆已過延平矣。芝龍既去，守關將施福聲言缺餉，盡撤兵還安平。

301 馬阮方蘇降清

馬士英、阮大鋮等猶擁殘兵數千請入關，隆武以其罪大，不許。士英計窮，遁至台州山寺爲僧，尋爲清將搜獲，阮大鋮迎降，貝勒俱令隨内院辦事。方逢年、方國安及刑部尚書蘇壯，俱薙髮投誠。

302 清兵從容過嶺

是時，舊撫田兵及方兵、鄭兵號「三家兵」，或離或合，逶迤而南。或手不持鐵，所至劫掠；或挾婦女，坐山頭呼盧浮白，漫衍嶺界者四五日。後關門無一守兵，亦無一敵兵，寂如也。如是者三日，始有清騎二三千從容過嶺，分馳郡邑。然清兵入閩，或由建、或由汀、或由福寧，俱走山谷間，道出不意，不必定走仙霞嶺也。

303 鄭爲虹噴血大罵

閩潰兵先奔者，於路焚掠爲食，至建寧，科臣黃大鵬、按臣鄭爲虹閉城，發倉米庫銀以犒賞，俱歡呼而去，一郡獨全。

八月十七日，清兵將至浦，百姓議請出降，鄭爲虹不可；再請，爲虹執不可。清兵至，擁見貝勒，衆迫跪，爲虹不屈。貝勒嘉其節不忍殺，且勸薙髮。爲虹曰：「負國不忠，辱先不孝，忠孝俱虧，我生何用！寧求速死，髮不可斷也！」明日復召見責輸餉，爲虹曰：「清白吏何處得金！」百姓争欲代輸贖其罪。爲虹曰：「民窮財盡，烏乎可！」因噴血大罵。貝勒下令斬之，爲虹大喊，奮躍奪刀自刺胸，不死，遂見殺。百姓爲之立祠。黃大鵬亦同日殉難。爲虹義僕陳龍，與標下中軍游擊、原任浦城千户張萬明及子、都司張翅鸞，都督洪祖烈，俱從死。

清兵南來，凡忠義之士，有縊者、赴水者、自焚者、不食者、自投殺者，亦不一矣。若乃大罵而死之最烈者，唯鄭公一人而已。

304 黃大鵬殉節

黄大鵬，福建建寧府建陽縣人。崇禎丁丑進士，甲申授衢州龍游令，乙酉陞金衢道。清兵至，杭嚴道與按察司及建寧、浦城知縣三人俱降清，招撫衢州，謂大鵬曰：「鼎革之事自古皆然，天下歸清今已八九，豈衢之一郡能抗乎？不如早降。」大鵬不從。是時，衢州陸知府與各屬縣令及方國安等，悉望風投誠。龍游與浦城接壤，貝勒駐兵于此，諸降臣俱入跪見，獨大鵬紅袍紗幘，挺然立于衆中。貝勒見而異之，問立者爲誰，對曰：「前任龍游知縣，今爲金衢道黄大鵬是也。」貝勒曰：「汝既降，何不跪？」大鵬罵曰：「人不拜犬羊！」貝勒曰：「汝不畏死乎？」大鵬曰：「吾若畏死，不出是言矣！」貝勒大怒，命割其舌。大鵬噴血連罵，觸階而死。浦城人立廟祀之，有求籤者輒應。此王新沐口述，王係浙江人，久寓通州。

王又云：公令龍游，季冬二十二日覆試童生，天寒，命置火及酒肉等，使門隸授以大碗，諭曰：「今日天寒，相公盡量飲酒，酒多文思益高。所取三十名已定，此不過閱先後耳。」已冠題「夫婦之愚」，未冠「魚躍于淵」。公語諸生云：「用心做，只須照顧章旨。章旨若得，文便不錯。」意指費字也。時新沐破中有「道廣」二字，密點名列第五。臨晚，又出粉湯三十盞與諸生飲。其鼓勵士子類如此。公善飲，能徹晝夜不醉。

305 隆武奔贛

華廷獻閩紀云：隆武自芝龍去後，聞清兵信急，遂決計幸贛。八月二十一日甲午啓行，監軍錢邦芭先期清路，猶赫赫頤指屬縣。二十二日乙未，駕至行宫，戎冠金蟒而入。上好書，雖崎嶇軍旅，猶載書十車以從，以至釵鬟諳織錦之辭，裾珮嫻玉臺之詠，豈料有播遷事乎！二十四丁酉，上抵順昌，昧爽，未發。至巳刻，一騎排闥云：「清兵已及劍津，燬閣且踵至。」頃之，行宮數騎突出，云駕已在內。從行者惟何吾騶、郭維經、朱繼祚、黃鳴俊數人，已而何與郭亦散去。曾后肩輿河干，顧從官曰：「劉宮人有懷，好護持就道。」辭旨慷慨，使遭時隆盛，雖鷄鳴黃鳥，曷以加兹。妃媵狂奔，有一舸而數人者，有一騎而三人者。時廷獻猶尋盟丘壑，猝不及謀。其出東門，有女若林，咸争小艇，如慈筏登彼岸。闕兵潰回，戈戟滿路，夾道而馳，崇崗蹭蹬，再蹶再起。日夕路修，牽衣結隊，極人生未有之苦。然而目擊蒙塵，生罹改物，悼時命兮不猶，傷覆載兮跼蹐，又何妻子之足戀與身家之足惜乎！

306 清殺馬阮方四人

八月二十四日，清兵至順昌，獲隆武之龍扛，搜之，得馬士英、阮大鋮、方國安父子及方逢年連名請駕出關爲内應疏，在已降後。大鋮方游山，聞信知不免，自投崖死，仍命戮尸。士英等四人駢斬延平城下，家眷百餘口悉給賜兵丁。時以周、馬作聯云：「周延儒，字玉繩，先賜玉，後賜繩，繩繫延儒頸，一同狐狗之斃；馬士英，號瑶草，家藏瑶，腹藏草，草貫士英皮，遂作犬羊之鞹。」

華廷獻云：「見劍浦城邊一堆白骨，云是馬士英、阮大鋮、方國安父子。所惜者方書田耳，比匪之傷，悔何及乎！時延、順間以搜龍扛破家隕命者十室而九，迨啓扛中，得五人連名請駕出關一疏，查在降後，恨其反覆，故有此舉。嗟乎，因緣賣國者何所逃乎！夫死一而已，有履刀鋸而骨猶香，伏斧鉞而血猶污者，豈非處死者異哉！書田，逢年字也。」

順昌縣屬閩之延平府。

307 貝勒殺隆武帝后

清兵過延平而東，獨陳謙之子帥數騎追駕，爲其父報仇。及之贛州，時隆武將入贛，因停一日曬龍鳳衣。陳謙子適追至，遂及于難，并執曾后及從駕官朱繼祚、黄鳴俊，械至福州。貝勒殺隆武及曾后于市。朱繼祚勒令致仕，旋爲亂兵所殺。嗚俊許授五品官，以老疾辭免。

308 蔣德璟曹學佺馬思理

禮部尚書曹學佺、通政司馬思理俱自經。清別遣李成棟、韓固山略定興、泉、汀、邵、漳州等處。九月初八日，清兵入泉州，德化知縣陳光晉迎降。一作元青。批云：遺聞載陳元音。大學士蔣德璟絶食死。十五日，清兵至汀州。十月十九日，入漳州。道傅從龍、知府金麗澤以城降，皆仍舊職任事。不三日鄉兵起，殺從龍、麗澤。

309 鄭芝豹閉城索餉

初，清兵未至泉州，鄭芝豹先至，閉城門大索餉，皆計鄉紳家財勒取，不應卽梟首，至縛親家母於

庭，抵暮得數萬。又其火手五百，將盡焚城中宮室，以餉未足遲至明日。俄報固山兵將至，乃奔安平。

310 鄭芝龍降清

清朝招撫江南者，爲内院大學士洪承疇；招撫福建者，爲御史黄熙胤，皆福建晉江人，與鄭芝龍同里。初芝龍遣使微行通欵。既而汀、漳皆降，惟芝龍尚保安平，軍容烜赫，戰艦齊備，砲聲不絶，響震天地。以前遣洪、黄之信未通，猶豫未敢迎師。又自恃先撤關兵無一矢相加，有大功。而兩廣素屬部下，若招兩廣以自效，閩、廣總督可得，猶南面王也。貝勒知泉州鄉紳郭必昌與芝龍最厚，因遣必昌招之。芝龍曰：「我非不欲忠于清，恐以立王爲罪耳。」會清固山兵逼安平，芝龍怒曰：「既招我，何相逼也！」貝勒聞之，乃切責固山，令離安平三十里駐軍，而遣内院二人持書至安平。書略曰：「吾所以重將軍者，以將軍能立唐藩也。人臣事主，苟有可爲，必竭力。其力盡不勝天，則投明而事，乘時建不世之功，此豪傑事也。若將軍不輔立，吾何用將軍哉？且兩粤未平，令鑄閩、廣總督印以相待。吾所以欲將軍來見者，欲商地方人才故也。」芝龍得書大悦。其子弟皆勸芝龍入海，曰：「魚不可脱於淵。」不願降。而芝龍田園遍閩、廣，秉政以來，增置莊倉五百餘所，駑馬戀棧，不聽子弟諫，遂進降表。過泉州，大張播告，誇投誠之勳，猶持貝勒書招摇，得官者就議價。十一月十五日至福州，朝見貝勒，握手甚歡，折箭爲誓，命酒痛飲。飲三日，夜半忽拔營起，遂挾之而北矣。從者五百人，皆别營不得見，亦不許通家信。芝龍對面作家書數封，皆囑無忘清朝大恩語，而謂貝勒曰：「北上面君，乃龍本願，但子弟多不肖，今擁兵海上，倘有不測奈何？」貝勒曰：「此與爾無與，亦非吾所慮也。」芝龍既行，鄭彩、鄭鴻逵、鄭成功皆率所部入海，張肯堂、沈猶龍等亦往舟山依魯王，芝豹獨奉母居安平。芝龍至京陛見，奉朝請。秋，鄭彩、鄭成功復入殺掠，漳、泉諸縣皆破之，汀、邵並亂，據建寧，閩郵爲阻。戊子夏，清兵再入閩，破建寧，屠之，直抵漳、泉。鄭兵皆遁入海，久爲邊患。

311 附閩事紀

華廷獻云：清兵入閩，守闕而死難者，黄兵垣、鄭侍御也。傾貲守城，城潰自盡，至孥其胤而籍其家者，曹宗伯也。此外或入山、或入海，或溷跡緇流、或埋名屠販，莫得而詳焉。聽門外輪蹄聲，則攘臂以取功名者，何減長安道上！如殘疾之于華玉，盤散而之嶺北道矣；卿銜之毛職方，雷廉道矣；選舘之舊汀李，高州守矣；顧閣部之長子，墨衰而赴嶺東道矣。是時佟軍門撫閩，出示云：「凡在省者，俱齊赴洪塘。」諸大老則折簡相邀，其揣所爲。比至，則胡笳四起，毳幙參差，兔網彌天，雉羅遍野，聚立而囁嚅者幾及百人。内院、撫軍席地而坐，執册指名。首朱胤岡，次黄跨千，又次余公誠。余係南中流寓在閩，亦被羅織。拊其背而徘徊，謂：「此三人者，非尚書、閣老乎！可隨我去。」每人一卒守之。中有紫衣胡服者爲鄭飛黄，亦與焉。徬徨有頃，名次及吴舊撫矣。軍門持册手麾曰：「餘俱赴京聽用。」于是諸人哄然而退，不啻鳥出籠、魚入海也。時貝兵即刻拔寨起，四公竟載與俱行。先是十月中，清兵至莆，鄭兵退守象郡，城外皆海道，洛陽橋亘其上。橋係蔡忠惠公所造，長四五里，上有瓦房百間，下臨絶壑千尺。

假令橋爲門户，海爲宫府，亦足老師。乃相距月餘，莠言絡繹，謂闖、廣侯封虚席以待。而温陵士庶懼，一旦恐遭禁，相與慫恿。既艷斗大之肘懸，又慮負嵎之難下，於是杯酒兵權雪消冰釋。既過洛陽橋，則鴛鴦已在籠中矣。述志令有云：「一旦釋兵解甲，勢有不能。」何見之不逮老瞞也。

朱胤岡，名繼祚。黄跨千，名鳴駿。

312 傅冠不屈

公諱冠，字元父，號寄菴，江西南昌進賢人。祖父烔，南京刑部尚書。公中天啓壬戌進士，廷試第二人，授翰林院編修，纂修神、光兩朝實録。丁艱歸，起復陞侍讀，歷左春坊左中允，充經筵日講官、左諭德右庶子。戊辰、甲戌，再分考禮闈，歷國子監祭酒、詹事府少詹事、禮部右侍郎兼侍讀學士，掌詹事府事，仍掌翰林院事。上疏言：「欲施政令，必治精神。欲致功能，必集才力。欲精神之四周，當明體要。欲才力之畢出，當别流品。」因奏保元氣、辨人才、正紀綱、信詔令四事，上嘉納之。丁丑，陞禮部尚書兼東閣大學士，入閣辦事。戊寅，以疾乞休，賜馳驛金幣歸里。公在閣一年，多所獻替，以温室之義不著之于書，世莫得而詳焉。南京登極，特旨存問。其明年，闖賊部將王體中犯江西，破進賢，殺公孫鼎乾，掘公先墓。公奔入閩，閩中起公原官，已而辭任。及北兵至，公走泰寧門人江亭龍家，爲江之仇執之，以獻于清帥，不屈殺之。公被執時於石牛草中作書，以骸骨托汀州士民，并述其奔竄囚執之狀甚詳。壬戌大魁三人，文文肅震孟以甲午，傅公以丙午，陳文莊仁錫以丁酉舉人。三公皆老于公車之士，而其後並能不負科名，以文章節行見于世，亦大略相同。公所著有寶綸樓集若干卷。

泰寧縣屬閩之邵武府。

明季南略卷之九

丙戌永曆紀十月十四日起

313 粵中立永曆

隆武二年丙戌八月，福京既陷，兩廣總督丁魁楚與廣西巡撫瞿式耜、廣東巡撫王化澄、廣西巡按鄭封、肇慶知府朱治憪、廣東總鎮嚴從雲、舊錦衣衛僉事馬吉翔、採買翠羽太監龐天壽等會議監國。而閣學兵部尚書呂大器自閩至，原任兵部尚書李永茂以守制並至。式耜首言監國：「永明王賢，且爲神宗嫡孫，應立。」永明王諱由榔，桂恭王常瀛少子。恭王初封湖廣衡州府衡陽縣，以流寇亂，徙寓粵西梧州府。時恭王已薨，永明王猶在衰絰中也。昔者唐王嘗語羣臣曰：「永明，神宗嫡孫，統係最疏。朕無子，後當屬諸。」時恭王太妃王氏曰：「諸臣何患乎無君，吾兒仁柔，非撥亂才，願更擇可者。」魁楚等請之堅，以十月初十日監國。十四日丙戌，即皇帝位。仍稱隆武二年，以明年爲永曆元年。改肇慶府署爲行宮，推置僚署有差。魁楚、大器俱爲大學士，式耜以吏部右侍郎兼閣學掌銓，魁楚兼戎政，〔一〕大器兼中樞，永茂請終制。」粵事記云：永曆立，晉王化澄憲副，鄭封通參，朱治憪右副兼兵侍，提督兩廣，承丁魁楚後。內外局惟魁楚主裁。肇慶府去廣州府僅四百里，擁立時無一函商及三司各屬；既立後，復不頒新天子詔，元勳大老惟鬻爵擇腴是務。至於軍國重事，如峽以外設守廣州，防禦梅嶺，俱不暇顧，且暫爲目前計而已。

丁魁楚，河南永城人，進士。王化澄，江西人，崇禎甲戌進士。鄭封，河南人，甲戌進士。朱治憪，浙江舉人。嚴從雲，江西人，封靖江伯。馬吉翔，順天人。龐天壽，北直人，司禮。李永茂，丁丑進士。

肇慶、廣州二府俱屬廣東。

〔校記〕

〔一〕隆武二年丙戌八月……魁楚兼戎政　原缺一頁，此段僅有「兼戎政」三字，今據曹氏藏抄本及通行本補。

314 廣州立紹武

福建舊相蘇觀生、何吾騶俱遁回廣東，與布政使顧元鏡于十一月擁立隆武弟唐王聿鐭爲帝，年號紹武，以都司署爲行宮。

粵事記云：紹武立，一月內幸學、大閱、郊天、祭地等鉅典按日舉行。二三文武連膺覃恩數次，舉朝無三品以下官。

遺聞載紹武監國，然改元行郊禮，是帝矣。

蘇觀生，字宇霖，廣東東莞人，保舉選貢無極知縣，隆、紹兩朝大學士。何吾騶，廣州香山縣人，崇禎辛未進士。顧元鏡，浙江湖州人，萬曆丙辰進士，紹武朝大學士。

315 永曆移梧州

會贛州敗書至，司禮太監王坤趣永曆移梧避之，式耜曰：「今日之立，爲祖宗雪仇恥，正宜奮大勇以號遠近。東人復不靖，苟自懦，外棄門户，内釁蕭牆，國何以立？」争之不得，遂移梧，尋還肇慶。故大學士陳子壯書達式耜，請力毓蘇而趣兵東。永曆遣兵科給事彭燿往諭之。燿，粤東人，舊爲秦令，有能聲，譬曉倫序監國先後、國家仇讐利害。觀生等殺燿于市，日集兵向肇慶。右司馬林佳鼎督兵靖東郊，東將詐降陷，佳鼎没于水，東人益獗。

一粤事記則云：紹武立，學臣林佳鼎位總憲，行大司馬事，提兵西向，上三水縣，欲侵肇慶。式耜奉命出東峽，設炮禦焉。十一月十五日對陣，一砲殲佳鼎，偵者誤傳式耜敗，肇慶新創朝廷逃復一空。永曆隨衆奔遁，直達廣西梧州府，五百里溯流，兩日夜並程而至。太后馬氏通史書，本不欲世子稱帝，呼省臣李用楫、臺臣程源等面呵無固志，且詰責棄逃狀。適式耜手報至，知前訛，諸臣皆伏地引罪。後奉永曆再下肇慶，别遣靖江伯嚴從雲等護三宫預駐廣西桂林府。

遺聞載林佳鼎爲永曆臣，而粤記則云紹武臣，且勝負各異，並誌之以俟考。但粤記一書乃宦廣者所寄予也。八月三十日書。

陳子壯，字集玉，號秋濤，廣東南海人，萬曆己未探花，崇禎朝春坊，後封南海公。李用楫，宜興人，癸未進士，禮科都給事中。程源，癸未進士。

三水縣，廣州府屬邑。

316 王坤進退諸臣

瞿式耜疏言：「草昧之初，惟養聖德、修紀綱、慎政教、挽人心、布威武、起用人望、招徠賢俊爲首務。」王坤者，固北閹，自南都失而入閩。隆武遣出，茲用司禮秉筆。有户部郎中周鼎瀚内批改給事中，式耜力言不可，不聽。以粤巡使王化澄陞粤督，尋代佳鼎，晉少司馬，掌中樞。大器先以病去矣，内批陞化澄爲大司馬。式耜疏言：「化澄誠賢，有廷論。斜封墨敕，何可爲例，請補部。」疏尚得體，蓋汲汲爲閣預慮也。晉李永茂大學士，茂守制，僉請專知經筵，不入直。茂疏薦十五人爲十五省卿望，疏上，王坤啓視殊不悦。未幾，十四人皆誅之，山西道御史劉湘客一斥。永茂怫然曰：「朝廷方以經筵責茂，茂以十五省人進，非私也。斥湘客者，斥茂也。」即日解舟去。式耜疏言：「大臣論薦，新朝盛事，司禮輒去取其間，無以服御史，何以安大臣！」王坤復疏薦海内碩卿數十人，式耜又言：「司禮抑人不可，薦人更不可。」吏科都給事中劉鼒等疏論坤内臣不得薦人。永曆怒，叱逐鼒等。式耜力持之，得復用。御史童琳參都御史周光夏「越資序題差用，私亂臺規非法」。命廷杖琳，式耜力救得免。陞翰林院簡討方以智爲中允，改御史劉湘客爲編修，充經筵講官。坤不悦湘客，且疑劉鼒疏出以智手。以智放舟去。

劉湘客，陝西西安人，布衣。

317 辜朝薦獻策下廣

先是兩廣在籍鄉紳多與兩院三司通關節，己未以後，香山何吾騶主之。辛未以來，潮陽辜朝薦每事與吾騶角，然吾騶勢大，朝薦弗勝也，憤甚。及丙戌八月，清兵取閩，尚無入廣之令。潮陽縣距閩省止四日程，朝薦親往福州府獻策下廣，極言三月內可直達西粵桂林，思得首功以壓吾騶耳。清朝固山李成棟遂發兵，先選精騎三百，宵夜東行，由老龍而下廣。過廣州增城縣，俱潛入花山。十二月十五日丁亥上午，止命前鋒十人以青白布裹頭，扮作洋船舟子狀，直至廣城布政司前紫薇牌坊下，于人叢中悉去頭上布，現出辮髮，露刃大呼，止殺一人，滿城崩潰。十人分守六門，閉城晝夜巡視。至第三日，三百騎始至，成棟大軍月終乃至。時蘇觀生匿酒肆，有于篋中見文淵閣閣臣印，索其一醉，弗與，報知巡緝被執。觀生慨然曰：「吾以一布衣登兩朝相位，死亦何憾！」質問時一語不答，遂殺之。何吾騶、顧元鏡率士紳投誠，優禮而出。吾騶乞修明史，門署「纂修明史何。」廣州有「吾騶修史，真堪羞死」之謠。紹武才身扮賣舊衣人欲出城，未識鄉路，貌復寢怪，識者無敢藏匿，爲內閣中書所指，賣銀十兩。副將杜永和擒至，並周王、益王、遼王等俱殺于廣州府布政司前雙門下，紹武在位二月而已。百姓俱薙髮歸順，市不易肆，人不知兵，但傳檄各郡縣耳。時有石、馬、徐、鄭四姓聯舶海上，花山楊光林亦擁衆數萬，水陸交訌，民不聊生，成棟相機剿撫。

花山在增城縣。

318 李綺參丁魁楚

十二月十八日，侍御李綺參丁魁楚十大罪：欺君、誤國、玩兵、害民、敗羣、亂常、罔神、蔑誓並具，喪身辱祖，若不改轍，覆亡立俟。面帝朗誦。魁楚亦引罪，上慰諭。明日奉旨，李綺降三級調外用。綺宵夜入廉州府，以家眷寓此也。綺，松江華亭人，崇禎庚辰進士，廣東提學副使。

319 永曆奔西峽

李成棟既殺紹武，于十二月二十三日發兵往南韶，而親下肇慶。二十五日聞報，瞿式耜請視師，督戰士駐峽口。王坤復請永曆西避之，式耜争之不聽，遂駕小艇上西峽。

粤事記云：丁魁楚用舊旗鼓蘇文聘陞内閣辦事中書，晝夜出入，計值百司，分給文武憑劄，絶不示人。羽報以事干者，百金減半，誘人多就。有瓊崖參將白斌託李用楫弟李來營陞總兵，來新受中書，見時事日非，聞廣州信，因爲觀望。斌在海外猶未之知，恐李來爲之不力，具稟揭直達魁楚，促早就，云「具名禮在中書李來處」，來尚不知。忽二十四日夜半，遣二十人索斌贄示稟揭，勒逼如數，來反填入酒器五十金。二十五日黎明，朝見謝恩者猶趨蹌殿陛，忽肩輿出城，掠小艇駕上西峽，喧傳爲帝。於是文武紛逐，各不相顧。帝固知有凶耗，隨奔者亦揣廣州事必敗，不可瞬息留。侍御汪光室與李來同舟，萬衆競進，不知隣舟爲帝座，幾爲刺没。惟魁楚春容雅度，絶不惶遽，漸移貲入舟，瞠目而視，反若局外觀者。魁楚于擁戴後卽自爲計，今則有他意矣。

蘇文聘，廣東人。李來，宜興人，瓊州貢生，後爲編修。白斌，浙江人。汪光室，淮安清河人，舉人。

320 丁魁楚履歷

粤事記云：丁魁楚，河南永城人，晉撫，失機遣戍五年。崇禎戊寅，奉旨納餉三千兩，許本軍淮回原籍，魁楚援例得歸。永城有舊總兵劉超，壬午十月以私仇殺丁艱侍御魏景琦。豫按王漢奉旨往勘，超又一箭斃之，率家丁劫衆鄉紳，勒魁楚上疏訟冤。魁楚計款之，陰遣子弟兵四面布置。至癸未年三月朔五鼓，伏兵四起，用鐵網遏超，擒解京師獻俘，魁楚叙功復職。冢宰李日宣，量加本省屯田巡撫銜。甲申，馬士英擅權，會推兩廣總制，十一月受職。乙酉七月，聞南京陷，卽潛通靖江王，約期定計下廣事。王果以桂林推官顧奕爲相，臨桂知縣史其文爲大司馬，八月七日直抵肇慶。魁楚已于初六日拜隆武登極詔矣，遂發大砲擊碎王舟，襲其所載，執王併擒顧、史二人解閩京，俱論叛逆誅之。魁楚遂封靖粤伯。

魏景琦，崇禎庚辰進士，永城人。顧奕，蘇州舉人。史其文，溧陽人，天啓辛酉舉人。

321 沐天波激變土司

沐天波，號玉液，沐英之裔，襲封黔國公，世守雲南。丙戌秋，福京陷，三司兩院請增兵守滇南境口，防客兵流入。增兵必措餉，求助之。天波蹙容曰：「極是緊事，第邇年多費，不能助一緡，奈何？還須從長酌處。」然增兵刻不容緩，而滇田磽瘠，賦復難加。天波謂：「各土司用鹽頗多，再增本府一票，餉可出矣。」衆然之。乃令鹽場計會官給運使鹽票，再置沐府餉票，准于本年九月始。初行時，土司亦有遵法納沐票餉銀者。初九日，楚雄府土司吴必魁抗令于鹽場中，不獨棄沐票，併奪商鹽，嗚之縣毆縣差，嗚之府毆府差，聲言：「已無朱皇帝，何有沐國公！」遂率衆入城，執楚雄府文武，數罪而殺之，據其城。

322 沐天波調沙亭洲

天波欲復楚雄城而力不逮，思調土司强有力者克之。素聞沙亭洲驍勇，令符調之。先是崇禎初年，滇南有普民升之亂。民升非自能爲亂也，其妻范氏美而艷，有奇力，且多智而不好静，日引民升振旗鼓，掠勇壯以爲樂。朝廷爲之耗餉者凡二千萬，兩院司道奪職鐫級者不可計，恇怯債弁殞命革逐者數十百人。後民升將敗，范氏忽與言别曰：「爾勿以我爲妻，我亦不以爾爲夫，我去矣！」即往鶴慶府，執一土司沙亭洲者，曰：「惟我與爾可爲夫婦。」亭洲曰：「我自有妻。」范氏曰：「請出，我與語之，妯娌稱呼。」

三言未畢，舉刀刃之，即攜亭洲袖曰：「今不可爲百年之好乎！」於是亭洲悉遵范氏約束，嚴號令，明賞罰，生聚教訓，遂爲滇南土司中富強第一。茲聞天波召，遂欣然傾洞而出。

他書載沙定州。

323 沙亭洲襲破沐府

十一月初旬，沙亭洲困楚雄府。十五日，已解吴必魁首級，掃清楚雄，奏請再設文武各屬爲守土撫治計。天波喜甚，將金帛重賞之。亭洲又奏曰：「臣夫婦欲來面恩。」至二十九日，天波升座，兩樹設儀仗，鼓樂旗幟，殊爲炫耀，受拜受賀。亭洲與范氏兩人三叩未畢，急趨上殿，急視之，出刄于靴，四刀飛舞，已格殺左右數人。侍衛人等，如風草偃仆。天波遠奔入内，亭洲、范氏尾後疾追，隨見隨殺。沐府男婦侍衛約五百人，須臾屍横遍地，天波逾牆走。范氏遂稽核府内藏蓄，統轄未死内寺與姬妾，儼稱中闈。亭洲整容升座，襲天波冠裳，稱沐府新主，已有趨謁拜賀供其調遣者矣。又遣親黨典守城關，盤詰出入。蓋亭洲破楚雄後獻功時，各兵已伏城垣，至是刻期並起。亭洲踞坐沐府，守令仍許照舊。時沐府富厚敵國，石青、硃砂、珍珠、名寶、落紅、琥珀、馬蹄、紫金，裝以細筏篋。每篋五十斤，藏于高板庫，每庫五十篋，共二百五十庫，他物稱是。八寶黄龍傘一百四十執。亭洲將沐府數十世蓄積日夕輦運洞底，彼蓄志已久，特乘間突發耳。夫天波吝養兵數百金，竟致妻子不保，三百年祖業一旦喪亡，良可嗤也！

語云：「多藏厚亡」，于亂世每見之。楚藩不肯養兵三名，及城破，奉獻賊三十萬金。嘉定不肯助餉二萬，迨京師陷，闖籍五十二萬。此輩真守庫子耳！不知千古來珍寶俱是空費人搬運者，殊可猛省！九月二日。

324 孫可望入滇

丙戌，張獻忠死成都，孫可望馳入貴州，據定番州，休息士馬，意欲入滇南取沐府三百年厚藏耳。至是，聞爲沙亭洲所取，大驚擊案曰：「此吾几上肉也，亭洲小寇何得襲我囊中物乎！」遂宵夜啓行，疾入雲南，時爲七月初二日。亭洲已于前三日遁歸本洞，可望止取沐府空署一所，並戮亭洲所署官屬。天波來自大理府，可望許之復仇，即用天波爲報門官。十一月，選二千精鋭圍亭洲土穴，至明年戊子二月，擒亭洲、范氏及親戚四人。天波府藏與亭洲素積仍悉輦入沐府内宅。可望將所擒六賊于天波坐前活剥其皮，天波亦叩首稱謝，此可望入滇之始末也。

325 萬元吉固守贛州 補録

丙戌年九月，萬元吉率義勇守贛州，楊廷麟等附之。贛地雖高，三面俱水，城中望外，浩淼無際，惟南門無水。元吉於磚城外四面築木城一座。清兵攻圍急，元吉出舊庫元寶數十萬，陳列几案，謂衆曰：「能殺敵一人者，賞元寶一。」衆遂奮勇出戰，敵畏之不敢薄城。堅守一年，衆亦憊甚。及丁亥年八月，城中忽失火，南門復有兩人內應。清朝撫臣科某，率兵乘之，自南門殺入，衆猶巷戰，殺敵頗衆。力竭城陷，萬元吉、楊廷麟與楊玉宸等俱投清水塘死。清兵入屠城，室舍焚燬，一椽不遺。楊廷麟，字機部，崇禎辛未進士，詞林。玉宸，楊某字，寧都貢士，與廷麟起義者。贛州友人口述。

明季南略卷之十

永曆元年丁亥 清朝順治四年

326 永曆至梧州

丁亥正月朔癸卯，上至梧州，蓋以臘月二十五日聞報李成棟親下肇慶，故避至此。時，丁魁楚惑于奸弁蘇聘，從梧西走岑溪，王化澄走潯州，隨行者止式耜一人。是月十六日，成棟克定肇慶，隨發副將楊文甫、張月領兵克取高、廉、雷三郡，即于二十九日一鼓而入梧州。廣西巡撫曹燁出降，梧屬俱遍令納印。及南雄、韶州二府報捷，別遣副將閻可義等前赴瓊州。粵事記云：正月朔，帝在梧江舟次，免朝賀。于梧州知府陸世廉取庫銀五十兩，爲雇覓挽夫費，將北進桂林府。所召次輔李永茂、晏日曙、冏卿田芳未及朝見，聞帝奔，率銀臺鄭封退潛博白縣深山。從行者惟總憲王化澄、大司農吳炳、宮詹方以智、文選吳貞毓、省臣唐誠、臺臣程源、中翰吳其靁、洪士彭、大金吾馬吉翔、司禮監龐天壽等而已。式耜猶留肇慶，同朱治憪爲守禦計。元宵後，溯流上府江，在途拜方以智、吳炳典樞務。

前言式耜一人從行，化澄走潯州，是由肇慶至梧州時也。粵記言從行化澄等，而式耜猶留肇慶，是由梧州將奔桂林時也。此皆肇慶未失之前，及肇慶失而式耜始抵桂林。

陸世廉，蘇州人，恩貢，後爲光祿寺正卿。晏日曙，江西饒州舉人。田芳，河南人，丁丑進士。吴炳，宜興人，己未進士，後爲大學士，死節，先任湖西兵巡道副使。方以智，字密之，桐城人，庚辰進士。唐諴，湖廣人，癸未進士，副都御史。吴其靁，宜興人，庠士，兵科給事中。洪士彭，寧國人，庠士，禮科。曹燁，進士，兵部尚書。廣州、韶州、南雄、肇慶、高州、廉州、雷州、瓊州八府俱屬廣東，而桂林、梧州、潯州、平樂四府俱屬廣西，岑溪、博白二縣俱屬梧州。

327 永曆抵桂林

二月，上抵桂林，改桂林府署爲行宫。式耜肅殿陛，勅守禦，誕告楚、蜀各鎮，粤西居山川上游，桂誠可都。疏請道里之可達桂林者，王錫袞、文安之爲相，周堪賡、郭都賢、劉遠生爲六卿。時給事中丁時魁疏論新政，烺烺碩畫，召掌禮科給事中。金堡素有清直聲，終制，勅召還。何騰蛟晉閣學督師。金堡，浙江杭州人，庚辰進士，兵科。丁時魁，湖廣人，庚辰進士，吏科。何騰蛟，舉人，或云桐城人。

328 李成棟斬丁魁楚

粤事記云：先是十二月十五日省城之變，丁魁楚知之最早，即密遣親幹齎黄金三千兩，珍寶稱是，重賄清帥。至二十五日上奔，時彼日有密報，親幹已投入李成棟帳下爲家丁，刻望回音，故衆雖惶遁而彼獨安閑也。魁楚有大哨舡四十，將三年宦囊悉載入，仍在肇慶度歲。丁亥正月初旬，方移舟西向入岑溪，佯於城中修葺茆廬以候廣城信，實不欲登岸。親幹於二月初始以金寶入達魁楚意，成棟曰：「何不早言，正欲邀爾主仍爲兩廣軍門。」急齎書去。二十六日，魁楚于岑溪舟中得成棟手書，大悦，即移舟順流東下。時成棟駐梧州，先上五里迎之，握手道故，相見恨晚。知魁楚三子入廣已殀其二，止存長子，通名先叩情誼甚篤。臨晚，邀魁楚父子飲，隆重加常禮，把臂間指畫嶺表，審度當朝，謂「東南半壁，惟某與老先生撑持」，因訂云：「明日吉期，敢煩再攝兩廣篆。」拜表即真，亦在明晨。」將旗牌符纛、制臺舊勅印悉手付之。魁楚喜甚，乃别。夜半，成棟戎服升帳，列炬交戟，將令旗請魁楚父子有機密語。魁楚茫然不知所以，即過舟，見成棟正位危坐，知事已變，遂跪請曰：「魁楚止一子，或不及妻孥。」成棟曰：「汝欲饒子乎？」令先斫下，左顧而首級至矣，即將魁楚斬之。成棟立舟首，火光燭天，照同白日。將魁楚家丁每營分一人，細查家屬，一妻、四妾、三媳、二女及婢僕婦，浄身搜檢，攜入成棟舟中。惟一妾於過船時投入江中。四十舟厚槖，悉歸成棟。聞舟中精金八十四萬，皆三年中横取者。嗚呼，罔民虐民，可以鑒矣！

遺聞云：魁楚在岑溪屯兵千餘，清朝招之不服，乃水陸設伏，大戰藤江。丁兵敗，魁楚中箭死之，隰江、平樂相繼投順，高、廉、雷三府俱陷。按此，則魁楚一忠臣矣，與粤事記大異。然予思清兵是時甚盛，而魁楚止千人，何能水陸設伏且大戰乎？第稱人之善，惟恐或遺，故並録之。

329 瞿式耜留守桂林

四月，清兵渡海，克定瓊州。方警報之叠至也，王坤又趣永曆往楚。時有自湖南來者，盛言湖廣長、衡、永、寶四郡未有所屬，宜亟取以爲中興之本。方以智、吳炳奏以爲可。式耜上疏言勝敗存亡、山川要害甚激切，畧曰：「駕不幸楚，楚師得以展布，自有出楚之期。兹半年之內，三四播遷，民心兵心，狐疑局促，如飛瓦翻手散而覆手合。」又曰：「在粵而粵在，去粵而粵危。我進一步，則人亦進一步。我去速一日，則人來亦速一日。」又曰：「楚不可遽往，粵不可輕棄。今日勿遽往，則往也易。今日若輕棄，則更入也難。」又曰：「海內幅員，止此一隅。以全盛視西粵，則一隅似小。而就粵西恢中原，則一隅甚大。若棄而不守，愚者亦知其拱手送矣。」擎跪涕泣不可挽。無已，請身留桂。乃命式耜留守桂林，各路悉秉節制。式耜仍疏請暫駐全州，以扼楚、粵之中。當平樂之不守也，清兵直薄桂林，三月十一日，衝入文昌門，城中大恐。時焦璉自全甫歸，從數人控弦提兵，與清兵接戰，稍却之。清兵屯陽朔，遍野俱薙髮。式耜與璉孤守危城，疏詣全，徵安國公劉承胤兵。承胤初從武崗入護，猶持正守法，逐王坤爲弄權，面叱周鼎瀚爲奄寺鼻息，故雅重式耜，發兵數千援桂。未幾，承胤請金吾郭承賢、馬吉翔、嚴雲從封伯，御史毛壽登駁參：「金吾無矢石功，何得援邊鎮例晉五等？」吉翔等疑疏出劉湘客指，鼎瀚遂造蜚語，爲董卓、淮、汜之議，激承胤怒，逼永曆立命廷杖，而縛壽登、湘客及御史吳德藻、給事中萬六吉于午門外。會諸臣申救得免，壽登等俱落職。承胤益横，脅劫永曆幸武崗。式耜疏留全、陽，曰：「聞郊社禮成，即圖移駕，不知移駕將回桂林耶，抑幸武崗、辰、沅耶？今日原以恢復兩粵爲心，則不徒西粵未恢不可移動，卽東粵未恢，亦且當駐全也。」故承胤等嗾杖湘客等，以湘客主還蹕桂林之議也。承胤諸部至桂，挾餉不出兵，式耜搜括庫藏而外，捐囊萬金，夫人邵氏亦捐簪珥數百。兵卒不肯出，與焦兵主客不和，譁變擊鬬，掠市而去，爲五月十四日，永曆竟駐武崗。五月二十五日，清兵偵兵變，積雨城壞，環攻桂城，吏士皆無人色。璉負創奮臂，呼督師撫按肘羽腹石，分門嬰守，用西洋銃擊中馬騎。尋出城戰，奮勇擊殺，自辰抵午不及餐。式耜括署中米，蒸飯分哺之，士卒俱樂用命。明日復出戰，清兵旋去。式耜先令步將馬之驥伏于隔江，犄角接應，固圉倍慎。是三月之內，危于清、亂于兵，式耜一手指揮，璉乃得底定。璉久將桂，得桂人心，式耜國士遇之，故獨得璉死力。以保桂功晉式耜兼太子太師、臨桂世伯。式耜辭不拜，疏上，不允。復請告自劾，言：「自二月十五以迄五月二十九日，此百六日中遇變者三，皆極危險。變故當前，總辦一死字，亦遂不生恐怖，不起愁煩。惟是臣之病不獨在身而在心，不徒在形而在神。身與形之病可療也，心與神之病不可醫也。」又疏再請返蹕全、陽，卒不聽。乃督璉恢朔下平，邦傅由賓、柳亦及潯，並復梧。至八月，具疏上言：「粵西全定，請還桂林，昭告興陵。」

昔劉錡守順昌，兀朮曰：「劉錡何敢與吾戰！」則宋之不競可知。清兵南來，將相聞風迎避，惟錢塘跨江兩戰，差強人意。入閩入廣，勢復破竹。至是始能鏖戰，以却清兵，瞿、焦二公真人傑也哉！

璉，山西人，京會客。九月三日書。

全州、陽朔縣屬桂林府。賓州、柳城縣屬柳州府。平，平樂府也。

330 永曆駐武崗

粤事記云：五月中，永曆自粤西至武崗州。武崗屬楚寶慶府。時方以智、吳炳隨駕，馬吉翔、龐天壽護三宮，移蹕荆南，路出衡、永。巡道嚴起恒郊迎，面廣身偉，縱談時務，揖盜資戰，歷指有人，中興可坐致，遂拜相。相度武崗州可暫駐駕，遂以州署爲行宮。王化澄後至，亦協理閣務。百日間先朝流寇如湖南曹志建、河南王朝俊等，逼入湖南省，俱稱提兵十萬、五萬來歸宇下，悉賜五等爵。又進何騰蛟爲總制，加宫保，建節衡州。李自成餘黨高必正等，聲言百萬，流入長沙。騰蛟具奏提督道堵胤錫統制之，號曰「忠貞營」，分爲十大營，防守長沙。文臣武將，位置星列，兵勢稍振。

331 張家玉沉江

先是二月朔，張家玉與陳子壯竪義起兵，於是上而蒼梧，下而潮陽，所在伏莽淫掠小民，燒燬村堡。家玉六月兵敗，自沈于江。子壯潛身高明，復擁一村妓，因而被擒。解至省城，李成棟會齊三司曰：「若依國法，子壯應剮三千六百刀，今折下十倍，三百六十刀罷。」降臣袁彭年跪禀曰：「李老爺，國法所在，還應三千六百刀爲是。」成棟曰：「我尚恨其不先死來解也，何必如是。」羊城上下仍不克靖。潮陽界于閩漳，山海蒙箐，盜賊益熾。百姓追原亂始，皆由辜朝薦與何吾騶争權，引清兵入廣所致，恨入骨。及成棟歸明後，永曆駐蹕端溪，朝薦因吾騶在朝不敢出山，雖門生李用楫三爲薦剡，恐事敗露，終未見朝也。家玉，廣東廣州府番禺縣人，崇禎癸未庶吉士，後封番禺公。子壯，廣州南海縣人，萬曆己未探花，後封南海公出粵事記。

蒼梧縣屬廣西梧州府，潮陽縣屬廣東潮州府，高明縣屬肇慶府。

332 永曆入粵西

清朝三王平定長沙，而衡州相繼盡失，總兵黃朝選、楊國棟等被執，屍幾斷流。八月二十四日，武岡復敗，永曆又播遷入粵，次柳州。式耜屢疏極言不可他移一步，「滇、黔地荒勢隔，忠義心渙。三百年之土地，僅存粵西一線，且山川形勢，兵馬糗糧，俱有可恃。」時督師何騰蛟、新輔嚴起恒及劉湘客咸至桂。南安侯郝永忠率兵驟至，宜章伯盧鼎亦至自楚。式耜復疏，極言「柳州猺、獞雜處，地瘠民貧，不可久駐。慶遠壤隣黔、粵，南寧地逼交夷，不可遠幸。」時騰蛟與永忠、鼎、璉等俱分防在汛，會土司覃裕春子鳴珂與道臣龍文明搆兵，永曆復次象州。式耜與騰蛟、起恒、湘客等籌畫調和主客，集永忠、璉誓于神，刻期出師。宜章伯鼎與滇鎮總兵趙印選遂各分路駐全，全州戰勝諸帥連營而軍。清兵因次楚。十一月，永曆自象州抵桂，式耜與起恒並相，司禮龐天壽。七月，請催兵下梧。久在粵舊司禮王坤，被承胤逐者，復入自武岡，至柳至象，票擬皆金吾吉翔手也。式耜疏請永曆「攬大權、明賞罰、嚴好惡、親正人，聞正言，威德兼行，以服遠近」，時謂名言。

粵事記曰：八月二十四日下午，清兵忽至武岡州南。守兵皆在城北，迅不及支，一戰而敗。合城上下斫北關棄釜飱而走，除帝駕，三宮無不跣足奔者。皇子甫兩匝月，竟委泥沙。中宫嫡妹，年亦及笄，與母同輿出城，俱迷失無踪。閣臣吴炳，整衣冠北拜君親，捧勅誥而自縊。永曆恐亂兵自全州、灌陽由大路搶桂林，乃與臣工從間道踉蹌至慶遠府，僅覓二小舟，與三宮共載，隨路逗留，行行且止。至十一月十五日，始抵象州，意欲進南寧府爲久避計，又爲新興伯焦璉亂兵所阻。從行文武皆以青布囊頭，胼手胝足，面無生氣，幾欲散去。馬吉翔左右帝舟，力挽衆，乃分遣王化澄、吴貞毓、龐天壽護三宮上南寧，永曆仍溯十八陡逆流北上。十二月初三日，再達桂林，得息殘喘。君臣皆鍵户避兵，人無土著，街無獨行，薪米百物，價騰五倍。軍丁居貨貿易無善顔，衆皆度日如年。

天子流離播遷，子委泥沙，眷戚不保，亦可悲矣！吴公自縊，是主辱臣死之義也。九月初四書。

慶遠、南寧二府俱屬廣西，灌陽縣屬桂林府。

333 三宫至南寧府

十二月初十日，三宫至南寧府，議商安集處。時守道趙臺猶據府署不肯讓，錦衣馬吉翔責臺慢視，當坐大不敬，臺始退入分司署。三宫以南寧府爲行宫，供設帳具草率不堪，移入時惡少逼視。有流寓貢生王者友之弟王者臣，語出無狀。中宫怒，執送有司，仍以訛傳告免。

趙臺，北京人，官生，以府判陞監司，後爲巡撫。王者友，南直人，後爲御史。

334 張獻忠亂蜀本末

甲申春，流賊張獻忠大掠湖南，遇左良玉兵，戰敗，遂盡擄湖南舡隻居民，自夷陵挽舟入川。時流賊擄百姓幾數十萬，逆流而上，日行一二十里。舟中乏糧，饑死大半。使川中能扼險而守，夔門、三峽之險，雖百萬之衆不能逆溯而上也。時巡撫陳士奇在重慶，有餉數十萬，議者請發餉徵兵守夔關一帶，士奇曰："縻費朝廷之餉，異日難以消算，我雖賣身不能償也。"由是坐視獻忠入川，由夔州歷忠、萬，所在軍民望風奔逃，并無一矢相加遺者。甲申六月，獻忠兵至重慶城中，鄉紳大家俱先以家口逃出城外。瑞王時自漢中避賊來，亦在城中，知賊信緊急亦欲出城，陳士奇執不可。及賊至城下，士奇茫然無策。賊圍城之第二日，命一人至城下說降，城中守者不應。第三日，賊命兩婦人裸體在城下穢罵，城上亦不解何故。重慶城三面臨江，皆石壁，至西南有磚城數十丈，賊乃就其處挖掘，入火藥數石轟之，城崩十餘丈，磚石皆飛入雲際，賊乘勢破城。城三面臨江，賊從一面來，城中數百萬生靈無有逃者。巡撫陳士奇、知府王行儉、巴縣知縣王錫俱被執。獻忠欲降之，俱不屈，而王錫尤激烈，憤罵不絕口，俱被害。重慶衛指揮顧景聞城破，急入瑞王府中，以己所乘馬掖瑞王乘之疾走，遇賊，爲所執，見獻忠，景曰："寧殺我，毋犯親王。"獻忠叱殺瑞王，景大罵，亦被殺。獻忠遂屠重慶，砍手者三十餘萬人，流血有聲。七月，獻忠率兵向成都，沿途州縣或降或逃。八月，圍成都。鄉紳有司請蜀王發帑金募兵守城，王真守財虜，吝不與。及城破，王及有司俱被害。巡按劉之渤，陝西人也，在任有聲望，獻忠欲降之，而之渤罵不已。

獻忠怒，殺之。凡成都所屬州縣悉降于賊，獻忠乃稱帝，國號大西，稱大順元年，以桐城汪某爲宰相，成都所屬鄉紳嚴某爲吏部尚書，江某爲禮部尚書。以其養子孫可旺爲平東將軍，李定國爲安西將軍，艾能奇爲定北將軍，劉文秀爲撫南將軍，四人皆冒姓張。以其黨王尚禮爲中軍府都督，白文選爲前軍府都督，王自奇爲後軍府都督。時本年三月，北都陷于李自成，弘光新立于南都，中原多事，不暇問及西川，故獻忠得竊據成都。然獻忠暴狠嗜殺，鞭撻無虛刻，即左右至寵至愛信者，少失其意，即斬艾如草芥，故百姓惴惴不服，遠近州縣無不起義兵殺賊。獻忠乃大肆屠殺，稍有犯者即全邑盡屠。然賊兵一過，義兵隨起。凡獻忠所選府州縣官，有到任兩三日即被殺者，甚至有一縣三四月內連殺十餘縣官者，雖重兵威之，不能止也。故獻忠雖擁兵數十萬，妄自稱帝，而其威令所懾伏者，不過成都前後十餘縣耳。乙酉春，奪取井研縣內閣大學士陳演女爲皇后，問左右以册封皇后之禮，僞禮部具儀注進。獻忠見其禮數繁多，怒曰：「皇后何必儀注，只要咱老子毬頭硬，養得他快活，便是一塊皇后矣，要許多儀注何用！」是時，搖黃賊自漢中流入川北，川中亂民恐爲獻忠所屠，悉附之，其衆日盛。搖黃賊原名姚黃，原係漢中土賊姚、黃二姓者爲首，後其衆既多，分十三枝，訛爲搖黃，以袁韜爲首，擁衆十萬。其餘如呼九思、王昌、陳林、景果勤、王友進、王興、楊正榮等，各領數萬，川北保寧、順慶一帶，悉爲殘破。居民有力者聚衆入山，負險結寨自守。其弱者悉擄入營，張獻忠亦不能問。獻忠日肆攻戰，川西州縣去成都最近，又無兵，不勝其殘毒，逃散殆盡。遊擊曾英，福建莆田人也，隸撫院標下，其人通文墨、好交遊，先剿搖黃有功，題授遊擊，守白帝城，總統十三隘，爲撫院所制，兵不滿一千。見獻忠破夔門，陷成都，英料衆寡不敵，退守涪州，募義兵于武隆、彭水。適有官解餉二萬餘過江津縣，曾英謂其衆曰：「此餉前去，必爲亂兵所劫。步步皆賊，且北都已壞，餉安歸乎？我輩不如取之以爲義兵用，則大事可成也。」衆然之，遂盡取其餉以招募，一月之間得衆十餘萬。曾英率其衆，卽恢復重慶、瀘州、洪都、長壽各州縣，軍聲大振，都司王祥有兵數千亦附之。時弘光正位南都，勅東閣大學士王應熊爲督師，賜尚方劍，率兵討賊。應熊駐兵遵義，以曾英恢復重慶城，兵多樵採不禁。應熊乃重慶人，深怒之，欲加責讓。而曾英擁大兵以禦賊，應熊怒亦漸消。乙酉四月，獻忠命張定國、張文秀、王復臣等大合兵攻曾英。英率部將余仲、李定、王祥、李占春、余大海等分兵四擊之，衆賊俱敗。捷音至遵義，應熊乃題奏各將如羅子木、錫華、侯天錫、曾英、王祥、餘勇可賈，在所用之。曾英爲總兵，王祥爲參將，余仲、李占春、余大海、李定等爲遊擊。而曾英兵日强，附之者益衆。時巡撫馬乾率兵三萬人駐内江縣，參將楊展駐嘉定州，總督樊一蘅亦領副將侯天錫、參將馬應試等駐劄瀘州衛，副總兵屠龍率通、巴五營李正開等劄納溪縣。八月，獻忠命張可旺率兵攻樂用寨羅從義。樂用寨本古藺州，奢崇明故地，天啓初年調奢崇明兵援遼，至重慶舉兵反，殺巡撫邵捷春，朝廷興兵滅之，改其土屬永寧衛。而樂用寨有山最高，名紅厓囤，上可屯萬人，險峻不可攻，羅從義率五千精兵劄其上。可旺兵至，圍數月不能下，乃遣人往説之。從義舉衆降，可旺誘至成都，盡坑之。時獻忠開科取士，會試進士得一百二十人，狀元張大受，成都華陽縣人，年未三十，身長七尺，頗善弓馬。羣臣諂獻忠，咸進表疏稱賀，謂「皇上龍飛，首科得天下奇才爲鼎元，此實天降大賢助陛下。不日四海一統，卽此可卜也。」獻忠大喜，召大受。其人果儀表豐偉，氣象軒昂，兼之年齒少壯，服飾華美，獻忠一見大悦。左右見獻忠欣悦，又從旁交口稱譽，自頂至踵，色色評贊，以爲奇士，古今所未有。獻忠喜不勝，賞賜金幣、刀、馬至十餘種。次日，大受入朝謝恩，面見獻忠，左右文武復從旁譽其聰明學問及詩文字畫、一切技藝。獻忠愈喜，召入宫賜宴，諸臣陪宴，歡樂竟日。臨散，遂以席間金銀器皿盡賜之。次早，大受復入朝謝恩，叩首畢，諸臣復再拜曰：「陛下龍飛之始，天賜賢人，輔佐聖明，此國運昌明，萬年丕休之象。陛下當圖其形像，傳播遠方，使知我國得人如此奇異，則敵人可不戰而服矣！」獻忠大悦，遂召畫工圖其形像，又大宴羣臣盡歡。羣臣席間又極口稱譽，獻忠復賞賜美女四人及甲第一區，家丁二十人。次日，獻忠坐朝，文武兩班方集，鴻臚寺上奏：「新狀元午門外謝恩畢，將入朝面謝聖恩。」獻忠忽嚬蹙曰：「這驢養的，噜老子愛得他緊，但一見他就心上愛得過不的，噜老子有些怕看見他，你們快些與我收拾了，不可叫他再來見噜老子！」凡流賊謂殺人爲「打發」，如盡殺其衆，則謂之「收拾」也。諸臣承命，卽刻便將張大受綁去殺之，併傳令將大受全家併所賜家丁美女盡數斬殺，不留一人。是年冬，傳令各府州縣考試生童秀才，三等以下童生不入學者，盡殺之。丙戌春，復開科取士，生員不到者五家連坐，老幼俱斬。所屬州縣無有不到者。至期典試，分考監臨及各職事官併生員供役人等，俱入闈閉門封鎖，獻忠卽發兵萬人圍貢院，不問官員、秀才及供役人、軍丁，一齊誅殺，不留一人。時賊黨劉進忠駐兵遂寧縣，與漢中相拒。漢中守將乃馬科也，馬科原係李自成部將，陝西戰敗投順清朝，領兵萬餘守漢中，將窺西川。進忠恃勇頗輕科，屢欲舉兵取漢中。獻忠恐其不敵，戒勿輕動。而進忠不受約，私發部下兵襲漢中，與馬科再戰再敗，折兵大半，仍歸駐遂寧。獻忠聞進忠敗回，大怒，命僞翰林寫勑讓進忠。獻忠一字不識，凡平日發勑書與羣下，必口述過，不論鄙惡，須照其口語書之，如差一字，便殺代書者。是時進忠在遂寧，忽傳朝廷有勑書至，卽傳合邑有司鄉紳士民郊外迎勑。至公所，拜舞畢，命生員登壇開讀，官民跪聽，但聞其上高聲讀云：「奉天承運皇帝詔曰：『咱老子叫你不要往漢中去，你强要往漢中去，如今果然折了許多兵馬。驢毬子，入你媽媽的毴！欽哉。』」文武士民俱向上叩首，呼萬歲謝恩而退。進忠知獻忠怒甚，料不能免，於是帶兵連夜入漢中求馬科投清朝矣。獻忠此時方命張可旺、張文秀、王尚禮、狄三品、王復臣等領兵攻川南嘉定等處，王應熊命楊展、顧存志、莫□□、張登貴、侯天錫、屠龍、馬應試連營犍爲、敍州一帶，可旺等連戰不勝。五月，曾英、王祥、余仲等方整兵向成都，獻忠偵知，急撤可旺等回川西。獻忠見四面兵馬漸逼，劉進忠久投清朝，知成都不能守，乃分遣諸將帶兵屠殺附近所屬州縣百姓，不論在城在鄉，男女老幼，務期盡殺，不許私留一人。雖藏匿深山窮谷、懸崖險洞，務必千方百計取而殺之。一月之間，諸將悉回報功，各州縣剿除盡絕，更無一人遺留者。然後盡搜成都城外鄉間百姓殺之，次乃盡屠城中，不餘一人。然後拆毀城垣，放火燒盡房屋。七月，乃拔營盡起，相率走川北，駐劄西充山中。列四大營，每日清晨帶數人登高埠，遍視諸營，或隊伍不整，或旗幟參差，或器具不備，卽併一營盡屠殺之。又恐諸將爲變，輒以小册揣藏懷中，時取而視之，喃喃自語曰：「若此，我事尚未得了，奈何、奈何！」又或時向天自語曰：「天教我殺，我敢不殺？」于是左右愚人皆信以爲乃天使殺戮，不敢背叛。及兵馬屠殺過半，其左右腹心如張可旺、張能奇等密問：「今上等好漢斬殺將盡，後將何以禦敵？」獻忠默然久之，曰：「皇帝極是難做，咱老子斷做不來，今老子金銀甚多，想來做皇帝不如做䟝貨客人快活。我今藏有金銀數萬兩，䟝貨數十挑，好驢馬百十頭，將此衆人殺盡，我等心腹數十人，搬馱金銀䟝貨，前往南京做䟝貨客人，受享富貴，圖下半世快活，有何不可？」衆曰：「此事毋論未必妥，卽欲如此，便將衆兵解散亦可，何必定殺盡？」獻忠曰：「我面上有刀痕，軍中誰不識我？異日撞見，定然洩漏。且數十萬人相隨，一時豈能脱去？」可旺等見其謀之拙如此，知事必不濟，然畏其兇惡，不敢爭。至十月初，可旺與能奇、定國等將謀殺獻忠，待日舉事，忽劉進忠引馬科由漢中出保寧襲獻忠營，猝然而至。撥兵報有敵兵，獻忠怒殺報者。次報又至，言敵兵將壓陣，復斬之。第三次報至，獻忠猶不信，自持鎗上馬出營觀之，適進忠與馬科衝至。進忠面迎獻忠，指謂科曰：「此卽張獻忠也。」於是齊放箭射之，獻忠喉中一箭，墜馬死。清兵直衝入營，諸將猶未知，一時驚潰。張可旺、王尚禮等率殘兵五六萬人，由順慶走重慶。時曾英全軍劄營江上，數月前聞獻忠燒成都等處，率兵走川北，遂以爲無事。王應熊等但知遣將收拾成都，侈言恢復之功，竟不防張可旺等敗潰之兵從川北突至江上。且重慶附近各州縣士紳商民避賊者，皆依附曾營以自固，江上因而成市，水陸數十里，兵民相雜。猝聞賊至，未免驚擾，有望風先避者，人情洶洶不定。曾英命李定、余仲、李占春等率兵迎戰。可旺等皆窮寇，恐清兵後追，料無退步，乃奮力死戰。李定等失利而歸。曾英方欲整頓再戰，余仲卽入後營放火，劫本營馬匹輜重。各營見本營火起，以爲賊至，遂大亂。曾英急率家眷登舟，舟重不可行。後軍猝至，爭舟，曾英墮水死。余仲、李定、王祥等潰走綦江，散入南州縣、真安州山中。李占春、余大海等浮舟下夔州。可旺等連夜奪舡渡江，破綦江縣。督師王應熊駐兵遵義，巡按瞿炱亦按臨，同住城中。丁亥正月初七，瞿炱走真安州，王應熊亦率諸部將遁入畢節衛山中。正月二十三，賊入遵義城。獻忠既亡，可旺等乃奉僞皇后陳演女爲主，駐遵義桃源洞。可旺等諸賊每早必往朝賊后，凡事奏請而行，僞丞相汪某輔之。汪性慘刻過於獻忠，平日嵩以暴酷媚獻忠，凡所欲殺，汪必贊助，故獻忠最信之。諸賊銜之已久，然畏之而不敢發。至是，每公會議事，汪猶傲據諸賊上。一日，張能奇怒曰：「汝今日尚敢如是耶！」拔佩劍斬之。二月初，清兵至重慶，諸賊將賊后焚死，拔營渡烏江，走貴州。時貴州守將定番伯皮熊聞賊至，走都勻。巡撫米壽圖走偏橋，按察使唐勳、副使曾益走定番州，城中百姓逃竄一空。可旺等入城，出示招撫百姓，十日後百姓悉回。可旺兵進攻定番州，定番城中唐勳、曾益調土兵守城，賊至，輒敗去。張能奇自率衆來攻，中藥箭幾死。賊乃書字射城内，云：「數日殺吾兵將甚多，與我斗酒，當即退去。」乃退二十里。城中以爲賊怯，守稍懈，賊忽湧至，城遂破。唐勳、曾益自縊死，江津進士程玉成時在定番，亦被害。二月終，清兵至遵義，可旺諸賊遂屠貴州，渡盤江走滇。可旺復姓孫，自稱平東王。能奇復姓艾，稱定北王。定國復姓李，稱安西王。文秀復姓劉，稱撫南王。時滇中方值土司沙定州之亂，黔國公沐天波棄省城走永昌，滇中竟無兵防，而諸賊遂得乘亂據滇矣。江内張士彦記。

335 張獻忠陷蜀 附記

甲申正月，獻忠自岳陽渡江，虛設僞官于江南，大隊俱北，由湖南入川，陷之，瑞王合宮被難，舊撫陳士奇死之。獻忠取丁壯萬餘，刵耳鼻，斷一手，驅狗各州縣，兵至不下，以此爲令。但能殺王府官吏、封府庫以待，則秋毫無犯。由是所至官民自亂，無不破竹解甲投降者。獻忠陷涪州，再陷瀘州，順流下重慶，進陷成都。蜀王合宮被難，巡撫龍文光暨道府各官皆死之。重慶推官王行儉死，總兵趙光遠降，馬士英猶請降勅獎之。獻忠大索全蜀紳士至成都，皆殺之。既而懸榜試士，諸生遠近争赴，獻忠以兵圍之，擊殺數千人，咸挾筆握策以死，蜀中士類俱盡。時中原多故，諸將無暇西顧，獻忠遂奄有兩川，據險設官，僭大號，改元義武，置左右丞相，以徐以顯爲右丞相，潘獨鰲爲中書舍人，築宮室臺觀，置酒自娱。及聞李自成敗，逡巡不復出。其後獻忠被創死。

有自楚、蜀來者云：獻忠謂蜀中紳衿反覆，盡行誅滅。既而考試童生，詭云選用汝等。諸童亦謂紳衿既絶，必用吾輩，應試者萬計，府縣署前不能容，使往校場考試。午刻，一少年先完卷上呈，已而交卷者絡繹而上。須臾，砲聲轟烈，伏兵四起，突入場中，將童生盡殺之。維時或握管濡墨而死，或碎首斷肩而死，又或折肱破腹而死，以至横竪倒側，種種不一，慘不忍言。夫獻忠殘惡固不足道，而士子争試亦自取其禍也！

獻賊入蜀，蜀人拒戰，獻恨之，大肆殺戮，飲酒將小兒拋擲鎗上，兒啼以爲笑樂。有童稚殺不盡，則以大鋤刈之，其殘忍如此。蜀人大懼，有大山洞内可容人二十萬，匿于中。獻不得入，置薪洞口焚之，吹煙入洞，衆俱糜爛而死。後獻爲清兵射死。

江陰沙尚賓在揚州，與一兵會飲，熟視之，兵曰：「汝何視我？」沙曰：「吾聞食人者其目必赤，今子目赤，毋乃食人乎？」兵曰：「吾曩年食五人矣。昔從獻忠入蜀，蜀人畏之甚，俱避匿深山，無所得食，遂掠人食之。惟女子纖足趾，味最佳，如豕蹄筋然。」時獻忠每日發糧銀一錢，而蜀中米每升值銀八錢，若掠得米二升，則糶一升，便食不盡矣。

336 郜獻珂起兵

甲申七月，獻忠遣僞將馬科至四川，招安保寧一帶。原任兵部主事郜獻珂起兵，戰于桃園，賊兵潰，追獲僞將宋朝臣，斬之。

明季南略卷之十一

永曆二年戊子　清朝順治五年

337 帝在桂林

戊子正月朔丁酉，帝在廣西桂林府，以朝臣星落，免朝賀。粤事記。

338 帝走平樂

何騰蛟再督師出全州，兵益不睦。焦璉下平樂，郝永忠壁興安。未幾，永忠營被襲，疾至闕，欲撤兵。左右禁近刻期欲永曆遷，式耜持不可，言：「督師警報未至營，夜警無火，恐二百里外風塵，而遽使主露處耶？播遷無寧日，國勢愈弱，兵氣愈難振，民心皇皇復何依？潮迴波逝，雖長年三老能逆挽其戙杙哉？」批云：「戙」音「洞」，船板木，又船纜所繫。左右禁近周章不能止。式耜又請曰：「無已，候督師歸。果急，甲士正山立，觀兵督戰，咫尺威嚴。勸激將士，背城借一，勝敗未知。若以走爲策，桂城危，柳益危。若今日可到桂，明日亦可到南、太。」反覆數百言，淚下沾衣。嚴起恒曰：「遲至厥明五鼓。」甫夜半，而永曆已行矣。是戊子二月二十二日也。

粵事記云：二月二十三日夜三更，有霍允中者，河南歸德人，封永城伯，忽搶入大内，劫帝于寢被中，舁出城外。將文武百官捆吊勒索，盡逼所有，妻孥不保。瞿式耜劫掠如洗，一晝夜飽颺。帝雖裸體，幸無傷，隻身走平樂府。桂林殘弊不可駐足，思三宮已在南寧，馬吉翔備布袍竹轎，掖帝而行。遇水濡足，過嶺扳枝，可謂行路難矣。

此與遺聞差一日，而被刼一事更詳。嗟乎，天子裸體，時事至此難言哉！南、太，南寧府、太平府也。

339 瞿式耜復守桂林

當永曆夜行時，潰兵肆掠蹂躪公署，職官無一得免，式耜被逼登舟。黎明，刑部侍郎劉遠生、給事中丁時魁、萬六吉及劉湘客俱至。蓋湘客奉命安撫亂亡及勸餉糈，而遠生、時魁以召將入也，遇式耜于樟木港。式耜集遠生等入民屋，立草檄分路四發，暫駐陽朔，催焦璉兵上援，楚鎮周金湯、熊兆佐亦入桂。又檄翰林簡討蔡之俊、大理寺評事朱盛濃先入桂宣式耜令，檄按察司僉事邵之驊部璉兵定人心，式耜于初一日復入桂署。督師何騰蛟自永寧至，滇鎮胡一青統兵至，焦璉自平樂統兵至。清兵疑桂城空虛，直抵北門。三月二十二日，騰蛟督兵三面禦之，清兵渡甘棠去。督師列營榕江，永曆詔旌式耜，賜銀幣，又賜「精忠貫日」金圖書一枚。式耜念主宵衣，南寧蠻鄉不可久駐，日爲永曆清道，前日所憂在内者，今更在外。督勳鎮將士直取全州，促巡撫魯可藻下梧。會東人有反歸信，令可藻繕兵以待。會可藻銜自署兩廣，舊例東撫稱制兼粵西，西撫稱撫。式耜曰：「方今武人多自署撫軍，帥一面，帝制輒自命，貽遠人笑，予代疏請銜，曷不可！」周鼎瀚以閣部擅假，式耜亦疏正之。當武崗之亂，言官彈鼎瀚以附承胤入直，式耜司票擬：「獨不聞王沂公曰：『進賢、退不肖皆有體。』瀚係大臣，應聽自謝免。不謝免而復擅假，毋乃不可乎！」陳邦傅稱「粵西世守」，牒四飛，式耜疏駁之：「今日功晉五等，尚未裂土，海宇剥削，止粵西一隅爲駐蹕之地。楚、滇數萬之師，日需食，輒曰『世守』，豈老成憂國所隱料！」式耜身雖在外，在廷大紀綱極言力請，疏曰：「臣與陛下患難相隨，休戚與共，原自不同於諸臣。一切大政，自得與聞。廟議可否，衆指所關。本亂而求末治，馬虺終古耳！」批云：「虺」音「始」，壞也。

340 永曆駐南寧

粵事記云：三月初十日，永曆入南寧府，加守道趙臺巡撫銜，令耑值大内食饌。隨至者内閣嚴起恒、吏科許兆進、兵科吴其靁、户科尹三聘、禮科洪士彭、兵部尚書蕭琦、大金吾馬吉翔七人耳。帝欲進土州，蕭琦上十便十不便疏止之。君臣資斧空乏之實甚，起恒以首相兼吏部尚書，下車之明日，亟收人心，懸示通衢：「民間俊秀願立本朝者，悉陳履歷姓氏，即於三月十五日廣爲開選。」邕城通二十四土州，檳榔、鹽布諸賈及土樂户皆註仕籍，列鴛班，借府學明倫堂爲公座蒞任地。自晨至暮，日以百計，鼓樂旗幟，軒輿扇蓋。前人按套傴僂罄折尚未遽畢，後官多疊趾以候。如吴城、沙市等處極鬧，廟食香火、朽宿禮生，一時驕貴。以公座遽多禮，榮歸展親，謁祠拜長，更多禮也。

蕭琦，江西人，崇禎丁丑進士。

邕城，南寧府。吴城，江西巨鎮。沙市，荆州巨鎮。

341 皇子生

四月初一日丙寅，世子生。王化澄請册爲太子，赦天下，詔曰「萬喜」。行在文武加一級。

342 土官陞授

粤事記云：時田州、果化州等土官來朝，行在文武各曲意款徇，冀得其歡心，以爲異日東道主。土巡司皆陞爲邑宰，土邑宰皆陞爲知府，竟有道銜與土知府者。蓋土司舊規，原加一等行事，以道銜與之，彼竟儼然開府矣，此三百年不破之格也。

343 李成棟歸明

粤事記云：四月初十日乙亥，清朝廣州統兵固山李成棟將所轄廣東、廣西兵馬錢糧、户籍土地悉歸永曆，遣帳下投誠。進士洪天擢、潘曾瑋、李綺等三人賫奏稱臣，併請聖駕東蹕肇慶，爲逾嶺策應地。滿朝驚喜，猶恐兵貴神謀，中藏詭秘。天擢等極言「李固山忠誠懇摯，跂足注望」意。詳詢其棄清歸明之故，亦未甚悉，云于四月初一日寅刻，懸掛奉朔改妝示，諭廣州文武立刻更换參見。時烏紗吉服、腰金象簡滿堂，如漢宮春曉也。初成棟于丁亥二月收繳兩廣文武印信凡五十餘顆，於中獨取總督印藏之。有愛妾某，松江妓也，獨擶閩、粵，揣知其意，因朝夕慫恿，成棟置不問。及今年三月三十日晚侍酒，復挑之，成棟撫几曰：「憐此雲間眷屬也。」蓋成棟北來，家眷悉駐松江府城，故云此。妾曰：「我敢獨享富貴乎！先死尊前以成君子之志。」遂引刀自刎。成棟抱屍大哭曰：「女子乎是矣！」卽服梨園袍帶，冠進賢冠，四拜而殮之。將兩廣總督印具疏迎永曆于廣西南寧府，選洪天擢三人，令兼程晝夜行。

遺聞云：六月，粵東李成棟有反向明朝報至。此載四月，蓋誌事之始也。辛亥九月初五書。洪天擢，徽州人，崇禎丁丑進士，吏部侍郎。潘曾瑋，應天溧水人，進士，大理寺正卿。李綺，松江華亭人，崇禎庚辰進士，廣東督學。

附記　自吳勝兆敗後，清以成棟鎮松江。戊子春，率兵萬人征廣，餘老弱二千及家眷居松。成棟既歸明，蘇撫土國寶籍其家，得酒器三屋、妻屬六十人，解南京。馬内院拘徐國公舊府，每人日給米一升。所存兵以次散去，猶存兵妻二千不肯散，亦日給米一升，每成隊而出，放馬斫草，横行于松。

344 羣臣復出仕

粵事記云：四月十五日庚辰，又有沈原渭者，再齎成棟速駕之奏至，知事果真，于是彈冠者遍地。王化澄杜門半載，忽入直矣。朱天麟變姓名、隱太平府、走別竇，邀拜相矣。晏清自田州出爲冢宰矣。張鳳翼兵科兼翰林院修撰矣。張佐辰與扶綱自貴州至，司文選考功司事矣。顧之俊制中亦出隨駕，上天地人三策、水火藥三用矣。張起、王者友、朱士焜等，各造一名色，營考選矣。吴江縣書役王正國爲吏部司務矣。董雲驤爲大行矣。潘駿觀進兵曹，王渚户曹矣。龐天壽掌司禮監矣。吴貞毓吏侍兼副憲，先遣下廣答諭李成棟矣。沈原渭當即賜宴殿前，敕加都察院右副都御史。一時人情咸以出仕爲榮、不仕爲辱矣。

沈原渭，蘇州吴江人，生員。朱天麟，吴江人，崇禎庚辰進士。晏清，湖廣黄岡人，進士。張鳳翼，庚辰進士。張佐辰，進士。扶綱，貴州人，崇禎甲戌進士。顧之俊，蘇州人，癸未進士。張起，蘇州舉人，户科給事中。朱士焜，靖江人，貢生，吏科都給事中。董雲驤，松江生員。潘駿觀，湖州生員，文選主事。王渚，池州布衣，户部主事。

345 章服錯亂

粵事記云：四月二十日，又下考貢之旨。村師巫童以及緇衣黄冠，凡能握管書字者悉投一呈，曰「山東、山西某府縣生員」，必取極遠以爲無證，拽裾就道，瀰漫如蟻。曾經出仕，僉曰「迎鑾」；遊手白丁，詭稱「原任」。六曹兩侍，旬日間駐列濟濟，然相遇朝堂道左，各不舉手，爲有一二科甲在内，故凌氣質以自尊。餘如菜傭、屠夫、倡優、書役，雖冠進賢冠，行行隊隊，若羞見人。維時無故或吉服、或衣錦、或卑末而用天藍剪絨靴；至于章服補帶，多未合式，或補鶴而帶銀，或帶金而補雀，或帶黑角而四雲大紅石藍。且有官冠不如其帶，品不如其服者。凡站立位次、稱呼禮貌，俱未之嫻。文武錯佩，大小倒置，滿朝皆無等威。攘臂脱肩，牛襟馬裾，新創朝廷遂城墟市，嚴起恒不得不任其咎。喧嚷兩月，左、右二江，人不稱官者少矣。

地少官多，朝小官大，自古如此，於今爲甚。九月六日。

346 兩粤復全

遺聞云：瞿式耜念無講官，經筵不御，石室塵封，何由聞得失，手書八箴於扇，進之。何騰蛟復全、陽，是五月二十七日事也。騰蛟報功疏不肯自爲功，有曰：「爲陛下以信臣用臣者，式耜一人也。」時李成棟具疏迎駕，又江右金聲桓據南昌，藏表疏于佛經部面中，遣使賫奏亦至，兩粤俱稱全土。式耜疏請永曆往桂，又請勿遽東，又言：「事權宜專，號令宜一。茲軍功爵賞，文武署置，決于成棟。若歸之朝廷，則中擾，閫外不能專制；聽之朝廷，徒虚拱。且楚、黔雄師百萬，騰蛟翹首威靈，如望雲霓。駕既東，軍中將帥謂朝廷樂新復之土，成棟亦有邀駕之嫌。號令既遠，則人心渙散，請一見東諸侯，俾共瞻至尊音容，面爲慰勞指屬，然後責其盡意于東，刻期出戰，咸決于外，不中擾也。」又令簡討蔡之俊入迎，再疏令給事中蒙正發迎。永曆竟由梧入肇，先後諸疏俱不報。式耜聞，淚簌簌下。再疏謂：「前日粤東未復，宜住桂以視楚。今日江、廣反正，則宜住桂以圖出楚。事機所在，毫釐千里。」吏部侍郎吴貞毓疏請永曆往廣城，式耜乃促遠生入阻永曆。適成棟自嶺還師，修行宮且迓駕。永曆命遠生詣廣勞師，遠生謂成棟曰：「今駕至此，爵賞征伐，人疑有私，不可不嫌。」成棟然之，遂罷修行宫，止迓駕。成棟具疏言：「式耜擁戴元臣，粤西扼禦定，毋容久于外。應亟召還綸扉。」永曆專命遣官三四召，式耜曰：「前日在南寧，桂林危，桂林危則天下去矣，其機在外不在内也。今江、廣悉定，何公督師下長沙，朝臣且輻至，予不敢忘危而即安。」具疏乞骸再，上不允。

蒙正發，湖廣人，户科都給事中。

347 朱天麟邀相

粤事記云：朱天麟，崑山人。出自羽衣，庚辰進士。是時，以知推行取高等，竟入翰林。思廟閲司李訪單，拘取無圈點者爲上選，天麟遂入翰林。丙戌九月，由閩入廣，獨攜家屬。舟過肇慶，會永曆登極，諸臣適欲覓一老詞臣爲朝端重，共迎挽之。天麟絶維而去，變姓名，隱居廣西太平府之雲山。至是，知成棟歸明，適太監王保入山置市蘇木，天麟故爲款納，禮極恭，使具奏。王保回朝，極口薦之，且詳述其留待意。内閣嚴起恒、王化澄忌有三人，以「該部知道」還之。天麟又求慶國公陳邦傅，特疏薦曰：「三朝元老、中興柱石，今潛修太平，此天心巧留伊、吕，再造股肱，以佐陛下。」主政者終不欲密勿之地，權分異己，量擬以宗伯召，時爲前六月朔。越三日，天麟見朝，宗伯篆王化澄兼攝。初五日，化澄以篆送天麟，天麟固不受，往返推辭，自旦至暮終不允。科道兩衙門傳揭曰：「天麟原以閣臣薦，豈宜授之宗伯？今當合詞以閣臣請。」明日疏上，仍以「該部知道」四字還之。于是天麟勉受宗伯。不三日，嘗長子日生爲侍御，令掌河南道事。次子月生爲中書，弟天鳳爲大行。又偏鄉兵四五十人，執戈揭旗以從，云爲將來出將地。凡會客談敍，日昃夜分，葛藤不了，一門可笑如此。

王保，應天人。朱天鳳，乙酉福建舉人。

348 陳邦傅留帝潯州

閏六月初十日甲辰，永曆與三宮邕江登舟出南寧，歷橫州、永淳，時以急流，兩日夜即抵潯州府，有舊總兵慶國公陳邦傅挽留訴功。初，永曆駐南寧三月，邦傅不敢入覲，以與朝臣不協，又與趙臺有隙。臺本北京人，任子也，擢南寧知府。甲申京變，隻身宦南。時邦傅總鎮粵西，依之爲親，爲後日身家計，曾經面訂，未行吉禮，邦傅亦屢疏薦揚。臺之得擢，頗由於此。後邦傅見駁於式耜，不理於朝臣，臺欲絶之，至形之章奏，以博衆歡。邦傅因宣言：「聖駕下廣，臺必隨扈，路出潯江，吾必掠其妻女，殺其父子。」臺聞之，遂不敢從帝，留於南寧舊署。至是，永曆過潯州，邦傅留之，面責帝「忘大恩，聽兩衙門交搆，於本爵無少加恩。倘丁亥二月，梧、潯等處無臣父子血戰三晝夜，扼南下之兵，長驅直搗，皇上焉有今日？至趙臺賴婚負義，法所當誅，皇上反加優容，彼不敢經臣河下，何得任爲留守？且南、太等府，原係臣鎮轄下，何必再設巡撫？明係兩衙門受賄，設計蒙蔽。望皇上大奮乾綱，毋爲文臣作奴僕，飽彼私槖。後日將士解體，身受實禍。」永曆愧憤，面赤無答，但云：「你補本來。」又於隨駕諸臣略不爲東道主，反向户部主事王渚索餉，拳毆而死。顧之俊憤極而死。嚴起恒、王化澄兩相，以惡草食進，相見無和顏温語。又面訶兵部尚書蕭琦不遣兵護駕，率家丁亂石碎其舟。舟半沉，復不容琦登岸，蹲踞水艙，遣村兒野婦環坐而辱詈之。琦憤恚，蒸悶三日，卒於舟次。邦傅取其舟中所有，復不爲之殯。

二十日甲寅，邦傅逼永曆上潯州府，駐府署爲行宮。邦傅挾朱天麟同嚴起恒、王化澄知機密，因廣爲給發劄付。始而慶國自劄，繼而部劄，後則貴欽劄。欽劄者，玉璽劄，官知縣、知府、科道、翰林以至侍郎、尚書，武則正副總兵與游擊參將，使之執劄到部，照受實在衙門，故陳乞紛紛。尚書、正總欽劄，亦可易百金，部劄半之，下廣路費需之此也。粵事記。

是年，明朝閏六月，而清朝則閏四月。明朝閏六月初一甲辰、二十甲寅，而清朝六月初一癸卯、二十癸丑，差一日。辛亥九月七日書。

横州、永淳縣，俱屬南寧府。

349 張立光受賄換敕

七月，永曆駐潯州，允陳邦傅居守潯州府，如桂林瞿式耜設官征賦。敕下中書科謄黄，中書舍人張立光受賄二十金，遂以「世」字易「居」字用璽，勳卿亦不及察，惟永曆覺之，曾微言於嚴起恒，令行在諸臣發其事，欲追前敕，更正「居」字，並提立光，擬擅改敕書罪，竟不果。

立光，蘇州崑山人，生員。

350 晏日曙四臣殞身蛇廟

廣州、肇慶、梧州千餘里間，注望聖駕，杳不可得。晏日曙、李永茂、田芳、鄭封等俱中原產，性惡濕熱，又潛伏深山一載餘，嵐瘴之氣浸入肝膈。至是，各艤舟以待，於蒼梧城下府江、藤港合流處三角嘴挽泊，西望眼穿，滿腔欲控。閑遊蛇廟，避暑縱談，四人各喘急暴病，相繼而亡，竟弗獲面聖略傾積悃。或謂冒觸蛇神也，亦因熱中瘴發，炎蒸不耐，俗云等人躁急故耳。此出粵事記。

蒼梧縣、藤縣，俱屬廣西梧州府。

351 葉子眉題詩朝歌 有和

馬足飛塵到鬢邊，傷心羞整舊花鈿。回頭難憶宮中事，衰柳空垂起暮煙。

妾廣陵人，從事西宮，曾不二年，馬上琵琶，逐塵遠去，和淚濡毫，語不成章，愴懷賦此。幸梓里同人見之，知浮萍之所歸耳。廣陵葉子眉題。戊子七夕前二日也。

都人田雨公和韻

嫦娥何事下天邊，冷落空殘金鳳鈿。可憐無限傷心事，化作長安北塞煙。

關中䄂庵主人偶見壁間眉娘所吟，不吝三鄉女子之留也，〔一〕悽然賦此

黑河遠隔白雲邊，綉嶺誰憐拾翠鈿。回看西内朦朧月，惟有寒鴉噪暮煙。

龍眠太丘主人和

才人生長廣陵邊，流落花箋冷翠鈿。壁上題詩何太怨，朝歌早已没朝煙。

瓊花移向塞垣邊，漠漠風沙上翠鈿。惟有故園門外柳，春來依舊鎖青煙。

東莊道學

碧桃根出五雲邊，脂冷香銷土作鈿。薄命紅顏千古恨，從今不止惜非煙。

古瀛衞桂森

紅葉詩流御水邊，佳人何必整花鈿。中途寫盡離騷曲，肯許浮雲到紫煙。

閨夢方甘巫峽邊，胡塵忽起墮花鈿。捐金魏武今安在，愁煞文姬對塞煙。

芷水逸狂

漢女和戎勉出邊，猶將青草雪花鈿。包羞不識床頭劍，何用悲歌辱紫煙！

讀葉才人題朝歌旅壁詩，聲淚俱碎。和者縷縷，率爾數章，幸以純灰數斛，浣此壁疥也。

〔校記〕

〔一〕不吝三鄉女子之留也　按，疑「不吝」爲「不啻」之訛。

352 永曆再入肇慶

七月二十五日戊子，陳邦傅爲李成棟促請聖駕，辱詈不堪，不敢挽留，是日離潯州。二十九日壬辰，至肇慶城下。成棟先整督學道船長三十二艙者爲龍舟，百里外迎接，上慰勞備至。八月初一日癸巳辰刻，成棟率文武百官迎帝，手扶鑾輿入肇慶行宫。宫中儲銀一萬兩以備賞賚，供帳器飾復約萬金。象魏殿陛，亦粗可觀。朝賀後，加成棟衞公爵，極品，賜御袍靴帶、尚方劍等。成棟再拜謝。時首相嚴起恒、次王化澄、次朱天麟，凡政之大小行止，必呈成棟而後奏。粤事記。

353 李成棟出師

李成棟，陝西人，爲人樸訥剛忍，無矜意，無喜容，不脂韋，不多言，内外文武悉敬畏之。永曆命築壇城東，倣漢淮陰故事，令督師南下。壇半就，成棟曰：「事在人之爲耳，豈必壇之登與否乎！」蓋刎頸愛妾刻不去懷，必欲得當以答其意也。八月十二日甲辰，面奏永曆曰：「南雄以下事諸臣任之，庾關以外事臣獨肩之。」一言竟去，提兵二十萬上南雄。時江右金聲桓據南昌，已通成棟，約期南下矣。粤事記。

354 朝臣媚李元胤

自八月十二日李成棟去後，朝局大變。都察院左都御史袁彭年向爲周延儒腹心，延儒議處，首揭延儒。後降清朝，授廣東學道，示云：「金錢鼠尾，乃新朝之雅製；峩冠博帶，實亡國之陋規。」及返明朝，又復詆之，自矜反正第一功臣。成棟有養子李元胤，本賈姓，河南人，以庸蠢不攜行間，留肇慶守家。彭年特隆其體，以內外權屬之。元胤爲傀儡，笑駡無情；彭年爲線索，機權刺骨，一時政事人心遂乖離殊甚。吏部侍郎洪天擢、大理寺正卿潘曾瑋、廣東學道李綺、兵部尚書曹燁、工部尚書耿獻忠、通政使毛毓祥爲成棟所親愛，皆自五羊來，爲一種。嚴、王、朱三相國及吏部尚書晏清、吏部侍郎吳貞毓，並雜項出身六科吳其靁、洪士彭、雷得復、尹三聘、許兆進、張起等，皆南寧隨駕西來，爲一種。又有從各路至者，都察院副都御史劉湘客、禮部尚書吳璟、吏科都給事中丁時魁、兵科都給事中金堡、户科都給事中蒙正發、禮科都給事中李用楫、文選司郎中施召徵、光禄寺正卿陸世廉、太僕寺正卿馬光、儀制司郎中徐世儀等，又爲一種。其廣東本土人陳世傑詞林、吳以連司封、李貞省垣、高賚明西臺、楊邦翰冏卿、唐元楫方郎等，亦爲一種。種種望風歸入一黨。彭年召引同志，驅除異己。於是元胤之門如市，登其堂者不啻龍門。拜盟認宗，李氏、賈姓，莫不矜喜。每當朝期，東班趨入西班與元胤晉接，東班爲之一空。元胤爲人暴戾自用，狂率不情，客至不揖、去不送。喜遣僕卒與客賭博，諸臣傾囊奉之，謔浪駡座，弗忌人諱，皆彭年脅制內外曲狥以成之者。「中郎無子」，洵不誣矣！

十月初九夜，元胤奏成棟密計，題請兵部尚書佟養甲往梧州府祭告興陵。二鼓時，於德慶道上殺養甲，地方官以盜殺報，由是威權益震。本月十五日，元胤誕辰，在朝文武公分之外有私分，私分之外有私公分，私公分之外又有私私分，餽遺晝夜絡繹，自八月至冬杪，莫不奔競於元胤左右，可嘆也！粵事記。

彭年，湖廣公安人，崇禎甲戌進士。毛毓祥，武進人，丁丑進士。吴璟，原名文瀛，松江人，進士。施召徵，無錫人，癸未進士。馬光，蘇州人，保舉湖南總督。徐世儀，江西人，陞文選司郎中。陳世傑，進士。吴以連，丁丑進士，驗封司郎中。李貞，進士，吏科給事中。高賚明，進士。楊邦翰，進士，太僕寺少卿。唐元楫，丁丑進士，職方司郎中。佟養甲，遼東人，都督同知。

355 李成棟庾關初敗

十月二十日辛亥，李成棟過庾嶺。二十五日丙辰，於江西贛州府城外結營，聞内外已通情。二十六日丁巳五更，聞城上呼董大哥者三。成棟於夢中驚醒曰："董大成是我中軍，彼呼之，我軍已爲彼有矣！"亟披藍布短馬衣，跨一騾疾走，竟不發一言。庾關至梅嶺六百里，兩晝夜奔蹶大雨中。初出關，兵二十萬，分爲十大營，每營立一大總鎮。成棟棄軍走，十總戎亦尾之而行。及進南安府城門，成棟如夢初覺，顧謂十人曰："爾等何得隨來？"十人對曰："大爺既走，吾輩不得不來。"成棟怒，以爲謬，即手刃愛將楊大用。二十萬士卒器械悉棄贛州府城下，止與百人南來，亦羞入肇慶面君，遂順流直下廣州府爲再舉計。朝中得報，亦不甚異，仍封誥陞轉，仕籍紛紛，竟不及計外禦内修者。

董大成，河南人。楊大用，陝西人。

贛州府屬江西省。南安府，江西進廣處。

以二十萬衆大帥，豈無故獨走？卽十將亦豈竟不知所以，隨行兩晝夜，獨不得成棟一語而奔乎？此必有說，姑誌以俟考。辛亥十月十五王館書。

356 文選給空劄

九月、十月，通政司疏陳乞職者日以千計。閣臣票擬，刻版定「著議具奏」四字。吏部堂司兩廡，擁簇挨擠。文選司雖掌銓選之權，無出選之地。廣東一省，非奉成棟咨，大小有司不得擅爲除授。桂林、平樂，則留守閣臣瞿式耜爲政。慶遠、柳州，則新興伯焦璉爲政。焦璉者，陳邦傅出京時京債主。潯、南、思、太四府，則慶國公陳邦傅爲政。文選所副乞陳之望，第給一空劄，爲後日到部憑據而已。

357 陳邦傅圍南寧

十月，邦傅率兵至南寧府，圍城二月，斗米一兩。活剮媒人錢廷燁，趙臺莫能支，開城降，涕泣出女與邦傅爲媳。邦傅父子遂駐南寧府。

錢廷燁，無錫馬橋人。

358 賈士奇辱施召徵

十一月朔辛酉，文選施召徵謝恩。時同班舞蹈者三人，一爲本兵曹燁，一爲鑾儀司賈士奇，一爲現通譜李元胤者。召徵趨揖燁而未揖士奇。士奇大怒，指名辱詈。召徵初未曉，及惡聲出始覺，誘云：「短視，當詣門請罪也。」燁亦解紛，士奇稍舒。至初四日，遇于道，攘臂欲毆。召徵避讓，細詢其故。士奇見召徵他處刺名頗小，而請荆字獨大，以爲欺之也。召徵杜門三日，幾費調停，代款四兩始息議，無非假元胤而恣肆耳。

士奇，河南人，初爲守備。

359 吳其靁宵遁

十一月初六日，兵科吳其靁具疏：「清文武之職掌，以肅朝綱；勵新舊之廉恥，以別人品等事。內閣六部四衙門總兵以下，移會用手揭，此三百年來之舊規。現在文武諸臣，有初朝、二朝、三朝、四朝、五朝、六朝之分別，各宜建立事功，以昭靖共自獻之本心。」袁彭年、李元胤知之，恨入骨。初十日，其靁宵遁，上桂林府與瞿式耜共事，疏亦留中。

附無錫記曰：丁亥、戊子兩年間，鄉間盜賊蠭起，如膠山、前澗、鵞湖等處，每盜至，燒搶百餘家，或五六十家，或二三十家，如此無寧日。六月初六日，梁按院公坐，詢其出身，乃是布客。

360 朱容藩僭亂本末

西充 陳景雲

朱容藩，本楚藩通城王派下一庶人。居家無賴，不容於王府，逃入左良玉軍中，假稱郡王，引兵害人，營中諸將惡之。甲申春，北都既陷，容藩至南京賄馬士英，請以鎮國將軍監督楚營。行至九江，以橫恣激變軍民，懼罪逃奔。時李自成潰於陝，餘賊流入楚，容藩復入賊中，稱「楚王宗子」。賊大喜，欲立爲王。後見舉動乖異，語言虛詐，因疑之。丙戌十月，永曆卽位端州，容藩走赴行在，言賊中情形甚悉。内閣丁魁楚素庸陋，信其舌辯，遂薦之朝，掌宗人府事，得參大政。而兵科程源喜談兵，與之結納甚歡。程源，四川人也，一日與容藩談川事，曰：「川中賊勢雖盛，而諸將兵不下數十萬，吾兩人各請總督之職，公督東北，我督西南，賊不足平也。」容藩喜，具疏請之。朝議以程源方改兵科未及兩月，不應陞遷。而源狂躁，意在必得。乃加源太常寺少卿，經理三省，而改容藩爲兵部右侍郎兼右僉都御史，總督川東兵馬。十二月，清兵破廣東，上移蹕桂林。内閣呂大器回四川，丁魁楚率子女輜重由潯州走横江小路，内閣隨駕者止瞿式耜一人。丁亥正月，駕至廣西桂林府，朱容藩、程源覬覦入閣辦事，逗留不行，囑給事中唐誠等連名具疏，參「丁魁楚私逃，上護從卑弱，如容藩、程源，皆係擁戴重臣，不宜輕出外」。上素惡容藩，因怒曰：「爾等又欲擁戴容藩耶？」遂命削容藩官，奪其總督勅印，欲斬之。容藩懼，披剃爲僧，賄買内監龐天壽，求太后謂上曰：「變亂以來，宗室凋零。容藩罪不至死，毋過求。」上素孝，承太后懿旨，卽赦容藩，仍復其官，還與勅印。容藩由楚入川，程源由楚入黔，假稱「三省總督、兵部右侍郎」，沿途賣官送劄，贓私巨萬。四月，四川巡按錢邦芑具疏參之。時上以三月劉承胤迎駕蹕武岡，疏入，上震怒，削程源職，逮問。容藩由辰州入永順司，至施州衛，得王光興兵馬二萬人。時光興爲清兵所擊，敗於鄖陽，走入施州衛，無所歸。容藩假稱「楚王世子、天下兵馬副元帥」，光興諸將不知其僞，遂附之。時川中曾英爲張可旺即孫可望所敗，部將李占春、余大海率舟師東走夔州。容藩既得光興兵，卽移檄占春、大海，兩將亦歸之。時清兵既破成都等處，載輜重子女，由重慶泛舟而下。容藩命占春、大海截之。二將以舟師溯流而上，七月十一日相遇於忠州之湖灘。清兵輜重既多，部伍未整，占春出其不意，以輕舟直入其營，發火砲亂擊之，清兵遂亂，棄舟登岸走川北。容藩得三營兵馬，益恣肆妄行，遂稱監國，鑄副元帥金印佩之，改忠州爲大定府，號府門爲承運門，稱所居爲行宮，設祭酒、科道、鴻臚寺等官，擅封拜王光興、李占春、余大海、楊朝柱、譚弘、譚文、譚詣、楊展、馬應試等爲侯伯，以張京爲兵部尚書，程正典爲四川總督，朱運久爲湖廣巡撫。八月十三日，錢邦芑率王祥復遵義。九月，檄袁韜復重慶。川北總督李乾德同袁韜兵駐重慶。十一月，容藩率李占春諸營至重慶，會乾德。容藩諷乾德，欲其推戴己。乾德若不解者，而禮復不相下。適冬至行朝賀禮，袁韜本搖黃賊，初受撫，素不知禮，乃與容藩同班拜舞。容藩怒，卽命李占春暗襲袁韜，並害李乾德。是晚，乾德坐舟中，忽覺煩悶，遂登岸於高埠設帳安息。及占春兵至，擄乾德舟中，止得一妾一女，不見乾德，乃大驚。及襲袁韜營，復不能勝。次日，袁韜集兵與占春相讎殺，數戰不解，互相勝負。容藩走涪州。時錢邦芑在武隆，川南總督楊喬然在彭水。容藩移書邦芑、喬然，請至涪州爲兩營解釋。邦芑復書，深責容藩僭逾之罪。容藩不從，乃私鑄錦江侯印送王祥，求其以兵應占春，同戰袁韜。戊子正月，王祥以兵出綦江，與袁韜三戰不勝，退劄南岸。祥獨乘輕舟見容藩。少頃，占春來相會，王祥力大，遂擒占春過其舟，同至綦江縣，命部下王朝興守之，不聽歸營，欲併其衆。朝興，陝西人，與占春同里，占春慰以好言。時苦寒，占春解貂衣贈之。朝興悦，守爲之懈，占春乃夜踰城出，得小舟逸歸營。王祥既失占春，戰袁韜復不勝，兵無糧，殺馬而食。二月，遂回遵義，袁韜亦走順慶。占春退劄涪州之平西壩。夔州臨江有天字城，甚險可守。容藩乃改爲天子城，以爲己讖，領部衆數千居之，鑄印給諸部下。石砫、酉陽兩土官俱封爲伯，掛將軍印，厮養蠻獠俱授監軍、總兵之職。川中屢經張獻忠、摇黄之亂，地方新復。丁亥武岡之變，上由靖州幸柳州，干戈阻道，朝廷文告久不通川中。容藩乘機煽惑，川東一帶諸將士多爲容藩所動，競往歸之，求官授職無虚日。錢邦芑乃列其罪，拜疏糾劾云：「爲奸宗謀逆請正天討事。臣察得逆宗朱容藩，自元年正月在廣西得罪皇上，欲置之死，幸蒙天恩赦宥，還其原官，命料理湖南一帶。彼時寇逼湖南，容藩即由施州衛走入川東。五六月間，寇陷涪州，臣方至彭水界上，川東夔府一帶與朝廷消息不通，文武無主，容藩假朝廷之威靈，收拾兵將。至八九月間，川中各鎮如王祥、侯天錫、李占春、余大海、趙榮貴、曹勳、馬應試、袁韜等，各出兵剿寇，四路捷報。維時皇上幸廣西，川中不知聖駕所在，容藩即自爲吏兵兩尚書，鑄刻印信，選授文武，籠絡軍民，隱有稱王之意。今歲六月，臣巡川南，忽軍中傳來朱容藩刊諭建置文武榜文，其自稱則曰『予一人』、『予小子』，如此而欲其終守臣節，其可得乎？今皇上遠在百粤，四川僻在極西，沿途兵寇阻道，凡詔諭勅旨，經歲餘後通，其浮沉不達者尚多。且西川之地，四圍皆蠻夷土司，易生反覆。又迭經寇禍，三年之間，四易年號，人情惶惑，莫知適從。故容藩欲乘此搖動人心，謀爲變亂。自去歲秋冬，川地漸復，臣不憚艱苦，往來深山大箐、荒城破壘之中，驅除豺虎，翦披荆棘，招集殘黎，撫慰土司，宣達皇上威德，西川之地始知正統所屬。今聲教漸著，法紀方行，而容藩包藏禍心，謀窺神器，陽尊朝廷，陰行僭僞，假皇上之威福，布黨亂之爪牙。其意待羽翼既成，便欲盤據西川以爲公孫子陽、王建、孟知祥之事。臣已早窺其隱，先致書告以大義，隨卽傳檄楚督何騰蛟、堵胤錫、川督楊喬然、李乾德及各大鎭，俾共尊朝廷，毋爲叛臣所惑。語不具載。」邦芑乃封疏稿檄文，達書於堵胤錫，期合兵共討。時胤錫率馬進忠等駐施州衞，胤錫得書，卽乘舟入川會容藩，正色責之。容藩曰：「聖駕播遷，川中不知順逆，聊假名號彈壓之耳。」胤錫呵之曰：「公身自爲逆，何能服叛逆乎？錢代巡有檄會兵，若再不悛，錢公率兵下，吾截其後，川將皆朝廷臣子，誰爲公作賊者？」時文官附容藩者止張京、程正典、朱運久三人。胤錫一一陳大義，切責之。川東文武始知容藩名號之僞，各各解散。八月，督師呂大器至涪州，李占春迎見。適容藩有牌至，期諸將會師，上列「楚王世子、監國天下兵馬副元帥」之銜，大器笑曰：「副元帥非親王太子不敢稱，且天子在上，何國可監？此人反叛明矣。」占春曰：「昨堵督師面叱其非，某等已知其僞。然朱千歲猶鑄印封拜，奈何？」大器曰：「容藩專擅如此，朝廷卽檄兵會討，爾等受其官必不免矣。」占春曰：「誤爲所惑，今已悔之，討叛以贖罪，若何？」大器曰：「唯唯。」占春卽整舟師，連夜至天字城攻容藩。容藩以兵相拒，不勝，走入夔州山中。占春率部下窮追兩日，容藩匿草舍中，爲土人擒獻，斬之，川東之難悉平。

361 武岡播遷始末

黔陽　郭象雲

劉承胤，本南京一市棍，投兵部爲家丁，有膂力，酗酒無賴，自號劉鐵棍。後隨營至楚，以征討蠻獠累功至副總兵。甲申北都既變，何騰蛟總督楚中兵馬，題承胤爲總兵官，鎮守武岡，招集兵二萬人，大半南京市棍。承胤剛愎不知兵，以「鐵棍」之名哄動遠近，騰蛟亦誤信之，與聯姻。丙戌七月，隆武封承胤定蠻伯，承胤愈恣肆不法。兵科龔善選以册封李赤心回，過武岡，承胤令兵辱之。丁亥正月，永曆駕蹕桂林，承胤具疏迎駕。二月，兵科給事中劉堯珍過武岡。時太僕寺卿鄭逢元以催粤餉駐武岡，見承胤兵盛，遂與承胤聯姻。先是，沅州有妖僧查顯仁假稱弘光帝，煽動地方，逢元亦具表稱賀。至是，劉堯珍語譏之。逢元慚怒，以告承胤，承胤次日對衆拳毆堯珍。錦衣衛指揮張同敞至，與御史傅作霖責承胤曰：「爾具疏迎駕，而得罪朝紳，何也？」承胤不自安，乃具酒請罪。後上駕蹕全州，承胤至全州見駕，倨侮無人臣禮。御史瞿鳴豐疏劾之，次日朝退至門外，承胤指都察院御史楊喬然曰：「汝任風憲之長，近日言官混雜妄言，汝不能表率，要汝何爲！」因以拳揮之。喬然與相争，至裂冠毁裳，衆爲勸息。喬然、鳴豐具疏請罷斥，杜門不出。承胤回武岡。三月，車駕幸武岡，以岷府爲行宫，進封承胤爲武岡侯，以工部尚書吴炳爲東閣大學士入直，以貴州總督李若星爲吏部尚書，黄太玄爲太常寺卿，侯偉時爲文選司主事。改吏科唐誠爲右春坊右諭德，以御史傅作霖爲兵部左侍郎，管部事。加吴貞毓太常寺卿，仍管文選司事。加嚴起恒户部右侍郎，管布政司事。錦衣衛指揮張同敞，江陵故相張居正之曾孫也，威宗時以任子官中書。北都陷，同敞懷牙牌間關入閩，思文帝命襲錦衣世職。至是，舉朝薦其才可大用。上素聞其賢，改翰林院侍讀學士。太僕卿鄭逢元以承胤姻親陞兵部右侍郎，總督川、楚軍務。以劉遠生爲太僕寺卿，陞翰林院簡討劉湘客爲右春坊右諭德。改禮部主事劉鼒爲翰林院庶吉士，尋復改御史，加給事中。以萃士劉魯生爲編修。劉遠生、劉湘客、劉鼒、劉魯生四人，皆以劉姓，與承胤認同宗兄弟，故皆得美官。遠生原任江西巡撫，丙戌年爲清兵所執，逃回失官，至是得復用，湘客卽其弟也。劉鼒，四川人，頗能詩文，喜交遊。劉魯生，楚人，丙戌五月以貢生入閩廷試。思文帝見翰林諸官皆不知書，每問故事，瞠然無以應。及命撰文，又淺俚不通。因選貢生二十人，命爲萃士，附翰林院讀書，準同庶吉士服色，三年後再加考試，如文理果通，方準實授庶吉士；倘文理仍前荒謬，卽與選州縣等官。劉魯生時亦與萃士之選。及福建之變，魯生走回楚中，遂自稱庶吉士。又因六月間思文帝生太子，推恩羣臣各加一級，魯生謂庶吉士加一級乃簡討也，遂自稱翰林院簡討。朝廷當變亂之後，無能核其來歷，兼魯生諂交承胤，認爲同宗兄弟，卽有知其非者莫敢與辨，而魯生遂居然編修矣。四月，加巡撫湖廣堵胤錫兵部右侍郎，總督恢剿軍務。先是胤錫招撫李赤心、高必正等十營，兵頗強，駐劄楚界，聲言欲入湖南就糧。承胤懼爲所並，以爲非胤錫莫能制，於是加胤錫銜，勅其督兵出江、楚。五月，承胤驕横日甚，動輒以兵挾朝廷。羣臣畏其剛暴，争諂之以自固，交疏頌功德，遂進封興國公上柱國，賜尚方劍、蟒玉，便宜行事。承胤止二子，五月間以功廕錦衣衛世襲指揮者七。承胤亦侈然自以功蓋古今，莫之與京矣。

六月，督師大學士何騰蛟聞承胤專擅，頗不平，憤欲制之。承胤原係騰蛟部將，及騰蛟薦爲總兵，遂稱門生，稍倨肆。後聯爲姻親，竟不受約束。及上幸武岡，遂挾天子作威福。既得上柱國之銜，賜尚方劍，竟欲與騰蛟抗衡並駕，忌其權出己上；乃上疏請改騰蛟户部尚書，專理糧餉。上不允。騰蛟辭朝歸鎮長沙，上賜紵絲金幣，勅廷臣郊餞。騰蛟託病，駐城外荒寺，不言行期，蓋防承胤也。承胤果伏千騎於道中，欲暗害騰蛟。時趙印選領滇兵五百隨騰蛟，皆悍卒也。行至中道，伏兵起，印選率部下盡殲之。承胤諱之而不言。時總兵張先璧自江西潰入楚，兵猶數萬，欲入朝。承胤素怯先璧，請旨勿許。先璧怒，駐兵武岡城外。承胤閉門出城與戰，屢爲先璧兵所敗。承胤詈先璧以犯闕，先璧詈承胤以劫駕，相持月餘不解。上命兵部主事龍之洙奉勅往解之，先璧奉勅退兵，往劄沅州。七月，督師堵胤錫劾承胤專擅，截殺騰蛟，因請率高、李諸營出江西。承胤見胤錫疏，始知惶懼。上加胤錫兵部尚書，賜尚方劍，總督江、楚軍務，專辦恢剿。八月，清兵破常德。留守廣西大學士瞿式耜請上移蹕桂林。上召承胤問之，承胤茫然無策，但強言：「我兵多，他決不敢來。」越數日，警報迭至，人情洶洶。承胤與部下密議投降。上覺之，與輔臣吴炳議由古泥走柳州。二十五日，上奉兩宫太后先發，上及中宫隨行。至二渡水，車駕甫過，諸臣渡未半而浮橋遂斷。凡無馬者追隨不及，皆被亂兵劫殺。李若星走黔陽，張佐辰走平溪，餘多流匿白雲諸山。上過木瓜橋，迷城步小路，循大道竟抵靖州。内閣吴炳、吏部主事侯偉時走城步縣，清兵追及，二人被執，不屈死之。御史劉鼒疾馳得免。九月初一，上次靖州，乃由古泥幸柳州。劉承胤虚聲恐赫，及上出城，遂不守不戰，惟議降。兵部侍郎傅作霖勃然大駡曰：「吾始以汝爲人，今乃知汝狗彘也！汝迎駕至此，挾天子作威福，惟所欲爲，富貴已極。一旦有事，束手無策，致天子蒙塵，罪已不容於死矣！且汝擁兵數萬，糜餉十年。平日誇口天下莫當，今未見敵而不謀戰守，先議迎降，真狗彘不如也！」承胤不顧，早命人遠迎清兵。及入城，作霖冠帶坐堂上大罵。時偏沅巡撫傅上瑞已投順，與承胤再三婉勸之。作霖唾其面，罵不已，遂遇害。作霖妾鄭氏有殊色，作霖甚寵之。既爲清兵所得，求與作霖一面，兵不肯。驅過橋，乃從馬上躍入橋下水中而死。承胤既降，全營諸將及家口數萬人同移至武昌，駐劄漢口之後湖。十二月，承胤部下副總兵陳友龍亦投降，帶兵追駕至潯州，忽然反正。報至武昌，清朝疑承胤與友龍通，至戊子四月，以兵圍承胤營，併傅上瑞家口百餘，不問男女老幼盡誅之。五六萬人斂手受害，無一免者。

明季南略卷之十二　上

永曆三年己丑　清朝順治六年

362 雷雨風雹

正月朔庚申，帝在肇慶府，大雷雨風雹，羣臣免朝賀。元旦而有雷雹諸異，天之警之也深矣，殆何、李敗没之兆乎！辛亥十月十七王館書。

363 李成棟駐軍信豐

李成棟於去年十一月返廣州府，整頓士馬，儲備糧械。十一月二十七日丁巳，具疏遥辭永曆，再上南雄府。及今年正月初五日甲子，於湞陽峽中白日閑坐，忽見所殺愛將楊大用持刀索命。成棟舉弓射之，身隨弓去，墮入江水。急爲救援，神情慘寂，英勃之氣，十減五六。自是不敢逾梅關，枉道東旋，駐軍信豐縣界。

南雄府屬廣東，湞陽峽在廣東韶州府之英德縣，信豐縣屬江西贛州府。

364 科道擊陳邦傅

行在科道兩衙門迎合彭年、元胤意，正月、二月，以攻陳邦傅爲正課，其餘國政無人談及。陳邦傅者，浙南處州府人，崇禎末年廣西總兵；隆武二年春掛征蠻將軍印。成棟素賊惡之，以其丁亥年二月，清兵未入粵西，先有降表到廣州通款故也。後成棟爲陳子壯、張家玉之亂，西進之兵撤回廣城，邦傅得安潯、慶二載，自侈以爲功。丙戌之夏，亦預謀靖江王下廣事，幸未助，今竟謂「潯、慶、南、太，未經薙髮，勳比汾陽」，借以陵人，不亦誣乎！

365 科道散朝

時攻擊陳邦傅，科臣金堡最勁。正月初十日，邦傅上疏曰：「皇上兩三年幾次奔逃，流離顛沛之極，並無一位兩衙門官共嘗辛苦。何今日卽次稍安，侍御濟蹌，議論紛紜若是？如以臣爲無餉無兵，竊取勳爵，請卽遣金堡爲臣監軍，觀臣十年糧草，十萬鐵騎。」疏入，十一日，朱天麟票擬有「金堡從來，朕亦未悉」之句。時嚴起恒久欲擠天麟而無隙，卽以此票擬密示吏科丁時魁。時魁忿怒，卽夜約兩衙門科道十六人，於十三日晨率入丹墀，共言「強臣箝結言官之口，將來唐末節度可虞，宗周守府再見」。因哄叫而出，曰：「吾等不做官矣！」將公服袍帶擲棄庭中，小帽叉手，白衣冠聯袂去，所恃者李元胤也。元胤承彭年之槖籥，權通大內，勢逼至尊。時永曆恭坐穿堂，召太僕馮光追敍五年前永州被難，逃入全州，別後手書謝馬光，有「先生衣我、食我，後日歲月皆先生生我、成我」之句等事。忽聞外變，兩手振索，茶遂傾衣。時魁等隱情，以金堡原任臨清州知州，李賊來時不知云何。杜工部有喜達行在詩「辛苦賊中來」之句，謂嘲其痛筋也。十四日，特降諭旨，勅李元胤各到十六位科道門，諭令仍入本衙門辦事，前本另發票擬，閣臣朱天麟卽日放還田里。諸臣以爲豐裁矯矯，中興朝政第一美舉。粵事記。

366 何騰蛟死難

己丑正月，清兵破湘潭，何騰蛟被執。初騰蛟檄各處兵馬齊集湘潭，而命馬進忠等由益陽抄出長沙下，邀截上下舟船，焚掠湘鄉，斷絶水道。一隻虎率大隊復至長沙，絡繹攻圍。值清朝援兵合至，戰勝於湘潭，騰蛟被擒，斬之。遺聞。

湘潭、湘鄉、益陽三縣俱屬長沙府。

何堵事略云：癸未冬何公雲從來撫楚，是時左帥三十六營散處江、漢間，兇獰之狀不可嚮邇，羣帥故多降賊，桀驁難制。公推轂接待，控御有體，又時以忠義激勸左大帥，以故兵猶戢。嘗對人誦「鞠躬盡瘁，死而後已」二語，公生平大節具見之矣。軫殘黎，收遺胔，皇皇無虛日。嘗出行城市，竟日未得食，囑門者購餅餌，從輿上啖之，戒勿令有司知，恐爲具饌。夜則寢穿堂一門攏上，枕以木石。其自爲刻勵如此。乙酉三月，左兵焚劫武漢，趨江南，以討君側爲名，逼何共事。何知左有反側心，誓死不從。强輿至舟，卽投江，衆兵掖之起，委於岸。左舟發，殘民萬餘聞何在，簇擁之，輿至通山，取道湖南而去。

四月，抵長沙，與堵胤錫合，收集餘衆，大行募兵，滇兵主將黄朝宣隸之。丙戌、丁亥間，南北嘗小小交鋒，南輒勝。燕子磯一戰，黄老將武功爲赫。戊子，自洞庭口轉戰至衡陽，勝負相當。章曠當敵衝，與三王兵鏖戰三日夜，大將劉承胤賣降，章憤激死，勢岌岌且殆。何、堵聞變，亟趨兵援之，北兵退。己丑，堵駐長沙，何麾下諸將喜長沙貨物輻輳，奪其居。是時，一隻虎已署爲忠貞營，在辰、常界。堵引兵就之。十月，清朝烏金王盛兵上湖南，沿湖殺哨，撥兵抵長沙城下，人無知者。何倉皇命出師，衆散走。有卒數十人擁何出城，何怒叱之曰：「若屬不用命，去將安之？吾今而得死所矣。」以舊時衣冠危坐沙嶼上。北兵至，自言爲何督師。執送古庵中，不食數日死。公煦煦愛人，爵賞少濫，庖丁厮養多列旌旄，以故爵不足勸，諸營將漸跳梁，不奉檢束，務含貸，不遽繩以法。然而忠義慷慨，固其天性。語及疆埸事，輒流涕嗚咽不勝。蓋誠有餘而才不足，拊循有餘而軍旅非其所長也。向之所謂「鞠躬盡瘁，死而後已」，斯言不虚矣。

何騰蛟，字雲從，黎平人，追封中湘王，謚文忠，廟祀靈川縣。

章曠，字于野，松江華亭人，崇禎丙子解元，丁丑進士，劉同升榜。

367 李成棟信豐再敗

己丑二月二十六日乙卯，李成棟出師南下。四更時，先發火器手三百人，責吋曰：「如前遇敵，盡發火砲，我爲後應。不爾，竟前走。」至黎明，杳無砲聲。衆皆曰：「火器軍往矣，吾當拔營披甲上馬。」言未畢，清兵殺入，滿營潰亂。蓋先發銃手前遇清兵，適欲舉火，忽暴雨突至，砲聲不發，三百人斫殺無遺，故爾寂然。成棟營後卽係急流山澗，有見成棟被甲未完，乘一跛馬渡澗者。及過澗後，遍覓無有也。三月初七日丙寅，成棟與何騰蛟凶信同時報至肇慶，君臣大懼，大雨中晝夜逃徙，門户水火，悉皆冰釋，寂静者一月。至九月、十月，先後贈騰蛟中湘王，成棟寧夏王，聲恒□□王。永曆設壇掛帛，皆拉淚親祭。紙錁與千鈞舟並大，以示酬忠。此出粤事記。

遺聞云：二月，清兵破信豐，李成棟歿於陣。暴雨突至，砲聲不發，是天助清朝也。十月十八書。

368 金聲桓赴水

遺聞云：金聲桓踞南昌，清兵晝夜攻擊，破之。王得仁伏誅，聲桓赴水死。

贛州信豐縣貢生曹兑光多才智，先是起義贛州。及贛城破，金聲桓擒兑光，兑光降，遂居聲桓營中。迄戊子年，聲桓詣關廟行香，兑光指關神説之曰：「此是何人？」聲桓曰：「漢朝忠義人也。」兑光曰：「彼丈夫也，將軍亦丈夫也，若能舉大事，是亦與關神同矣！」聲桓心然之。兑光知其意，遂移書寧都所善貢士盧南金、廩生趙日覲、庠士曾傳燈等八人。南金次子將書示外，知縣田某聞之，申文上司，執八人解省中。聲桓勘問，盡釋還。聲桓本約八月合南京諸處起義，以南金等故，恐遲久事洩，遂於四月同副將王得仁邀諸將優飲，既畢，不聽之出。黎明，命左右取優孟衣冠，卽於座上服戴。復以袍冠遞送諸將，俱從之，遂反。踞南昌，命得仁提兵上贛州圍之。時守贛城者，清朝巡撫劉武元、巡道張鳳、總兵胡某也，率兵堅守不出戰。圍三月，城中乏糧，米五十兩一石，鹽十六兩一斤，糕四兩一盤。有寧都人李去白，在圍城中將家鄉圩田三百畝，僅易楊某米二石。百姓止存三百餘人，俱掛一腰牌，不許私語，語則拿去。一日繳上腰牌數十，俱餓死者。圍至八月，勢益不支。武元欲降，鳳不從，曰：「再俟三日，無援則降耳。」及三日，而譚固山兵至南昌矣。得仁解圍去，贛城得全。贛州人口述。

日覲，趙某字。曾傳燈，號廷聞，改名畹中，清朝舉人。劉武元，旗下人，滿洲籍。張鳳，字瑞梧。

369 姜曰廣傳

姜公諱曰廣，字居之，號燕及，江西南昌新建人，萬曆己未進士，改庶吉士。鄒忠介公以薦李三才爲廷論所指，公出揭直之。天啓甲子，授翰林院編修，奉使朝鮮，不攜中國一物往，不取朝鮮一錢歸，奉旨閱視島帥毛文龍還。乙丑，分考禮闈。權奄用事，令其甥傅應星納交於公，公拒之。復令其孫魏撫民謁公，公不見，坐門户落職爲民。丁卯冬，起原官。崇禎己巳，清兵大入，上特簡馬世龍爲武經略。世龍擁兵不戰，公力言於朝，罷之。庚午，補講官，主應天鄉試。丁丑，以事講職。壬午，陞詹事，掌南京翰林院印。先是，公在講筵，見時事日非，進諫上「勿任性，勿用左右小人」。上嘗謂閣臣曰：「姜曰廣言詞激切，大見不平，朕知其人。」每優容之。甲申三月，先帝升遐，公與南兵部尚書史公議立君，未定，諸帥受太監盧九德指，奉福藩至江上。於是南京文武大臣並集内官宅，韓贊周出簿，令各署名。公言：「不可如此草草，貽羞史册。須來日爲文祭告奉先殿乃舉行。」明日，至奉先殿，諸勳臣語侵史公，公厲聲呵之，於是内外側目於公矣。聖安立，以公爲禮部尚書兼東閣大學士，公辭，改禮部左侍郎入直。劉孔昭廷訐吏部尚書張慎言，公因上疏求罷，不許。馬士英薦阮大鋮，得召見，公争之不得，再求罷，不許。公上疏言事，而四鎮合疏詆公。會有建安王府鎮國中尉朱統鑕，候考吏部，因奏公定策時早有異心，公求去益力。以皇太后至京，加公太子太保，尋致仕。明年，南京陷，公潛里中一年。會大帥舉事，公贊成之甚力。洪都之圍，公先自盡。

南中稱弘光爲聖安，稱隆武爲思文。

先君子云：聲桓初踞南昌，意欲直下南京。南京大震。姜公謂宜先通贛州合李成棟，遂引兵上贛。不勝，復退守南昌。清朝譚固山援兵四集，遂被困。聲桓怒公失策，遂殺其全家，止一孫十五歲逃免。

370 姜曰廣臨難賦詩 古風六章

一

有君美好且宣通，志軼唐、虞争比隆。智辯驚臣謝莫及，宵旰不遑急治功。逢天癉怒日多故，奸相踵繼熒聖聰。因循養亂難救藥，賊氛直逼大明宫。臣甘婢媵死賊手，君死社稷獨正終。慷慨乘龍歸帝所，亘天正氣化長虹。龍髯難拔弓劍冷，楸松萬樹泣悲風。一盂麥飯無人薦，孤臣永念泣無窮。

二

哀哀吾父性方格，道遵先民事垂則。嚴性正氣映其儀，寒冬孤嶺松百尺。施濟懇懇同吉凶，磨錯粲粲傳清白。慘矜偶影驚鬼神，誠達體質貫金石。攻苦積學名不成，闇修備德福弗獲。終身勤勤日惘惶，遭遇坎坷含辛蘗。發憤於子望眼穿，大志竟賫入窀穸。窀穸之中恨不磨，貽禄不待亦何益。憶昔提攜繞膝時，惓惓忠孝是鞭策。國破躊躇且苟延，永念教言嘗促刺。至今百爾計無之，惟有一死少逭責！

三

哀哀吾母稱至善，淑慎其身如戰戰。通曉大義本性生，發言闇自合經傳。初能孝養被依油，病亦女紅至瞑眩。代父教子備苦辛，苦辛傷心強自嚥。恩斯勤斯育棘高，怠則譙訶蹇則唁。恨昔因人憑遠遊，南陔養缺疎情戀。晚達徒含風木悲，朝朝泣對大官膳。我今一笑入黄泉，喜得慈顔永相見。

四

哀哀四兄聖賢徒，心行直與先君符。端凝鬲鬲自洗濯，俯視流俗如負塗。憶昔提攜繞膝時，籌燈子夜共咿唔。明發常懷過庭訓，日征月邁争步趨。兄德則豐命則蹇，拂亂煩寃志不輸。精心戮力無時已，遺一句。無先無後俱已矣，天乎與善何弗渝。人誰不死弟亦死，弟有餘憾兄則無。

五

有子有子方襁褓，見我争我泣嗚嗚。我年十歲便無父，汝今失怙早過吾。窮民偏産德門裏，茹荼未了又茹荼。閑來抱汝看汝笑，我心隱痛欲欷嘘。毋言爾幼全賴我，國破君亡我更孤。夜夜鐘聲疑禁裏，朝朝淚眼看飛鳥。匪我忍情恩不甚，名義千秋自凛如。我念作人全末路，汝思生子在厥初。良田有收無晚歲，過河枉泣是枯魚。無父之子人易議，勗哉早克讀父書。

六

有孫有孫在童蒙，讀罷依依就阿翁。汝方一歲便無父，小叔零丁與汝同。汝今謹識趨庭訓，異日記取共磨礲。崇崖其阿多墜石，茂枝之下鮮芳叢。炎炎者滅隆隆絶，宦裔誰家克有終？祖澤一經傳九世，罔因驟發墜素風。傷心阿翁教汝父，嘔肝敝舌苦歸空。汝父臨危終愛汝，眩目顧汝血淚紅。析薪是荷能克念，祖父瞑目幽冥中。

又絶句二首

一

自古誰人不死亡，要知遺臭與流芳。讀書九世纔今日，莫謂偷生是吉昌。

二

要知善死原非死，況復衰年豈記年。杯酒從容微笑去，此心朗暢亦何言。

此得自圍城中，傳寄于文登嵒處，公孫姜文振誌。

371 假山圖五虎號

兩衙門謂李成棟死，李元胤不足恃，思抑袁彭年，遂具重朝廷抑奔競一疏，申請以事權歸永曆，隱彈彭年把持。彭年奮怒，答疏中有「倘臣舊年以三千鐵騎鼓勵西行，今日君臣安在」等語。永曆持其章疏泣訴臣下，舉朝失色。行在因有「假山圖」、「五虎號」。「假山圖」者，假者賈也。繪假山一座，下繪朝官數百，有以首戴之者，有以手托之者，有以肩負之者，有以木杖支之者，有仰望者，有遠聽者，有指點話言者，有驚恐退避兩手掩耳而走者。山巔黑氣一道，直上衝天，此皆郊市童叟胸中不平，爲此圖以詼諧之也。「五虎號」者，吏都丁時魁、户都蒙正發，俱彭年同鄉，楚産也，一爲虎尾，一爲虎脚；兵都金堡，浙人也，昔爲福建延平知府，疏激隆武賞罰不明，連殺同鄉吴文煒、施爔二人，人畏之爲虎牙；副憲劉湘客，關中一布衣，來自留守閣臣瞿式耜，又爲成棟同鄉，故爲虎皮；虎頭則袁彭年也。日將「祖制」二字説迂談，講空話，因之獲厚利。言非虎黨不發，事非虎黨不成，星巖道上，遂成虎市。粤事記。

吴文煒，浙江湖州人，進士，邵武知府。施爔，字火然，號嘉峪，湖州人，崇禎癸未進士，建陽知縣。

372 賀丕業出獄

賀丕業，鎮江丹陽諸生。崇禎末，隨父懋讓之任上林。永曆在藩邸，受教講讀；登極日，除主客司主事，後相失二載。戊子年五月，于南寧府考改授，以囊澁不得入清華，量移精膳司郎中。七月十五日，邕江解維，前追帝駕，忽有試御史傅弘烈修舊隙，舟爲奪去，聲言覓丕業理前不了事。時丕業罄身，手持兩誥軸而已，借友人華方弱銀二十兩，批云：華之恋。亟馳去。八月初一日，抵肇慶，拜賀後即具本訴冤。奉温綸，復召對，有「先生與他人不同，後將大用」，因加太僕寺少卿銜，暫爲受職。本司無事，見在內袁彭年等議論乖方，在外陳邦傳等跋扈無上，慨陳四維三綱人心朝廷一疏，言詞激切，傳誦當時，共推中興第一疏。彭年等恨之，暗指李元胤于朝班駕退後欲毆殺之。友人急告，潛入高明、四會等處。十一月初四臨晚，道路喧傳外縣解來假官，肘縛下獄。丕業極口呼冤，莫爲之理。次晨，友人入告司禮夏國祥：「中興初不得以私意殺舊人。」國祥亦念係永曆舊師，告獄主留活丕業。至今年己丑三月初四日，部覆爲彭年、元胤所持，奉永不敍用旨，保出獄。友人再贈資斧，令上桂林謁瞿式耜。三月十九日。寄一函于蜀僧，云達梧州寓冰井寺。後竟不知所之。或曰卒于桂矣。粵事記。

賀懋讓，舉人，廣西田州府上林縣知縣。傅弘烈，上林人，布衣御史。夏國祥，池州人。

373 瞿式耜兼督各省

自何、李敗後，永曆專命瞿式耜留守督師，兼江、楚各省兵馬。永州兵再退，式耜疏請兵科給事中吳其靁監各營軍再出。當永曆駐肇慶，疏奏諄諄：「以歲月稍暇，財賦優裕，用心盡力，修內治以自固，嚴外備以自強。且積弊之後，易於中興也。〔一〕一材一藝之士，靡不收羅幕府。每慨人才生之不盡，〔二〕凡跰足而至者，非懷忠抱義之人，亦亂世取功名之士。人之歲月精神，不用之于正，則用之于邪，安可驅爲他人用？」故人咸以桂林爲稷下。遺聞。

瞿公愛惜人才，真將相之器，宜保危疆數載也。使鎮撫諸臣盡如公意，則一綫可延。十月二十書。

〔校記〕

〔一〕易於中興也　原脱「於」字，現據曹氏藏抄本補。

〔二〕每慨人才生之不盡　原脱「生之不」三字，現據曹氏藏抄本補。

明季南略卷之十二 下

永曆三年 接前己丑

374 堵胤錫始末

堵公諱胤錫，字錫君，更字仲緘，號牧遊，宜興人。萬曆二十九年辛丑十二月初八日酉時，母陶氏生公于武進之夾山村。父維嘗，號冲宇，邑庠生。公六歲喪母，十一歲喪父，十二歲依于岳父陳娛濱家。二十歲庚申七月，遊于無錫，依四兄知白讀書，因通籍于錫。知白諱大建，撫公如子。後公亦撫知白之子正明如子，而正明後隨公殉節于楚焉。天啓元年，受業于馬文忠。三月，婚于婦家。壬戌，二十二歲，補郡諸生。十二月，徙居中橋莊。甲子，復徙歸于婦氏。乙丑，歲試五等。丙寅，科試一等。癸酉，三十三歲，舉鄉試十六名。丁丑，三十七歲，登進士一百八名。九月，廬墓虞山，山在宜興邑山之南。戊寅六月，辭墓。己卯四月，授南京户部主事。庚辰二月，莅北新鈔關分司。辛巳，解任。三月，歸里。六月，陞湖廣長沙知府。壬午冬，入覲，離任。癸未四月，至京，舉廉卓，賜宴禮部。五月，辭朝，復任。九月，加陞二級。十月，行至蘭溪，聞寇陷長沙而還。十二月，上復任路阻疏，歲除，守墓。甲申正月，復至長沙。二月，陞武昌兵巡道。九月，授楚督學使。乙酉四月，督師何騰蛟抵長沙，相見抱項大哭，徐揮淚進策曰：「楚囚泣無爲也，不措餉能輯兵乎？不招降能張楚乎？」何公然之。自是，公措置轉運資何公軍不絕。五月，南都失守。報至，檄告天下勤王，設三科以募士。

六月二十七日，寄子書云：「世界至此，國破家亡，吾再有何言！鞠瘁危疆，以待時命。急則身受千刲，暇則梁懸一索，苟無愧爲祖宗父母之身，斯已矣！遲速吉凶，吾已置之度外，吾兒可勿慮也。爲爾慮者，只有『逃』與『匿』二策。『逃』要相機，『匿』要深晦。念三百年宗族丘墓，一旦淪亡，尚何忍言！吾兒若一簑卧月，終身農豎，春秋不乏祀火，傳之子孫，誓不出仕二姓，便吾不失忠、爾不失孝矣！言至此，淚如雨下。爾母歡令勿戚，四十仳離，差不惡也。一切家務吾悉置之不言，只爾自强爲善，守身弗辱，便瞑吾目。後音難繼，書此絶詞，兒可牢識。」公自起兵卽謝學政，日夜爲守禦計。隆武立，以何騰蛟薦，七月，陞公右僉都御史，巡撫湖廣，駐節辰溪，懸異格以羅奇才。諸生趙振芳上謁，公曰：「國家多難，主辱臣死，本院倡率天下義士，卽日東下勤王，以何道而必濟，君試言之。」振芳曰：「使相東下勤王，未必不濟。豈不聞川、陝爲天下肩脊，荆、襄爲天下要樞，控制上游，實爲恢復根本。若舍此東下，使敵騎長驅，荆、襄以南不復爲國家有，是公以現在之封疆，委之于敵，雖赴死金陵，亦復何益！」公爲首肯者久之，于是留致幕下，決意經理荆、楚以窺中原。尋題振芳荆州府推官。振芳，字胥山，浙江上虞人，在松江從師十年，學易，刻易講甚多。後清兵至，降爲福建延平府同知。

八月。時李自成雖敗，而遺孽李錦，號一隻虎，性極兇暴，與母舅高一功尚合十營，約三十萬衆，自川、陝由當陽轉戰而來，剽掠荆南間，聲言約我軍會獵湖南。公爲兵糧百不能支，乃集麾下謂曰：「覆亡無日，吾願赤手往，爲國家撫集其衆。事成，則宗社之靈；否則，某授命之日也。」先遣監紀陳□□、副將□□等將命，曰：「他人來恐不達意，今本院卽日親臨，約以某日相見。」遂以匹馬率帳下執事數人，由武陵、澧水以達草坪。積骨縱橫，閭舍蕩然。賊徒初見公馳驅，且沮且詰，未至三百里，拒不許前，止公空城中。逾刻，望見戈矛蔽天，煙塵塞野，從者皆泣。公顧謂曰：「若等當生還，無泣。某死，乞收吾骸以返。」頃之，賊徒猝至，卽擁公入營。公以大義諭李錦等曰：「將軍輩有大用材，而陷于不義，亦當事者過。但念國家三百年來若祖宗世食其德，卒以烏合之衆覆滅宗社，止博賊名，爲此何利？今若能悔禍改行，協力同心，以建立功業，某當與將軍共之。昔五代馬殷，撫據湖南，延祚四十餘年。宋之南渡，楊么作亂，其黨王佐、楊欽等，亦于此地爲岳武穆所招，表授官爵，後隨武穆戮力中原，遂爲中興名將。湖南一片地，正英雄出世展畧揚聲之藉也。且赤眉當年思『爲賊』二字名號不順，共尊劉盆子爲主。今福京新建，主聖臣賢，以此號召天下，何難比美南陽光復舊宇？以天道人事卜之，中興無疑。將軍千古得失之機，止視舉足間爾，安可執迷自誤哉！」錦等見公開誠佈示，意欲定盟。忽錦母高氏從屏後出，呼錦跪堂下，誡之曰：「使爾輩贖前罪、洗賊名者，堵公之賜也。爾其始終勉之，勿生二心。」錦素敬憚其母，卽叩首曰：「願遵慈命，誓當死報！」因與公釃酒誓。復留宴，奏伎所用女樂，猶是帝宮掠來者。公方素服腰絰，乃却坐不觀，痛哭而言曰：「兩京未復，萬姓倒懸，某求死無所，尚何心聽樂耶？」錦卽撤去，並令散西秦、燕、晉、豫、楚等處百姓不下數萬。公返之日，民皆抱攜呼拜道旁，遍數百里。於是李錦、高一功、田虎、張能、賀藍、袁宗第、塔天保、黨守素、李來亨、馬某等及其衆三十餘萬人皆就撫，聽公節制，楚中號「十家兵」云。自收高、李後，兵強且衆，得專力守禦，屢有戰功。公乃爲李錦等上疏，請封伯爵，遣武陵縣舉人傅作霖賫赴行在。

傅作霖，字潤生，號九嶁，夙爲公所器，故特遣之。後歷兵部左侍郎，管部事，死于武岡之變，謚忠烈。

何堵事略云：堵公以甲申九月受督學事，十二月試漢陽左營將，自總戎下至守把，有所請輒報可，衆議以爲怯。月杪，起行往湖南。乙酉四月，何騰蛟抵長沙。時闖餘衆號一枝虎者，約二十萬，屯聚常德間，謀割地自王如殷楚。何欲往招撫，曰：「若就撫，不惟得勁助，且除內蠹。」公毅然身請行，賫牛酒金幣往，先遣員通意。一枝虎帥李爆大張兵衛，沿途迎候，將士夾道露刃立。公不懾，安行至中軍，抗升公座，命設香案，各俯伏聽宣旨。宣已，出勅印以次給，徐爲譬曉忠義，陳説禍福，慷慨激烈，聲淚俱下。三軍之士，無不聳然，聽行大閱，器仗精整，旌旗鮮明，各以藝試，終事無譁者。有一隊亂于次，計七十人，俱命斬以狥，三軍股栗。徐出金帛厚犒賞，復大喜過望。曹成王之鞭國良，壁受其降，大與相類，而無斬狥之事。惜當時無退之手筆一紀述，批云：曹成王名皋，王子。李國良反賊，與退之同時，出韓集。使焜耀史册也。己丑冬，何騰蛟死，公傷左臂已斷，鬱鬱成疾，越數月亦死。公性喜奕，每臨陣奕不少休，哨者報敵且近，曰：「尚堪一局。」賭墅與東山同，不知處分何如耳！

乙酉九月，教車備火攻。先是，公遣人四出募兵。及是所集二萬人，特題蜀人楊國棟爲大帥，令統之爲親兵，使與各營相表裏。議以車制騎，以整暇制野戰，以火器制弓矢之長，以更番制堅久之戰。國楝後封武陵伯。

十一月，請封疏達行在，内閣蔣德璟、路振飛、林增志持議，謂：「李賊破北京，罪在不赦，其黨安得封拜！」批云：詔封高、李。御史錢邦芑具疏言：「方今國家新造，兵勢單弱，高、李諸賊擁三十萬衆于楚中，若不以高爵招之，彼必不爲我用，全楚非我有也。今出空爵于朝廷之上，一日而得三十萬之兵，免楚數百萬生靈之塗炭。孰得孰失，卽漢高王韓信于齊，豈得已哉！今當權宜假以封號。」詔從之，乃賜高、李諸營名忠貞，改李錦名赤心，高一功名必正，諸將封侯伯有差。特命兵科給事中龔善選往楚封之，而别降勅奬公忠勤，授傅作霖兵部主事。

丙戌，正月下旬，公渡澧水，督忠貞營往恢荆州以上。荆南副使臧煦如、荆州推官趙振芳監其軍，措糧儲、運火器，自二月朔渡江攻城，凡六晝夜。大小神器如轟雷不絶，遠近聞數十里。雲車砲石，百道齊攻。清帥鄭四維堅守，城崩數十處，皆隨方拒戰。有獻策者謂：「荆城夾蜀、漢二江之間，水高于城者數丈，昔人築堤爲長圍，使水入江，安流赴海。若決二堤，則兩江之水建瓴而下，荆州之兵頃刻爲魚，而荆、襄一帶望風歸附，恢復之機在此一舉矣。」公曰：「我爲朝廷復疆土，首以人民爲本。若此，則生民胥溺，我得空城何益！」忠貞營諸將聞之，亦遣人會商。一面下令營兵各備鍬鋤以待。往返商確，稽遲二日，而省兵救至。與戰失利，諸將遂潰而還，公墮馬傷臂幾死。過新化驛，題詩云：「不眠燈火暗孤村，風雨瀟瀟雜夜魂。鬼定有知號漢闕，家于何處弔荒原。三更烏化千年血，萬里人悲一豆恩。南望諸陵迷野渡，鍾山腸盡可憐猿。」又云：「短策回瞻城曲陰，劍聲猶吼不平心。孤軍雨裏鼙聲碎，亂水橋邊馬影深。南北試看誰世界，死生此刻辨人禽。倒翻廿一聽前史，正氣千秋歌到今。」

三月，公歸常、武，勉勵文武。于是公安、松滋、枝江沿江一帶，各設兵將爲守禦計。

四月，擒沅州妖僧付有司，請旨誅之。有僧自稱弘光故主者，自思州歷平溪來，據沅州道署爲行宮，張官設衛。辰沅道副使徐偉馳文報公，公聞即曰：「此必假託者，奈何令譸張如是！」乃命監紀官某往辨之，諭以果僞即擒付有司。監紀至沅，見兵道徐偉及貴督李若星，皆以爲無可疑議。時若星監軍，鄭逢元統兵二千餘人爲之扈衛，儼然帝制。適有米壽圖以勤王道出沅州，故侍御舊臣也。監紀遂約逢元叩之，因相與謀詰朝見，預戒甲士環署門，止擕親隨數人，以進馬爲名，衷甲藏刃而入。其僧朱衣幅巾，僅出半面。壽圖拜階下畢，即啓曰：「侍御近臣有密語，請得上殿面奏。」左右衛侍環呼：「無旨不得上殿。」壽圖等疾趨直上，出不意手揭幅巾，大呼：「非是！非是！」親隨即掣刀上殿，傳呼門外甲士，各露刃彀弓，奮力争前，捽妖僧衣領而下，縛送辰州，司李戴□刑鞫，具吐妖狀，即沅州人，本姓名查顯仁云。先是，餉部喻思恂等誤以爲真，飛章奏聞，廷臣莫決其真僞，議差官探問，未及行。至是，公乃疏陳本末，請斬之。並言：「諸文武官爲所惑者，宜置不問。」六月中，疏達行在，從之。

六月，督師何騰蛟約期會議，公因往長沙。

七月，駐湘潭。

九月，桂藩起粤中。

丁亥四月，陞公兵部左侍郎，總督恢剿軍務。車駕自桂林幸武岡。劉承胤掌兵專政，而忠貞營十家兵頗強，聲言欲入湖南就糧。承胤懼爲所併，以爲非公莫能制，於是加公銜，勅督兵出江、楚。

七月，上疏請誅劉承胤。公在湖北，藉督師何騰蛟爲表裏。劉承胤者，故何公部將。及薦爲總兵，遂稱門生，稍倨肆。後聯爲姻親，不復受約束。迨駕幸武岡，承胤以定蠻伯進武岡侯，輒挾兵權擅作威福。羣臣畏其剛暴，爭諂之以自固，交疏頌功德，竟進封興國公、上柱國。承胤止有二子，五月間以冒功蔭錦衣指揮者七。何公聞而欲制之，而承胤驕日甚，思欲與何公抗禮，忌其權出己上，請改爲户部尚書，專理糧餉，不聽。何公辭朝歸鎮長沙，廷臣奉勅郊餞。何公託病駐城外荒寺，不言行期，蓋防承胤也。承胤果伏千騎于道中，欲暗害何公。時趙印選領滇兵五百隨何公，皆悍卒。中道伏兵起，印選率部下盡殲之。承胤諱之，人莫敢言。公因上疏劾承胤「專恣不法，截殺督師重臣，謀危社稷，請正典刑。」承胤見公疏，始知惶懼。

八月，常德陷，公乃率馬進忠、王進才、牛萬才、張光萃等，駐劄永順、保靖二土司界上。

錢邦芑作堵公傳則云：四月，常德失守。

九月，清兵逼武岡。車駕將幸柳州，方出城，劉承胤即遣人迎降。兵部侍郎傅作霖死之。報至，公與諸將謀請榮王監國，冀稟號令，以鎮撫人心。乃于舟次啓王，王固讓不肯。既而知車駕無恙，遂中止，惟傳令各營協力防守。

十二月，率忠武營兵復常德，進復辰州。自退保土司以來，采薇茹蕨，淹及半載。公憤不能恢復，乃刺血書二祖列宗牌位，慟哭欲自殺。諸將感動，三軍皆哭，聲震山岳。馬進忠、王進才等輒奮兵而出，公親甲冑督陣，率姪正明血戰三日，遂復辰、常，俘獲甚多。事聞，諸將陞敍有差。於是乘勝圖下江、漢，軍聲復振。

戊子正月，過天門山，詩云：「終朝馬背隨風雨，盡日刀尖度死生。全副骨峯貧裏赤，一雙眼角老難青。才淹騷賦非傷主，學竊春秋未解兵。四十八年心事在，只因多難獨精神。」

三月，檄忠武諸將與忠貞諸將合營同駐常德，公慮馬進忠等孤軍難支，更調高必正、李赤心等諸部爲犄角，爲乘勝東下計。諸將皆赴命。有奸人鄭古愛者，東西唆搆，諸將惑之，始各懷疑忌矣。上絕口勿談款敵疏。清帥駐楚會，使公鄉人以書招公，公峻拒之。時有倡和議者，公上疏痛陳其不可，時論壯之。

七月，度彝陵，至夔州，詰責楚宗朱容藩不當僭監國之號，遂散其黨。

十月，還至湘南，督忠貞營諸將復湘潭，收衡、郴，進江右。公還而馬進忠與李赤心不合，恐其相圖，遂掠常德，移營湖南矣。公乃調護諸將，鼓勵士卒，躬率高、李兵出征，先復湘潭縣，次復衡州、郴州。既而進兵江右，所過郡邑多下者。師次吉安，得故將歸正之報，乃回茶陵。金聲桓、王得仁皆左良玉部下舊將也，先降于清，忽返正，江右嚮應。公聞報，即回茶陵，欲與何督師定謀，合兵出江、漢，圖中原。

十一月，陞公兵部尚書，賜尚方劍，便宜行事，專督諸營恢剿。十二月，督兵援江西，至袁州。先是，何騰蛟自粵西還楚，因聽細言，致書于公曰：「曩附八行，奉候台端，不卜得達記室否？治生與清大戰於嚴關日月橋，三王敗遁，進圍零陵，指日可下，各郡邑盡入掌中。聞忠貞諸盟駐節中湘，分取衡陽，則功又有所屬矣。近王、馬諸勳舉動甚是乖張，治生已有檄諭之矣，諒此輩必不負治生也。」公得書語樞貳毛壽登曰：「我等封疆之臣，罪且難贖，何公尚欲言功耶！」至是，金、王諸將爲清兵所困，何公檄公調忠貞營往援，公卽率諸將赴之。

己丑，正月，湘潭復失，大學士何騰蛟死之。二月，公聞變，師還至衡州。時忠貞各營與何標下不協，遠駐辰、常界上。公乃率滇將胡一清等劄營衡陽，悉力拒守。

是年公四十九歲。

三月，清兵破南昌，金、王諸將俱歿。公過安仁道次詩云：「亂裏看花試一臨，廿年零落又春深。柳桃盡入兵戈眼，溪澗争鳴風雨心。野鳥向晴三月麗，峽猿枯絶暮山陰。天涯卽事渾傷舊，馬背鬚眉自感吟。」公嘗聚軍中所賦詩名曰馬草集，今逸。公在軍中五年，著春秋説義五卷，凡萬五千餘言。

四月朔，大戰于草橋，敗績，退劄耒陽。時陣于衡之草橋，自辰至酉，斬伐相當。清兵以輕師截出陣後，兵遂敗。公乃棄衡州，退劄耒河上，而老營駐于永興，相去百五十里。初五日，永興陷，從子正明死之，諸眷屬皆遇害。公自耒陽以數十騎退入龍虎關，暫依保昌侯曹志建營。志建素驕横，縱兵掠永、郴界上，又坐視不應援，屢被公訶責，方慚憤不自安。至是，見公兵敗，遂欲害公，乘夜坑殺公從兵千餘人。及旦而公覺，乃入傜峝何家寨。志建追至，何公等率衆力拒之。志建怒，悉屠其寨。公得走粤之賀縣，沿途招集散亡，從兵復聚。批云：錢公作傳，無「數十騎」及「千餘人」等句。

六月，時上在肇慶。十五日，公至肇慶。十六日，朝于行在，奉命入閣辦事。朝廷先遣官迎公富川之野。比十五晚，至肇慶，晤閣臣嚴起恒，敍故舊誼。明旦，相引陛見，朝廷親勞之，面命入閣辦事，賜宴，禮意有加，然從旁已有側目者矣。十九日，奉命安插諸營。時高、李十營兵尚十餘萬，分道從柳、郴入梧州。既而移屯德慶州。客兵猝至，粤西震恐。又有言其將統兵入衞以清君側者，衆益危之。朝廷乃命公度地方安插之，人心始安。加陞總督直省軍務，兼理糧餉，特賜龍旗、尚方劍，便宜行事，少傅兼太子太師、文淵閣大學士、吏部尚書兼兵部尚書。朝廷賜召對，加公官，調寶旗，持節督師，勅忠貞、忠武、忠開諸營悉聽節制。忠貞卽高、李等十家兵，忠武卽馬進忠、王進才、張光萃、牛萬才等，忠開爲于大海、李占春、袁韜、武大定、王光興、王友進、王昌、王祥等。上急措兵餉以求招集實效疏，疏凡五上，議于學道李綺衙門，支撥事例三千兩以給之。已舁至寓，忽爲李成棟養子元胤攫去，僅領布繪龍旂二面，以壯軍容而已。二十四日，陛辭，奉勅出師至江、楚。先是，領勅書、旂牌、關防。是日，公含淚辭朝，遂同新設湖南撫臣馬光整旅啓行。

七月初三日，師次梧州。朝廷念公勤勞，因降勅封爲光化伯，給誥券。公以「廷臣立門户，師旅齮齕無成功，惟當任罪，何敢冒恩」，上疏力辭。遂賜公四代誥命以獎之。

粤西實録云：是歲九月中，公納浙紹葉氏女。公卒時有三月遺孕，因囑部將常某。常竟負託。及孫可望至粤迎駕，責常數之曰：「堵制台何人，傭奴敢爲此態耶！」鞭之至百，而遺孕子得不死，聞今尚在滇中云。

疏論孫可望封爵。時可望求實封，朝議難之。會朝臣遣使勞軍以問公，公上疏曰：「臣竊謂孫可望父子久已割據西川，今滇、黔盡爲所有，固能自立，曷能禁其不自王？今可望尚知請命，其意猶可取。我不能禁其不王，而欲絶之，勢將僨決。當卽降勅封之，使恩出朝廷，乃可得其用。今彼縛胡執恭歸朝正法誅之，則賞罰之權，庶不倒置。不然，是驅之爲變也。」首輔嚴起恒、户部尚書吳貞毓、兵部侍郎楊鼎和、給事中劉堯珍、吳霖、張載述等，堅持不可。公又密疏曰：「廷臣謂異姓封王非祖制，不當自可望變亂始。持論良正，然不爲今日言。可望固逆獻養子，凡逆獻滔天之惡，與有力焉。今姑取其歸正一念，冀收其將來之用，安可泥頒爵之常法哉？且可望已自稱平東王，一旦封以公爵，彼必不樂受，因而爲逆，謂天下威靈何？謂天下事勢何？若欲收其用而反損國體，非良策也。臣竊有一説於此，臣謹按開國功臣徐達、常遇春等侑食太廟，稱六王，皆追封也。伏乞皇上乾斷，量封可望爲二字王，卽于勅書中詳載舊制，明示破格沛恩，而勉之以中山、開平之功。如此，可望必感激用命，揆之祖制亦不爲背謬。國家今日于可望善收之，則復有黔、滇。不善收之，則增一敵國。利害無兩立，得失不再圖，不可不熟慮也！」制曰「可」，命鑄印封可望爲平遼王，差趙昱齎往，具在可望始末內。

十一月，師次潯州，公有疾。時李元胤用事，每有奏請，輒爲掣肘，遂發憤成疾，乃駐兵長生寺。劉湘客五人附元胤爲五虎，其餘依附者甚衆，總謂之「東人」，公甚疾之。二十五日拜遺疏，二十六日丑時，公卒。

疏畧曰：「臣受命以來，罪大孽重，不復自諒，擬再合餘燼，少收桑榆。不料調兵則一營不發，若曰

『堵閣臣而有兵，則豐其羽翼也。』索餉則一毫不與，若曰：『堵閣臣而有餉，則資其號召也。』致臣如窮山獨夫，坐視疆埸孔亟。昨西上横邑，感癘大重，一病不起，遂快羣腹。臣但恨以萬死不死之身，不能爲皇上畢命疆埸，而死于枕席，是爲恨也！臣死之後，願爲厲鬼以殺賊，伏乞皇上揀任老成，用圖恢復。如國家大事，有李元胤、劉湘客、袁彭年、金堡、丁時魁、蒙正發六人作皇上腹心股肱，成敗可虞，祖宗有靈，實鑒臨之。臣死矣，不勝餘憾云！」拜疏訖，又南向拜父母，曰：「兒死不獲更還丘壠矣。」復懸在三圖，拜君親師訖，遂自題十語云：「有明堵子，生而精敏，遭家不造，誠身事親。遭時多艱，誠身事君。四十九年，孤兒逋臣，而今而後，浩然蒼旻。」遂卒。前一夕親吏歐陽和典夢公騎牛升空去，次日以語人，左右夢皆同。嗚呼！公生以辛丑，捷以丁丑，卒以己丑，丑生屬固牛也！而茅峯之禱感于前，潯江之夢徵于後，牧遊公之生之卒，夫豈偶然哉！朝廷聞公卒，涕泣減膳，輟朝五日。贈公上柱國、中極殿大學士、太傅兼太子太師鎮國公，謚文襄。廕一子錦衣衛指揮同知世襲，予祭九壇，遣禮部官致祭，賜塋潯州之西山。公所著有十四朝史綱。

375 堵公題請三臣 附記

粤事記云：時有崇禎末年欽州州刺許啓洪，宜興舉人，自外至。公題請超擢督撫銜，賜尚方劍，鎮守粤西。又太僕卿馬光，寓與户科蒙正發對街。正發凌侮鄰里，光急求外轉。適原治全州貢士文啓光來受職，盛言全民父母，光亦欲往全爲藏身計。公爲題湖廣衡、永巡撫。寫敕時，上親增入寶慶二府，亦賜劍便宜行事。又舊無錫令趙昱，四川人，丁丑進士。自貴州來，授兵部郎中，深慨朝事不可爲。公題授川、貴總督，尚方劍到任自鑄，敕命即日頒給。八月廿七，四人啓行，惟公隻身無伴。有史其文無主家眷一妻二妾一子，向依同鄉潘曾瑋，潘甚苦之，乃以贈公。公受之，委禽於天寧寺之後殿。因酒色既勝，復憤懣不平，不兩月沮於潯州府，實爲李元胤等所奚落故也。許、馬、趙三人各赴任去。

376 堵公與姪書

兩接吾姪手扎，惻然忠愛，溢於楮端。江左應有夷吾，屈指當以老姪爲一座。但時事至今，已全壞矣！江北四鎮，鷹視虎步。漢江一帶，擁兵踞流。秦庭無可泣處也！愚叔妄擬川、蜀全盛，且據形勝，西蹙秦腋，南壓楚頭，假一二歲之餉，便宜倡義，尚有可爲。而今又爲張、李所摧殘矣！寇焰敵氛，加以強藩，聞浙中復有蠢蠢思逞者，矯首九州，無地用武！南中新造，寧有固志！天下事至此，有不忍言。當事君子，尚爾燕怡不畏，蹈轍不顧，尚曰式臧，抑又甚焉！嗟嗟，吾輩一二血性男子，從何處跕脚？惟有俯首摽心，中夜隕號而已！老姪之身，尚是可進可退之身，且有母在，括囊善刀，養晦待用，正今日事。量先入後，勿以愚叔之言爲妄也。若愚叔業已身許君國，攬鏡峩然冠佩者，先帝之要領，而星沙脱棄之餘也已矣！一腔血，七尺軀，時事朝來，大命夕逝而已。玆雖有學政之移，不與地方事，然一旦不諱，斷斷不作逋亡客。文廟哀魂，是愚叔一生歸宿地也，潸然不禁。他日老姪撫敗論雄，當亦不棄予一片孤憤乎！事後之托，止此而已。王雪老死事於粤，言念悼嘆。彼之孤，愚之責也。宦槖清凉，吾輩本色，安足復計！但恨家國禍深，無暇旁及兒女耳。如何！如何！堂上二嫂安吉，並芬木姪與澍生姪近況何似？苦冗憊甚，握管念及，不能作書，惟叱及之。薄俸聊以示念，溯流不盡。驥兒試事，幸教率之。寅叔在錫，宜訓以義行。吾宗無多正人，故惓惓之。

九月廿一日愚叔錫頓首。

康熙九年冬，予往南門，偕張子秋紹登一小樓，見堵氏祖祠有木像數寸侍立，即先生昔年親製己像，以識不離左右之意，此世所未見者。瞻揖之下，仰其孝思。明年辛亥四月二十二日，復閱先生手札，用竹紙三幅，信筆草書，凡五百言，無非憂時殉國之志，真忠孝兩全，爲吾邑奇男子也！

377 縫甲泣

甲申八月，備兵黄州，愧臣面之猶生，痛國讐之未復，爰命匠氏製我甲裳。衽起中夜，不能成寐，作縫甲泣。

臣官兵馬監，枕戈不旦中夜天。臣逢四七期，二百八十年數齊。臣備古黄丘，燐火接地天風愁。四野蛇鬭龍失窟，一旦君亡臣尚活。臣活何爲肝腦裂，臣冠泣作囚。臣活長掩羞，掩羞不掩泣，惻惻衣衫血。噫嘻吁！泣血縫甲剪落聲，着甲著肉先着心，好向原頭哀處尋。

莫縫甲，縫甲賊識我，勁鏃長矛不得躲。莫縫甲，縫甲身逐賊，生吞死厲相迸急。何年洗甲瀚海邊，光銷爲日開重煙。臣生不逢涕淚漣，臣生有骨骨如鐵。生耐金革尖頭霜雪寒，不耐綺羅著身兒女熱。泣復泣兮縫復縫，半夜長歌起北風。

378 孫可望請封王

己丑四月初六日甲午，雲南張獻忠養子孫可望遣龔彝之弟龔鼎、楊可仕等六人詣肇慶，獻南金二十兩、琥珀四塊、馬四匹，移書求封秦王。書曰：「先秦王蕩平中土，掃除貪官污吏，十年來未嘗忘忠君愛國之心。不謂李自成犯順，玉步旋移，孤守滇南。恪遵先志，合移知照：王繩父爵，國繼先秦，乞勅重臣會觀詔土。謹書。己丑年正月十五日孫可望拜書。」以方幅黄紙書之，不奉朔，亦不建朔。議下，羣臣慫恿以秦王封者十之九。獨兵都金堡固諍，以爲祖制無有。李元胤、袁彭年因龔鼎、楊可仕等自陳邦傅來，亦執以爲不可，阻撓者兩月而未定。蓋廣西南寧府與雲南廣南府錯趾，中止間一田州，兩日可達，時邦傅駐南寧，因通孫可望。可望所遣之人，邦傅引進。可望遣使行時，有「不允封號，即提兵殺出南寧」等語。邦傅恐先受兵，懼甚。知行在刻印刓印，喙長計短，又爲金堡所持，必不能得。乃先假勅，使封孫可望爲秦王。可望肅然就臣禮，先五拜叩頭，舞蹈稱臣，受封秦王。後率義兄弟三人，並三軍士卒，各呼萬歲。後又秦王升座，受義兄弟三人及三軍士卒慶賀。禮畢，甫欲撰表奏覆，適龔鼎等齎金堡所議荆郡王之勅至。可望毀裂棄地不問，亦不改前封，謝表亦遂止，時已十月初矣。粤事記。

龔鼎，雲南人，癸未進士，彝之胞弟。楊可仕，淮安人，舉人，雲南右布政使。

379 孫可望脅封謀禪本末

榮昌　王遇

孫可旺，原陝西米脂一無賴子，流落爲賊。張獻忠收爲養子，改姓張可旺。獻忠有養子四，長卽可旺，次李定國，次艾能奇，次劉文秀。丙戌秋，清兵入蜀，獻忠中箭死。可旺等率餘賊四萬人，衝散曾英營，由遵義渡烏江，屯貴州。及丁亥二月，清兵至遵義，旺遂率衆走滇，攻下曲靖、雲南據之。始，可旺等四人俱冒姓張。至是，各復本姓。可旺自以名不雅，改名可望。自是，可望稱平東王，李定國稱安西王，艾能奇稱定北王，劉文秀稱撫南王。四人同稱王，議推可望爲主，凡事聽其號令。先是，雲南土司沙定州反，逐黔國公沐天波，據雲南省城，天波走避永昌。及可望入滇，沙寇戰不勝，逃回土司。可望遣定國往滅之，又命文秀往永昌擒沐天波並兵道楊畏知。天波、畏知俱降，雲南十八府悉歸可望，兵勢頗盛。丁亥秋，四川巡按錢邦芑率總兵王祥復遵義，至戊子春，全川俱復。總兵侯天錫見可望强甚，欲招之，乃商諸王祥，祥曰：「可望乃獻忠餘孽，狼子野心，恐不爲我用。」邦芑曰：「聞可望行兵有紀律，不輕殺人，似非獻忠故態，未可逆料。」因修書草檄，差推官王顯往招之。至滇，可望大喜過望，謂顯曰：「從來朝廷文官與我輩爲讐，絶不相通。今遣使通問，何敢自外！但我輩稱王已久，求錢按院具疏封我爲王，我當舉全滇歸朝廷矣。」邦芑復之，曰：「本朝祖制無異姓封王者。」因具疏稱可望歸順狀，請封公爵，上勅部議。適慶國公陳邦傅駐劄廣西，兵勢甚弱，日張邊情，假要封賞，至厮役皆冒侯伯。而高必正、李來亨又率兵入粤。批云：己丑夏季。邦傅欲自固，聞可望歸命，私求王封，朝議未決，邦傅乃遣心腹人胡執恭私鑄「秦王之寶」金印一顆，重百兩，僞造勅書，封可望爲秦王，以爲外援。並封李定國、劉文秀、艾能奇爲國公，俱造僞勅印。執恭，故京師游棍，慣造私印假劄，屢犯大辟，逃入軍中者，遂主其議。己丑秋七月，賫假勅寶入滇見可望，拜舞稱臣，述皇上倚眷之意。可望大悦，受封秦王。既而，可望聞朝議未決，疑其僞，因私詰執恭。執恭語塞，因誑曰：「此勅印俱係太后與皇上在宫中密商私鑄者，外廷諸臣實不知也。」可望雖探知秦王之封爲僞，然亦欲假其名以威衆。定國與文秀卒不受，托言未與朝廷立功，不敢受爵。後行在知執恭假封事，朝議哄然。知邦傅所爲，交章參劾。邦傅只推不知。時執恭子欽華任賓州知州，因執赴行在。衆請誅之，上曰：「其父作逆，其子何與？」赦之。是月，適督師堵胤錫入朝，奏上曰：「可望盤據滇中，曷能禁其不自王！當使恩出自朝廷，便可得其用。令彼束胡執恭歸朝正法誅之，則賞罰之權，庶不倒置。不然，恐生他變。」首輔嚴起恒力持不允。胤錫乃鑄平遼王印，密奏上差都察院右僉都御史趙昱賫往。昱既入滇界，先遣報可望。可望謂已稱一字王，今反降二字，欲拒昱，使不入。定國等勸可望曰：「天使既來，何可絶之！」乃令昱入。昱知可望不悦，一見即叩首稱臣，私歸誠於可望。可望悦，予昱千金，其平遼王印受而藏之，仍稱秦王如故。朝中知昱辱國，欲處昱，昱不敢回朝。滇中臣民皆知秦王之封爲僞，多有竊議者。可望亦以爲恥，因遣御史瞿鳴豐入朝，必欲實求秦王之封，請即用原寶，但求上加勅書一道。而内閣嚴起恒、户部尚書吴貞毓、兵部侍郎楊鼎和、兵科給事中劉堯珍、吴霖、張載述持議更堅。可望復遣私人楊惺先入朝通賄諸公，諸公怒不受。可望憤甚，乃遣賀九義帶兵五千至南寧，假稱護駕，刺殺嚴起恒及吴霖、劉堯珍、張載述。時鼎和已加大學士，奉命督師川、黔，行至崑崙關，九義遣將追殺之，獨貞毓以差出得免，此辛卯二月事也。是時朝廷震動，失上下體。嚴起恒既被害，上特簡吴貞毓入閣辦事。時可望必欲得秦王實封，再遣龔彝、楊畏知入朝。畏知，陝西解元，爲人伉直。既見上，密奏可望奸詭難測，宜預防之。上信之，拜畏知東閣大學士。貞毓等因與訂密交，同心輔政。龔彝乃可望心腹，見畏知與朝中大臣深交，又得拜相，心私恨之，歸譖於可望曰：「畏知之得拜相，蓋賣國主以求榮也。」可望怒，乃殺畏知。貞毓議曰：「秦王即欲一字王，亦當另議國號。若竟封秦王，是陳邦傅、胡執恭爲天子矣。」於是，定孫可望爲澂王，差翰林院編修劉濬往黔册封。濬至黔，可望怒曰：「吾久爲秦王，安得屢更！」可望禮部尚書任僎曰：「大丈夫當自王，何必朝廷乎！」可望是其言，遂竟稱秦王，不奉朝命。時上駕駐廣西南寧府。清兵破潯州，陳邦傅父子俱投順，清兵漸逼南寧。駕移瀨湍，可望命提塘總兵曹延生、胡正國各帶兵三百人緊隨上左右，以備不虞。上與羣臣議，欲入黔暫避。吴貞毓曰：「可望跋扈無禮，若一入黔，則上下俱爲所制，國事危矣！」時馬吉翔已暗通款可望，請上急入黔，私與内監龐天壽曰：「今日天下大勢已歸秦王，吾輩須早與結納，以爲退步。今提塘曹延生、胡正國，乃秦王心腹，託二人爲我輩輸誠，異日庶有照應。」天壽曰：「若此，則吾輩須與兩人結爲兄弟，乃可行事。」曹延生，大竹人。胡正國，淮安人。兩人雖爲可望用，其實乃心王室。吉翔、天壽不知兩人心事，請結兄弟之盟。盟畢，吉翔曰：「秦王功德隆盛，天下欽仰，今日天命在秦。天之所命，人不能違。我輩意欲勸皇上禪位秦王，煩兩公爲我先達此意。」延生、正國愕然曰：「此事何可輕易？且吾輩一提塘官耳，止可傳報軍情。國家大事，非我輩所敢與也。」吉翔、天壽辭去，私具啓以此意達知可望。可望恐中外人心不服，未敢輕舉，意欲迎駕入黔，挾天子以令諸侯，乃便行事，故姑止不行。而延生、正國素與吴貞毓善，暗以此意告之，請上暫駐廣西境上，繫屬人心，號召遠近，以阻吉翔之謀。吉翔遂密告可望，謂事將成，爲貞毓所阻。可望遂遣總兵高文貴、耿三品、黑邦俊帶兵急迎駕幸黔，改安籠所爲安龍府，請上居之，時壬辰二月也。六月，李定國復廣西，擒陳邦傳並子陳曾，解至黔中。可望召胡執恭視之曰："使汝與邦傳一處，久已投清朝矣。"遂將邦傳父子剥皮支解，兼命執恭監視以儆之。執恭驚悸恍惚，因以成疾，數月而卒。時上在安龍，夾於萬山之中，羣蠻雜處，荒陋鄙俗，百物俱無，茅茨土庫，文武隨扈者四五十人，儀制草率之甚。而可望自居貴州省城，大造宫殿，設立文武百官。凡四川、雲南、貴州文武大臣數百餘員，俱挾以威令，刻期朝見，授以僞銜。有不從者即誅之。以吏部侍郎雷躍龍爲宰相，貴州總督范鑛爲吏部尚書，御史任僎爲禮部尚書，四川總督程源爲兵部尚書，御史張重任爲六科都給事，禮部主事方于宣爲翰林院編修。又鑄僞印爲八叠文，盡换明朝舊印。方于宣極其諂諛，爲可望撰"國史"，稱張獻忠爲"太祖"，作"太祖本紀"，比獻忠爲湯、武，崇禎爲桀、紂，進可望覽之。可望曰："亦不必如此之甚。"于宣曰："古來史書皆如此，不如此不足以紀開創之勳。"于宣又爲製天子鹵簿、九奏萬舞之樂，作爲詩歌紀功頌德，與鴻臚寺薛宫商訂朝儀，可望喜甚。癸巳秋，于宣屢上表勸進。可望曰："我即登九五何難，但恐人心未附。"于宣曰："朝内相左者止吴貞毓、徐極等數人，川、黔兩省止錢邦芑、陳起相數人。除此數人，其餘不足慮矣。"可望曰："吴貞毓等易爲處分，但錢邦芑在外，係川、黔人望所歸，殺之恐士民解體。"乃發令旨與餘慶縣知縣鄒秉浩，令催邦芑入朝，待以不次之位。時邦芑已退隱餘慶之蒲村，秉浩逼勒百端。邦芑恐不免，遂祝髮爲僧。其祝髮偈云：「一杖横擔日月行，山奔海立問前程。任他霹靂眉邊過，談笑依然不轉睛。」可望聞邦芑爲僧，外雖怒駡，而中實慚憤，命任僎等以書婉勸之。邦芑答以詩曰：「破衲蒲團伴此身，相逢誰不訊孤臣！也知官爵多榮顯，只恐田横客笑人。」方于宣録其書呈可望，可望怒，命鄭秉浩執邦芑解貴州。將殺，適有安龍十八忠臣之變，人情洶洶，遂釋邦芑不問。而禪受之謀亦遂阻矣。

380 四川巡按錢邦芑招孫可望書

前差官至滇，所以不敢即致書奉候者，蓋未知老先生尊意何如耳。昨差官回，備道老先生優禮之殷，兼述老先生雅意，翊戴天王至真至切，更無他念。雖一時同事諸公猶未深信，而芑所以獨信之不疑者，蓋觀老先生之爲人，乃當今之豪傑也。從來無欺人之豪傑，無負心之豪傑，無面是背非之豪傑，無朝三暮四之豪傑。芑是以不顧議論是非，敢爲具疏，竟請封爵。然老先生便當從此改弦易轍，拜表稱臣，奉正朔，歸版册。文武之升降，一禀于天子；征伐之行止，必請乎朝命。如是，乃不愧祖宗，不負朝廷，不負芑之舉薦，乃成千古真豪傑矣！芑先始祖吴越王諱錢俶者，以江南之地歸宋，而太宗賜鐵券金書，子孫世世與國同休。芑恐皇上不允封爵，故小疏中即引先始祖爲例。然當日先始祖與老先生今日不同者有四，請爲老先生言之：先始祖立國吴越，傳三世四王，保有江南之地將近百年，與五代相終始，而宋始興，與宋朝未嘗有君臣之分也。而老先生則大明之舊臣也，其不同者一也。先始祖王爵傳自先人，歷梁、唐、晉、漢、周，俱受册封。而老先生之王號，則自己之僭稱也，其不同者二也。先始祖土地授自祖宗，始于唐末，非取之宋朝。而老先生之雲南，則天朝之封疆也，其不同者三也。先始祖保有江南，世世奉貢，未嘗與中國有一矢之遺。而老先生二十年來，殘破數省，屠戮朝廷之人民，糜費朝廷之金錢，何止數千百萬！甚至殺親王、辱大臣，於朝廷不得爲無罪，其不同者四也。芑之所以引先始祖爲例，明知事勢不合，不過委曲以成老先生之美。倘蒙明旨俞允，是聖天子破格之洪恩，芑不敢居功。即或朝議不從，另議封號，老先生亦當拜受，以俟再請加封。老先生於此能謙讓不遑，恪守臣節，則功名之路正長，子孫之福無量，青史揚名，姓氏俱香，非芑所能測也。芑生平心事光明磊落，不肯自欺欺人，一遇當行之事，卽舉世非之而不顧。卽今日爲老先生請封一事，其阻而且忌者正自不少，而芑反衷無愧，竟行不疑，卽老先生異日相信、相負，總不問矣。然老先生身爲男子，頂天立地，不乘此時立萬世不朽之功名，而徒據一隅以自雄，非所稱大丈夫也。且今日之勁敵，非直我明朝之讐也。令先人曾身被大難，是亦老先生不共之耻也。芑輩戮力於外，日夜圖維，掃蕩區宇，而老先生擁強兵安坐內地，恐不免貽笑於海內英雄矣！齊襄公復九世之讐，春秋大之，老先生能無意乎？佇望之切，言出不倫，伏惟原亮。臨楮主臣。

381 逼袁彭年守制

己丑年，袁彭年生母死，自謂丁艱不守制，喧言於衆曰：「吾家受國恩深重，奕世科名，更受天地之恩宏大，代産異才。吾今享年遠過先人，天正不欲置我於無用之地，何得苦守三年，虛度歲月！」同黨以爲「國爾忘家，中興可望，宜晉世爵」。馬太后甚惡之，宣查丁艱不守制是何朝祖制。彭年又靦顏月餘，挾重貲而去，擁富寡爲妾，寓於佛山。先是，佛山寡婦、生員李戊妻，擁産數萬。彭年督學廣州時掖其嗣。戊子年反正後，招彭年主其家。佛山，廣州巨鎮。粵事記。

彭年生母卽中郎妾。中郎有二妾，生彭年者弗愛，彭年母甚疾之。中郎卒，彭年迎生母意，厚價鬻於劉綎，覆没遼東。彭年諸生時，召箕仙。中郎降臨，彭年默禱，示家中人不知事。箕大書曰：「爾賣與劉綎事我最恨！」彭年驚跪。因問終身，書曰：「亂世功名，要他何用！」此神宗戊、己年事，府幕江陵黃雲安口述。

382 舉朝醉夢

朝中袁彭年雖去，無敢彈擊。時崇禎朝舊相何吾騶、黃士俊，正月二十八日自行入直以來，論草不止盈篋，並皆告歸。此時揆席紛囂，疏未拜稿，先商票擬。落旨拂情，則與宰相仇論。宰相袖中備一底簿，示之委云內改，聞有兩底簿云。又日出拜客，客必候面，頗煩苦。惟嚴起恒耐之，故能久安。至九、十兩月，起恒獨相奉永曆，粉飾太平。又有假吴三桂疏，假南京書。錢啓少入川回奏，陳拱樞約洞誑言，皆曰：「四方好音日至。」如醉如夢，妄相妄憶而已。兩衙門又以考選考貢事，是非賄賂，朝夕忙忙。長洲伯王皇親新蓄奚僮，蘇崑曲調，鸞箋紫釵，復艷時目。文武臣工，無夕不會，無會不戲，卜晝卜夜。加級加銜，三代恩綸，蔭子貤封，諸等異數，所求必遂。武弁無不世襲分茅，蕞爾端溪，睽腹大滿。曾見有見幾而作不俟終日者三人，吴璟、方以智、毛毓祥也。吴璟掌禮部，見咨入貢生皆作牛頭馬面，掛冠朝門而去。方以智參機密，見涣發絲綸不達城外，託修道而入山。大銀臺毛毓祥，封入奏章，雜年家眷弟名帖，永曆笑而還之，自陳愚憊而去。至禮科李用楫，初遣勅封交南，以失印而罷。繼差勅封滇南，以議更而罷。又以家眷舟中三次逢盜，日給無資，意欲拂衣而不能。此皆戊子、己丑兩年事也。錢啓少，丹徒庠士，四川總督。陳拱樞，廣東布衣，聯絡四十八洞御史。

當時國勢危如累卵，清勢重若泰山，而舉朝文武猶爾夢夢，欲不亡得乎！辛亥十一月廿四王館書，前以葬親，停筆一月。

383 永曆騎射

永曆宫禁湫隘，供奉清簡，不逾千金子家。侍女寥寥，亦俱幼蠢荆布。内侍夏國祥，以六十金於廣城覓一歌舞青娥，髮方覆額。不一月失所在，遍索城内外。越三日，於東池水面浮起紅帶，已殞命於中，想亦有所不得已也。蓋府署與高要縣學並峙，中隔一池。於是覆土填其半，日於下午帝偕龐天壽等騎射其中。帝亦多命中，三宫從側樓閲視以爲樂。三宫者，太后馬氏，桂王原配也；聖后王氏，帝之生母也；中宫王氏，正宫也。每日三宫同帝供膳，止限二十四金，内寺包值，凡有賞賚亦在内。帝復不撙省，報捷面恩奏畢之後，必左顧曰：「賞銀十兩與他。」司禮吴國泰、夏國祥等，深以值日爲苦。至大司禮龐天壽，自養御營兵十營，每營正總兵一人，副總二人，參將四人。參將以下，官頭二人。官頭以下，小卒一人耳。一營十人，十營百人。此皆天壽出自己鈔，以爲永曆視朝日儀衛擁護，亦竭力苦支矣！粤事記。

宫女蠢布，十營百人，饌賚二十四金，想見當時朝廷凄寂之景，不如作一縣令，反覺熱鬧也，亦可悲矣！

384 桂林民力窮竭

滇營自永、全還桂，與焦璉兵猜疑生隙。忠貞營自蜀轉戰，由楚至梧，休息甲士。清朝遣使貽書招式耜，式耜不從。永寧州再報失利，興寧侯胡一青兵還榕江。式耜復辦糧械趨出，兵屯于全。民力窮竭，誅割無術，槁悴萬狀。永曆聞，爲廢食，召廷臣議于慈寧宫，發東餉一萬兩。遺聞。

胡一青，滇之鎮臣也。全州與永寧州俱屬桂林。

385 福建盡失

清兵圍困曾慶于平和，尋出降，殺之。而詔安等處一時俱歸清朝。鄭芝鵬踞石榴城，清兵至，隨遁去。劉中藻在福寧，勢窮自縊，福建盡失。惟延、漳、汀三府界連江右，而延平所屬皆處萬山中。清兵既回，遂立德化王朱慈燁，踞將軍寨。先陷大田，繼破龍溪，攻順昌、將樂。至十一月，清兵討平之。王被獲，兵部尚書羅南生等降。遺聞。

平和、龍溪、詔安三縣，屬福建漳州府。福寧州，屬福建，閩、浙之交。大田、將樂、順昌三縣，屬延平府。

明季南略卷之十三

永曆四年庚寅　清朝順治七年

386 帝至梧州

正月朔乙卯，帝在廣東肇慶府，羣臣朝賀。前除夕夜甲寅，清兵過梅嶺。初三日丁巳，克南雄府，而寶豐伯羅成耀棄韶州。初七日辛酉，報至，永曆震恐，戒舟西上。戎政遠生奏自請行清道，給事中金堡特奏請留，争之不得。時上下崩潰，武弁家丁大肆搶殺。先刼囊之厚者，如冢宰晏清等；宦之顯者，如吏部丁時魁等。凡文臣所有，悉爲之掠。初九日癸亥，永曆登舟。十三日丁卯解維，隨路刼奪，文職俱無完膚。二月初一日甲申，永曆至廣西梧州府，自前至是，凡三至矣，皆以舟爲家。

瞿式耜疏曰：「粤東水多于山，雖良騎不能野合，自成棟歸順，始有寧宇。財賦繁盛，廿倍于粤西。衣甲糧餉，内可自強，外可備敵。材官兵士，南北相雜，制勝致王，可操券而求。難得而易失，莫此云急。且韶州去肇慶數百里，强弩乘城，堅營固守，亦可待勤王兵四至，何乃朝聞警而夕登舟？」疏再上，而永曆移德慶抵梧州矣。蓋自成棟首疏，文武各還事權，言官正氣宜奬，鹵薄不得干機務，失權者意，故急欲永曆移舟，棄東如屣。

永曆移武岡，則有疏；前往肇慶，則有疏勿東；今移梧州，則有疏勿西。瞿公非自相違也，蓋以新造小邦宜于鎮定，若輕轉徙，則人心易渙，而叛將潰兵得以乘機劫掠，敵人遂聞聲而至矣。至永曆之易于奔遷亦有說：一以知文武諸臣不足恃，戰必不勝，守必不固也；一以鑒于崇禎以下四主奔避不早，悉罹亡滅。故亟亟以登舟爲逃命計耳。吁，國勢至此，有不土崩瓦解者乎！辛亥仲冬廿四日書。

387 瞿式耜諫勿濫刑

時，詞諫諸臣疏請正綱紀、愼名器，多失人意。而御史程源輩，以攫官不得，伺權者指，攻其所必去，熒惑永曆聽。下給事中丁時魁、金堡、蒙正發及侍郎劉湘客詔獄。式耜聞報，上疏申救，謂「中興之初，宜保元氣，勿濫刑。」再疏爭之曰：「詔獄追贓，乃熹廟朝魏忠賢弄權鍛鍊楊、左事，何可祖而行之！」須勑布四人罪狀，非永曆意，勑出忌者之手。式耜封還，謂：「法者，天下之至公也，不可以蜚語飲章，横加考案，開天下之疑。且四人得罪，各有本末。臣在政府，若不言，恐失遠近人望，其何辭于後世！」凡七疏。遺孫昌文入見梧州，陳説粵西民貧食盡，軍曲折。時昌文才身由海上來也，閣試授昌文翰林簡討。遺聞。

一粵事記云：李元胤久與陳邦傅相軋，不敢西上，挽舟崧臺。批云：崧臺，肇慶府。丁時魁等失勢，仇家盡發其結黨貪縱。獨袁彭年以艱先去。將金堡、丁時魁、蒙正發、劉湘客四人奉旨逮問，照北京廠衛故事，全副刑具輪番更用，以有馬吉翔主事，彼固北金吾起家，縱送乘落，盡其法也。招贓俱十五六萬，云爲受刑不過所致。拷問時，金堡呼二祖、列宗，丁與蒙、劉則有「老爺饒命，萬代公侯」等語，不計叩頭而已。向之附五虎得志者大懼，傾家掩蓋。永曆登極三年，恭默靜簡，言笑無聞。至是，始見聲色。

由前遺聞觀之，則以丁、蒙等詔獄爲非是。由後粵記觀之，則以五虎等嚴刑爲快心。姑並存之，以俟筆之于史者。

388 永曆坐水殿

庚寅五、六月間，廣州固守弗下，兩廣總制杜允和時有報捷至梧州江渚，李元胤又于肇慶以計殺叛將羅守誠，局勢稍緩，再行考選。略似人形者，無不繡衣鐵簡，末忝銓席。然得之非其分，天卽有以敗之。如董雲驤，以臺中謝恩，卽叩頭不起，殞于帝舟。朱士焜，吏科，歸省，全家殲于賊手。潘駿觀改銓部矣，見朝尚無官帽，以便服行禮，時有「方巾片片潘雙鶴」口號，亦遂奪職。如此之類，不一而足。嚴起恒與二三同官濯纓唱和，興味蕭索。八月十五日，無以爲金鏡之獻，親書「水殿」二字，置一牌坊，鼓吹送入帝舟。再令臣工上表稱賀，情實孤舟嫠婦，形同畫舫簫鼓。

389 杜允和固守羊城

杜允和，河南人，李成棟之謹身愛友。成棟歿時，兩廣印允和佩之，得不亡失。次傳之李棲鵬。棲鵬陷于梅嶺，印仍不失。再傳之閻可義，可義病卒于韶州府。又傳之李五老。五老者，元胤之兄，亦成棟養子，軍士鼓噪而罷。又傳羅守誠。守誠，浙江人，原成棟之中軍，亦以不協衆望而罷。此皆己丑夏秋間事。至九月，允和攝兩廣篆，專守羊城。庚寅正月七日，聞清兵過嶺，允和與三司江標等，于十四日出城登舟，仍泊海珠寺側，俟烽火照影，卽掛帆虎頭門。不意候至月終，杳無音耗。允和復率三司官屬入城，各派汛地爲固守計。至二月初四日，清兵始至，駐營城北，仰攻甚難。蓋羊城東南二面距珠江，北城濠外有二里許汙田，人馬不得站立。惟西門一帶爲山麓，允和爲石重城守之，珠江以南五大縣，錢糧各輸貢不少懈。自二月至十月，凡三大戰。允和晉封豫國公。

羊城，廣東廣州府，又曰五羊城。珠江在南門外，中有海珠寺，虎頭門從此去。

390 羊城崩陷

十月初十日庚寅，永曆聖誕。杜允和會齊文武官于五層樓拜祝，時有守西外城主將范承恩亦在焉。承恩本淮安府皂役，從成棟入廣者，目不識丁，故綽號「草包」。時允和直呼之，承恩謂辱之于衆也，恨甚，遂潛通平南、靖南二王。十月二十八日戊申，清兵竟攻西外城，承恩退入裏城，而外城失矣。連攻三日，十一月初二日辛亥未刻，羊城崩陷，允和仍率三司官屬，攜兩廣總督印，航海而去。後二年，俱歸順，南海悉平。

391 瞿式耜殉節

己丑年六月，清朝再發師征廣，遣平南王尚可喜、靖南王耿繼茂出鄱陽，逾梅嶺入廣東。而定南王孔有德則渡洞庭、溯牂牁入廣西。時稱三王征廣。南京提兵索餉甚急，舟約萬五千，兵俱帶妻隨征。先是，永曆閣臣瞿式耜留守廣西桂林府已閱三載，自戊子二月二十三日夜，亂兵劫掠，式耜下平樂，帝往南寧，君臣從此永別。行在諸臣各私功名，各狥門户，畏避老成先達。外託留守尊其體，實疎遠之以便己之所爲耳。庚寅年，清兵再薄全州，衛國公胡一青兵撤守榕江。時勳帥咸進公，次者侯與伯。桂林牙門相望，號令紛出。十一月初五日甲寅辰刻，報清兵大舉入嚴關，趙印選、胡一青、王永祚俱以分餉入桂，榕江空壁。武陵侯楊國棟、寧武侯馬養麟方馳出小路，軍榕江，兵未戰而潰。發使趨印選，印選已出城。城中大亂，沿途驅掠。式耜令戢不得，城外潰兵雲飛鳥散。一青、永祚從城外去，式耜衣冠危坐署中。適總督張同敞自靈川回，過江東，不入寓，過式耜署曰：「事迫矣，公將奈何？」式耜曰：「封疆之臣，知有封疆。封疆既失，身將安往！」同敞曰：「公言是矣，君恩師義，敞當共之。」遂笑與式耜飲，家人泣，請身出危城，號召諸勳再圖恢復，式耜揮去不從。厥明，被執見清朝定南王孔有德。式耜以死自誓，不復一言。命幽式耜、同敞于別所。式耜賦詩，日與同敞賡和。至閏十一月十七日，殺之。其絶命詞有云：「從容待死與城亡，千古忠臣自主張。三百年來恩澤久，頭絲猶帶滿天香。」死之日，冬雷電大發，遠近皆爲稱異。時給事中金堡已削髮爲僧，上書定南王孔有德，請葬式耜、同敞。而吴江義士有楊藝，字碩父，爲具衣冠棺殮，并同瘞于北門之園。

392 在獄賦詩 浩氣吟

庚寅十一月初五日，聞警，諸將棄城而去。城亡與亡，余自誓一死。别山張司馬自江東來城，與余同死，被刑不屈。累月幽囚，漫賦數章以明厥志，别山從而和之。

其一

藉草爲茵枕凷眠，更長寂寂夜如年。蘇卿絳節惟思漢，信國丹心止告天。九死如飴遑惜苦，三生有石只隨緣。殘燈一室羣魔繞，寧識孤臣夢坦然。

其二

已拼薄命付危疆，生死關頭豈待商。二祖江山人盡擲，四年精血我偏傷。羞將顔面尋吾主，剩取忠魂落異鄉。不有江陵真鐵漢，腐儒誰爲剖心腸！

其三

正襟危坐待天光，兩鬢依然勁似霜。願作須臾階下鬼，何妨慷慨殿中狂。批云：見定南於靖江殿。憑加榜辱神無變，旋與衣冠語益莊。莫笑老夫輕一死，汗青留取姓名香。

其四

年年索賦養邊臣，曾見登陴有一人？上爵滿門皆紫綬，荒郵無處不青燐。僅存皮骨民堪畏，樂爾妻孥國已貧。試問怡堂今在否，孤存留守自損身！

其五

邊臣死節亦尋常，恨死猶銜負國傷。擁主竟成千古罪，留京翻失一隅疆。罵名此日知難免，厲鬼他年詎敢忘。幸有顛毛留旦夕，魂兮早赴祖宗旁。

其六

拘幽土室豈偷生，求死無門慮轉清。勸勉煩君多苦語，批云：彭、王二公時來相慰。癡愚嘆我太無情。高歌每羨騎箕句，灑淚偏來滴雨聲。四大久拼同泡影，英魂到底護皇明。

其七

巖疆數載盡臣心，坐看神州已陸沈。天命豈因人事改，孫謀争及祖功深。二陵風雨時來繞，歷代衣冠何處尋。衰病餘生刀俎寄，還欣短鬢尚蕭森。

其八

年逾六十復奚求，多難頻經渾不愁。劫運千年彈指到，綱常萬古一身留。欲堅道力憑魔力，何事俘囚學楚囚。了却人間生死業，黄冠莫擬故鄉遊。

393 臨難遺表

罪臣瞿式耜謹奏：臣本書生，未知軍旅。自永曆元年謬膺留守之寄，拮據四載，力盡心枯。無如將悍兵驕，勳鎮諸臣，惟以家室爲念。言守言戰，多屬虚文。逼餉逼糧，日無寧晷。臣望不能彈壓，才不能駕馭，請督師而不應，求允放而不從。馴至今秋，灼知事不可爲，呼籲益力。章凡數上，而朝廷漠然置之。近十月十三日，集衆會議，搜括懸賞，方謂卽不能戰尚可以守。忽于十一月初五之辰，開國公趙印選傳興安塘報一紙，知嚴關諸塘盡已埽去，當卽飛催印選等星赴子營，而印選躊躇不前，臣竊訝之。詎意其精神全注老營，止辦移營一著。午後，臣遣人再偵之，則已盡室而行，并在城衞國公胡一青、寧遠伯王永祚、綏寧伯蒲纓、武陵侯楊國棟、寧武伯馬養麟各家老營俱去，城中竟爲一空矣。臣撫膺頓足曰：「朝廷以高爵餌此輩，百姓以膏血養此輩，今遂作如此散場乎！」至酉刻，督臣張同敞從江東遥訊城中光景，知城中已虚無人，止留守一人尚在，遂泅水過江，直入臣寓。臣告之曰：「城存與存，城亡與亡。自丁亥三月，已拼一死。吾今日得死所矣！子非留守，可以無死，盍去諸？」同敞毅然正色曰：「死則俱死耳，古人耻獨爲君子，君獨不容我同殉乎？」卽于是夜明燈正襟而坐。時臣之童僕散盡，止一老兵尚在身旁。夜雨潨潨，遥見城外火光燭天，滿城中寂無聲響。坐至鷄唱，有守門兵入告臣曰：「清兵已圍守各門矣。」天漸明，臣與同敞曰：「吾二人死期近矣。」辰刻，噪聲始至靖江府前。再一刻，直至臣寓。臣與同敞危坐中堂，屹不爲動。忽數騎持弓腰刀，突至臣前，執臣與同敞而去。臣語之曰：「吾等坐待一夕矣，毋庸執。」遂與偕行。時大雨如注，臣與同敞從泥淖中蹣跚數時，始到靖江府之後門。時清定南王孔有德已坐王府矣。靖江父子亦以守國，未曾出城，業已移置别室，不加害。惟見甲仗如雲，武士如林。少之，引見定南，臣等以必死之身不拜，定南亦不強。臣與同敞立而語曰：「城已陷矣，惟求速死，夫復何言！」定南霽色温慰曰：「吾在湖南，已知有留守在城中；吾至此，卽知有兩公不怕死而不去。吾斷不殺忠臣，何必求死？甲申，闖賊之變，大清國爲先帝復讎，且葬祭成禮，固人人所當感激者。今人事如此，天意可知。」臣與同敞復語定南：「吾兩人昨日已辦一死，其不死于兵未至之前，正以死于一室，不若死于大庭耳。」定南隨遣人安置一所，臣等不薙髮，亦不強。只今清兵已克平樂、陽朔等處，取梧祇旦晚間。臣涕下霑襟，仰天長號曰：「吾君遂至此極乎！」當年擁戴一片初心，惟以國統絶繼之關繫乎一線，不揣力綿，妄舉大事。四載以來，雖未豎有寸功，庶幾保全尺土。豈知天意難窺，人謀舛錯，歲復一歲，竟至于斯！卽寸磔臣身，何足以蔽負君誤國之罪！然纍纍諸勳，躬受國恩，敵未臨城，望風逃遁。大厦傾圮，固非一木所能支也！臣洒淚握筆，具述初五至十四十日以內情形，仰瀆聖聽，心痛如割，血與淚俱。惟願皇上勿生短見，暫寬聖慮，保護宸躬，以全萬姓之生，以留一絲之緒。至于臣等罪戾，自知青史難逃，惟有堅求一死，以報皇上之隆恩，以盡臣子之職分。天地鬼神，實鑒臨之。臨表可勝嗚咽瞻仰之至！

394 張同敞傳

張同敞，湖廣江陵人。曾祖居正，相神宗有聲。敞，崇禎間以蔭補中書舍人。至十七年，闖賊李自成陷北京，威宗殉難。賊索朝官甚急，文武逼降者多。敞藏入宮牙牌匿民間，潛出城徒步南歸。時聖安嗣位南都，敞痛威宗之死，服喪三年，誓不仕，往來吴、浙山水間。及南都復陷，敞入閩。適思文帝新立，博求先朝舊臣。時宰言敞，亟召見。上悲喜甚，命之官，力辭。上曰：「爾祖有功先朝，曾蔭錦衣衛指揮使。今爾不受職，數年後此爵湮矣，爾縱欲報先帝，奈祖爵何？强爲朕襲錦衣官，知爾文人不當授武職，然朕方以文武兼任，爾慎毋過辭。」敞感泣，不得已改授錦衣衛指揮使，時隆武二年二月也。未幾，堵胤錫督師楚中，收降餘賊李赤心等。表至行在，上謂敞曰：「楚爾父母邦也，爾家世有名于楚，素爲楚人所信服。今降賊在楚地，可往爲朕撫之，俾戮力報效，毋擾赤子。」敞受命，行至楚，諭胤錫撫赤心等，宣布上威信，羣賊稽顙歸化。敞復命還朝，行至粤界，聞八閩不守，敞仰天大哭，如窮人無歸。及永曆帝龍飛端州，敵陷粤東，上留大學士瞿式耜守粤西，駕幸武岡，趣敞入朝。敞見上號哭不已，上曰：「爾文人也，復有大節，何可以武職屈。」因改授翰林院右春坊侍讀學士。丁亥八月，寇陷武岡，上狩粤西。敞爲亂兵所掠，避入黔地。時黔、粤隔絶，人情洶擾，數月不聞行在消息。川、黔士紳議立榮、韓二藩。敞與錢邦芑及鄭逢元、楊喬然力争其不可，衆議乃沮。戊子，敞從間道赴行在，陞詹事府正詹事。時寇數道攻粤，留守瞿式耜疏薦敞知兵，得士心。上命以兵部左侍郎，經略楚、粤兵馬。時兵弱餉匱，敞身在行間，分甘苦，以忠義激勸將士，人人自奮。每接戰，敞卽以死誓。及庚寅冬，敞督開國公趙印選、衛國公胡一青連營於桂林之小榕江。十一月初五日，敵兵大至，兩營戰敗。敞率數騎入桂林城。時軍民俱散，留守大學士瞿式耜朝服坐堂上，誓與城亡。見敞至，喜曰：「我守臣不容他適，子軍中總督，自宜行。天下事尚可爲，子勉之！」敞笑曰：「公能爲朝廷死，敞獨不能乎！何相待之薄也。」遂取酒共飲，坐而待之。次日，敵人入城，執敞與式耜見孔有德，兩人不跪，敞尤大罵。有德命部下捶辱之，敞罵愈厲。有德命拘二人于城北一小室中，命左右説之降，勸諭百端，式耜但大哭，敞則毒駡。暇則兩人賦詩自矢，併刺敵人。有德憤甚，命折敞右臂，仍談笑賦詩不絶。敞右臂既損，不能握筆，詩成，式耜代筆書之。兩人幽囚唱和者四十餘日，詩各數十章。敵見兩人困愈久、苦愈甚，而志愈堅、氣愈烈，知終不可辱。至閏十一月十八日，乃殺之。金堡時爲僧，致書于孔有德，乃殮瞿、張兩公屍，葬于白鶴山下。上聞敞死痛悼，累日不食，望而祭之，贈江陵伯。娶許氏，周旋患難，以内助稱，先數年卒，無子。所著詩文四十餘卷，以兵燹亡失，止臨難絶命詞數十章傳達行在，上讀而悲焉，命工部刻傳之，賜名御覽傷心吟。

395 張同敞自訣詩 浩氣吟瞿公詩草

被刑一月，兩臂俱折。忽于此日右手微動，左臂不可伸矣。歷三日，書得三詩，右臂復痛不可忍。此其爲絶筆乎？孤臣同敞囚中草。

一月悲歌待此時，成仁取義有天知。衣冠不改生前制，名姓空留死後詩。破碎山河休葬骨，顛連君父未舒眉。魂兮懶指歸鄉路，直往諸陵拜舊碑。

396 金堡上孔有德書

茅坪衲僧性因和尚謹致書于定南王殿下：山僧梧水之罪人也，承乏掖垣，奉職無狀，繫錦衣獄，幾死杖下。今夏編戍清浪，以道路之梗，養痾招提，皈命三寶，四閱月于兹矣。車騎至桂，咫尺階前而不欲通，蓋以罪人自處，亦以廢人自棄，又以世外之人自恕也。今且有不得不一言于左右者：故督師大學士瞿公、總督學士張公，皆山僧之友也。已爲王所殺，可謂得死所矣！敵國之人，勢不並存。忠臣義士，殺之而後成名。兩公豈有遺憾于王！卽山僧亦豈有所私痛惜于兩公哉！然聞遺骸未殯，心竊惑之。古之成大業者，表揚忠節，如出天性。殺其身而敬且愛其人，若唐高祖之于堯君素，周世宗之於劉仁瞻是也。我明太祖之下金陵，於元御史大夫福壽，既葬之矣，復立祠以祀之。其子犯法當死，又曲法以赦之，盛德美名，於今爲烈。至如元世祖祭文天祥，伯顏卹汪立信之家，豈非與中華禮教共植彝倫者耶！山僧閒嘗論之，衰國之忠臣與開國之功臣，皆受命于天，同分砥柱乾坤之任。天下無功臣，則世道不平；天下無忠臣，則人心不正。事雖殊軌，道實同源。兩公一死之重，豈輕于百戰之勳者哉！王既已殺之，則忠臣之忠見，功臣之功亦見矣。此又王見德之時也。請具衣冠爲兩公殮；瞿公幼子，尤宜存卹；張公無嗣，益可哀矜。並當擇付親知，歸喪故里，則仁義之譽，王且播于無窮矣。如其不爾，亦許山僧領屍，隨緣藁葬，揆之情理，亦未相妨。豈可視忠義之士如盜賊寇讐然，必滅其家、狼藉其肢體而後快于心耶？夫殺兩公于生者，王所自以爲功也；禮兩公于死者，天下萬世所共以王爲德也，惟王圖之。物外閑人，不辭多口。既爲生死交，情不忍嘿嘿，然于我佛寃親平等之心，王者澤及枯骨之政，聖人維護綱常之教，一舉而三善備矣！山僧跛不能履，敢遣侍者以書獻，敬候斧鉞，伏冀垂憐。〔一〕

〔校記〕

〔一〕伏冀垂憐　抄本原作「惟王圖之」，今據曹氏藏抄本改。

397 附記孔有德遺事

嘉定舉人孫楚陽與瞿式耜善，式耜薦爲薊遼守備。孔有德微時，本毛文龍牙兵，文龍死，遂居楚陽麾下，雖目不知書，而虎項多力，楚陽識之，拔爲聽用。俄，楚陽陞登萊巡撫。新守備至，以有德行伍中人，輕之。有德不悅，抵登萊謁楚陽，楚陽擢爲遊擊。尋告警，楚陽遣有德赴援，中途市酒相哄，酒家白房主王宦。宦稟邑令，擒而撲之。有德大怒，殺王宦全家，併害邑令，遁入海，欲與楚陽偕去。楚陽以砲擊之，有德遂走朝鮮。上聞有德爲楚陽所薦，遂逮楚陽下獄。一日，楚陽方奕，聞外銃聲，嘆曰：「不知誰死！」忽引楚陽出，殺之。而式耜亦因是罷官。後有德歸清，封定南王。庚寅，率衆征廣，經姑蘇，念楚陽以己累見殺，遣使詣嘉定致祭，且邀其子出仕。孫子往辭，有德不即見，止設席，奉酒三爵，不陪，謂王禮如此，復厚遺金而去。

398 鄉城異歲

庚寅年大統曆，兩廣、雲、貴地方，永曆帝于己丑年十月朔頒發，閏月在十一月。廣東廣州府省城與廣西桂林府省城，俱前十一月内失陷。下而肇慶、高、雷、潯、梧、平、慶等府，一切道府州縣大小官屬，則于十一月下旬陸續抵任。所奉者清朝時憲曆也。時憲曆之閏不在庚寅，而在辛卯年之二月。一時城中官府軍丁自北來者，悉以十二月朔日爲辛卯年之元旦，行拜賀禮。各鄉鎮居民仍守永曆舊曆，則以辛卯年二月朔日爲元旦。守除拜歲，有鄉城之别。至交四月，歲時始同，亦一異也。瞿式耜在桂林獄中閱北曆有感云：「正朔殘年多一月，新書改歲閏三春。羈囚度刻如經劫，天子蒙塵已數旬。但願履端開泰運，豈將曆數問胡人。唯余有夢占疇昔，看到清明辨假真。」

399 袁彭年獻金

十一月初五日，佛山至羊城最近，袁彭年首先投誠，獻犒軍銀八百兩，哭訴：「當年迫于李成棟之逆犯，後則着著仍爲清朝，此心可表天日。」因求降級，實授通判運判，亦逼于富妾之命也。平南王、靖南王揮出之。

400 黄士俊薙髮

先朝舊輔黄士俊、何吾騶及鄉紳楊邦翰、李貞、吴以連等，俱投誠恐後。當時打油腔嘲士俊，有「君皇若問臣年紀，爲道今年方薙頭」之句。蓋崇禎末年，士俊曾膺存問也。士俊，廣東廣州府順德縣人，字亮垣，號振宇，萬曆三十一年癸卯年舉人，三十五年丁未狀元，時年二十五耳。至是，年已八十二。狀元、宰相復遭此幾代升沈，所生不辰矣！他人以不壽爲不幸，而士俊則又以多壽爲不幸者也。噫，天下全福之難如此！

401 永曆梧江西奔 第六次

十一月初七日辛巳，永曆挽舟梧州城外，聞羊城已失，俱各奔竄，移舟西上。不五里，遂搶殺遍行。上至藤縣，分爲兩股：從永曆者上右江，嚴起恒、馬吉翔等是也。餘則入容縣港，若王化澄等是也。上右江者，至潯州道上，兵各潰走，永曆呼之不應。入容縣港者，於北流境上爲土寇劫奪，棄妻失妾，亡子遺僕，比比皆是。煢煢隻身，步行足重，乞食顔羞。向爲鴛班貴客，今爲鵠形喪狗，哀苦萬狀。人生際此，生不如死矣。

梧江，廣西梧州府。藤、容、北流三縣，俱屬梧州。

402 永曆再上南寧

永曆再上南寧府，仍以府署爲行宫。時陳邦傅爲李定國所驅，不知所之。趙臺因邦傅强奪其女，遁入土司。所喜閣臣嚴起恒，尚不忍舍去，同大金吾馬吉翔、大司禮龐天壽三人，班荆對泣而已。

或云：李定國江西人。嚴起恒浙江紹興人，崇禎四年辛未進士。

明季南略卷之十四

辛卯至丁酉　永曆五年至十一年　順治八年至十四年

403 帝在南寧

正月朔己酉，帝在南寧府，免朝賀。正、二兩月，稍覺平安，間有舊臣從別道而至者，又有新臣貪爵銜而就職者，文武兩班，位列楚楚。然亦薤上露、水中漚，究無所依恃也。

404 施召徵卒

施召徵，字克用，無錫人，崇禎癸未進士。初授陸川令，爲瞿式耜中表，永曆登極之日，首薦吏部。十二月初八赴召，中途聞變而返。丁亥二月廿二日，歸順清朝，潛居北流。戊子十月朔，方達行在，授驗封。十一月朔，轉文選。至己丑四五月，多有勸之退避者。六月中，舊文選扶綱到部，例遜席。未一月，吏尚等密計去扶綱，仍用召徵。至庚寅正月，猶未釋手。于梧州江渚，幾及「五虎」之難，復殤三子。四月十五日，遂退寓陸川。後梧江星散，所在土寇竊發，遷徙無定。朝夕起居，痛悼君恩，涕泣忘餐。辛卯年二月，殂于北流縣山中。召徵爲馬文忠世奇之壻，妻誥封宜人，旬日間亦相繼去世。

施宜人，馬文肅公女，誥命有「母誡能嫻，父書亦讀」等句。隨召徵粵西，召徵爲山寇逼勒忍辱死，數日亦殉難山中。

陸川、北流二縣，俱屬廣西梧州府。

405 孫可望入南寧

三月朔戊寅，孫可望忽發兵三千直抵邕江，亟取兵科都給事中。當日現任其職者，應天吴晉也。可望腰斬之，猶以爲向日之金堡耳，不知官是而人非矣。

吴晉，字叔山，上元縣生員也。邕江即南寧府。

406 嚴起恆被難

孫可望既殺吴晉，復取首相嚴起恒，與之追論不封秦王之故。相對舟中猶然成禮，及别後則竟擠入邕江。此邕江之水，源從交趾流出，極其迅暴。起恒家人急駕舟往救，直追至横州，始得其屍。嗚呼，亦可謂死之得其所矣！其餘朝臣悉皆奔散，爲生爲死，不得而問之。

407 何辜燬滅

兩廣軍民殺戮百萬，城郭村墅燬滅萬千，致世界兩次鼎革者，皆由辜朝薦、何吾騶爭事權、分爾我所起。吾騶家貲三百萬，所居號「大瀾」、「小瀾」，巍焕壯麗，海内無比。辛卯年，總付之一炬。初𡩋朝薦引李成棟入廣，自謂首建大功。而潮陽士庶久恨其開禍西粤，於辛卯年四月，激于義憤，盡燬滅其家云。

吾騶一炬，多藏厚亡也；朝薦燬滅，天道好還也。利徒戎首，可以鑒矣！辛亥十一月廿七王館書。

408 曾櫻自縊

公諱櫻，字仲含，號二雲，江西臨江府峽江縣人。曾祖宣用，純樸儲慶。祖國相，以邑庠入監，仕廣東始興縣二尹，有惠政。父江，邑廩生，剛正，閭里取衷焉。母龐氏，子三，公居仲。幼穎異，年十三補弟子員，孝友仁慈。早失怙，事母承歡養志，友于兄，以身任門户内外事，撫弟妹養教婚嫁盡禮，待下以恩，慨慷有大度。居貧舌耕，而能恤人之貧。受知邑侯，不干以私。萬曆壬子舉于鄉，杜門讀書，家徒壁立。丙辰，登會榜，殿試二甲。給假歸，玩誦王文成先生集，謁吉水鄒南皋先生，師事之。家居三年，砥志不與外事，惟地方利弊、生民休戚，悉力竭心以佐邑宰。己未，授工部營繕司主事，監琉璃黑廠，與造三殿，督神、光二廟陵工。與中璫共事，公嚴釐核，璫敬憚。又奉堂檄估城工，節省以萬計。辛酉，典廣東鄉試，盡革士相見贄儀犒從。壬戌，遷正郎。癸亥，擢知常州。府地衝煩，賦役重而不均，科第顯官甲天下，俗好訟，夙號難治。臺使者自撫按外有巡倉、巡鹽、巡江、巡漕、督學諸差，皆出巡操舉核，竭地方之供應，掣有司之精神，民受其困。公申文御史臺曰：「江南賦重民貧，上臺浚剥日至，請一切戒飭，革鈎訪、取贖諸陋習，甦民困。」時御史同鄉熊壇石先生初駭愕，然卒爲移檄飭行。公爲政鎮以清靜，出之豈弟，持公平，風廉儉，於利弊無不興革，於權豪不少假借，於小民事事愛恤，于財用事事節省。高明之家，一裁以法。一切受獻侵占、魚肉小民之風，斂手屏息。贖鍰減之又減，以至于無，即笞罪亦不輕擬。夫馬濫觴，江南孔道，往來如織，公收馹册親掌之。於勘合廩給事件，裁之、革之。有現任政府朱某之子，用夫太多，裁之。其僕洶洶，鎖驛卒、擊馹吏。公擒其人杖責之，遣去。文試清嚴，得士有吴貞啓、陸自巖、劉光斗、龔可楷、高世泰、胡時亨、曹荃、吴之鴻、王孫蘭、王孫蕙、鄒式金、馬瑞、王期昇、史調元等公，皆成名進士。武闈規巡方以正，宿弊盡革。甲子以後，魏璫熾，黨禍作，公獨立不懼，護持諸公，調劑周助，曲盡心力。如武進孫公之免於就戍，宜興毛公之逃戍而家屬無恙，無錫高公聞信自沈而緹騎斂戢，上臺調護，皆公之力也。其於江陰繆公、李公就逮之時，亦盡心竭力爲之扶持。既竭俸囊，復設處以贈其行。諸公家屬，無不銘感入骨。丁卯冬入覲，士民耆老罷市祀祠，送至京口者千萬人。崇禎戊辰，遷福建布政司右參政，兵巡漳南道。有九連山，連亘閩、廣，洞寇盤踞猖獗，出没不常。自王文成、譚襄敏剿滅以來，種類復熾。公密約惠潮道謝公璉，刻期會剿，以十二月望啓行，聲言團練鄉勇，偃旗息鼓，月夜扳藤捫蘿入其穴，掩賊於睡，殲滅幾盡。謝公扼之于廣，脇從就撫，洞寇平。督撫某某攘其功，公不言也。己巳，丁内艱，廬墓三年。辛未，起兵巡興泉道。時海上多事，紅夷與海賊劉香衝突。閩、浙、廣三省海寇鄭帥芝龍已就撫，駐劄于泉。然閩撫按猜防之甚，鄭亦疑畏，每入謁兩臺，擁兵挎刀，格格不浹。兩臺起殺心，鄭亦萌叛志，方慮地方受其害，無復望得其力矣。公一見鄭，愛其才略，語曰：「君不用憂疑，某願百口保君。君一心辦賊。」鄭感泣曰：「上臺悉如公，某敢愛頂踵乎？」公乃力言之，兩臺釋其猜疑。值紅夷寇漳、泉，用鄭爲先鋒，紅夷創去。劉香寇廣，總制熊公移檄請援，公復保鄭往，香就擒。蓋香係鄭密戚，非公主持，欲其以義滅親，難矣！泉俗食弱，公以治毘陵者治之，豪右斂迹，小民安堵。屬官餽送，絲毫不收，一應交際，務從省約。紙贖捐減，重罪駁輕，悉貯公用，一毫不入私。丙子，移福寧守道，加銜按察使。自戊辰爲監司，十年不改官，以無一字通長安故也。鄭帥不平，因遣人攜金入都，爲公謀遷官。事發，逮公就訊。既事不由公，怡然就道。閩民數百詣闕，擊登聞鼓言枉，兩臺及閩紳合疏申雪。會鄭帥任罪疏亦至京，御史葉初春等連章代白於公未到之先，事得釋，仍以原級補福建巡海道。內閣楊公嗣昌以臨、藍土寇縱橫，特疏改任湖廣湖南道，駐永州府。公念討賊事重，因具疏請晏公日曙爲太守、萬公元吉爲司理，協力討賊。晏以同知閒住，萬以推官降調，悉得俞旨施行，以戊寅冬月至永，佐偏沅巡撫陳公，勦撫兼施，寇息兵戢。永有祁陽王恣橫，公以祖訓繩之，王斂威守法，吏飭民安。庚辰，陞山東右布政，分守登萊海右道。五月抵任，海右風俗，豪强尤横，公仍以治毘陵、治閩、楚者治之，不特宦息其兇，撫按亦爲斂戢，屢飭其下毋犯曾公，亦如在吳、楚、閩時。辛巳，陞巡撫登萊副都御史。時山東大饑，人相食。登萊與榆關相對，設法賑荒，應關門之需無缺。平青、濟間土寇。壬午，寇入山東，公所轄青、登、萊三府州縣特全，論功擢南少司空。公殘破不允赴任，仍請告歸。竟先太祖修譜志，置義田，贍族人。乃逆闖犯京，國事云壞。蒙詔求舊，特進閣學。閩、贛接壤，奉命勉赴。赤心未改，時事已非。退處海島，著書垂訓，絶意人世。大兵至，公謝却家人，謂惟此一片土爲我死所，遂冠帶自經于居中左所，時辛卯三月朔日也。公生于萬曆辛巳年十一月二十四日中時，享年七十一歲。丙申，督學楊公兆魯察公生平懿行，入主鄉賢祠，郡邑並祀。公之孫學仁述。

附記　崇禎末，舅氏胡公李南昌，曾公入謁云：「見一好官，便如景星慶雲。但老公祖亦不應獨爲君子，只顧一家哭，不管一路哭。今有某通判是九五福俱全的人，蓋一曰壽，彼年已老邁。二曰富，彼既貪財，安得不富！三曰康寧，彼年高而有財，仍安然作官，豈不是康寧。四曰攸好德，則此『德』字應改『得』字。五曰考終命，彼既富壽康寧，而又攸好得，尚欲考終于正寢，豈天理耶！此語須明白與貴同寅言之，且不可微言冷語，須徵色發聲晨鐘以猛省之。今已面悉，煩一轉致，明日專候回音。」乃退。及次晨，果遣使至，詢云已講過否，其爲人剛正如此。未幾，郡守、通判俱罷去。辛亥八月三十日書。

409　貞女詩十首　甲午秋

女郎不知何氏，大約湖南閨秀也。順治十一年甲午之秋，兵旋，被擄，淫污者不勝數，獨此女郎抗志不辱。行至鸚鵡洲，伺間投江以死，浮身于黄鶴之渚。藩司憐而命瘞之，乃于衣裾間得絶命詩十首。

其一

家鄉一別已經春，此日含羞到漢城。忽下將軍搜括令，何人尚敢惜餘生。

其二

征帆又說過雙姑，眼淚聲聲泣夜烏。葬入江魚波底没，不留青塚在單于。

其三

骨肉輕辭弟與兄，依依千里夢來驚。歸魂疾返家園路，報與雙親已不生。

其四

厭聽胡兒帶笑歌，幾回腸斷已無多。青鸞有意隨王母，空費人間設網羅。

其五

遮身只是舊羅衣，夢到湘江恐未歸。冥冥風濤誰作伴，聲聲遥祝兩靈妃。

其六

少小伶仃畫閣時，詩書曾拜母兄師。濤聲夜夜催何急，猶記提燈讀楚詞。

其七

影照江干不暇悲，永辭鸞鏡斂雙眉。朱門曾識諧秦晉，死後相逢總未知。

其八

生來弱質未簪笄，身没狂瀾嘆不齊。河伯有靈憐薄命，東流直遶洞庭西。

其九

當時閨閣惜如珍，何事牽裙逐水濱？寄語雙親休眷戀，入江猶是女孩身。

其十

圖史當年强寄親，殺身自古以成仁。簪纓雖愧奇男子，猶勝王朝共事臣。

順治辛丑仲秋十日，予始得此。讀前九章，想見貞節女子。讀至卒章「殺身」、「猶勝」等語，則非閨秀口角，儼與文山争烈矣！惜乎失其氏里。辛亥十一月三十日書。

410 鄭之珖傳

鄭之珖，四川廣安州人，崇禎庚午孝廉。庚辰，授廣東高州府推官。粤東素富饒，而高州又瀕海，去京師遠，官其地者多貪墨不簡，珖獨清約不妄取，於刑獄尤慎，以故士民戴之，考績以最聞。時寇殘北地，上方求循吏撫之，遂以珖爲通州知府。未赴，值闖賊陷北都，珖爲粤士民攀留不得去。及思文帝嗣位閩中，召珖入，授工部主事，陞員外。丁亥秋，敵陷八閩，士紳皆降。珖削髮爲僧，賣藥于廣之新會縣，有司及士人逼脅萬端，珖終不易志。戊子，李成棟返正，珖乃蓄髮赴行在，改授户部員外。庚寅二月，陞禮部祠祭司郎中，典試貴州。五月，至貴陽。適流寇孫可望入黔，以兵脅朝廷，索封秦王。大學士嚴起恒、楊鼎和，兵科給事中劉堯珍、吴霖、張載述，建議不從。可望遂命部下殺五人，投其屍於水，乃自稱秦王。上驚悼不已，賜可望名朝宗，遣官撫諭之。朝宗遂盡脅諸文武，授以官爵，改鑄印章，更立制度，有不從者輒誅之。一時士紳怵其威，無不屈從者。珖乃棄官，携妻孥隱于湄水之陽，自號蛾眉道人。珖素貧，居官絶苞苴，行李蕭然，躬耕自給。或至併日而食，恬如也。時錢邦芑亦棄官，隱于餘慶之蒲村，相去三舍，寒暑朝昏，得村酒一壺必相招共飲，醉則悲歌不輟。及甲午春，邦芑迫于可望之徵逼，祝髮爲僧，號大錯和尚。珖聞大哭，走唁邦芑曰：「昔吾遇敵難爲僧，今公遇賊亦爲僧，天厄我輩固如是乎！」自是放情詩酒，不復以人世爲意。至丙申九月，珖忽病，謂妻湯氏曰：「我若不起，大錯和尚必來，後事惟彼可托。」至十月初五日卒，邦芑聞訃，奔往哭之。時其友山陰胡欽華，門人西川陶五柳、湄水龔惟達，吴開元、趙時逵俱來會哭，因私謚之曰貞確先生，卜葬于湄水橋西，爲立碑表其墓。珖初娶吴氏，繼娶湯氏。子三人，長先珖卒，次石三歲，次右一歲。江津程源爲撫其兩孤。所著有明書二十卷、爐史八卷、櫝菴文集六卷、詩集七卷、紀難二卷行于世。其所雜著尚多，俱散失不可考矣。

錢邦芑曰：士之犯難不辱，激于一時，義形于色，易易也。至屢遭大變，百折不挫，幾幾乎難哉！三十年來敵寇交訌，芑所見抗節自全者固不乏人，若夫張、鄭二子，文章事業，固已龍變鴻騫，光昭天壤矣；而矯矯志節，復風被百世，振起懦頑，自非祖宗布德之深，養士之善，曷臻此哉！野史氏議曰：「敞始不汙于賊，終也不屈于虜。珖始不屈于虜，終也不汙于賊而没。二子之死，慷慨從容雖有異，要其清白一節，始終不辱，一也。宣聖曰：『不降其志，不辱其身。』二子之謂與！是宜合傳。」芑曰：「然。」遂述之以備國史之採擇云。

此傳本與張同敞合傳，故錢合評之。予以同敞尚有詩欲續，遂分録焉。辛亥四月廿八書。

411 安龍紀事 壬辰至甲午 安龍江之春

壬辰二月初六日，上自廣西南寧府移蹕貴州安龍府。安龍原名安龍所。時雲、貴皆爲孫可望所據，初陽尊皇上，要封秦王，朝廷內外臣子稍忤其意，則擊斬隨之，以故中外重足，無不協署僞職。及東兵陷廣西，可望遂改安籠所爲安龍府，迎上居之。宮室禮儀，一切草簡。時廷臣扈隨者，文武止五十餘人。中有馬吉翔者，本北京市棍也，性便黠，頗識字，初投身內監門下充長班，復爲書辦，逢迎內監，得其歡心，故內監皆托以心腹。及高起潛出典兵，吉翔竄入錦衣衛籍，冒授都司，居起潛門下，塗毒軍民，無所不至。後又賄陞廣東都司。及乙酉隆武即位福建，吉翔解粵餉赴行在，自陳原係錦衣世職，遂冒陞錦衣衛指揮。後奉使楚中，陷諛諸將，凡報軍功，必竄入其名，屢冒邊功，漸次陞至總兵。及永曆即位，又營求宮禁勛戚，得封文安侯。吉翔歷事既久，專意結媚宮禁宦豎，凡上一舉一動，無不預知，巧爲迎合。於是上及皇太后皆深信之，以爲忠勤，遂命掌戎政事。及至安龍，見國事日非，遂與管勇衛營內監龐天壽謀逼上禪位秦王，以圖富貴。獨慮內閣吳貞毓及朝中大臣不相附順，乃陰嗾其黨冷孟銋、吳象鉉、方祚亨交章參毓。先是，瀨湍移蹕時，毓欲上暫留以繫中外臣民之望，遂與壽、翔忤。至是，兩逆交煽，急謀去毓，而銋等參疏屢上。上素知毓忠貞，俱寢不行。壽、翔、銋等曰：「貞毓入閣視事，則我不得參預機密。公等參毓，徒費紙筆。今秦王權傾內外，我具一啓，托張提塘封去，求秦王令，諭以內外事委戎政、勇衛兩衙門總理，則大權歸我兩人。我兩人作秦王心腹，公等作羽翼，然後徐謀尊上爲太上皇，讓位于秦王，則我輩富貴無量。貞毓何能爲乎！」吉翔遂遣門生郭璘説武選主事胡士瑞云：「今上困處安龍，大勢已去。我輩追隨至此，無非爲爵位利祿耳。揣時觀變，當歸秦王。況馬公甚爲倚重，目下卽欲以中外事屬之。若公能達此意，與諸當事共相附和，力勸禪位，何愁不富貴？不然，我輩俱不知死所矣！」士瑞卽厲聲叱璘曰：「汝病狂喪心，欺蔑朝廷，遂謂我輩亦隨波逐流乎！」璘慚而退。吉翔復遣璘持白綾一幅，求武選司郎中古其品畫堯舜禪受圖，欲以進秦王。其品憤怒不畫。吉翔陰報秦王，秦王遂將其品鎖去，斃之杖下。六月，秦王有劄諭天壽、吉翔云：「凡朝廷內外機務，惟執事力爲仔肩。若有不法臣工，一聽戎政、勇衞兩衙門參處，以息紛囂。」劄到，中外惶懼，獨吏科給事中徐極、兵部武選司員外林青陽、主事胡士瑞、職方司主事張鐫、工部營繕司員外蔡縯等相謂曰：「天壽、吉翔曩在楚、粵，怙寵弄權，以致楚、粵不戒，鑾輿屢遷。今不悔禍，且包藏禍心，稱臣於秦，一人孤立，百爾寒心。我輩若畏縮不言，不幾負國恩、羞鵷列乎！」由是各疏參二逆罪狀。章三上，上始知兩人欺君賣國。并發其在安龍時曾偷用御筆，私封龍英府土官趙繼宗爲龍英伯事。上怒，卽召集廷臣，欲治壽、翔罪。壽、翔懼，急入內廷求救太后，得免。兩人奸既露，怨愈甚，欲謀殺極等。於是專意諂附可望，凡可望所欲爲者，二人輒先意爲請。可望愈肆無忌，自設內閣、六部、科道等官，一切文武皆署僞銜。復私鑄八疊僞印，盡易本朝舊印。而賊臣方于宣諂可望尤甚，爲之定儀制，立太廟，廟享三主：太祖高皇帝主于中、張獻忠主于左，而右則可望祖父主也。擬改國號曰後明，日夜謀禪受。上僅守府，勢甚岌岌，私與內監張福祿、全爲國曰：「可望待朕無復有人臣禮，奸臣馬吉翔、龐天壽爲之耳目，朕寢食不安。近聞西藩李定國親領大師，直搗楚、粵，俘叛逆陳邦傳父子，報國精忠，久播中外，軍聲丕振。將來出朕于險，必此人也。且定國與可望久有隙，朕欲密撰一勅，差官賫馳行營，召定國來護衛，汝等能爲朕密圖此事否？」禄等卽奏曰：「前給事徐極、部司林青陽、胡士瑞、張鐫、蔡縯，於秦王發劄寵任天壽、吉翔時，曾抗疏交參，忠憤勃發，實陛下一德一心臣也。臣等將聖意與他密商，自能得當以報。」上允之。禄與爲國詣張鐫、蔡縯私寓，適極與青陽、士瑞俱至。禄等密傳聖意，諸臣叩首云：「此事關係國家安危，首輔吳公老成持重，當密商之。」五人卽詣毓寓，言其事。毓曰：「今日朝廷式微至此，正我輩致命之秋也。奈權奸刻刻窺伺，恐機事不密。諸公中誰能充此使者？」林青陽卽應曰：「某願行。」毓曰：「固知非公不可，但奸人疑阻，須借告假而行可也。」青陽乃請假歸葬。貞毓屬祠祭司員外蔣乾昌密擬勅稿，屬職方司主事朱東旦繕寫，禄等密持入用寶，青陽卽日陛辭。時可望沿途有塘撥盤詰，陽藏密勅從間道馳出，此六年十一月事也。癸巳六月，上以青陽去久不回，欲差官往催。毓卽以翰林院孔目周官對武安伯鄭允元云：「此番比前更要慎重，今馬吉翔在左右，日夜窺探，凡事必報可望，必須先將馬吉翔差出，使他不得窺探，事乃可濟。若吉翔在內，則奸黨蒲纓、宋德亮、郭璘、蔣御曦等往來奔走，陰伺舉動，深爲不便。」時因節屆霜降，上以興陵在廣西，例用勛臣一員代祭，遂遣吉翔往粵行禮。去後，卽命蔣乾昌撰勅，復遣周官賫往，官涕泣受命而行。時吉翔奉差在粵，探知青陽賫有密勅至定國營，私差汪錫玄至營探聽。未幾，而劉議新途遇吉翔，不知吉翔不與謀，對吉翔云：「上有密勅與西藩，先差林青陽，後差周官。西藩接勅感泣，不日親往安龍迎駕。」吉翔聞之大懼，逼令議新具啓報知秦王備悉西藩接勅之事，又囑其弟雄飛盡出家貲，陰賂提塘王愛秀，求其應援。時吉翔黨與布列甚密，日伺探聽。上孤立自危，以臺省員缺，勅部考選，於臘月念四日臨軒親試。時蔣乾昌、李元開選翰林院簡討，張鐫選刑科給事中，李頎、胡士瑞選浙江、福建兩道監察御史，林鍾、〔二〕徐極、蔡縯、趙賡禹、易士佳、任斗墟、朱東旦等，亦以資深俸久，各加秩陞職有差。自是，天壽、雄飛益相危懼，謂蒲纓、宋德亮、郭璘、蔣御曦等曰：「凡我讐敵俱選清華，我輩危矣！」纓等曰：「昨聞周官之行，係衆人密謀，待馬公察訪詳悉，具報秦王，則此輩死無日矣。」不數日，馬吉翔果具密啓與秦王報知此事。天壽、雄飛持啓詣王愛秀云：「馬公訪得朝中有兩次差官賫勅往西藩去，召他帶兵迎駕。現有啓報秦王，煩公即發撥啓聞。」秀聞大驚曰：「果有此事！我係提塘，亦當具啓報知。」壽、飛即下拜曰：「公果具啓救我輩性命，誠再生之恩也！」啓去，秦王大怒。甲午正月，差鄭國往南寧馬吉翔處打聽周官事迹，并看西府兵勢。時吉翔疏證青陽、周官甚急，由是，吏科都給事徐極、大理寺少卿林鍾、太僕寺少卿趙賡禹、光禄寺少卿蔡縯、刑給事張鐫、浙江道監察御史李頎、福建道監察御史胡士瑞等，交章參翔欺君賣國，天壽表裏爲奸。上見事急，即勅廷臣公議治罪。天壽懼，與雄飛數騎逃出。雄飛遂見秦王，將密勅與謀之人一一報知，而十八人之獄成矣。先是，正月內林青陽回行在復命，至田州總鎮常榮營。榮知密勅之事已發，止陽勿回行在，陽遂留營中，暗遣心腹劉吉至行在，藏張鐫、蔡縯寓，即密奏上。上甚喜，即擢陽兵科給事。上謂鐫曰：「仍撰勅與青陽，勅內先要説壽、翔表裏爲奸，將謀不利于朕，著令藩臣爲朕剪除等語，俟朕與將軍握手時，即行告廟晉封之典。」發金二十兩，爲西藩鑄章，鐫擬篆「屏翰親臣」四字，發與青陽差人劉吉領去。陽接勅與金，常榮發兵護送至廣東廉州，得遇周官。官同青陽始將空勅書寫好，及「屏翰親臣」字樣鑄成，送至高州西藩李定國營內。詎意可望差有標官至常榮營，急拿青陽，而陽已去旬日矣。遂將榮撤回，而鄭國已于南寧取吉翔回行在。秦王亦疑吉翔與謀，令行在各官與吉翔對理密勅之事。各官既集，鄭國云：「馬吉翔已拿在此，列位要明白說出林青陽、周官賫勅之事他果與謀否，以便回覆國主。」貞毓云：「學生職司票擬，關防嚴密，如何曉得？」國云：「既如此，我到朝內請上面對。」諸臣俱進朝候，上御文華殿，召鄭國、王愛秀進殿。國與愛秀奏云：「西藩私通朝內奸臣，脅勅要封，國主已發人往拿正法，林青陽、周官不日便到，皇上可知是何臣主持，待臣等好回覆國主。」上云：「密勅一事，朝中臣子必不敢做。數年以來，外面假勅、假寶亦多，爾等還要密訪，豈皆是朝裏事？」國與愛秀憤憤而出，即同天壽洶洶至朝房云：「我們要回貴州，列位須快說明白！」貞毓云：「皇上雖值播遷，朝廷法度尚在，誰敢妄行！學生們實不曉得。」天壽力証曰：「你如何推避得！」國與愛秀即將毓扭出朝房，一任天壽指揮，即將林鍾、鄭允元、蔣乾昌、蔡縯、趙賡禹、張鐫、徐極、李頎、胡士瑞、李元開、朱東旦、朱議屎、批云：「屎」音「米」。周允吉、許紹亮、胡世寅、陳麐瑞、易士佳、任斗墟等，俱收鎖王愛秀宅內，隨帶家丁同天壽進宮拿內監張福禄、全爲國、劉衡，宮中大震。少頃，禄與爲國、劉衡俱鐵索繫出，惟胡世寅于是日釋放，此甲午年三月初六事也。入朝時天氣清朗，及諸君子被執，忽烈風霾日，陰雲慘黑，安龍士民驚曰：「此天壤間一大變事！」其逆黨冷孟銋、朱企鋘、蒲纓、宋德亮且揚揚得意，猶奏上：「速將密勅情由指出是何臣所爲，以便處分。不然，危亡在旦夕矣！」上曰：「汝等逼朕認出，朕知是誰！」因悲憤而退。翼日，國具嚴刑拷究，先將貞毓妾父、户部員外裴廷謨提到，國叱諆跪，諆厲聲曰：「我是朝廷五品大夫，如何跪你！」國怒，令亂棍交下，幾斷兩臂。復將諆拷夾問密勅事，諆不應。次將張鐫、徐極、周允吉、趙賡禹、蔡績、任斗墟、陳麐瑞、張福禄、全爲國等一一酷刑拷鞫，惟貞毓以大臣免刑，餘皆夾數夾，搥數百，痛苦難禁，惟呼二祖列宗。時天色晴明，忽風雷震烈。蔡績厲聲曰：「我輩枉取刑辱，取紙筆來，待我供招。」國即將績扭鎖放鬆。績持筆告天曰：「皇天后土、二祖列宗，今日蔡績供招與謀密勅之事，以見臣子報國苦衷。」由是，一一寫出。國又問曰：「皇上知否？」績恐有害國家，答曰：「未經奏明。」招罷，仍扭鎖收管。越三日，將許紹亮、裴廷諆釋放，亮流涕不肯出獄，向十八人曰：「今日同事爲國，生死與共，安忍獨生！」毓等曰：「公今日得生，是天未盡滅忠臣。爾既生，我輩雖死猶生。」亮等揮淚拜辭，十八公亦揮淚答拜，亮即同廷諆出獄。天壽、吉翔乃盡出家貲，厚賂國、秀。吉翔以幼女送鄭國爲妾，國留宿二日復遣還。即誣諸公以「欺君誤國，盜寶矯詔」爲辭，飛報秦王。秦王發令，于本月二十日到安龍，以十八人爲奸，以吉翔爲忠，請上裁斷。國等請上召對，上憂憤御殿，隨發廷臣公議。由是吏部侍郎張佐辰、綏寧伯蒲纓、太常寺少卿冷孟銋、武選司郎中朱企鋘、總兵宋德亮、刑部主事蔣御曦等，俱附耳向鄭國云：「這些官今日都要處死，若留一箇，禍根不絶。」國云：「自然還須列位主持。」維時刑部司官蔣御曦執筆，吏部侍郎張佐辰票旨，竟以「盜寶矯詔，欺君誤國」八字爲案，以張鐫、張福禄、全爲國爲首，擬凌遲。蔣乾昌、徐極、林鍾、趙賡禹、蔡績、鄭允元、周允吉、李頎、胡士瑞、朱議㶒、李元開、朱東旦、任斗墟、易士佳等爲從，擬棄市。惟毓以大臣賜絞死。陳麐瑞與佐辰同鄉同年，力救，得杖一百二十，擬遣戍。劉議新杖一百二十，越五日死。劉衡杖一百，免罪。復以福禄乃中宮近侍，用寶發勅，雖皇上自行，中宮俱知其事，壽、翔等將廢中宮，囑儀制司蕭尹上疏，引古廢后事爲例。維時中宮流涕哭訴上前，始免。遂將諸君子縛赴法場，俱神色不變，望闕叩頭云：「臣子一念，今日盡矣！無以報國，雖死有餘責耳！」又云：「天壽、吉翔、雄飛朋脅爲奸，欺君賣國。我輩今日爲他殺盡，他日必借秦王勢挾制天子，爲所欲爲。中興大業，從茲已矣！」張福祿曰：「我輩生不能殺此三賊，死當作厲鬼殺之，以除國害。」諸君子臨刑絶無戚容，各賦詩見志。吴貞毓詩云：「九世承恩愧未酬，憂時惆悵發良謀。躬逢多難惟依漢，夢遶高堂亦報劉。忠孝兩窮嗟百折，匡扶有願賴同儔。擊奸未遂身先死，一片丹心不肯休！」蔣乾昌詩云：「天道昭然不可欺，此心未許泛常知。奸臣禍國從來慘，志士成仁自古悲。十載辛勤爲報國，孤臣百折止憂時。我今從此歸天去，化作河山壯帝畿。」李元開詩云：「憂憤呼天洒酒卮，六年辛苦戀王畿。生前只爲忠奸辨，死後何知仆立碑。報國癡心容易死，還家春夢不須期。汨羅江上逢人舊，自愧無能續楚詞。」朱東旦云：「邕陵昔日五君子，隨扈安龍十八人。盡瘁鞠躬今已矣，忠臣千載氣猶生。」朱議㶿詩有「精忠貫日吞河岳，勁氣淩霜砥浪濤」句，詞極悲壯，餘不及詳紀。賦畢，仍對各官拱手曰：「學生輩行矣，中興大事交付列位。但列位都要忠于朝廷，切不可附天壽、吉翔賣國，學生輩雖死猶生也。」言罷，引頸受戮。時安龍雖三尺童子，無不垂涕者。鄭國仍將諸君子暴屍三日，時天氣炎熱，顔面如生，各家親族買棺收殮。十八忠臣既死，雄飛遂自黔回，吉翔倚藉可望，挾制朝廷，復預機密，引其黨張佐辰、扶綱攝相行事，内外大權盡歸龐、馬。時人因佐辰與綱相貌醜劣，諂事權奸，供龐、馬指揮，號佐辰爲判官，扶綱爲小鬼，而國勢日削矣。

吴貞毓，宜興人。祖母趙氏，享年百有一歲。丙辰生，時年九十有七。其長孫貞啓，係崇禎丁丑會元，以節孝稱。

壽享百歲，榜登會元，官居宰相，名著忠臣，此人間四難也，而萃于一門。嗚呼盛哉！辛亥五月朔社埄王館書。

〔校記〕

〔一〕林鍾　原作「楊鍾」，今據明史卷二七九吴貞毓傳改。後同，不另注。

412 錢邦芑祝髮記　有日占

自庚寅八月孫可望入黔逼勒王號，迫授余官，余堅拒不受，退隱黔之蒲村，躬耕自給。歷辛卯迄癸巳，可望遣官逼召一十三次，余多方峻拒，甚至封刃行誅，余亦義命自安，不爲動也。甲午春二月廿三日，爲余初度之辰，山陰胡𣆀菴、㟏水甘羽嘉、富順杜耳侯、西湖許飛則、渝州倪寧之、遂寧黄璽卿、湄水馮仲立、黄月子，同集假園，釃酒祝余。適廣安鄭於斯致書云：「偶以采薪不能來，謹寄一贊爲壽。」贊云：「昔與先生同朝，帝嘗曰：『直臣矣，汲黯有其骨而學術遜之。』今與先生同野，人咸曰：『隱者矣，嚴光有其高而氣節遜之。』夫汲黯無學術，嚴光無氣節，吾有以知先生矣。」諸子讀是贊，舉觴祝曰：「非鄭公不知先生，非先生不足當是贊也。」余再拜謝曰：「邦芑不敏，敢忘諸君子今日之訓，以貽知己羞！」次日，餘慶縣令鄭秉浩復將可望命趣余就道，威以恐嚇，危害萬端。余酌酒飲之，談笑相謝。梟菴知余意，席間私賦詩曰：「酒中寒食雨中天，此日銜杯却惘然。痛哭花前莫相訝，不知誰泛五湖船。」是晚，余遂祝髮于小年菴，乃說偈云：「一杖横擔日月行，山奔海立問前程。任他霹靂眉邊過，談笑依然不轉睛。」是時門下同日祝髮者四人，曰古心、古道、古雪、古愚。時古心亦有偈云：「風亂浮雲日月昏，書生投體向空門。不須棒喝前因現，慷慨隨緣念舊恩。」次日祝髮者又五人，曰古德、古義、古拙、古荒、古懷。次日又二人，曰古圍、古處。時諸人争先披剃，呵禁不得，余委曲阻之，譬曉百端，餘乃止。先後隨余出家者，蓋十有一人，因改故居爲大錯菴，俾諸弟子居之，共焚修焉。

邦芑被可望杻械至黔，途中口占絶句：

一

纔説求生便害仁，一聲長嘯出紅塵。精忠大節千秋在，桎梏原來是幻身。

二

杻械縈纏悟夙因，千磨百折爲天倫。虚空四大終須壞，忠孝原來是法身。

三

前劫曾爲忍辱仙，百般磨鍊是奇緣。紅爐餤裏飛寒雪，弱水洋中泛鐵船。

413 孫可望犯闕敗逃本末

甲午三月，孫可望以禪受不遂，深忌宰相吳貞毓等。適上有密勅召李定國入衛，遂以盜寶、假勅之名，誣貞毓等十八人，殺之於安龍府。乙未十一月，遣總兵張明志、關有才等往廣西，暗襲定國。時定國在廣東爲東兵所攻，敗于新會，收集殘兵萬餘，駐劄南寧府，勢甚單弱。聞張明志等將近，計無所出，召中書金維新、總兵曹延生計之。二人曰：「明志等兵雖多，皆帥主舊部下，安敢相敵！今明志從大路來，我輩從小路巡截其後，彼出不意，定然驚潰。我輩乘勝率兵至安龍，迎皇上駕徑至雲南，美名、厚實，兼收之矣。」定國然之，與靳統武、高文貴等集兵萬人，拔寨而起，從歸朝土司小路行五日，抄出明志營後，猝然衝之。明志等不知兵從何來，前後大亂。定國乘勢急追，要截殘兵，得三千人，遂連夜赴安龍府。時可望聞明志兵敗，料定國必至安龍，疾遣白文選帶兵數百至安龍迎皇上幸貴州，時丙申正月也。先是，可望投順後，錢邦芑見其跋扈，可望部將有白文選者，忠誠可託，私語之曰：「忠義，美名也；叛逆，惡號也，孺子且辨之，大丈夫可陷身不義乎！」文選感其言，遂與邦芑私誓，且曰：「有文選在，必不負公也。」至是，可望遣文選至安龍請駕幸貴州。上問：「有夫馬否？」文選卽命催夫馬。然文選逆知定國兵將到，託以夫馬不足，故緩行期兩日。後定國兵果至，定國謂文選曰：「聖駕宜幸雲南，我與秦王原係弟兄，彼此和好，同輔國家，何事不可爲！然全藉衆位調停耳。」定國遂護駕，徑至雲南，將孫可望所造宮殿請上居之，時丙申三月也。定國命靳統武執馬吉翔家眷數十人，防其出入，欲請詔正其罪。時白文選回貴州，秦王大怒，欲舉兵與定國決戰。文選曰：「天子在彼不便，兩和爲是。」可望命文選入雲南議和。文選入朝，上卽封李定國爲晉王，劉文秀爲蜀王。時艾能奇已死，授其子總兵。白文選鞏國公，王尚禮保國公，王自奇夔國公，張虎淳化伯，靳統武、高文貴、竇名望皆授總兵。王尚禮、王自奇、張虎皆可望心腹，而張虎奸黠，尤用事。虎自以位在諸人下，甚怏怏。文選密謂定國、文秀曰：「今可望死黨王尚禮、王自奇擁重兵在輦轂之下，而張虎尤奸詭，日伺左右，禍且不測。今欲與可望議和，須奏皇上遣張虎行，乃可無反覆。」定國、文秀于是奏上，召張虎至後殿。上曰：「秦、晉兩王義當和好，此須卿一行。」虎拜受命，上從頭上拔金簪一枝賜虎，曰：「和議成，卿功不朽，必賜公爵，以此簪賜卿爲信。卿此去見此簪如見朕也。」虎臨行私謂王尚禮、王自奇曰：「我此行不半年，必與秦王整頓兵馬來取雲南，爾二人如何接應？」自奇曰：「尚禮率親丁在城中爲内應，我兵馬俱劄楚雄、姚安一帶，秦王自黔來，我從楚雄而下，夾攻之。尚禮爲内應。定國、文秀不滿三萬人，又皆疲弱。我輩上下精兵二十萬，彼能支乎！」張虎辭，行至黔見秦王曰：「上雖在滇，端拱而已。文武兩班，唯唯諾諾，内外大權，盡歸李定國。定國所信則中書金維新、龔銘，武則靳統武、高文貴，終日陞官加賞。兵馬不滿三萬，人無固志，可唾手取也。」可望大悦。虎復將上所封伯印繳還可望曰：「在彼處不受，恐生疑忌，故僞受之。臣受國主厚恩，豈敢背哉！白文選受國公之職，已爲彼所用矣。」因請屏退左右，取上所賜金簪示可望曰：「臣臨行時，皇上賜此簪，命臣刺國主以報功，許封臣二字王，臣不敢不以上聞。」可望信以爲然，憤怒愈甚，而犯闕之意於是決矣。僞翰林方于宣此時正在可望宮中訓其二子，獻計曰：「臣有三策，但用其一，不煩隻兵而皇上自斃，定國、文秀二人之首自然致矣。」可望問何策，于宣請屏人密言。左右遠窺，但見于宣叩頭跪奏，可望點頭應之，竟不知所獻何策也。于宣出，得意之極，謂家人曰：「今年入滇功成後，國主登九五，我爲首相，已親許我矣。」此時可望欲發兵，以糧草不足，稍緩其期。適皇上又差白文選來議和，可望拘留之，卽差通政司朱運久來議。運久大轎黄蓋，徑至朝門，無人臣禮。名爲講和，實暗與可望心腹文武相約，俾爲内應。此時皇上以扶綱爲東閣大學士，張佐辰爲吏部尚書，龔彝爲户部左侍郎，孫順爲兵部左侍郎，冷孟銋爲刑部左侍郎，王應龍爲工部尚書，尹三聘爲通政司，楊在爲詹事府正詹事，張重任爲大理寺寺丞，汪蛟爲文選司郎中。其中惟龔彝奏言：「在雲南受可望十年厚恩。」辭不受。舉朝大譁，詰龔彝云：「爾在本朝中戊辰進士，屢任顯官，至于司道。可望入滇，爾首迎降，卽得高位。家世受明朝三百年之恩，可望一至卽忘國家之恩。今皇上不治爾罪，仍授汝户部，爾不知愧耻改過自新以報皇上，而乃云『受可望十年厚恩』，何三百年之恩忍忘，而十年之恩獨不忍忘也？」龔彝恬不爲耻，總之因定國兵弱，意其必敗，故暗與張重任、王尚禮私約爲可望内應，中有所恃，故遂無忌憚耳。時雷躍龍來朝，卽命入閣辦事。躍龍在威宗時爲吏部右侍郎，仕可望爲宰相。至是仍入閣，人頗笑之。馬吉翔既爲靳統武所拘禁，日夜諂媚統武，統武悦之。時定國最信金維新、龔銘二人，嘗至統武宅議事。吉翔一見，曲意逢迎金維新、龔銘，遂信吉翔爲佳士。加之統武又極稱譽，兼爲吉翔頌寃。吉翔乃言：「從前事皆他人所爲，嫁禍於我。但得一見晉王，訴明心事，死不恨矣！」金、龔兩人信之，歸言于定國，稱吉翔之才，兼辯其枉。定國猶不以爲然，乃召吉翔見。吉翔一見定國，先叩首稱頌定國「再造家國之功，千古無兩，從此以後，青史流芳。吉翔今日得際此時望見顏色，死亦可以不朽。其他是非寃苦，俱不足辨」。定國于是大悦，與吉翔握手談心，恨相見之晚，而吉翔得侍左右數日。其諂諛之工，無所不至，凡左右内外，衆口同聲交譽吉翔。定國本目不識丁，粗戇直率，竟爲吉翔所弄，墮其術中。一日，吉翔謂金維新、龔銘曰：「晉王功高，皆兩公爲之提挈。今晉王既進封，兩公亦當不次封賞，安得仍舊職乎？若吉翔得在皇上左右，定當爲兩公言之。」金、龔兩人大悦，於是見定國曰：「吉翔原是朝廷舊人，當仍薦補朝廷要職，彼實歸誠殿下，凡事必與我輩相照應也。」定國然其言，即命金維新草疏薦吉翔入閣辦事，上不得已從之。吉翔得入内，既挾定國之權以要皇上，又假皇上之寵以動晉王，而内外大權，不一月盡歸吉翔，不但諸臣屏聽，即皇上亦坐視無可奈何矣。丁酉春，方于宣啓可望曰：「今皇上在滇，定國輔之，人心漸屬于彼。臣意請國主早正大號，封拜文武世爵，則人心自定矣。」可望遂日夜謀犯闕，調練兵馬。時錢邦芑爲可望拘于大興寺中，心私憂之。可望兵部尚書程源與都察院鄭逢元過邦芑寓，亦深以爲慮。邦芑知其心事，與之計曰：「今馬寶、馬進忠、馬維興三人，雖隸可望麾下，皆朝廷舊勳臣，受國恩頗重，彼曾與我言及此事，彼自憤恨，欲圖報朝廷而無路也。至于可望標下，惟白文選有心朝廷，我曾與之私誓，決不相負。可望率兵入滇，必用此數人爲將。倘得從中用計，圖可望如反掌耳。我今被幽禁在此，煩二公可爲致意之。」程源即商諸文選，文選曰：「我矢心不負朝廷，只恐力難以濟事。」源曰：「馬寶兄弟，有心人也。」文選然之。源又與逢元私見馬寶，相約既定。至八月初一日，可望誓師發兵，以白文選爲大總統，以馬寶爲先鋒，合兵十四萬入滇。十八日，兵渡盤江，滇中震動。王尚禮私約龔彝、張重任等爲内應。先是七月間，王自奇在楚雄，醉後誤殺李定國營將，懼定國襲之，遂引其衆渡瀾滄江，據永昌府，去雲南二千餘里，故可望入滇，絶不相聞，遂不能相應。九月初，李定國、劉文秀聞可望率十餘萬衆至交水，列三十六營，去曲靖止三十里，相顧失色。文秀曰：「城中有王尚禮諸人爲内應，再遲二十日，王自奇知此消息，必引兵從永昌而下雲南，腹背受敵，不戰自潰矣。莫若乘此時走交趾，猶可自全。」定國曰：「交趾兵亦不少，我輩不過二三萬人，且有家口，安能往？不若由沅江、景東取土司以安身爲上。」躊躇兩日，終不能決。初四日，白文選率所部兵連夜拔營逃至曲靖劄下，單馬引數騎走雲南。初六日進城，竟入朝見皇上，細言前事。定國、文秀聞之，大爲驚駭，隨至朝中相見。文選曰：「此時宜速出兵交戰，馬寶、馬維興及諸要緊將領已俱有約，稍遲則事機必露，斷不可爲矣。」定國尚疑文選爲反間，猶豫未決。文選曰：「若再遲，則我輩死無地矣。有一字誑皇上、負國家，當死萬箭之下！我當先赴陣前，汝等整兵速進。」言畢，即上馬馳去。文秀遂率祁三昇、賀九義、胡一清、趙印選、吴子聖、李本高等禦之。十五日至交水，相去十里，列三營。初可望見文選率所部逃去，恐人心多不服，意欲退兵。召諸將議之，諸將未敢應。馬寶自思若退回貴州，則我輩之謀必洩，豈能自存乎？因挺身言曰：「白文選所部不及萬人，今我輩之衆十倍於彼，若以文選一人爲進退，我輩皆非人乎？」張勝亦曰：「只某一人亦能擒定國以獻，文選何足爲重輕！」可望大悦曰：「諸將能如是，吾復何憂！」至十八日，可望見定國對列三營，知雲南兵馬盡出，城内空虛，乃召張勝曰：「爾可率領武大定、馬寶，選鐵騎七千，連夜走小路至雲南城下暗襲之。城中有王尚禮、龔彝等爲内應。爾一入城，則定國、文秀等知家口已失，不戰而走矣。」張勝領命整點馬騎，與馬寶約傍晚起行。馬寶回營寫密書，差心腹人送入李定國營内曰：「張勝等已領精兵七千往襲雲南，雲南若破，則事不可爲，必須明日決戰，遲則無及矣！」可望與定國初約二十一日會戰，十八日晚，定國見馬寶此書大驚，是夜即傳各營諸將。十九日天未明，拔寨而出，列陣相向。可望亦命各營會戰。兩陣初交，文秀驍將崇信伯李本高馬蹶，被殺。文秀退回，定國亦爲小却。可望乘高山觀戰，見定國等鋭氣既挫，命諸營速進。定國、文秀色懼，相謂曰：「畢竟衆寡不敵，不若暫退再議。」文選怒曰：「張勝已往襲雲南，我兵若退，彼以精騎躡吾後，我兵不鳥散則蹂爲肉泥矣，尚能歸乎！進而死于陣，不猶愈于走而死于馬足乎！況彼陣中馬維興、袁韜等皆與我有約，若決志而前，必相應也。」定國、文秀未應，文選乃策馬率所部五千鐵騎直衝之，見馬維興列陣未動。文選飛奔而來，維興不放一箭，開陣迎文選入。兩人合兵抄出可望陣後，所向披靡，連破數營。可望在高埠望見，大驚曰：「維興與諸營俱叛矣。」諸將見之，遂無闘志。定國、文秀見文選、維興乘勝截殺，可望旗幟漸亂，因召各營奮勇齊進，可望遂大敗而逃。定國與文秀計曰：「今張勝往襲雲南府，王自奇又據永昌，聖駕在雲南，我當回救，汝可同文選急追可望，必擒之而後已。」于是文秀、文選率諸將追可望，定國率兵回救雲南。是時張勝由小路紆道走五日，至雲南城下駐劄，正欲攻城，王尚禮即披挂上城，欲爲内應。黔國公沐天波探知其情，奏皇上急召王尚禮、龔彝、張重任入朝，獨尚禮三召始至。沐天波率親兵圍守之。先是，定國自交水遣人報捷，皇上命將飛報大捷旗插金馬碧鷄坊下曉諭軍民。及張勝兵至城外，正欲攻城，見飛報大捷旗，問居民曰：「此何處報捷？」居民曰：「李晋王在交水殺敗秦王，昨晚差官來報捷耳。」張勝大驚，乃謂武大定、馬寶曰：「我大營兵既敗，李定國必截吾之後，我輩孤軍安可居此！」於是抄掠居民，拔營而去。王尚禮見張勝兵退，知其情已露，自縊而死。張勝兵回至渾水塘，正遇定國兵回，列陣死戰。

定國兵自交水力戰後，又遠行而來，疲弊之極。張勝欲争歸路，拚命死戰，定國兵幾不支，將次敗走。馬寶見定國勢危，從張勝陣後連放大砲，擁兵殺來。張勝大驚曰：「馬寶亦反矣！」遂潰而走。次日，過霑益州，其部將總兵李承爵駐劄其地，率兵來迎。張勝大喜，方與承爵敍戰敗之故，忽左右數人直前擒張勝縛之。勝駡曰：「汝爲部將，何敢叛我！」承爵曰：「汝敢叛天子，吾何有於汝乎！」於是解送雲南，告廟獻俘，與其黨趙珣伏誅。十月初一日，孫可望逃至貴州，命馮雙禮帶兵守威清要路，約曰：「若文秀追兵至，可速放三砲。」時文秀追至普安，尚未敢輕進。雙禮欲可望速逃，劫其輜重，乃連放三砲。可望逃回貴州時，不過十五六騎，城中併無一兵；聞雙禮號砲，挈妻子連夜出城。行至新添，其輜重婦女盡爲雙禮部兵所劫。初十日，走至偏橋，隨行止二十餘人。及過鎮遠、平溪、沅州，各守將俱閉營不納。至靖州，中書吴逢聖爲靖州道，率所部迎之。可望曰：「一路人心俱變，惟有投清朝可免。」于是遣楊惺先、鄭國先往寶慶投降清朝。三日後，白文選追兵至，可望乃與吴逢聖、程萬里數十騎連夜奔逃至武岡界上。總兵楊武伏兵截殺，止存妻子十餘人投歸清朝，餘皆走散。可望既逃後，劉文秀至黔招集舊將，黔中諸文武皆曰犯闕之禍，起於張虎、方于宣二人。數日後，張虎率殘兵從滇逃回投文秀，文秀問曰：「皇上賜金簪，原囑汝議和，何從有行刺之説？」虎不能應。文秀乃囚虎解雲南，上告廟，御門獻俘，磔之，無不稱快。時方于宣正爲提學，考試沅、靖等處，所出表題有「擬秦王出師討逆大捷」等語。及聞可望兵敗，即馳書與邦芭云：「欲糾集義旅，擒可望以獻功朝廷。」邦芭鄙之，答以詩曰：「修史當年筆削餘，帝星井度竟成虛。秦宮火後收圖籍，猶見君家勸進書。」蓋于宣爲可望修史，又嘗對人言「帝星明於井度，秦王當有天下」故也。十一月，李定國率馬寶、高文貴等進兵永昌，擒王自奇誅之。可望諸營兵部將俱歸誠天子，滇、黔之難悉平。乃下詔大赦，封白文選爲鞏昌王，遣官召川、黔大臣程源、鄭逢元、萬年策、劉泌等。李定國率諸文武上疏，請表章安龍死難十八忠臣，及追敍剿可望諸文武勳勞。于是贈吳貞毓少師兼太子太師、中極殿大學士、吏部尚書，謚文忠，廕一子錦衣衛僉事世襲。贈鄭允元武安侯，謚武簡。張鐫、徐極兵部右侍郎，林鍾、蔡縯、趙賡禹大理寺正卿。蔣乾昌、李元開、陳麐瑞侍讀學士。周允吉、朱議𡳞、胡士瑞、李頎副都御史。易士佳、任斗墟太常少卿。朱東旦、劉議新太僕少卿，各廕一子入監讀書。内監張福禄、全爲國廕弟姪一人錦衣衛指揮僉事。俱遣布司官諭祭，文曰：「卿等乾坤正氣、社稷忠臣，早傾捧日之忱，共效旋天之力。詎意叛逆生忌，禍起蕭牆，梟獍横行，頓忘君父。安龍之血，終當化碧。九原汗青之書，各自流芳千古。今日移蹕滇、雲，鵷鷺駢列。回思卿等轡履趨蹌，杳不可見，夫獨何心，能不悲哉！將兹俎豆，慰彼泉臺。」後吳貞毓妾裴氏、子穀戩，鄭允元夫人鄧氏，扶兩公柩各葬於城西海源寺。時馬吉翔復當國，奸黨側目，不敢通知。在廷諸公知其事者，白衣冠往送之。户部郎中吳鼎弔以詩曰：「國運如絲繫暴秦，鬚眉那得有完人。智稱武簡知名重，美謚文忠見道真。千古史傳雙烈士，一山石伴兩孤臣。黄冠釃酒臨風弔，愁説中興志未伸。」掌河南道御史陳起相詩曰：「燼灰冷作一瓶收，送上荒原源海頭。天府星殘埋二曲，遼東鶴返泣千秋。雨中昏夜催人去，夜裡空山付鬼愁。眼底鬚眉今畧盡，更將忠義向誰籌！」廷臣謂可望之不至於篡弒，皆貞毓諸公護持之力也。十一月，上乃復遣通政司通政使尹三聘往安龍，爲十八忠臣立廟。是時周官、裴廷謨、許紹亮、金簡等雖交章參劾馬吉翔，而吉翔當權，與金維新朋比。定國聽其蠱惑，漸次疏遠正人，奸黨仍復布列，識者已知國事之不可爲矣。江津程瀚。

414 孫可望李定國搆隙本末

張獻忠之起于陝西也，有養子四人：孫可旺、艾能奇、李定國、劉文秀。獻忠養以爲子，皆冒姓張。然稍違其意，撻之至百餘。故四人雖爲獻忠所親信，而兩腿恒潰爛，更無完者。可旺本名旺兒，米脂人。幼無賴，鄉人惡之。與母同居，受直爲人趕驢遠出，數日返，不見其母。問之鄰人，皆云不知。可旺訟之官，官怒曰：「汝出門時原未嘗以母託鄰人，今汝母自他適，鄰人安得知！」因杖之。可旺憤怨無歸，逃而爲賊。初入賊營爲主者負鍋，雪天行山路六晝夜不息，兩足十指俱落，疲困不能行，遂棄所負鍋。至晚，主者炊無鍋，欲斬之，旁一賊力救得免。可旺苦甚，逃出營，遇獻忠，收爲伴當。可旺性狡黠，獨能伺獻忠意。能奇、定國皆愚蠢無知，故獻忠尤喜可旺，撫爲長子，衆賊遂呼可旺爲大哥。獻忠既得志，以可旺爲平東將軍，能奇爲定北將軍，定國爲安西將軍，文秀爲撫南將軍。又以王尚禮爲中軍府都督，白文選爲前軍都督，王復臣爲左軍都督，馮雙禮爲右軍都督，王自奇爲後軍都督。軍中于是稱可旺爲東府，能奇爲北府，定國爲西府，文秀爲南府，而彼此往來則稱兄弟，屬下文武皆稱帥主。諸賊中可旺稍識字，故獻忠平日一切密謀惟可旺得參之。每遇敵，可旺能率部下堅立不動，賊中呼爲「一堵牆」。自獻忠死于川，丁亥春，可旺、定國、能奇、文秀同王尚禮等由貴州走雲南，首攻曲靖府。時隆武差都察院右僉都御史朱壽琳率總兵孔思誠、副總兵孫守約、監紀通判張京元駐劄曲靖。三月，賊至，壽琳同道府有司堅守，以砲石擊傷賊無算。可旺乃率衆力攻三日，城陷，執壽琳等。壽琳不屈，可旺勸之至三，罵愈厲，遂遇害。思誠、守約等俱降。先是黔國公沐天波以聽信家丁，刻害土司，激變沙定州，陷雲南府。沐天波走大理府，沙定州據雲南，請鄉宦大學士王錫衮相見，王不屈。貢生唐泰爲沙定州謀主，勸定州殺王，併殺諸鄉紳，雲南大亂。洱海道楊畏知集義兵討定州，相拒于楚雄府。及可旺破曲靖，定州以兵來相截，可旺一戰大敗之，定州潰逃。可旺乘勝破雲南，分兵襲楚雄。楊畏知戰敗被擒，初不屈，可旺以畏知同鄉里，聞其任雲南甚得士民心，欲降之以收人望，令多方勸之。畏知降，可旺待之甚厚，畏知遂爲之用，因與定國聯姻。畏知既降，沐天波遂走永昌。劉文秀引兵追至永昌，王自奇入城擒天波回雲南。天波請降，可旺乃命天波招降各府。雲南三百年止知有沐國公，凡各土司聞天波歸順，無不降者。可旺既據有雲南，恥其名不雅，改名可望，因與能奇等各復原姓。孫可望自稱平東王，艾能奇稱定北王，李定國稱安西王，劉文秀稱撫南王。是時四人並大，各領一軍不相下，而艾能奇、李定國兵尤多。可望意欲併有之，而兵獨弱，恐不能得，先與王尚禮私議。尚禮曰：「自應尊大哥爲主，但得定北帥主無異議，無不從矣。」可望因囑尚禮往説能奇曰：「我等兵馬雖多，號令不一，若不尊一人爲主，恐難以約束，衆議欲請公與平東議一人爲主。」能奇曰：「大哥有學問，我等不及，自當尊之。」尚禮復可望，遂傳令四月初一日各營兵將同赴演武場，尊可望爲主。及是日，李定國先到，營中遂放砲，將「帥」字旗扯起。及可望與能奇等後至，可望遂問曰：「我尚未至，誰升帥字旗？」衆答曰：「西府老爺先至，衆將不知，照往日例，遂將旗升起。」可望曰：「軍中舊制，主將入營方升帥旗，天下所同也。今日既以我爲主，應俟我入營，方升旗放砲。若西府入營便升旗，目中明無我矣，我安能爲衆人主乎？」劉文秀曰：「此西府一時之誤，望大哥姑容。」可望憤不已。尚禮請責旗鼓官贖罪，可望亦不允。定國怒曰：「我與汝弟兄耳，今日因無主，尊汝爲首領，遂欲如是，異日可知矣！汝不做則已，我何必定靠你生活！」衆人多方勸解，請可望登座發落。可望怒曰：「必欲我爲主，必杖定國百棍乃可。」定國怒曰：「誰敢打我！」可望曰：「定國不受杖則軍法不能行，異日何以約束諸將？」衆方勸不已，定國喧鬨愈甚。可望怒，欲上馬去，白文選從定國後抱持之曰：「請老爺勉强受責，以成好事。不然，從此一決裂，則我輩必致各散，皆爲人所乘矣。」於是王尚禮、馮雙禮等同將定國按倒于地，持杖鞭之。杖至五十，定國不得已呼曰：「我今服矣！」衆乃爲求免，遂舍之。是日可望遂爲諸將主，于是軍中大驚駭，以爲西府老爺且被杖，軍中無敢不服者。是可望之能用其衆在此，而定國之嫌隙亦由是成矣。是晚，公會既散，可望私入定國室中，再三慰之曰：「不如是，號令不行，衆軍皆叛，我等何能存？」從此四人雖並肩仍稱兄弟，每公事相會，四人並坐于上，然各營諸將賞罰則一稟于可望。戊子秋，可望得錢邦芑招降書，欲要封王爵，朝議未決。己丑春，廣西總兵陳邦傅畏李赤心、高必正勢盛，恐爲所併，欲借援可望，乃假鑄秦王之寶，命其私人胡執恭往雲南封可望爲秦王，能奇、定國、文秀三人爲國公。定國等心疑其僞，與能奇、文秀議不受。乃可望欲借王號以壓三人，勸三人同受。能奇曰：「我等自爲王耳，何必封！」定國曰：「我等無尺寸之功，何敢受朝廷之封。」可望不悦，相持不決。越月餘，能奇病死，可望乃獨受秦王之封，而定國、文秀卒不受，仍各稱帥主。可望既假稱王，乃使人諷定國、文秀，欲其拜見叩賀。定國不從，文秀勸曰：「以弟拜兄，亦無不可。」於是定國勉强下拜。此後公會，定國、文秀俱左右列坐。然定國終憤憤，可望亦心銜之。後朝廷知可望受胡執恭僞封，衆議譁不决。督師堵胤錫請之于上，封以平遼王，差僉都御史趙昱至滇封之，并封定國爲康國公，文秀爲泰國公。定國知此封出自朝廷，與文秀議欲受封。可望已稱秦王，不欲受二字王，乃咈然謂定國曰：「汝前不受封，今何爲而受乎？」定國乃不敢受。及庚寅秋，可望出黔，命定國守雲南。定國終日操演兵馬，製造盔甲，一年鍊就精兵三萬人。至壬辰三月，乃致書可望，欲出楚立功以報朝廷。可望不能止，乃聽之出。四月至貴州，可望命馮雙禮等領二萬人同行。五月由鎮遠下偏橋，一戰復沅州。至靖州復大戰，屢敗清兵，遂復靖州。六月至全州，孔有德兵出接戰，敗績。有德等嚴守關，以精騎三千大戰。定國直前殺數人，縱兵圍殺，三千人俱殁于陣，餘兩騎逃回桂林。有德大驚，急傳令百姓守城。次日，定國同馮雙禮兵至城下，有德乘城，見定國兵馬强盛，知不敵，乃回宅運火藥于室内，囑家人曰：「事急則舉火。」次日大雨，城破，有德自回家，殺其愛妾數人，自縊，命家人縱火，合門焚死。餘一子七歲，定國收養之，併擒陳邦傅及子曾禹，解至貴州誅之。廣西既破，金帛山積。定國貪而愚，凡部下所擄之物，定國必兼取之，馮雙禮以是不服，密啓可望云：「定國專擅之甚，後恐難制。」八月，定國復衡州，凡永、郴一帶，望風而降。定國兵至江西吉安，凡招撫所到，定國選委州縣官。可望封定國西寧王，馮雙禮興國侯，差楊惺先往封。至衡州，定國曰：「封賞當出自天子，今以王封王，可乎！」遂不受。可望慮定國功大權重難制，楚、粤人心歸之，因爲書召之，不至。十月，可望出兵至沅江，命張虎督兵復辰州，連書催定國至靖州相會，意欲圖之。定國心腹人龔銘至沅州見可望，探知其意，密書報定國，令勿來，來必不免。癸巳正月，定國行至武岡州，見書嘆曰：「本欲共圖恢復，今忌刻如此，安能成功乎！」因率所部走廣西。四月，可望與清兵戰于兩路口，大敗，走回貴州。八月，聞李定國駐兵柳州，命馮雙禮統兵三萬往襲之。定國聞可望兵至，燒糧而走。雙禮謂定國怯，率兵追之。定國回兵奮擊，雙禮大敗而回。時上在安龍，憤可望陵逼，遣武選司員外林青陽、翰林院孔目周官封定國親王，命將兵赴安龍護駕。後可望知之，甲午三月，忿殺宰相吳貞毓等十八人。至乙未冬，定國敗于粵東，回劄南寧。可望又遣張明志、關有才引兵歸順土司，潛赴南寧襲定國，復爲所敗。丙申三月，定國遂乘勝入安龍，迎駕徑赴雲南，與可望議和，不從。丁酉八月，可望以白文選爲總統，馬寶爲先鋒，統兵十五萬入雲南，劄于交水。文選曾與馬寶密商爲定國內應，至是文選竟率兵與定國合，還擊之。可望大敗，走回黔。可望左右皆叛，文秀率兵急追之。可望恐不免，遂入楚降清，其部下兵將皆爲定國所有。

閱此，則知搆隙本末屈在可望，不在定國明矣。此雲南鶴慶聞圖軫所述，雖不雅馴，而敍事頗覺詳明。辛亥四月廿七社埲王館書。

415 續孫可望踞雲貴事

會稽馬玉云：余考滇禍，自崇禎甲申張獻忠入蜀僭號成都，殘忍不可盡述。歲丁亥，清朝肅王統兵至蜀，殺獻忠于西充縣之鳳凰山，其餘黨平東將軍孫可望、安西將軍李定國、撫南將軍劉文秀、定北將軍艾能奇、都督白文選、馮雙禮、王尚禮、王復臣等，領潰衆奪重慶江，殺隆武所封平寇伯曾英，遂由遵義取貴州。值雲南土司沙定洲與妻范氏叛踞省城，黔國公沐天波走楚雄，定洲圍其城。可望等詭稱援師，由貴州兼程，于三月廿八日屠交水，廿九日屠曲靖。定洲解楚雄之圍，悉衆走阿迷州，遇可望等于蛇花口，戰敗。定洲集潰衆遁守佴革龍，可望取雲南。李定國等推可望爲平東王，其相雄長如故也。旋以兵襲天波，有洱海道楊畏知統義旅，與可望等戰于禄豐縣之啓明橋，畏知被執隨營，天波走永昌。可望等至大理，天波自永昌遣子爲質，可望許之，陰令心腹混于沐衆。至瀾滄江，奪鐵索橋，比沐衆到永昌，可望兵亦到。天波倉卒不備，被執回滇。戊子，可望令李定國、劉文秀領兵圍沙定洲於佴革龍，擒定洲、范氏，剥皮遊示。天波恨既雪，聽可望指示，分檄號召各土司出兵、認餉，遂巢穴雲南，經營土木，鑄造印敕，設六部、九卿、科道。昆明鄉官原任御史任僎，倡稱國主，率衆推戴可望自尊。可望令僎兼禮兵二部尚書。時惟李定國多扞格，可望密與文秀商擒定國于教場，責百棍示威，定國之嫌始此。可望自揣昔皆比肩共事，思所以壓服其心。楊畏知乘機導以不若歸命永曆，則衆可貼服。可望然之，差焦光啓李定國，差潘世榮令楊畏知、龔彝，同赴廣西潯州府永曆處請封。有慶國公陳邦傅矯詔，遣標官武康伯胡執恭由間道賫勅印封孫可望爲平遼王，改名朝宗。執恭至滇，迎可望意，又私改勅印，封可望秦王，以悦其心，鑄興朝通寶。庚寅，可望敗匡國公皮熊于貴築，殺忠國公王祥于綏陽，皆隆武所封者。兼定北將軍艾能奇病故，可望悉收其部曲，聲勢益強。永曆内閣嚴起恒、總督楊鼎和及科道官追論陳邦傅矯詔、胡執恭假勅印之罪。可望令都督賀九義等往南寧護駕，盜殺嚴起恒等，以洩追論之忿。楊畏知既脱虎口，不欲還黔，永曆留以爲相。可望怒，差指揮鄭國於永曆處拏畏知回黔，殺之。令賀九義、張勝、張明志移置永曆于安龍所，改所爲安龍府，令范應旭知府事。凡永曆及隨侍文武支糧，提塘章應科與應旭造册，開皇帝一員、皇后一口，餘可概見。又令李定國攻廣，以馮雙禮、陳國能隨之。揣可望之心，以定國勝則可以崇功，死則借以除患，敗則可以加罪。不意突破廣西，子女玉帛定國不無私厚。雙禮、國能歸報可望，卽調撤定國。定國疑中讒，不赴。封西寧王，定國亦不受。可旺以馮雙禮爲興國侯，率兵往擒，雙禮敗歸。可望恐迫則生變，仍善養定國家口于雲南。壬辰三月，可望以成都、叙府、重慶各要地皆吴三桂同定西將軍開服，令劉文秀領兵復四川。三桂同定西將軍撤兵回保寧，文秀追至保寧，一戰而十餘萬衆立膏鋒刃，獲都督王復臣殺之，劉文秀單身走。可望責令投閑，文秀之嫌始此。永曆在安龍日益窮蹙，密與内監張福禄、全爲國言："秦王待朕無人臣禮，朕欲撰一密敕馳賫西藩行營，冀其出朕于險，汝二人辦得否？"此永曆以定國爲可定國，而不知猶可望之不可望也。福禄等承諭，口舉共事職名，永曆許可，遂與内閣吴貞毓等撰勅，礙文安侯馬吉翔，密奏永曆命吉翔往祭二陵。十一月，以林青陽充使命，繼差周官復往西藩。癸巳三月，可望自督兵至岔路口，清兵擊敗，遁歸。又以劉文秀爲南安王，掛招討印，領兵恢常德，亦敗歸。可望令文秀回雲南駐鎮。馬吉翔自以陵差日久，密偵行在舉動。值劉議新自行營至南寧府，晤吉翔云："上有密敕與西藩，先差林青陽，次差周官，見在藩前款待甚優。"又言："西藩接勅後感激流涕，不日就要統兵到安龍迎駕。"吉翔懼，差指揮周景龍赴行在，令劉議新具疏報西藩接敕感激，以實其事。又計激提塘王愛秀報可望。可望大怒，差鄭國于南寧杻鎖吉翔，陰實厚待，令與行在官封理密敕事。鄭國、王愛秀面永曆云：「西府忘恩負義，國主待他不薄，乃敢私通朝內奸臣，脇勑要封。今林青陽、周官拏至貴州，皇上曉得是那幾個臣子做的，臣等好回覆國主。」永曆言：「此事裏邊臣子必不敢做，但數年來外邊假寶假勑儘多，鎮臣還要密訪。」鄭國等怒目而出，至朝房云：「我們要回貴州，你們怎麼説？」內閣吴貞毓云：「學生們實不曉得。」鄭國等將貞毓等于朝房械繫而出，又帶兵入宮，拏內監張福禄、全爲國。宫中大震，此甲午三月初六日事也。其黨冷孟銋等奏永曆：「快將密敕情由認出是那幾個，不然危在旦夕。」永曆言：「汝等偪朕認出，朕知是誰！汝等曉得，何不直説！」悲憤而退。鄭國將貞毓等拷訊，始招承某主謀、某草勑、某盗寶。供吐既悉，請永曆裁斷。永曆不得已，付廷臣公議，以「盗寶矯詔、欺君誤國」爲案，擬刑科給事張鐫、內監張福禄、全爲國凌遲，翰林蔣乾昌、李元開、御史李頎、胡士瑞、部司徐極、林鍾、趙賡禹、蔡縯、鄭允元、周允吉、朱議㵾、朱東旦、任斗墟、易士佳棄市，吴貞毓以內閣大臣賜絞，皆賦詩投法以安永曆。李定國避粵東攻新會，爲清朝朱將軍大兵擊敗，僅存殘兵二千。至丙申之春，定國將奔回安龍，可望恐定國以永曆爲奇貨，亟遣腹心葉應禎隨白文選往安龍探定國動静，即偪永曆移黔。永曆合宫慘哭，文選亦爲泣下，遂以定國無他志報可望。及定國見永曆，即挾之行。可望謀奪永曆，復遣文選至曲靖府。文選意在永曆，與定國一同護行。劉文秀與可望下都督王尚禮、王自奇、賀九義等守滇。文秀聞定國奉永曆回滇，陽與尚禮等密議勒兵守城，自以數騎會定國云：「我輩將以秦王爲董卓，但恐誅卓之後又有曹操。」定國指天誓日，同文秀迎歸雲南，即倡言：「秦王若尊永曆，我輩當尊秦王。」未幾，封李定國爲晉王，劉文秀爲蜀王，艾能奇之子承業爲鎮國將軍，管延安王事。以定國辦事金維新爲行在吏部侍郎，兼都察院，龔銘爲行在兵部侍郎，白文選爲鞏國公，王尚禮爲保國公，王自奇爲夔國公，賀九義爲保康侯，馬吉翔工彌縫，仍以文安侯入閣辦事。遣白文選往黔，令可望赴滇保駕，將錢糧歸之永曆，兵馬交定國。文秀經營川、廣。可望以妻子尚在雲南，忿衷不露。永曆令可望下留滇護衛東昌侯張虎送可望妻子赴黔，又賜虎金簪一枝，令從中開導。虎既回黔，詐言永曆賜簪密令行刺，以媚激可望。時可望妻子已至黔中，無復顧忌，遂大言：「永曆負義，定國、文秀謀反。」追白文選鞏國公勅印，文選之嫌始此。可望決意攻滇，有馬寶、馬維興與白文選密議乘機反正，言于可望云：「白文選受恩有年，昨在滇受封，屢辭不允，亦出無奈。今重加爵賞，用爲總統，必定感恩圖報。」可望即以馮雙禮守貴州，封白文選爲征逆招討郡王，總統兵馬。可望親詣交水。定國、文秀方揣勢遲疑，忽文選來歸，即請封白文選爲鞏昌王，遣内閣文安侯馬吉翔視師，同定國、文秀、文選等於丁酉九月十四日至三岔，距交水二十里下營。可望因總統之變，欲引兵回黔。馬維興、馬寶等紿言：「逃文選不過一人，有他不多，無他不少，儘這兵馬做個明白。」可望大喜，密議安定侯馬寶、臨潼侯武大定、漢川侯張勝等率勁旅四千，由尋甸間道攻襲滇省，可望仍于交水索戰，令首尾不能兼顧。馬寶、馬維興于十八日之夜，各差心腹將可望密議報知定國等，且催速戰。定國等即于十九日交鋒，直撲馬維興。維興等内應，餘悉瓦解。可望逃回貴州，即遣其大理卿楊惺先奔赴經略洪承疇軍前降清。李定國回滇省，於渾水塘收馬寶，擒張勝剥其皮。文秀、文選追可望尚遠，馮雙禮詭言追兵已到，促可望攜家口前奔，自請斷後，掩其玉帛，追兵方至。可望自智自尊，一旦被愚被賣，殊可捧腹。至長沙，承疇疏聞，清朝封可望爲義王。李定國以黔、蜀、辰、沅鎮將皆可望所設，悉調赴雲南核功罪，封馮雙禮爲慶陽王，馬進忠爲漢陽王，馬維興爲叙國公，馬寶爲淮國公，賀九義爲廣國公，餘爵不贅。可望下德安侯狄三品、岐山侯王會、荆江伯張光翠等降級有差。凡永曆左右，皆定國心腹，正睥睨尊大，而清朝大兵三路入矣。戊戌四月二十四日，蜀王劉文秀病故，可望舊人思逞。定國外蹙清兵，内防叵測，信妖人賈自明幻術，計更無聊，究至挾竄外邦，豈知自不容于緬國。可見窮兇心事，雖遠人亦能辨之。今飄忽于瘴癘之鄉，旦夕有死亡之狀。凡潛踪觀望者，第鑒前車。至開服三省遐荒，佐成一統大業，皆王謨密運以報至尊者也。〔一〕順治庚子初夏，著于昆明池館。馬玉爲平西記室，故結語如此。

昆明縣屬雲南。

〔校記〕

〔一〕皆王謨密運以報至尊者也　「王」字原有旁注「三桂」二字。

明季南略卷之十五

戊戌己亥庚子　順治十五年至十七年永曆十二年至十四年

416 吴三桂率清兵取雲貴

清朝封吴三桂爲平西王，居秦之漢中府。順治十五年戊戌，三桂奉璽書錫平西大將軍印，偕定西將軍、固山額真、侯墨勒根蝦由四川一路，合荆州起行之寧南靖寇大將軍、宗室羅托由湖廣一路，征南將軍、固山額真趙布太由廣西一路，欽定二月二十五日三路出師，先取貴州。命安遠靖寇大將軍、信郡王鐸尼自都門統領大兵入黔，仍分三路進取雲南。换寧南靖寇大將軍回荆州彈壓。廟謨深遠，無所不周。三桂由沔縣、戴安、寧羌至朝天驛，順流擊楫。三月初四日，抵蜀之保寧府，集舟艦載軍糈，預揣蜀之重慶府水陸交衝，請以副將程廷俊爲重、夔總兵，設水陸官兵五千。三月初七日起營，過南部、西充，南部縣屬保寧府，西充縣屬蜀之順慶府，猶見數家烟火。自順慶而前，大路枳棘叢生，箐林密布，雖鄉導莫知所從，惟描踪伐木，伐一程木，進一程兵。三月十四日，至蜀之合州，儼同鬼域，蓋彼此所不到也。合州屬重慶。永曆重慶總兵杜子香，以輕舟哨至合州江口。按此江，北自陽平合瞿河以至合州，南有綿州一江，横出於合，江面寬濶，水勢洶湧。三桂偕定西將軍揮甲兵跨馬涉江，杜子香棄重慶，分水陸奔逃。三桂偕定西將軍由銅梁、璧山、來鳳、白石進發。銅梁、璧山二縣屬重慶。凡駐營帳房左右，滿地頭顱，皆張獻忠及搖黄十三家所戕殺者，苦兔力牧馬，見有盧舍，入視，則殘書壞券與糜爛之軀具在。沿路山花自放，杜宇哀鳴。三桂記室馬玉因口占「空山惟有啼鵑淚，剩屋曾無乳燕巢」，未足狀荒凉萬一。四月初三日，三桂軍至重慶，爲明玉珍負固之地，鐵壁金城，足稱天險。左有合州之江，右有瀘州之江，滙流而瀉夔關，由瞿塘三峽以達荆州，此川江大概。然蜀、楚界中如房、竹、歸、巴、大昌、大寧，有塔天保、郝摇旗、李來亨、袁宗第、黨守素、賀珍，施州衛有王光興，長壽、萬縣有劉體純、譚詣、譚弘、譚文、向希堯，達東有楊秉胤、徐邦定等，連兵分守。三桂俱不之問，以永寧總兵嚴自明全鎮兵馬留重慶，與新設重夔總兵程廷俊合防固根本，調陝西砲火裕城守。十三日，搭浮橋渡黄葛江，溽暑薰蒸，心迷目眩。綦江阻風雨，馬玉題五言一律云：「六月王師出，三巴嘯聚潛。瀾觀千里曲，雲暗萬山尖。兵氣軍中肅，江聲枕上嫌。帳房帷幕薄，風雨莫相兼。」綦江縣屬重慶。翌日渡江，歷東溪、安穩、松坎、新站，夜郎，其中如滴溜、三坡、紅關、石壺關，上則摩于九天，下則墜于重淵，人皆履躧，馬皆釘掌，節節陡險，一夫可守。永曆臣晉王李定國、蜀王劉文秀，預遣將軍劉正國率兵、象據險設伏。二十五日，三桂偕定西將軍抵三坡，劉正國由水西逃奔雲南。自桐梓至四渡站，有鷄喉關，其形逼肖，明之將軍郭李愛、劉董才、王明池、朱守全、王劉倉、總兵王友臣等，以五千官兵家口並象降清。遵義，古播州地。先是土官楊應龍以叛明，改土爲流，設遵義軍民府。三桂偕定西將軍收服遵義。五月初三日，自遵義由新站、烏江、養龍、息烽、扎佐會寧南靖寇大將軍於貴州。十一日，回息烽，襲明之將軍楊武大營於開州之倒流水。回遵義，有水西宣慰使安坤、酉陽宣慰使冉奇鑣、藺州宣慰使奢保受等降清。興寧伯王興受李定國指授回綏陽，以子友臣首先歸清，遂親詣軍前繳勅印。三桂與以盔甲、名馬、金幣，破常格。七月初二日，新津侯譚弘、仁壽侯譚詣、涪侯譚文率衆架舟攻重慶，敗還。廣西一路，征南將軍趙布太與提督、伯線國安抵獨山州。二十八日，定西將軍墨侯以病卒于遵義。時清使口傳上諭：「克取貴州，如雲南機有可乘，大兵馬匹行得，卽乘勢進取，不必候旨。如大兵馬匹疲弱，候安遠靖寇大將軍信郡王到日，三路進取雲南。寧南靖寇大將軍駐貴州，俟開服雲南回荊州。」三路欽承上諭，屯兵養銳。三桂始終以重慶爲憂，調四川巡撫高民瞻於重慶彈壓，又調建昌總兵王明德赴重慶協防，檄水寧總兵嚴自明俟王明德至重慶，卽領所部官兵赴遵義。厚重、遵兩鎮之防，固川、黔一綫之脈。值安遠靖寇大將軍信郡王統大兵入黔境，先以咨約三桂會商。三桂自遵義六百里至平越府之楊老堡，同信郡王鐸尼、平郡王多羅、貝勒尚書杜藍、固山額真宜爾德、以鎮國公品級固山額真巴沙漠、固山額真卓羅虎沙、征南將軍趙布太、經畧内院洪承疇于十月初五日會訂師期。晉王李定國受黄鉞，同王公侯伯、將軍馮雙禮等悉衆扼盤江河，踞雞公背，謀攻貴州，相違咫尺。鞏昌王白文選同伯、將軍、鎮將竇名望等四萬餘衆守七星關，嗣抵生界劄營，離遵義一日之程，示攻遵之勢，牽制應援，以助定國恢黔之舉。三桂兼程回遵義。夫前此數月，三桂駐遵義，征南將軍趙布太駐獨山州，信郡王在武陵，惟寧南靖寇大將軍駐貴州。當大衆未合之際，定國觀望逡巡。及楊老堡訂期進兵，刻日飲馬昆明，定國始秉鉞而出，事機已失矣。十一月初十日，三桂統藩下四旗下及援剿左路鎮總兵沈應時、右路鎮總兵馬寧等，自遵義出師。

白文選十二日五更自生界遁回七星關守險。此關兩山壁立，水勢洶湧，其水下流至以烈，從山下伏流以瀉于不可窮詰之區。山上樹木參天，名曰天生橋，其實未嘗有橋。三桂密于運用，先在遵義厚養鄉導，朝夕垂問，默識于心。十二月初二日，于水西苗、猓地方以烈安營，不露向往。次晨，忽由天生橋抄烏撒軍民府扼七星關大路，則白文選無所逃矣。文選偵三桂從別路越險進兵，棄七星關走可渡橋，即焚橋走霑益州，思奔雲南顧家口，不知李定國見信郡王中路大兵前進，即退回盤江河。又報征南將軍廣西一路甚急，自領部衆堵禦。定國連敗于安龍之羅炎河、凉水井，撤寨踉蹌奔回，奉永曆並宮眷大營，于十五日奔雲南走永昌府。白文選間道飛奔大營，定國留文選駐守玉龍關，蓋永昌之要路也。三桂至烏撒，剿白文選餘衆，收降丁、象隻，設官安撫畢，涉可渡河，出交水大道，晤信郡王征南將軍于板橋。

己亥　順治十六年　永曆十三年

己亥正月初三日，三桂等收服雲南，明之公侯伯、將軍鎮將胡一清等、土司總兵龍世榮等降清。是時清朝大兵雲集，鎮静爲難，益以投降之衆、逃竄之兵掠人口資糧，無所不至，滇民水深火熱。定國猶在永昌。三路議信郡王駐鎮省城，以多羅貝勒尚書領中路兵馬，訂定師期。三桂于初八日移營羅次縣，報重慶奉旨以蜀撫高民瞻回保寧顧川北，陝川總督李國英赴重慶。一來一去，彼此在途，而三譚于十二月初二日悉衆再犯，而三桂已燭于幾，先設備嚴密，致三譚所向皆潰，自相猜忌，室内操戈。弘、詣殺譚文自效，清封譚弘爲慕義侯、譚詣爲向化侯。又聞明之慶陽王馮雙禮、德安侯狄三品等與鞏昌王下自烏撒，追散之。將軍王安等持白文選金印金章過金沙江，逃往四川建昌衛。十五日，三桂發檄招撫，密授狄三品方畧，並諭川南諸鎮將歸誠。二月初二日，三桂自羅次出師，征南將軍多羅貝勒同于是日自雲南出師。初九日，三桂出鎮南州，與征南將軍合兵，殺明總兵王國勳等于普淜，又追敗白文選等于玉龍關之西，獲鞏昌王金印。追至瀾滄江，潰兵燒毀鐵索橋，清軍扎筏過江。馬玉同楊筠伯上流覓渡，一葉漏舟，幾罹不測。十五日，李定國自永昌奉永曆並宮眷大營奔騰越州。三桂同征南將軍于二月十八日入永昌府，士民焚香手額。撫畢出城，戒無侵擾，卽嚴師前進。而後到兵馬，漁同竭澤。二十一日，三桂同征南將軍扎筏渡潞江，江面不寬，水氣甚惡。其地每自清明至霜降，有青草瘴，凡往來雖土人亦惡之。過江二十里有磨盤山，所入之路坎陡，箐深屈曲，僅容單馬。定國築柵數道，左右設伏。發永曆並宮眷大營，又自騰越州先奔邊外。親自督兵將，一洗從前謬辱而甘心焉。時有正黃旗下逃人從伏中逃出，口報情形。清兵入柵，卽以鎗炮驚起伏衆而奮擊之，殺泰安伯竇名望等。此定國伏人而反以自伏，亦似有天焉。二十二日夜半奔逃，三桂同征南將軍追殺。二十四日，取騰越州。二十五日，過南甸，追至孟村，離騰越百有十里，爲雲南迤西盡界，外卽三宣六慰緬甸。三十日，振旅班師。距蒲縹數舍有深谷，相傳武侯燒藤甲軍處。次永昌，向之充滿一城，咸歸烏有。三桂心惻然，遇士民以家口控者，捐金馬爲之取贖。而後旋兵馬如前，漁獵炮烙，鍛煉尤所難言。過玎瑺山，踐踏有聲。娘娘叫狗山，以武侯迷路，聞老嫗叫狗得達。打牛坪，以武侯鞭春牛于此。樣備，俗傳「過至樣備舖，閻王請上簿。過了玉龍關，纔是到人間」。礎石，具雲霧山水禽鳥之形，並蒼山雪、洱海月、上關花、下關風，皆大理勝概。郡東北有鷄足山，一名九曲山，佛弟子大迦葉守佛衣待彌勒之所。先朝楊太史愼編戍金齒，凡名山大川皆有記述。洱海之西合塚有三，按唐天寶十載，楊國忠以鮮于仲通爲劍南節度使討南詔，戰于西洱河，敗績，大將王天運死之。十三載，劍南節度使留後李宓擊南詔，戰于西洱河，敗沒。馬玉哀此二塚，詩以弔之云：「輿屍暴骨合荒阡，雙碣猶題天寶年。洱海蒼山仍舊蹟，府兵彍騎失初沿。貪天但欲徼三錫，辱國何嘗計萬全。芳草斜陽風雨夜，亂魂長在戰場邊。」閏三月十一日，三桂等抵姚安府。永曆東閣大學士張佐辰、户部尚書龔彝、兵部尚書孫順、侍郎萬年策、都察院錢邦芑、少卿劉泌、兵科胡顯等一百五十九人先後降清。德安侯狄三品等受三桂密指，以慶陽王馮雙禮並戡定大將軍金印及金册赴軍前。過鹽井，惟琅井係陽龍。男子煮泉成鹽，必婦女手掬成團，如男子爲之，猶摶沙作餅，陰陽之理，于此益徵。二十三日，三桂等旋師昆明。景東土知府陶斗、蒙化土知府左星海、麗江土知府木懿等暨各土州縣降清。明之延長伯朱養恩、總兵龍海陽、吴宗秀自四川嘉定州走雪山至雲南。鞏昌王下將軍王安等自四川建昌衛至雲南，繳白文選「蕩平大將軍」金印、「心膂藩臣」金章。將軍郝承裔、廣平伯陳建殺咸寧侯高承恩。自雅州至雲南，寧國侯王友進、總兵杜子香、陳希賢等，烏撒土知府安重聖、東川土知府禄萬兆、烏蒙土知府禄世孝、鎮雄土知府隴弘勳等，俱自川來歸于清。四月二十四日，三桂等會奏全滇開服。三桂又以慶陽王馮雙禮請旨，清待雙禮以不死，著解京安置。續封狄三品爲抒誠侯，餘各差等授級。其爲李定國率引出邊者，亦先後歸清，如大學士扶綱、兵部侍郎尹三聘、翰林劉滋、貴州布政朱企鋘等，淮國公馬寶、叙國公馬維興、武靖侯王國璽、懷仁侯吴子聖、宜川伯高啓隆、公安伯李如碧、陽武伯廖魚、都督王朝欽、總兵單泰徵，繳已故漢陽王馬進忠勅印，將軍楊武繳永曆之母皇太后金寶一顆。按楊武何以得此？由孫崇雅領步兵獲永曆宮眷行李至邊外之銅壁關，聞李定國磨盤山敗遁，崇雅乘機刼奪輜重，挾匿宮人，宮人驚竄，懷寶内監爲楊武所獲，因以進繳。至滇民離散，斗米三兩，清朝發帑金十五萬兩賑滇、黔。命兵部尚書覺羅伊圖，太子太保、都察院左都御史能吐，經筵日講官、武英殿學士麻遛吉于八月初八日至雲南。九月十八日起行，查男婦還給民間者甚衆。其邊外情形，緬國留永曆與宮眷及黔國公沐天波等於境内，批云：雲南有緬甸軍民宣尉使司。布兵、象拒晉王李定國、白文選等于境外。定國無永曆可恃，無根本可憑，暫駐遐荒，用永曆之勅印，將土司概加勳爵，令其内應。元江土知府那嵩受總督銜，爲定國密傳勅印。各土司有聽命者，有兩可觀望者，有不從而自首于清帥者。維時三桂已奉旨駐鎮雲南，又總統滿、漢大兵。乃明之延長伯朱養恩、將軍高應鳳、總兵許名臣、土司總兵龍贊陽等，前皆降清，至是復與元江合謀，批云：雲南有元江軍民府。内應定國。九月二十一日，三桂自雲南出師至石屏州，土司總兵龍世榮率贅婿黔國公之子沐忠顯赴軍前，那嵩等負固元江。十月初六日，三桂率滿、漢大兵圍其城，挑壕重困。十一月初六日，破元江，那嵩合室自焚，屠其衆十數萬。時值隆冬，蠅蚋虺蛇，同于盛夏。十二月初六日，信郡王遵上諭赴京。二十三日，三桂還軍雲南。

庚子 順治十七年

庚子正月，上諭吏兵二部：「雲南遠徼重地，久遭寇亂，民罹水火，朕心不忍，故特遣大兵用行弔伐。

今新經開闢，必文武各官同心料理，始得休養殘黎，輯寧疆圉。統轄文武軍民，尤不可乏人。前已有旨，命平西王吴三桂移鎮雲南。今思該藩忠勤素著，練達有爲，足勝此任。兹當地方未定之時，凡該省文武官賢否甄别舉劾、民間利病因革興除及兵馬錢糧一切事務，俱暫著該藩總管奏請施行，内外各該衙門不得掣肘。庶責任既專，事權歸一，文武同心，共圖策勵，事無遺誤，地方早享昇平，稱厥戡亂柔遠之至意。俟數年後該省大定，仍照舊令，各官管理其應行事宜，爾等卽行議奏。特諭。」吏兵二部會議得：「雲南省凡應行事宜，聽該藩遵奉上諭舉行，各衙門應遵旨，不得掣肘。至于雲南通省文武大小官員，悉聽該藩酌舉人地相宜者補授候題，請到該部之日，議覆實授。如無應補之人，該藩題明前來，臣二部卽行另補可也。理合會覆，恭候命下，臣等遵奉施行。」順治十六年十一月初一日，奉俞旨。從來任天下之事，建非常之業，必假之以不御。今上重王事權，倚王心膂，凡張官寀吏，建威銷萌，莫不夜寐晨興，虚衷博詢，使兵民得所，因革咸宜。六詔自兹定矣。

馬玉，字君輝，浙之會稽人。順治十四年丁酉秋日，吴平西遣使齎千金徵玉爲記室。十二月十六，渡錢塘。戊戌二月十七日，謁王于漢中，喜見顏色，詰朝賜宴。越六日，而萬里長征矣。庚子初夏，玉以平西開服雲、貴，在昆明池館作征行紀略一篇，以述其功云。辛亥十一月廿九日王館書。

漢中屬陝。閬中、南部兩縣屬四川保寧府。合州與銅梁、璧山、綦江三縣屬四川重慶府。大寧、大昌兩縣屬四川夔州府。西充縣屬四川順慶府。烏撒軍民府屬四川。金沙江屬雲南緬甸軍民府、騰越州屬雲南麗江府。永昌府、姚安府、元江軍民府俱屬雲南。瀾滄鐵鎖橋在雲南，而盤江鐵鎖橋則在貴州。獨山州屬貴州都勻府。平越屬貴州。

附記　永曆雙手過膝，兩耳垂肩，趾甲修曲如指。聞被誘見執于爪哇國，滇人流涕。又傳李定國敗走，中途聞永曆被獲于棉州，遂自刎。此粵人述。

十七年庚子，永曆在緬甸，朝廷度外置之，議撤兵節餉。而三桂擅兵權，必欲俘獲永曆爲功，遂有渠魁不翦三患二難之疏。乃命内大臣愛星阿爲定西將軍，赴滇會剿。須勅印于各土司，並購緬擒獻。〔一〕

十八年九月，滿、漢土司及降卒七萬五千，並炊、汲餘丁共十萬，由大理騰越出邊。三桂、愛星阿將五萬人出南甸、隴川、猛卯，分二萬餘出姚關，總兵馬寧、王輔臣、馬寶將之。十一月，會師木邦。聞白文選方扼錫箔江，遣前鋒疾馳三百餘里。及江濱，白文選毁橋走茶山。令馬寧等分道追文選，俾不得窺木邦後路，而大軍筏渡趨緬，以降人爲鄉導。十二月，抵蘭鳩江，緬人遂執永曆及其母太后等，並從官家口獻軍前。文選爲馬寧等追及，亦以兵萬餘、象馬數千降。班師，留提督張勇以萬人守普洱備定國。未幾，定國死于景線，雲南悉平。〔二〕

〔校記〕

〔一〕〔二〕　此段文字原闕，現據通行本補。

明季南略卷之十六

甲午己亥等年野志

417 張明正題詩金山 或作名振

順治十一年甲午正月，海船數百溯流而上。十三日，抵鎮江，泊金山，大帥張明正、劉孔昭及史某也。二十日，明正等白衣方巾登山，從者五百人。寺僧募化，明正曰：「大兵到此秋毫不擾，得福多矣，尚思化乎？」僧曰：「此名山也。」明正助米十石、鹽十担，且書簿云：「張某到此，大兵不得侵擾。」徘徊半日乃下。次日，紗幘青袍角帶，復登山，向東南遥祭孝陵，泣下沾襟。設醮三日，題詩金山云：「十年橫海一孤臣，佳氣鍾山望裏真。鶉首義旗方出楚，燕、雲羽檄已通閩。王師枹鼓心肝噎，父老壺漿涕淚親。南望孝陵兵縞素，會看大纛禡龍津。」前云：「予以接濟秦藩，師泊金山，遥拜孝陵有感而賦。」後云：「甲午年孟春月，定西侯張明正同誠意伯題併書。」越二日，掠輜重東下。二十三日上午，予以候試江陰，因詣北門遥望，見旌旗蔽江而下，彼此砲聲霹靂，人人有懼色。四月初五，海艘千數復上鎮江，焚小閘。至儀真，索鹽商金，弗與，遂焚六百艘而去。明正還師海島，羣帥謂彼無功。明正疽發背而死。或曰明正素稱閩中名將，所居地名十坡，故號十坡張。初起義，後與鄭成功合。

418 張李問答

甲午春，張明正舟師至泰興，有李公仁者，被掠擊柝二日，謂卒曰：「吾秀才也，不堪此役。」卒引入見明正。及轅門，有金字牌一面，上書軍令十條：一劫掠子女者立刻處斬，一殺無辜百姓者斬，一見敵兵不殺而故縱之者斬，云云。進見明正，明正綠袍，戴丞相冠，年六十餘，與劉孔昭同居一大舟。知李爲庠士，命立語，問南都、鎮江等處兵勢若何。李迎其意曰：「清勢雖衆，能戰者少。」明正曰：「取天下當何如？」李曰：「老台臺胸中蓋已定之矣，書生輩何知！且國家失已十載，明公何不直抵中原？」明正曰：「極有此志，但兵微將寡，不敢輕試其鋒。今雖不能恢復中原，而海中之明朝，依然如故。」語畢，李生泣下。明正問故，李曰：「思父母耳。」明正曰：「父子乃一生之倫理，君臣實萬世之綱常，何必如此。」遂贈銀五兩、絹二匹，遣歸。

419 鄭成功入鎮江

鄭成功，原名森，芝龍第四子也。隆武養以爲嗣，賜國姓，改名成功。順治丙戌，芝龍降清，羈置北京。成功率衆入海，駐思明洲。丁酉，聞芝龍被殺，遂引舟師抵浙。八月十八，襲温、台四郡，馬信等降，江南大震，將沿江數百里港門填塞，以通馬路。成功駐台，數月忽去。戊戌，謀入南，啓行發砲，颶風大作，壞舟千計，乃還。順治十六年己亥五月十三日，成功率兵十萬入南，被甲能戰者三萬而已，餘俱火兵。有一甲卒，即有五火卒隨之，俱以布裹首，赤足，刀長六尺，或長鎗團牌。廿九日經江陰。六月初一至初三，蔽江而上。初八至丹徒。十三泊巫山祭天。諸舟環集，旗蓋袍服俱用紅，望之如火。十四，祭地及山河江海諸神，色俱用黑，望之如墨。十五，先以吉服祭太祖，次以縞服祭先帝，色俱用白，望之如荼。祭畢，大呼高皇帝者三，將士及諸軍俱泣下。鎮江至瓜洲江面十里，清朝守臣用巨木築長壩，截斷江流，廣三丈，以泥覆平，可馳馬。左右木柵有穴可射，砲石盤銃，星列江心。用圍尺大索牽接木壩兩端，以拒海舟，凡費金錢百萬。壩始成，被潮水湧漲，立刻衝斷。南京部院郎廷佐親出祭江，壩復成，設兵嚴守。操江蔣國柱，字君砥，滿洲人，總兵管效忠，字懷赤，撫州籍，批云：撫順。滿洲人，與鎮江副總高謙字吉齋者，協守鎮江。又于談家洲伏兵二千，列砲于上。新操江朱衣助六月十三到任，守瓜洲。十五日，海舟二千三百號泊焦山。先遣四舟，外蒙白絮，內載烏泥，止操舵數人，揚帆而上。清兵望見，大發砲石。海舟近壩，從容復下。清兵注射，砲聲晝夜不絕，有如轟雷，可聞三百里。凡發砲五百，不傷一艘。海舟既上復下，循環數次，一以誘清砲矢，二以水兵藏內，近壩即入水砍斷。十六日，度砲將盡，悉舟過鎮江，莫有遏者。十七日，上瓜洲，從後寨殺入。清兵出禦，蓋東門外有高岸，清騎布列，鄭兵立兩旁水田中斫馬足，大敗之。朱衣助方坐北門察院，發令旗求救淮撫亢得時，忽左右曰：「老爺，不好了，海賊至矣！」語未卒，兩人趨至，挾朱去見成功，撫以善言，已而脫之。鄭將劉某，乘東門之勝，直追入瓜洲城大殺，將沿江砲移向談家洲擊之，清兵立扎不定。有海兵二十，忽自江中浮上，持長刀亂斫。洲上兵走，海舟泊至，以千人追殺，清師二千俱盡。復移洲砲擊鎮江，鎮江告急于南京，南京發洪承疇麾下羅將軍鐵騎千人赴援，其兵鐵甲如雪，大言曰：「這些海賊不彀吾殺！」欲入江剿絶。時蘇、常四郡兵方畏敵如虎，見京軍欲居前隊，甚喜。常州王總鎮、無錫守備張科、江陰守備施某，與羅將軍、管提督等兵共九隊，凡萬五千人，而馬居半。羅兵第一隊，管兵第二隊。蘇、常四府拈鬮，常州王兵第八隊，無錫、江陰兩營從之。京軍驕躁，急欲與戰。而海舟忽上忽下，見清軍駐南，則泊于北，清軍駐北，則泊于南，佯爲畏避以誘之。清兵隨走三日夜不息，露立江邊，甚疲。時旣酷暑，又連日多雨，熱後經雨，雨過復熱，熱氣薰蒸，甲内尤不可忍。且大暑，聚立如林，不敢出聲，渴甚，多飲馬蹄遺矢。馬走兩日夜，俱張口喘息。城中百姓送飯江邊，兵謝之曰：「多勞汝等，吾輩不下咽矣。」繼以炒米送出，亦不能食。兵曰：「吾爲兵已久，昔日曾作流賊，凡臨陣時必先啜牛粉，蓋用小牛炙乾研末，佩于身間，臨陣吃少許，即不飢。今爲將者不知此，且雨熱勞餓，不食已兩日矣。」時鄭兵前隊長鎗，次陣團牌，第三陣倭銃。每一隊五十人，前有五色旗一面領之。有滚被二人，滚被者，用一大棉被，厚二寸，一人執之，雙手有刀。如箭至，即張被遮後人。箭過，即捲被持刀滚進，斫人馬足。又有團牌二人。五十人内，此四人者俱喫雙糧。更有挨牌遮箭。前一隊五色旗，第二隊蜈蚣旗，第三隊狼烟，第四隊銃，第五隊大刀。後有一人敲鼓，頭上插一旗。如鼓聲緩則兵行亦緩，鼓聲急則兵行亦急。然多步卒，清軍甚輕之。凡騎兵遇步卒，反退數丈，加鞭突前，敵陣稍動，即乘勢殺入，步卒自相踐踏，騎兵因而蹂躪，以此常勝。至是，遇鄭兵亦用此法，萬騎突前，鄭兵嚴陣當之，屹然不動，俱以團牌自蔽，望之如堵。清兵三却三進，鄭陣如山，而清之長技盡矣。遥見鄭兵背後黑烟冉冉而起，欲却馬再衝，而鄭兵疾走如飛，突至馬前殺人矣。其兵三人一伍，一兵執團牌蔽兩人，一兵砍馬，一兵砍人，其鋒甚鋭，一刀揮鐵甲軍馬爲兩段。蓋鑄刀時，用鐵匠百人挨遞打一刀，故剛銛特甚。清軍云：「海賊利害，一刀殺六段。」衆問故，兵曰：「三人馳騎走，賊以刀齊腰削去，俱斷，非六段乎！」然是時鄭兵雖勇，而清騎不遽退者，以管效忠立于次隊，欲斬反却者耳。戰良久，鄭陣中一將舉白旗一麾，兵卽兩開如退避狀。有走不及者，卽伏于地。清軍望見，謂其將遁，可以乘勢衝殺，遂馳馬突前。不虞鄭陣中忽發一大砲，擊死清軍千餘，清軍驚潰。鄭兵大呼曰：「漢兵暫避！」清之步兵聞之俱走，鄭兵馳上，截前五隊騎兵圍之，大殺。羅部下白先鋒，郎部下王先鋒，俱歿于陣。管效忠多備戰馬，一刀砍至急避之，馬頭隨落，效忠躍上他馬。須臾，馬頭三落，效忠三躍以避之。鄭將見其勇健絶倫，欲生擒之，故免，年四十二矣。敗走銀山，追兵至，乃走山上。久之衝下，鄭兵不動，俱鐵甲胄、錢面頭子，止露兩足，用長刀砍騎，鋭不可當。射中其足，則拔箭更戰，清兵遂大敗。廿二日，效忠遥語鄭曰：「從來止有馬上皇帝，豈有水中皇帝乎？上來決戰！」頃之，有兩舟渡兵二千，結營于揚篷山之菜園。效忠麾下勇將王大廳率兵出戰，鄭將周都督立陣前高聲問曰：「汝得非管效忠乎？何不速降！」王不應，卽發一矢中其趾。周方拔矢，已連中其趾者三矣。周怒，持刀直前砍殺王，衝入陣。時鄭將列一陣，效忠望見，謂麾下曰：「此八卦陣也，生門向江，宜從此攻入。」開門而出。及入，卽變爲長蛇陣，擊首尾應，擊尾首應，遂被圍。效忠見不利，向執旗官手中取旗，自荷而返，兵見之俱退走。鄭兵追殺，效忠部下僅存三百人。效忠馳至城濠，鄭兵飛走亦隨至矣，諸軍皆散。效忠初出兵四千，止存百四十人，嘆曰：「吾自滿洲入中國，身經十有七戰，未有此二陣死戰者！」常州王鎮兵三百，存三十七人。高謙五百兵，存八十騎入鎮江，登城閉守。效忠走南京。而蔣國柱走丹陽，百姓恐追至，閉門不納。餒甚，復馳至常州，已夜半矣。呼城門，門者報于太守趙琪，琪不信，曰：「斯時寧有都爺至耶？」令王總鎮出城面之，始啓入。國柱疲甚，不俟臥具卽寢于門。鎮江守將高謙與太守戴可立列砲城上，鄭將馬信馳城下大呼曰：「速速獻城，遲則屠矣！今外兵已殺盡，汝等不信，請觀揚篷山。」守者大懼。有民棍郝十應曰：「俟議定出降，明午廿三日會信。」乃去。時高謙、戴可立與鄉宦笪重光、楊鼎、陳于鼎、王紀等俱在城上商之，紀齒爵俱尊，對可立曰：「老公祖亦隨機可也。」可立泣一夜，撤守城兵。次日，率二十人及百姓五十人出城，行至橋上，各將滿帽投河中，截辮髮入見成功。成功問曰：「汝是戴太守乎？」曰：「然。」仍命爲太守。又與百姓曰：「若等苦十六年矣。」郝十曰：「鎮江須有兵守方好，不然，恐後日兵去，百姓不好。」成功怒，叱縛之，已而得釋。鎮江城共三千七百垛，成功發三千七百人登守，旗幟五色，紛耀奪目。成功服葛布箭衣，有暗龍二條，邊帽紅靴。從者二人，織錦暗龍紗衣，一人鬚髮皓白。張紫蓋，有兵五百擁衛前後。成功封福建延平王，軍中稱王爺。廿四日，舟中送紗帽三頂入城，高謙掛「破□將軍」印，銀五百兩，鼓吹引導。前有旗一面，書曰「賞功」。戴可立三百兩，知縣任體坤二百兩。廿五日，諸官入見俱去辮，兵民解髮，悉戴網巾鬃帽。下午，市肆俱大開。廿六日，賞賚從征將士。廿七日促裝。廿八日啓行往南京，留兵四千守鎮江城。

六月廿七日，常州釋囚。七月初一，無錫知縣王之蔚宰豕做饅頭三百斤，半斤一枚，分賚衙役。揚州鹽運使六月十六遁，百姓俱走，城遂空。

七月初四日，成功以洪某爲鎮江知府，差人到丹陽縣討册，守城兵拏解蔣國柱，下獄。至初七日，差承差令常州太守趙琪提西門外審問，來差張學見父綁縛，即跪喊願甘代父。其父云：「吾年五十，你去做你事，我願甘差，我願甘死。」遂斬之，留其子下武進縣獄。殺後，國柱往蘇公坐。

又報泰州人劉坤，率黨千六百人、糧萬石降成功，口稱「扶助先帝」。鄭問：「在何郡縣，救何明主，傷殘兵將在何處？既稱扶助，到今二八，何日何年隨主，有何功勞？」劉坤無答。嚴刑，假冒。立喚該地里總楊芳、許秀等，供稱實係鹽徒大盜，假借明主，作耗地方。立時綁出，號令江口。又差鐵甲兵一千，前去該地抄没，不容假冒，本朝自有法紀，已發諭該地方張掛。發告示一道：「爾百姓等各安生理，毋聽訛言煽惑。如再仍前，許容地方童叟百姓據實呈報，剿拿掃除。再敢計誘聳動，隻字虚報，罪當反坐。特諭。」

420 檄

恢復天下兵馬鎮國大將軍鄭，爲義切君親、聲援南北、計圖恢復，布告同心鼎造中興、早膺上賞事。切惟王者一統，治服四夷。大義嚴于春秋，首言尊攘；豐功勒於秦、漢，不諱鞭驅。粤我大明三百年基業，德配唐、虞；先皇帝十七載憂勤，功侔天地。胡天不弔，國步多艱。一禍盛世之頑民，再遘滔天之逆子。肆予荼毒，繼被腥膻。裂冠毁冕，羞比沐猴；斷髮文身，操同人彘。寡人婦而孤人子，不聞塞上飛鴻；南走越而北走胡，盡是長平阬卒。慘矣黔首靡遺，幸而蒼天悔禍。東南占天子之氣，四海獻赤帝之符。恭遇皇帝神武天授，仁孝性成，英協高皇，勳追成祖。文稱師濟，武列糾桓。不期而會者海外一十四國，同心而應者土司三百五營。連袂雲，揮汗雨，誰云越士三千；左帶山，右礪河，不弱秦關百二。領滇、黔而鎮巴、蜀，牧養秦、晉之郊，羣空冀北；踞湖南而跨嶺表，擊楫閩、粵之隩，小視江東。惟鐘山抔土，乃十七帝之英靈，於茲憑式；南國士民，受三百年之恩養，報效於今。先取金陵，肇開皇業。獨是麻、黄爲蜀地之咽喉，英、霍爲楚、豫之指臂，左連東吴，右通濠、泗。其間削籍勳者，埋名隱逸；忠臣義士，劍俠奇人。細柳聞天子之詔，尺土龍蟠；大樹振將軍之名，千尋虎穴。矧崇山久成鐵籠，峻壘願借金湯。凡我同讎，義不共戴。勿奪先聲，徒成烽火之戲；矢爲後勁，同堅背水之盟。且一戰而敬謹授首，再戰而貝勒成擒。招來萬億游魂，屈指二三餘逆。於此人力，可卜天心。瞬息夕陽，争看遼東白豕；滅此朝食，痛飲塞北黄龍。功永勒于汾陽，名當垂于淝水。世受分茅，勳同開國。謹檄。

421 郎廷佐致明帥書

欽命郎致書于玄老大君子閣下：僕素性愚直，謬膺特簡。自蒞任以來，事無巨細，惟在安民。上天好生惡殺，則人何敢不畏鬼神，而妄自縱横，攪亂百姓也！嘗有海上諸公歸來，如顧鎮忠、王鎮有才者，日夕抵掌，因備悉大君子忠孝至性，出自天成。本標總兵黄鼎，亦曾津津道之不置，方知至人舉動，别有苦心，與尋常山海輩借口起義者，如較天壤，語雖同日，景仰之私，非今伊始。目今新奉恩詔，而爲山海諸君子大開弘造，凡投誠文武官員，照原官題職。地方官卽爲起文赴部，推補實缺。天語煌煌，遏邇昭布，非敢謬言。倘邀天幸，大君子幡然改悟，不終有莘，自膺聖天子特達之知。轟轟烈烈，際會非常，開國奇勳，共襄建業，此其上也。如曰志僻孤忠，願甘恬退，僕代敷陳，題明本末，請給原官冠帶，休養林泉，優然山中宰相，祖塋故墓，朝夕相依，骨肉至親，歡然團聚，出處既成，忠孝兩全，此其次也。其或不然，卽於歸來之日，祝髮陳詞，僕代請作盛世散人，一瓢一笠，逍遥物外，遍選名勝，以娛天年，又其次也。亦强日坐危舟，魂驚惡浪，處不成處，出不成出，既已非孝，亦難名忠。況且震臨海岸，未免驚擾百姓，竊爲大君子難聞者。僕率愚直之性，行簡淡之詞，屏去一切繁文套語，如逆闖之害何以當仇，本朝之恩何以當報。當仇者不審天時，自甘撲滅；當報者妄行恃險，自取淪亡。邪正之至理，興衰之大數，有識者燎若觀火，又何必煩詞取厭大君子之清聽哉！昔人有言：「身在局内，明者自暗。身在局外，暗者自明。」某以局外之觀，畧陳鄙意，不避嫌疑，傾心萬里。終不敢效輕薄者，以筆舌爭長；不敢蹈驕矜者，以高抗取罪。至誠之心，望祈同樂。其採聽與否，惟大君子裁酌已耳。臨楮神越。

郎廷佐，字一柱，遼陽廣寧人，南京兵部尚書，以成功入鎮江，故致此書。

422 張侍郎復書

欽命贊理恢剿機務、察視浙、直水陸兵馬兼理糧餉兵部侍郎兼翰林院學士張，復言于遼陽世胄郎君執事前：夫揣摩利鈍，指盡興衰，庸夫聽之或爲變色，而貞士則不然。其所恃者天經地義，所圖者國恨家讎，所期待者豪傑事功、聖賢學問。故每毡雪自甘，胆薪彌厲，而卒以成功，古今以來，何可勝計！

若僕者，將略原非所長，只以讀書知大義。痛憤虜氛，左袒一呼，甲盾山立！屹屹此志，濟則顯君之靈，不濟則全臣之節。遂不惜憑履風濤，縱横鋒鏑之下。迄今逾一紀矣，同仇漸廣，晚節彌堅。練兵海宇，只爲乘時。此何時也？而兩越失守，三楚露布，以及八閩羽書，奚啻雷霆飛翰！而島□外横，插□内訌，□人左支右吾，立見消滅矣。僕因起而匡扶帝室，克復神州，此忠臣義士得志之秋也。卽不然，謝良、平竹帛，捨黄、綺衣冠，一死靡他，豈諛詞浮説足以動其心哉！乃執事以書通，視僕僅爲庸庸末流，可以利鈍興衰奪者。譬諸虎僕戒途，雁奴守夜，既受其役，而忘其衰。在執事固無足怪，僕聞之怒髮冲冠。雖然，執事固我明勳舊之裔，遼左死士之孤也，念祖宗之恩澤，當何如怨憤？思父母之深讎，當何如報雪？稍稍轉移，不失爲中興人物。顧陵、律自甘，華、彝莫辨，甚爲執事不取也。卽就恩讎之説言之，自遼師起而征調始煩，催科益急。故潰卒散而爲盜賊，窮民聚而爲弄兵，是釀寇盜者□人也。乃中華失守，傾國興師。倘能挈故物而還天朝，將吐番、回紇不足稱羡。顧乃招虎進狼，卽收漁人之利于江北；長蛇封豕，復肆蠶蠆之毒于江南。此果恩乎、讎乎？執事亦當憬然悟矣。愚以來書温慎，諒執事亦非憒憒者，遂附數行以聞。

423 郎廷佐大敗鄭成功

郎廷佐聞鄭兵將至，將城外屋悉行燒拆，近城十里居民俱令入城，大開水西、旱西兩門，使百姓出城買柴，限五日。如城外不賣及賣不完者，俱火之。鄭兵至，結營白土山，距南京儀鳳門七里。廷佐斂兵閉守，與滿將哈哈木寢食不離。哈疑民有異志，郎保無他。令民閉户，鷄犬無聲。鄭兵圍困不攻，城中米七兩一石，百姓不敢街上行糴，有餓死室中者。惟柴不甚貴，以燒檯櫈故也。七月，南京被圍既久，廷佐檄松江總兵馬進寶及崇明提督梁化鳳入援。進寶不奉檄，化鳳以四千人至。初成功入南，進寶遞書降。進寶初爲闖將，號馬鐵槓。及居松江，殘忍好殺，奇富。化鳳字翀天，陝西西安府長安縣人，順治丙戌武進士。成功南來，化鳳亦僞降，與馬信拜結兄弟，祭誓天地。至是入京，信猶不疑。以兵逼城，城内寂然不動。鄭兵益懈，謂功在旦夕，甚輕之。七月廿二日，總兵余士信約諸將廿三日計議，廿五六日破城。有福建林某，入海已十六年，爲管甲吏，知鄭虛實，從破瓜洲時，於儀真淫掠，鄭笞二十，以是銜恨。至此聞密計，遂夜走，縋入城，見廷佐曰：「逾三日城必破矣，明日廿三日爲成功生日，諸將卸甲飲酒，乘其不備可破也。」某處假營，某處實營，一一詳報。廷佐令守城軍十人留一，餘俱下城歸營。南京有神策門，向久砌塞，是夜掘開，止留外磚一層，沿城荻深數尺，馬信等竟不知内有突門。忽砲大發，梁化鳳、哈哈木、管效忠各引精騎乘砲勢衝出，信兵大創，清將分路襲殺。余士信與先鋒甘輝方演戲，得報，被甲而出，戰良久，哈兵稍却。廷佐登城見之，驚曰：「如何退了，不好！」復發一隊從小東門出，掩鄭之後，猝不及備，遂大傷。然軍令嚴，主將不奔，軍殊死戰。既而甘輝身中三十餘矢，力不能支，乃走，兵始走。時海舟泊江邊，距城二十餘里。廷佐先令軍士詭裝百姓，載柴酒菜肉，日與海舟貿易，以覩動静。初猶遠舟，後漸相暱不疑，遂知火藥所在，密以硝黄實酒瓶中，近舟發之，焚其四艘，火藥俱盡。成功大驚，謂有奸諜，乃放舟而下。岸兵敗走二十里，至白土山覓舟，舟已開矣，羣趨山上。清兵追至，鄭兵殺下。既久，哈哈木率兵密從山頂上馳下。廷佐登高，遥望清旗登山，喜曰：「我家兵上山，勝矣！」須臾，大敗之。鄭兵走江邊，以無舟，勇鋭多投江死者。舉其甲重四十斤，檢屍四千五百人，長髮者千五百人，時七月廿四晨。京民已閉户一月，忽聞街上擎牌大呼曰：「海賊俱已殺去，汝等百姓俱開了門罷！」門始開。是日鎮江猶平静，及夜，街上狂走，各官家口出城，俄閉，百姓不得出走。至天明，廿五午候，府堂火起，兵大呼曰：「汝等可隨我去，不然□□來要殺的！」城中如沸，婦女被髮狂奔，踏死無算，幼稚爲虀粉。兵入民家大掠，升屋如履平地，不掠婦人，若童子十二三歲肥白者亦掠去。獨開東門，餘俱閉，恣掠兩日，焚城樓延及民居。哈兵至瓜洲，見鎮江火起，遲延不進，肆掠瓜洲。廿七日，鄭兵去，清兵始至，復大焚掠，加以姦淫，城中一空。陶海防甚賢，見兵掠婦人在馬上，親自抱下。蔣國柱、梁化鳳兵過無錫洛社，花貨滿載，牛羊絡繹不絶，餘可知矣。所掠婦人俱在蘇州發賣，鎮江凡失父母妻子者，貼票各府縣尋覓甚衆，無錫城門招子黏滿。管兵與囉兵掠子女到南京，廷佐知之，發還鎮江一千六十人、瓜洲一千七百、儀真一千三百。囉將軍北還，廷佐贈三千金，約兵勿挈婦人，于是囉兵所掠藏舟中者悉撿出歸南。廷佐出示各郡縣云：「本部院率征黔凱旋大將軍噶羅，統滿漢兵哈、管及水師提督梁，于七月廿三日殺賊，生擒僞都統制余士信，箭射死馬信。殺賊幾許，箭死幾許，及淹死不計其數」云云。初，六月下旬，鄭兵至天長，出迎知縣自縊。七月初八，張煌言率舟師抵九江等處，所過郡邑多附之。及退，蔣國柱奏曰：「凡獻册者十九縣，請旨定奪。」順治批曰：「此非百姓之罪，乃汝失守封疆之罪也，來京聽審。」廷佐奏捷，上批本云：「海寇犯邊，爾乃一城之隔，致之死地，此乃郎卿第一之功臣也。沿江所失封疆俱免屠戮，府縣官更加培植。」百姓聞之始安。亢得時，號佐五，滿洲籍，山西崞縣人，淮安總漕，率兵救鎮江，中途遇兵而敗，投河死，此七月廿一日也。衆疑遁去，忽于硯下得書知之，以繩繫手于船，故得屍焉。朱衣助既脱，北奏曰：「臣履任四日而賊卽至，求救于蔣國柱，國柱不發一兵。求救于管效忠，效忠逗留不進。賊既至，不戰而逃；賊既退，不撫而搶。」遂于九月十三日逮國柱、效忠。而高謙從鄭入海，籍其家。

武某，河南人，管效忠部將也，膂力數千斤。年三十餘，長可九尺，身兼四人，馬不能勝，止一黑馬可乘。當效忠被圍于鎭江也，武以大鐵棍擊殺十餘人，衆皆披靡。既出重圍，問軍士曰：「管爺出否？」對曰：「未也。」復殺入重圍，如此者五出入，萬衆之中，莫敢當之者。效忠被鞭落馬，武下馬負之而趨，效忠因出重圍而免。武入南京，以失機事解上司，笞五十。及南京之戰，余士信舞大刀至，武以鐵杠撥開，卽擒于馬上。士信美儀容，布甲跣足，入京時猶攜刀乘馬，武押之而行，解哈哈木。哈問曰：「汝將乎？」士信曰：「然。」哈又問：「願爲官否？」士信曰：「不願也，止求速死足矣。」遂殺之。而武之救管擒余之功不録。夏間着凉鞋行道中，人俱呼爲武將爺，哈等皆喜之。又有先鋒甘輝者，短黑而勇，以醉而敗，匿于民家。追者至，趨出搏戰，殺數人，不虞背後馬某擒之，入見哈哈木。哈問如前，甘對曰：「吾爲將殺數十百人矣，宜可以死。」亦竟殺之，時布甲快鞋。

馬進寶，字惟善，遼東籍，山西隰州人。鎮守松江，貪淫酷虐，士民無不被其毒者。有妾八十人，每夜鬮籤而卧。其母勸減妾，進寶語諸妾：「願去者拈籤。」拈者頗衆。進寶佯謂母曰：「今將嫁之矣。」悉斬之。母大駭。一妾有疾，召醫視脈，醫者曰：「此孕也。」進寶以妾衆，亦竟忘之矣，怒曰：「寧有此事！汝止此，如有孕，不殺汝；若非孕，當斬汝矣！」頃之，內托一兒出，乃刳妾腹而得者，醫者驚悸，進寶賞五十金。其不仁如此。及降海事發，解北磔之。梁化鳳加級，復鎮吳淞等處。至康熙十年辛亥七月廿三日，以生對口瘡，頭落而死，衆異之。

鄭入鎮江，清將彭某引兵五百還六合，閉不納。已而，阮某服布衣、戴騌帽乘轎至六合，稱兵部職方司，六合武庠王寅生、文庠夏志弘、徐三峰率衆執香迎之，清兵五百乃去。寅生爲參將。有湖賊劉青海率百二十人歸，阮問：「何技？」曰：「團牌。」阮試之，劉舞畢，阮曰：「亦去得，但舞得不全。」阮置紗帽于几上，自起舞，只見牌影如花，不見其身。劉年二十餘，拜阮爲父，阮使爲副總。阮審事明速，當堂批答如流，真文武才。七月十八，將出兵往滁州，戴小帽，服罩甲，赤足而出，團牌手十人、大刀手二十人及新降二百人隨之。前有一旗，上書「三軍司命」。甫出察院，執旗者忽仆，欲斬之，衆告免，笞二十。行至盱眙口，時滁州有鳳泗道發砲擊死執旗者，衆失色。阮怒曰：「若等無用，遂持大刀飛舞突前，將清總父子二人殺之，手殺五十人，清兵退走，阮追四十里。至滁，清兵入城閉門。近城半里街上俱有大城墻，阮以兩大釘釘壁間，執牌而登，清兵驚走。阮下，啓門引兵入，至前街，門閉，復如前法，城內兵大懼，開別門出走。滁民出迎，遂得滁州。及八月初五，始還六合。從者百人，拏鹽舟一西下，遇清舟三百，被圍，發一砲碎其二舟，清舟退，乃揚帆去。王寅生有力，弘光時，參將欲殺之，遂居高傑部下。清初不仕，至是歸阮。取示一道與兩人馳天長，已暮，寅生城下大呼曰：「大兵至矣，速開門，否則鷄犬不留！」守者白王令，令醉，不以爲意。百姓曰：「他不降，吾等受屠乎？」遂啓門。寅生三騎登堂，令走入鄉，饑甚，于肆中索飯，店主曰：「汝非王爺乎？」曰：「然。」曰：「去歲以細事笞死我子，罪不至是！」王大驚，投筯而走。至一寺，仰視其顏云「辭世寺」，令默思曰：「數止此矣。」遂語所隨外郎云云，而自縊。後南京韋巡按奏曰：「六合拒兵獻城，天長殺官獻城，儀真逐官獻城。」衆聞之懼。後上批郎本免屠，乃安。寅生走入鄉莊，與妻子酣飲悲歌，以數歲兒投之河，繼殺一女與妻，短甲草履，持鎗馳騎遁。韋巡按遣人拘逮，已不及矣。擒其兩兄至，各笞二十，下獄，後釋歸。兄名起生，亦文庠。

當南京被困時，張煌言一軍抵蕪湖，令甚嚴。一兵買麵價直四分，止與十錢，店主哄起白張，張問，兵曰：「誠有之，時無錢耳。」張曰：「汝食大糧，何云無錢！」將藍旗一面投下，曰：「拿下去！」左右縛兵，兵問故，曰：「張爺令斬汝。」兵大驚曰：「吾罪豈至此乎？容吾回稟。」張曰：「吾有諭在外，即一錢亦斬，況四分乎！」遂斬之。諸軍肅然，秋毫無犯。商舟數百隨張，張俱給一小旗，白心，玄色鑲邊，竪舟之前，軍望見卽呼曰：「此船板張爺旗也。」賈舟雖出入兵間，無不獲全者。凡舟壞俱稟張總管，故兵呼「船板」云云。

方鄭兵入南，杭州有馬龍來降一事。馬龍者，或云崇禎時總兵也。順治己亥，率海兵四十人至嘉興海鹽縣請降，不受。次至秀水，無錫賈曾爲令，一面而去。又至嘉興縣，亦不受降，因至杭州。守臣李部院、巡撫佟思遠及總戎田雄疑有詐，馬龍曰：「吾因舟漏失機，故歸公。公殺我，恐絶後來者。」

李等乃受其降，此六月初二日也。馬小帽綱巾，居城外二日，薙頭入城。越三日，李等設宴，酒酣，問曰："汝有何能？"馬曰："無所能也。"又問："能比箭否？"馬曰："不善也。然吾立于此，可令將士射之。"遂重甲端坐，清士射之，馬以鞭撥箭，紛紛雨下，或擊斷，或接手中，發九矢不能傷。至第十矢，馬平指如錢者，俟箭至當之，適中錢上，箭激去。軍士報射畢，田等大驚。馬曰："公部下豈無避箭者？亦發十矢。"佟令一士前立，馬發第一矢曰："吾欲于汝頭上過。"矢發果然，第二矢亦如前，至第三矢則曰："吾此一箭欲于汝胸前穿過。"清士大懼，跪求乃罷。雙鞭八十斤，輪舞如飛，久之，向空一擲，呼隨身兵空中接去，衆駭愕相顧失色。馬脱兩甲與清將砍，斫刀折而甲不損。田等竊作滿語，馬覺之，曰："吾七歲卽至滿州，豈不解耶！"田等愧謝。後聞南京敗，復下海去，未審確否。

八月初二至初四三夜，九頭鳥在各家屋角哀鳴達旦，常州、無錫城中及各鄉村無處不然，亦異也。

鄭自南京敗走，至次年庚子，引數百艘至廣東廣州府，其舟用大木釘成，高與城齊，每桅内藏兵五百，並堞攻擊。在平地戰時，每三人一隊，一人執團牌，二人持鎗與刀，一人居中擊鼓。鼓聲一震，每隊各各疏列成陣。清騎突前，其隊又各分開讓去，卽分兩邊趨後截斷，清兵屢敗。其籐牌桐油浸透，刀箭不能入，清患之。有副將進計曰："惟鐵箍頭棍可破也。"遂復戰，用棍擊破其牌，箭無所蔽，乃敗，復走入海，居南澳。清平南王尚可喜鎮守廣中。

424 金壇大獄

金壇風土趨名而騖利，故周鍾同祖七進士，俱以美錦而多染糞穢。虞來初兄弟會魁，文章材幹，一時稱大名家，緣京計二典，兩掛彈章，遂自蹈瑲禁，凡名與利之所在，不轉計也。如海寇一案，屠戮滅門，流徙遣戍不止千餘人，其起禍之因，亦惟放利自尊而已。鎮江之屬邑凡三：一丹一金。金爲最僻，吏胥舞文特甚，如爲草、米、豆等項，常以該府總數朦朧徵催，不知其弊者，三倍完納，吏胥則食其二。知其弊者，不特免其本户，且索重賄于吏胥。鄉紳之有力如王重吏部、王明試兵部、馮徵元御史馮班之父之類是也。王、馮等曾爲馬草事分過賄銀七百兩云。知其弊而復不寬恕其限數，役重而且寃，則叫號于縣門，刻揭于通衢，如生員蔡太初、蔡黝、于厚之類是也。惟此叫號刊揭之諸生，吏胥恨之，諸紳亦同恨之。又金壇典質舖俱係徽商，典利三分，銀水等項幾及五分。諸生則呈之縣，求減邮民。諸商斂銀八百，浼王、馮二紳，王則爲酌之曰：「兩外一分五釐，兩內則仍三分。」諸生復叫號于通衢曰：「求減典利爲貧民也，貧民有兩外之典乎！」王、馮等又深惡之矣。諸生之出言豎議，大約多左鄉紳意，復不肯揚善隱惡，事蓋非一端也，玄黃而水火矣。鄉紳通吏胥，每思覓一事以難之。會海寇退，兩丹紳衿多罹于法，若以此網羅之，不但可以箝其口，而且可以絶其影矣。先發于新海防，指其名者蔣、蔡、于、周等十生。海防以法重獄繁，且海寇已去年餘，内地方慶昇平，難忍之，而指名之揭次第上臬司矣。臬司更原情以寬之，亦不欲于無事中生事，更不欲以滅門事發于黌宫，恐株連不已。王重獨深噬臍之恐，爲不殺不休之計。適巡方馬騰蛟按臨京口，馮徵元之子馮班西臺也，重別搆重貲以八百金授徵元云：「不速殺此十生，金壇之禍端百出，而釁先中于鄉紳矣。」巡方以同臺之父見囑，謂事必非無因，則嚴刑酷訊之，仍批臬司定罪。不十日，馬院以別事就逮赴西市，臬司益疎縱此十生，不欲以「海寇」二字枉法實焉，然尚未出獄也。時十生中有周姓者，父亦諸生，曰周勉，素與王重諸紳相往還，泣浼重寬恕。重曰：「其權在袁大受，我不得主也。」周因叩袁。袁與王明試有私隙，曰：「欲解此案，須出首一人，云『我窮措大，安能爲投誠降海之大舉！有一現任兵部王明試，降海有據也』。」周欲救其子，即手書一呈付之。時明試現在袁之密室赴馬弔酒會，乘其四賞開莊時撫其肩曰：「亦毋過喜，大禍臨頭矣。」以周呈示之。明試乍驚，彼于投誠單內實係書名書押，中蓋款然，即煩大受力寢其事，許以千金。又曰：「我已涓吉北上，既如此明早行矣。我到京中，諸生之口，風撼泰山也，亦何足較！」明日，袁于舟次送行，促其千金。王以小半畀之，袁曰：「一入都門，懇囑巡方早結十生之罪，萬事瓦解。」王頷之。時蓋辛丑年之春初也。不一月，又有鄉紳中書馮標乙未進京，袁寄一函于王明試壬辰。馮于轎中私拆其書，內云「吾邑劣衿惡少挾制官府，侮慢鄉紳，若不速置之死地，種禍金沙，現在幾紳無噍類也。更有老而不死之餘孽，如李恢先戊辰、曹宗璠丁丑，斷斷不可輕貰。」等語。標與宗璠子鍾浩乙未刑部兒女至戚，抵京日即對鍾浩言之。浩索其書，馮曰：「彼寄，吾未可竟與也。」浩曰：「明日餞新邑尊于二廟，可使價持來，云家所寄，奪而看之，可也。」馮如其言。席中曹、王二人奪開家信，以致機關太露。鍾浩又商之馮班，恐將來是非纏涉。班云：「此事若出自己口，甚難措辭，蓋使省中風聞言事可乎？省臣孫際昌極肯直陳，在年臺對户而居，令其入奏爲是。」曹卽往商際昌，孫云：「我未悉事之顛末，做一疏稿來何如？」曹再往商馮班，班云：「請明試迎風，間以馬弔，以微詞激之，委曲自露矣。」曹爲發帖，並請同邑在京三四晝一日歡，明試果來，馬弔之興頗高。至午餘，已負百餘金，頗有不悅之色。曹挑之曰：「聞年臺在鄉得虞來初家弒主之僕侯大經自首銀千兩，又得降海秀才毛、于、王五百金，皆倘來意外物，何些須介意！」明試曰：「此皆王重所爲，我無染指也。」又有餂之者曰：「海寇投誠，年臺實首倡乎？」王曰：「隨衆則有，首倡則非。海寇遣僞官王再興進東門，守東門者王重與袁大受，我則守南門。」一番辯論，曹、馮則以筆述之，遞與孫際昌。孫卽風聞奏告，隨奉旨拏究，差滿洲尼、馬二大人下江南。王重首先二夾，則曰：「投誠降海係知縣任體坤強逼所爲，非某之本心。」遂拿體坤，亦上夾棒。體坤曰：「現有衆鄉紳兩次投誠議單與公約可據，一在明倫堂會集，一在魯山堂書寫，俱有親筆花押，豈不願投降者！」遂出其二議公堂質對，王重無詞，二大人將與名有押之紳名、履歷另奏覆上，又奉嚴旨一體拏究矣：王重明進、段冠明進士知府、江潰明進推官、王夢錫明進布政、馮徵元班父封、李銘常清進、袁大受廣西賓州道、史承謨清進知縣、史洪謨清進推官，袁、馮等又招稱投降事情皆係王明試所爲，並移文北部提明試。時現任職方有差堂官欲發回咨，俟差竣另結。明試曰：「非我自去，恐詞涉妄牽，且謀叛十生或生倖脫計，須面質爲妥。」一到白下，尼、馬二大人卽將明試二夾。明試曰：「揑造蔣、蔡十生，俱係王重、袁大受所爲，海寇進城亦是王、袁迎入。」王、袁不得不以周勉首呈，供出降海的係王明試首倡，且議單兩與，花押現證。二大人執筆定案，王重、袁大受、李銘常、馮徵元四人擬斬，段、江、史、王等擬絞，王明試擬流徙。其知縣、縣佐、首領、三教官、練兵、守備等官，以及里老、吏書、兵壯等人，徒杖分別不等。又奉嚴旨，謀反大逆，不分首從皆斬，惟知縣任體坤依擬絞。共斬六十四人，家屬男女没入、流徙大小老幼又共二百七十六人。蔣、蔡、于、周等十生釋放寧家，回學肄業。曹鍾浩父子出首，免罪。馮班亦在流徙例。段冠夫人年逾六旬，久卧床褥，粒米不入口者已數年，惟藉參膏果餌度日，舁至金陵起解内院之辰，忽然體健，步行就紐。點解之後，腹空思啖，連吃糙黄米飯三碗，羈于籍没處所，爲東人朝日磨豆腐，兩年而卒。

425 金壇一案

郭國士、王之琦、吴允宏、王重、史承謨、史弘謨、江璜、王夢錫、馮徵元、段冠、袁大受、李銘常、虞巽吉、周羲、談善應、劉珍、王大泰、于元起、王猷、陳三重、王錫章、許弘、陳璠、李永安、周燦、于培德、虞誠、于益、吴鑛、范王、胡文球、岳可忠、朱弘璉、楊仲華、朱大達、虞達理、史旭、吴用、樊耀之、陳達甫、楊增、蔣廷玉、李得如俱著卽就彼處斬，父母祖孫兄弟俱解流徙寧古塔。惠六着卽就彼處斬，妻子入官。虞默、王勅、茅鉉、史建侯俱着卽就彼處斬，家産籍没，妻子入官。任體坤着卽就彼處絞。楊貞等十四名各責四十板解部，流徙寧古塔。餘俱依議。奉内「滿」字訛「用」，着改正，該部知道。

斬四十八人，絞一人，流徙十四人，共六十三人，此順治十八年辛丑七月十三日事。

426 張煌言臨難賦詩 附記煌言事

一

義幟縱横二十年，豈知閏統屬于闐。桐江只擊嚴光鼎，震澤難迴范蠡船。生比鴻毛猶負國，死留碧血欲支天。忠貞自是人臣事，何必千秋青史傳！

二

何事孤臣竟息機，暮戈不復挽斜暉。到來晚節慚松栢，此去清風笑蕨薇。雙鬢難堪五嶽往，一帆猶向十洲歸。疊山遲死文山早，青史他年任是非。

三

揶揄一息尚圖存，呑炭呑氊可共論。復望臣靡興夏祀，祇憑帝眷答商孫。衣冠猶帶雲霞色，旌旆仍留日月痕。贏得孤臣同碩果，也留正氣在乾坤。

四

不堪百折播孤臣，一望蒼茫九死身。獨挽龍髯空問鼎，姑留螳臂強當輪。謀同曹社非無鬼，哭向秦廷那有人。可是有心崇閏位，黃雲白草未曾春。

康熙二年，横海軍既敗，張煌言賦此殉難。

附記　張煌言，浙之鄞縣人，崇禎壬午孝廉也。有衆數十萬居于海，自爲一軍。先是糧餉皆與沿海沙民貿易取給，至康熙元年，將海邊居民盡行遷徙內地，填塞各港，糧遂窘乏，麾下多降者。康熙三年八月，公以勢孤力盡，與心腹十餘人將至普陀落迦山祝髮爲僧，內有一人不願薙髮，欲降清，遂私見浙江趙部院。趙曰：「汝欲爲官，必先建功爲進身地，今有何憑？」其人曰，某月日煌言必至普陀，可率師擒之。趙引兵數萬猝往圍之，格鬬殺百餘人，公麾下亦傷數人，力竭被擒。公面白，三支鬚長，身貌甚清勁，方巾見趙。趙曰：「久濶！」蓋曾入海與公會者，略叙寒暄，發于浙撫。撫卽同公復見趙，坐于堂上，趙左撫右，公居中，呼趙、撫爲二位老先生，趙呼公張老爺，只閒論海中事，降公意絕不談。久之，趙與撫始曰：「公若肯降，富貴功名可致。」公正色曰：「此等事講他怎的，在小弟惟求速死而已！」趙知公意不回，遂討公館居之，乃疏聞。廷議一月，有謂宜解京斬之者，有謂宜拘留本處者，又有謂優待以招後來者，久不決。部覆云：「解北恐途中不測，拘留懼禍根不除，不如殺之。」九月旨下，臨刑時麾下數人俱縛，獨公挺立俟死，乃曰：「陣上交鋒被獲，死亦甘心。今以如此而死，于心不服！」作絕命詩四章，衆競傳之。方殺時刀折爲兩，復易一刀殺之，咸大異焉。殺後有降臣做戲慶賀，公卽附于末，言海中事，衆驚拜，末乃甦。既而趙與撫亦演戲飲酒，末方出，公附之如前，趙大驚曰：「此張公也！」俱羅拜之，末仆而醒。落迦山在浙之定海，佛書云：「海岸孤絕處也，觀音大士道場。」

427 臺灣復啓 附記孔文舉事

久聆智畧，芳名流播，虛心仰慕，悒悒何已！頃荷惠書，教以不逮，又遣貴介劉、馬二君，備述委由，幸甚！幸甚！然竊怪麾下之未能亮不佞之心，而猶從流俗之末議也。曩者思明之役，自以糧盡而退，非戰之失也。況風帆所指，南極高、瓊，北至高、遼，何地不可屯田？何地不可聚兵？不佞所以横絶大海，移國東寧者，誠傷士女之仳離，干戈之日滋也。是以區區鄙懷，曾見于前札。往歲得貴藩院之書，而貴朝猶未深察，尚嚴邊界之禁，遂使百姓流離，四省丘墟，坐捐數千里之租賦，歲糜億萬之錢糧，斯非貴朝之失策哉？今麾下計深慮遠，欲爲朝廷久遠之謀，萬民之命。而貴介所傳，又述前日之套語，削髮之虛談，欲以八閩及沿海各島一説相餌，尚爲知識者之論乎？自昔貴朝之議和者屢矣，從先王以至不佞，止緣争此二字，況今東寧遠在海外，非屬版圖之中，東連日本，南蹙呂宋，人民輻輳，商賈交通，王侯之貴，固吾所自有。衣冠之盛，不輸于中土。即未敢遽比太王之遷岐，而生聚教訓，足以樹萬世之基業。此自貴介所親覩者也，不佞亦何慕于爵號，亦何貪于疆土，而爲此削髮之舉哉！而麾下以海濱爲慮，蒼生爲念，則息兵安農，復歸故業，使男女老幼皆得遂其生育，而舉朝可以歲獲數百萬之賦，此仁人之心，不佞亦有同心也。縷縷膈言，麾下亮之。

附記　孔文舉，本王姓，江陰王鸛嘴人，幼爲青暘吴焕如童子，少長祝髮于岑墅關帝廟，事董僧爲師，利口不知書。既而至蘇州某寺，一貴顯至，衆畏避，王有膽辯，迎之，遂募化，由是得數百金，挈之走浙，居江邊。時與海通，尋以米往遺。有孔將軍者悦之，與同舟。未幾孔死，因蒙其姓，得其劄副、印章，引舟兵至鎮江固山劉之源營請降。劉上聞，順治召對賜墩坐，官以將軍，還居鎮江。及康熙初年，復召賜坐如前。時鄭成功已死，其子錦猶擁衆居海外臺灣，上遣文舉往招之。錦不出見，止答以此書，文舉乃還。康熙□年□月□日，文舉坐巨舟，擁兵至青暘祭墓，見家主稱叔，做戲請宴，俱有饋遺。次請紳衿張有譽等，乃去，北上復命，閭里榮之，亦奇遇也。康熙十年辛亥十二月初六癸未社垶王館書。

428 投誠安插 以後清紀

康熙元年壬寅六月，廣東道御史范疏曰："「從來治理莫大於疆圉，目下綢繆莫切於寇孽。我國家振旅以來，廓清四海，幺麼竊發，殲滅何難。但朝廷以好生爲心，凡有僞衆投誠，卽准其歸順，且予以官爵，所以弘開自新之路，而廣施覆育之仁也。今投誠之傾心報效者固多，然亦有一二鷹眼未化、狼性猶存者，大則如四川之郝承裔、山東之于七等，次則如江、浙之湖寇張守智等，已投復叛，在在有之。揆厥所由，蓋因向來投誠之後，仍安插本地，且其夥衆團聚一隅，退臂一呼，黨羽立集，此叛謀之所易起也。臣以爲今後投誠如功多首事者，不妨優其爵賞，或寵入京班，或另推別地。卽在外安插者，亦必分其部曲，散置諸營，寧另撥兵丁，畀之統領，彼官仍不失爲官，兵仍不失爲兵，止稍分其勢，以防不測，是亦前車之烱戒，而弭亂之先機，不可不急爲區畫者也。」

429 水師船隻

元年七月，兵部疏曰：「江南京口見有水師總兵官二員，游擊八員，守備八員，兵八千名，艍艚船一百隻，沙唬船三百隻，共四百。京口船俱移浙江定海駐紮，但京口要地，恐賊乘機窺犯，應仍駐京口。浙江定海見有總兵一，遊擊四，守備四，兵四千，水艍犂艚船一百四十二，沙船三十八，唬船二十七，雙篷舢水底皫船二十隻；台州見有水師遊擊二員，守備二，兵一千六百，犂艚船一隻，沙船五，水底皫船六，雙篷船五，水艍船二，鳥船一；溫州水師遊擊二，守備二，水師兵一千六百，沙船五，水艍船二十五，內港戰船二十五，雙篷舢船三十四，水底皫船五十七，小脚船三十八，小河船四，唬船四，犂艚船二，皫船四。共船四百四十五隻，見有水師兵七千二百。」

430 巡撫衞兵

康熙二年四月，上諭各省巡撫，各給兵五十名，歸於附近標營內支領錢糧。

431 金山造城

二年六月，江寧巡撫韓世琦疏：「金山寺造城築臺，誠屬控制良謨。」

432 傾心投誠

二年八月，投誠鄭鳴駿等疏曰：「臣兄建平侯臣鄭泰，集衆海上，屈指念年。初緣王化未沾，繼識天命有在，拳拳歸款，無由遽達。去年六月，內蒙靖藩臣耿、總督臣李，差官宣布朝廷德威，招撫臣等投誠，臣兄泰遂歡然傾心歸順。初未知朝廷規矩，以爲當先請旨，然後薙髮，隨差臣都督楊來嘉赴闕待罪。恭蒙朝廷寬恩含蓋，以爲無奏章又未薙髮，恐無歸誠之實，欲臣等先薙髮登岸，方准投誠。及楊來嘉稱述朝廷德意，寬宏浩蕩，臣兄泰不勝感激，深自悔罪，謂海上諸衆，原係臣鄭家之人統馭，今鄭成功已故，臣兄泰欲舉全衆歸順，俾諸海島清寧，永免朝廷南顧之憂，已於本年五月初三日，復差臣都督楊來嘉、楊洪先佈誠意於靖藩耿、總督臣李、提督臣馬、户部臣黃、兵部臣金世德，願登岸薙髮。正在調師進發，出泊金山，將趨泉港，不意又有逆黨馮澄世、陳永華、洪旭、周全斌等，恨臣兄欲統文武水陸全師擕眷登岸投誠，謀之逆姪鄭錦，詐稱大家俱願聽臣兄調度歸順，請臣兄赴鷺門計事。臣等正欲乘此等齊集鷺門，說以共事投誠，遂輕身而往，誤墮奸計，於六月初八日赴席被羈。初九日，臣兄泰手書密囑臣鳴駿同兄男纘緒速圖歸正，成其未了之志，身雖死而不恤。初十日，探知臣挈全部舟師進入泉州港，隨投繯自縊，以堅臣等歸順之心。臣兄忠于朝廷而不顧其身，雖當危難之際，猶致囑於其後一意朝廷，初終無二，其心迹並揭日月之昭明矣。今臣統胞侄臣纘緒、統所部文武各官四百餘員、水陸官兵七千三百餘名，各帶家眷，駕戰艦一百八十餘號，直抵泉州港口。仍慮各處地方汛守船隻及販運船隻，恐未知叛逆謀臣兄之消息，一面點撥大小戰船四十八號，配精兵一千餘名，管押文武官四十多員，前往臺灣、海壇、三都、南粵、銅山等處護接應援，計實在內港文武官四百三十一員、船一百三十七號、兵五千二百餘。蒙靖藩臣耿、總督臣李，會同提督臣馬、户部臣黄、兵部臣金安輯家眷泉城，隨於二十六日文武官袍帽筵宴，仍計口給糧停妥。其餘差出各員及兵丁船隻，當俟續到續報。計逆侄鄭錦自其父鄭成功已故之後，實賴臣兄協佐擁護，今誤聽奸人之謀，自壞其長城，孤立無輔，將日趨於瓦解矣。臣仗天朝之威靈，合子弟之痛憤，即當躬率所部，還搗鷺門，盡殲羣奸，收朝廷東南之效，雪亡兄九泉之恨。臣心區區，止於如此。若夫臣家三百餘口所部官頭兵目，爲類頗多，不殺之外，另有浩蕩異恩，此出上斷，非臣等所敢知也。」

433 斬擒海賊

二年十月，福建總督李率泰疏曰：「準水師提督總兵官施琅塘報前事。該臣看得逆孽鄭錦乃鄭成功之遺種也，其父已伏冥誅，其子尚不悔禍，猶敢集餘黨復肆鴟張。當其骨肉相殘，醜類潰亂之際，臣與靖藩提師駐劄漳、泉，一面廣布皇仁，用示招徠；一面裝造快艇，必圖進取。業已再三申嚴水陸將領整搠舟師，以防叵測。兹準水師提臣施琅報稱，鄭錦遣發水陸賊將林維等，領帶鳥船、快船拋泊海門，謀欲乘風順潮直入海、澄，燒我新造船隻，計亦狡矣。幸探得實，提臣密遣前營中軍守備汪明等，統率水兵，配駕快艇，夜半直抵海門。賊踪前來向敵，我兵奮勇，陣殺僞副將林維、吴習等，活擒賊官賊兵一百二十五名，奪回船隻器械、僞印劄等件纍纍，足見官兵用命，可謂破敵之先聲矣。是役也，提臣施琅有發蹤之功，但獲僞官僞兵名數繁多，恐塗次起解未便，臣會同靖藩即令就近正法，僞印牌劄立行焚燬。」

施琅，字尊侯，福建晉江人，福建水師總兵都督僉事。

434 厦門大捷

二年十二月，靖南王耿繼茂疏曰：「臣等奉旨料理水陸大兵進剿海寇，原議臣繼茂統陸兵由潯尾而進，臣李率泰統陸兵由嵩嶼而進。其水師各標官兵船隻在泉州者，提臣馬得功統領調度，由圍頭取齊進發；在漳、澄者，提臣施琅統領調度，由海門取齊進發，俱經具題在案。臣等於九月二十九日合疏恭報移師一期後，隨於十月初二日先發臣繼茂旗下都統王大用、纛章京夏有功等，帶領馬步官兵自泉州起行；另調原防漳州右翼總兵官左都督徐成功、右副都統汪元勳等，各帶官兵自漳州起行，俱於本月初五日抵潯尾，與厦門、高崎緊對下營設備。對岸賊船四十餘隻，見我兵一到，各駕船游奕，朝營內打砲。我兵隨發大砲、行營砲攻打。初六日午時，鄭錦、周全斌領大鯮賊艘往來轉創砲打我營，我兵亦發砲攻打，晝夜防範。初六晚，賊率精銳千餘乘夜潛渡，直逼遊擊史定國營盤，火砲弓箭齊發，與我兵垛臺上相對砍刺。遊擊史定國帶甲兵殺出營門，都督王大用等督兵策應，堵殺刀砍，箭傷砲傷賊兵及落水淹死者甚多，因潮水泛漲，難計其數。奪獲盔甲十一副、火箭噴筒廿七件，並弓箭鎗刀等項。賊奔敗船，其大鯮隨回。餘有汛守賊船及陸路賊兵一片營盤，仍劄高崎。塘報前來，臣等催督泉州、同安水師仍發藩旗甲兵六百名，令都司僉書陳一明等帶領，及鄭鳴駿、陳輝二伯、原總兵楊富等官兵船隻，收拾開駕，聽馬提督帶領該標馬步官兵沿岸調度。至圍頭，與夾板船合䑸去後，臣繼茂於本月十二日馳至潯尾。臣率泰在漳遣發漳、澄水師，並統陸路官兵，亦於十二日同海澄公臣黄梧、中路總兵官王之鼎等馳至嵩嶼，兵威大振。所有把守高崎、嵩嶼各海口賊船，有撤回厦門者，亦有在海上遊奕者。臣繼茂一面布置兵馬收拾快船，並同安水師總兵杜永和大小戰船；臣率泰一面發兵攻打沿海賊船，奪獲古浪嶼，屯劄架砲，各整頓渡海事務齊備，會議妥當，密令水陸兩路官兵俱於廿一日一齊進取厦門。隨飛檄圍頭水師各船於廿一日子時開駕至厦門白石頭會合，惟時夾板船先於十八日開駕八隻，出泊金門外港。馬提督遂於十九日親統各標大小戰船四百餘隻、夾板船七隻，徑至金門烏沙頭。有僞提督黄廷等領巨艦百餘號前來迎敵，我兵協力攻打，夾板船首尾擊應，賊兵大敗。據鄭鳴駿、陳輝二伯、藩旗都司僉書陳一明等報稱：獲賊大船三隻，犂沉四隻，陣斬賊兵三百餘名，生擒賊四十餘名，砲傷溺死者甚多。

據楊富報稱：擊折賊僞總兵謝福船桅，過船殺賊二百餘名，生擒賊十八名，並僞防牌軍器等項。據同安水師遊擊鄭洪報稱：同中軍守備孔應賢等率領兵船與賊打仗，陣獲鳥船一隻，趕繒船一隻，水底䑸二隻，殺賊七八十名，餘俱跳水，並獲火藥器械等項。至二十日早，鄭錦、周全斌親督巨艦精鋭之師，蜂擁挑戰，夾板船揚篷出禦，重叠鋭擊，打破賊船數隻。我師齊起，竭力應援，交鋒死戰。自辰至酉，賊始退回厦門港。時臣繼茂在潯尾營盤瞭望，賊船遍海，惟慮我兵渡海登岸，賊船尾我之後，突犯潯尾，宜計萬全。該臣繼茂一面令遊擊范維傑帶官兵一千員名扼守高崎海口，副將李之珍等官兵一千員名扼守潯尾海口，各於兩岸安設大砲堵禦。其潯尾及嵩嶼營盤仍劄不動，以杜窺伺。一面遣發臣繼茂下都統王大用，總兵官徐成功，纛章京夏有功，副都統汪元勳，擺牙喇參領徐文耀，王蟒漢參領馬九玉，阿達哈哈番張元德、田養民，拜塔喇布勒哈番王梅，噶卜什章京朱懷德、吴效忠，副將馬化麒，遊擊郭奇、史定國、牛虎等，統領擺牙喇蒙古馬步官兵四千員名，並同安總兵黄翼及楊富下原副將辛球等步兵銜枚夜渡。臣率泰遣發標下遊擊謝泗等帶領官兵，並海澄公標副將吴淑、遊擊戴亮等官兵，及總兵蔡禄、郭義等各標官兵，俱乘夜渡海。一時兩路兵馬搶岸同登，奮勇攻打。賊勢不支，於廿一日寅時直抵厦門草安山會合，遂長驅至厦門城。時值荷蘭出海王領夾板船已抵大擔，控扼海面。臣率泰發水師提督施琅，領該標官兵船隻，與督標參將徐登第等、公標總兵沈茂等，及總兵蔡禄、郭義、柯義、林祖等各官兵船隻，臣繼茂發同安水師總兵官杜永和領官兵船隻，俱出古浪嶼。臣率泰傳令快捷砲船五十隻爲先鋒，合艅前進。發砲攻打時，賊兵屯聚教場前，正在張皇抵敵，忽見馬步大兵蔽嶺而下，追奔砍殺，賊衆驚潰，各亂奔上船，亦有奔船不及散伏山洞者。我師將兵馬撤開，環劄海岸，策應舟師擊賊。賊兵披靡，退泊梧嶼。計賊大船七八百隻，小者不計，蜂屯蟻聚，狡謀復逞。臣等一面發藩旗督標及各路官兵，同提督遊擊陳天玉、守備華尚蘭等帶領官兵，並延、建、邵三府官兵，焚剿山洞賊寇。一面商議將漳、泉兩路舟師挑選精鋭，令施琅統領，協同鄭鳴駿、陳輝二伯及總兵楊富、都司陳一明等會合夾板船，於廿四日直抵梧嶼扑剿，砲火夾擊。賊船抵敵不住，退泊梧嶼之外，本日黑夜潛逃，勢必奔往銅山、南粤二巢。臣等已飛檄漳浦總兵王進功嚴加偵備，並移會廣東平南王及將軍、督提諸臣共圖堵剿，期絶根株。其金門後浦尚多餘逆，急須乘勝廓清，通於廿六日遣發官兵船隻前去攻取，剿殺無遺。所有厦門、金門各島賊巢，既經攻獲，本應請旨定奪，奈自閩至京往返計三閱月，內地重兵不宜久駐海島，且士卒雲集，輓運爲艱。臣等再三公議，合將賊垣房屋盡行拆卸焚燬，免致賊船飄忽，復肆憑陵。惟梧嶼小島房垣無多，出海王暫留修船，俟其工完，即行拆燬。蓋緣各島越在界外，四面皆海，乃從古以來寇盜窟宅，逆賊鄭成功父子盤踞二十年，久逋天討，皆坐於此。今仗皇上威福，犁庭掃穴，臣等職任封疆，何敢言功，惟是新舊將士航海用命，以及荷蘭出海王助順宣勞，均應敍録。所有功次傷亡，並得獲大小船隻、銃砲、器械等項，容臣等查明另題，謹以克捷情形飛章入告，以仰慰宵旰於萬一也。臣繼茂、臣率泰謹合同海澄公臣黃、水師提臣施合疏具題，伏祈睿鑒，勅部施行。」

徐成功，字凌圖，遼東海州人。史定國，字明宇，陝西同州人。陳一明，字光宗，遼東人。中營中軍都司陳輝、左營中軍守備王之鼎，遼東人。范維傑，字子俊，江南休寧人。李之珍，字岐山，榆林人。馬化麒，陝西人。郭奇，河南人。牛虎，字龍泉，山西人。黃翼，字輔卿，福建平和人。孔應賢，字伯柱，江西金谿人。壬午守備徐登第，字雲程，遼東人。王進功，字敏齋，遼東遼陽人。陳天玉，字明宇，遼東錦州人。華尚蘭，大同左衛人，將材。

435 雲霄大捷

二年十二月，靖南王耿疏曰：「臣等於十月廿七日攻克廈門、金門後，賊勢無穴可歸，必遁雲霄一帶。臣等飛檄右路總兵，整搠兵馬提備去後，十一月初四日，據右路總兵王進功塘報前來等因到臣。

據此，該臣等看逆賊鄭錦等，向以厦門、金門扼險負固，跳梁爲患。今仗天威蕩剿，窮獸無依，臣等料其敗遁，必至突犯雲霄，亟檄提備。而該鎮設奇制勝，誘賊深入平川，斷其歸路。伏兵夾擊，遂使數千賊衆，一時擒斬無遺，可稱勇略兼優者矣。生擒僞總兵紀鳳行，令解赴軍前審問正法。陣獲船隻器械留備征剿，傷亡兵丁分別恤賞可也。目今餘逆鼠竄，出没於銅山、南粤之間，臣等復令海澄公黄梧、總兵蔡禄、郭義，並督標左營副將黨守全、總兵楊學臯下副將楊喬統領官兵，協同右路，相機追剿，務期境内廓清，而巖疆從此鞏固矣。臣繼茂、率泰合疏。」

黨守全，字巽之，滿洲人。

436 楚蜀會剿

康熙元年七月，兵部疏曰：「臺臣顧條陳：夔門、鄖、襄，界處腹心，與邊隅不同。袁宗第、賀珍等諸有名巨寇，各擁衆數千於大昌、巫山寨中。湖廣、荆州之界，如興山縣水筒、梁村等處，無非盜賊盤踞。長江阻塞，商賈弗通。鄖、襄之賊，强盛者莫如郝永忠，精兵約有數萬。以臣愚見，會剿誠爲不易之定算，仍勅川、陜、湖廣三省招撫。如負固不降，發大兵剿滅可也。」

437 楚師全勝

二年四月，湖廣總督張疏曰：「臣看得西山諸逆逋誅有年，叠蒙皇上招撫，而始終怙惡不悛，致煩天討。幸仗皇上威靈，楚兵自出師以來，於本年正月初五日李家店一戰，卽獲全勝。今臣由省赴夷陵巡視，於三月十六、十七兩日，途次接塘報言：巨寇李來亨、馬騰霄、黨守素，自敗回老巢之後，卽以多賊把守兩關：一名雙龍觀，一名三白崾，最爲險要，以爲天塹不拔之處。今幸各官兵於本月初八日魚刺坡那移營盤，進抵長坪地方屯劄，於初九、初十卽迎鋒交戰，又大獲全勝。當陣生擒及殺死僞總兵、副將、參遊、都守與賊兵甚多，已將兩關攻奪。惟逆賊李來亨敗遁，逃回七連坪老巢。現今分兵追勦，而奏凱蕩平，在指顧間矣。」

438 楚師堵勦

欽命掛印提督湖廣全省駐劄武昌總兵官、左都督董學禮，字自立，滿洲人，於二年八月疏曰：「李逆自被困之後，百計圖所以豕突者而不可得，乃乘連雨重霧之夜，率逆黨三千餘人分頭扒崖，希圖偷犯塘汛。孰知我兵防堵戒嚴，當賊衆潛上懸巖陡澗之時，已爲各處瞭高聽静官兵知覺。號砲一响，各汛官兵齊出堵禦。臣卽發各鎮營官兵四路策勦，惟時親領官兵迎頭堵勦者，鄖陽鎮臣穆生輝也。親領官兵出奇截殺者，辰、常鎮臣高守貴也。迅撥官兵防汛，又伏擊夾勦者，襄陽鎮臣于大海也。分發官兵出汛協同援勦者，夷陵鎮臣金萬鎰也。至於副將、參遊、都守及千把等官，並臣標隨征各官，無不奮勇用命，覓路追殺。除滚崖跌死逆賊不開外，總計陣擒逆賊共七十三名，陣斬七百六十五名，又斬僞總兵三名首級，及陣擒僞副將王福，俱係賊中梟雄老本。臣因新奉特旨部留，不敢令官兵深入窮追。所擒逆賊俱正法訖。」

穆生輝，字榮之，天城衞人，總兵都督同知。高守貴，字健侯，陝西延安人，總兵都督同知。于大海，字崑山，河南項城人，總兵都督。金萬鎰，字寶山，遼東廣寧人，總兵都督僉事。胡世英，字汝迪，江南人，特用湖廣總督中軍兼管中營副總兵。馬龍，字雲從，浙江温州人，黎靖副總兵都督僉事。

439 房保蕩平

王一正，字定侯，遼東人。提督陝西，統轄漢兵兼烏金超哈，管固原鎮事左都督。二年八月，陝西提督王疏曰：「郝逆率衆暗逃，臣發兵追殺，得奏膚功。又思逆賊披靡之餘，勢必潛伏深山密箐之内，萬難遍行搜戮，惟招安一着，庶可得浄根株。隨遣各將給免死牌入山招撫，并六月内投出僞副將夏啓明前去招撫，又活擒六百廿四名。又招獲僞總副、參遊、都守等共六十二名，賊兵七百五十名，僞官賊丁家口婦女幼小共五百五十一名，聽候發落。又招撫賊民男婦幼小家口共二千二百二十一名，俱發房縣署事知縣金殿臣收領安插，以爲歸正之良民。查郝逆盤踞竹谿、竹山、房縣、保康四縣地方，久歷年所，侵占我土地，蹂躪我人民，臣恨不立梟其首，以洩十餘年之公憤！據報，帶幾百殘兵竄入劉二虎營内，不過釜中之魚耳。然此在山遊魂，俱已剿撫盡淨；從賊人民，俱已招安停妥。而房、陵一帶之妖氛，盡掃無遺矣。前追官兵越古坪而南，時值霪雨連綿，經月不止。且各兵糧已斷，脚腿被雨浸淖，竟無完膚。而染患時疫痢瀉者十之四五，困苦乞哀之聲接踵而至。臣思我兵追渡古坪，卽爲劉逆塘撥地方。元兇報已至劉逆營盤，追固無及，而缺糧病卒又未便驅之深入，遂檄令各該官兵，將賊内三座菴、鄧川峪、白玉坪、紅花垛、紫竹、上頃、東河、石擋溝、後山坪等處賊巢，及各山隘口閘路擋木栅欄，一概焚燬，以杜日後嘯聚之源。臣又另撥官兵五千，遣參將周元，遊擊李登相、張四直，守備韓國祚、韓弘胤等統領，前去上頃、白玉坪、鄧川峪及閻王寺一帶，不時偵探賊情，暫將前遣官兵撤回大營休養。」

周元，字孟祥，江西廣信人，爲靈川參將。韓弘胤，字涵遠，北直人。張四直，字次峯，順天昌平人。

440 擒獲僞王

三年正月，平西親王吴三桂疏曰：「據三路總統總兵王會、張鵬程、趙良棟塘報前事到。臣據此，該臣看得妖逆阿仲，鼓惑粵蠻，僭稱年號，聚兵隴納，爲害封疆。土目賀雲等，黨附阿仲，藉妖謀反，煽動土司。雖釁生於粵西，而毒切於黔省。普坪之殺戮最慘，安籠之城郭幾危。臣仰遵上命，發兵分道進征，中路總統總兵王會等奪鐵長關，破額老寨而入。左路總統總兵張鵬程等取花韋寨，破阿積寨而入。屢戰屢勝，既而會師直搗隴納，探知遮別爲阿仲巢穴，王會、張鵬程不及等待右路，遂即一面分布圍攻，於十二月初四日申時攻破，將僞丞相等官以及蠻兵盡行剿殺。右路總統趙良棟，三日之内斬奪三關，至初四日到遮別會合。查初四日申時，破巢之後，本日抵晚，廣西思南副將趙真植、廣西提標後營遊擊朱尚文，共領兵六百名，亦抵遮別。泗城土官岑繼禄，亦帶土兵千餘，續後方至。先是阿仲原在遮別北門，滇、黔兵馬將到，岑繼禄於初三日三更時分，差人暗接阿仲而去，不解何故。及見遮别已破，繼禄始將阿仲交廣西副將趙真植、遊擊朱尚文，於初五日解交總統總兵王會等。雖幸渠魁未脱，就中關節可疑。但既行獻出，姑免深究。再查此舉作孽，雖由阿仲，而佐妖爲祟，號召土蠻侵掠地方，行軍指授者，則土目賀雲、賀良臣、賀恕、賀富、賀坤新等輩也。諸賀非阿仲不足動衆，阿仲非諸賀不足以成謀。今阿仲雖已成擒，賀逆尚稽授首。察賀雲等各據一寨，料彼祇匿山寨之中。臣再檄總兵王會、張鵬程、趙良棟等攻剿各逆所居山寨，另報。」

趙真植，字天培，遼東人，副總兵。

441 擒獲郝逆

三年正月，四川總督李疏曰：「渠魁劉二虎、郝摇旗、袁宗第，自巫奔竄以後，猶抗撫負固。蒙勅發西安將軍傅夸蟾、副都統杜敏統領大兵，於十一月廿九日從水路進抵巫山，因棧道崎嶇，馬匹困憊，尚未到汛。臣恐有誤進剿機宜，會同將軍、副都統並提督諸臣，將緑旗馬匹挪借滿兵騎征，鼓勵漢兵荷戈步走，自十二月十八日，臣同將軍臣傅、副都統臣杜、提督臣鄭，率滿、漢官兵，至廿二日，直逼劉逆營巢陳家坡。我兵奮勇争先，奪其要隘，搗其巢穴。賊力不支，奔入後巢天地寨。臣等率兵追討，老爬空隘口，逼臨逆穴，聲威震天。一時逆營各僞鎮將砍寨投誠，劉逆勢窮命蹙，自伏冥誅。妻妾生女，登時縊死。郝、袁二渠猶思走脱，冀延旦夕之生。賴副都、提督兩臣分發總兵等，率滿、漢兵奮夜力追，於廿六日趕至黃家坪。二渠領賊拒敵，我兵奮勇陣擒逆渠郝、袁並僞部院洪育鰲，而僞朱安王隨於寨中捉獲。黨太監亦卽畏誅自縊。是役也，元兇俱無漏網。計進兵未及旬日，而數萬巨寇掃蕩殆盡。」

傅夸蟾，滿州人，提督陝西，統滿兵駐西安。鄭蛟麟，字西雲，滿洲籍，遼東人，提督四川全省總兵都督同知。

442 洪承疇傳

洪承疇，字彥演，號亨九，福建泉州府南安縣人。其先世本陳姓，居京兆萬年縣。有陳邕者，官太子太傅，以忤李林甫謫入閩，歿，封鄂國公，謚忠順。十四傳至陳洪進，宋太平興國間封岐國公，贈南康郡王，謚恭順。又數傳至溫齋公，贅於洪，遂易姓焉。承疇之曾祖雙林公，以季子貴封中憲大夫。祖宗南公，以文章自振拔。弱冠，與同里李文節、黃文簡齊名，選俊於鄉，躋南雍上舍，年二十五而歿。戴氏方遺腹，生次男幼蹟公，是爲承疇之父。補弟子員。既生承疇，教督頃刻不少間。母傅氏，篝燈課讀尤亟。萬曆四十三年乙卯，年二十三，舉於鄉。丙辰登進士。初授刑部主事，陞兩浙學憲，後歷甬東兵憲，三秦參儲，巡撫榆林。生子士銘，旋制三邊。崇禎十五年壬午降清，太宗文皇帝不令服官，凡大祭祀、宴會，必令親隨，賜房屋、莊田、男女有差，賜上御服膳無虛日。甲申春，從軍入北京，入內院辦事，賜第、莊田、人口。十月，以登極廕一子入監。順治二年，世祖章皇帝命往江寧綏輯，賜朝帽、玉帶、貂蟒、披領、大蟒、貂裘、外褂、鞓帶、靴襪、天駟、駱駝及蒙古人口、帳房、涼棚、銀盤、銀碗等物，隨行員役令部各給緞袍、靴帽並馬六十餘匹。承疇駐南京三年，心計目數，手答口授，自辨色至夜分不輟，心血爲耗，目睛漸花。順治五年，還朝報命，特召賜宴、賜袍靴等物。又太皇太后賜宴，仍入内院辦事。是年，遇加上四祖尊號覃恩，封贈三代，皆太子太師，三代配皆夫人。妻李氏，亦封夫人，仍廕一子入監。己丑，典春闈。順治八年，世祖親政，命掌御史大夫事，賜貂皮披領。又因墨勒根王賜團蟒日月肩貂裘，旨云：「你係有功之臣，此袍應賜服用。」又送一子入監。八月，以上昭聖慈壽恭簡皇太后尊號，廕一子入監。九年，命掌大學士印，與修太宗文皇帝實録，賜蟒服等。又薦人才十四人，後爲名公卿。順治十年五月，時湖南煽動，滇、黔猶阻，進承疇太保，經畧五省，賜内廐馬、玲瓏鞍轡、袍帽及嵌寶石帶、撒袋、弓矢、順刀等物，於陛辭前五日賜宴，隨行官一百二十員俱引見賜蟒。上御五鳳樓，目送久之。勑巡撫、提督、總兵以下悉聽節制，文官五品以下、武官副將以下，有違命者聽以軍法從事。一應撫勦事宜不從中制，事後具疏報聞。文武各官在京、在外，隨時擇用。所屬各省陞轉補調，一面調補，一面奏聞。應用錢糧，卽與解給，吏、兵二部不得掣肘，户部不得稽遲。功成之日，優加爵賞；事定之後，卽命還朝。承疇既受命，未出都門，先疏選將召兵，而西北之名將勁旅畢集。六月出都。十一月抵武昌受事，卽有微臣到任日期一疏，内稱：「多得賢良，安民勸農，以守爲戰。簡拔將領，練兵制勝，以戰爲守。聯絡土司，使不爲賊用，以樹我之藩籬；計離賊黨，使自爲解散，以潰彼之腹心。」此入楚第一疏也。八載經略，收功全局，已定於數語之中矣。念三湘荒殘，兵多糧少，發金買牛數千頭，分布屯種，爲持久之計。以長沙爲湖南北總滙之區，身自彈壓。初至長沙，城中城外皆瓦礫荊榛，乃撫降衆，招流移、修城濬池、建倉築壩，而城郭改觀，兵民輳聚矣。思削平湖南，必先安頓湖北，遴舉鄖撫，設鄖鎮以堵西山劉、郝諸逆。立武昌城守，設洞庭水師，以壯全楚腹心之備。分一提、三鎮駐劄武陵，以固辰、沅之門户。立一撫、兩鎮駐劄寶慶，以遏武、靖之狡窺。他如永州、祁陽、衡州、湘潭、益陽、常德、彝陵、荆州以迨鄖、襄，節節設鎮。五千里之長邊，首動尾顧，此呼彼應，而楚中之氣脈貫若連星矣。又初奉命之始，粤西名入版圖，實只一府三縣一州，餘盡賊踞。承疇謂欲取滇、黔，必先復廣西，開入滇之路，乃設撫提兩大鎮駐劄桂林，再設全帥一大鎮駐劄蒼梧，而粤西之險隘，屹如長城矣。十二年五月，常德告警，偕長沙大兵同至衡州，堵防寶慶，以分賊勢。而荆、澧大兵直趨常德，乘夜出奇，大破賊衆。捷聞，賜盔甲、弓矢、刀帶、裘帽等物。子士銘，登進士。十四年三月，以太祖高皇帝、太宗文皇帝並配覃恩，封贈三代，晉太傅，賜羊酒，廕一子入監。承疇在楚五年，休養兵馬，欲待敵敝。適有疾，予告未行，而孫可望降，封義王。承疇上方略，言滇、黔可取狀。冬十二月，上命調度五省事，三道會師進討。未五旬而舉貴陽，入黔中。道里險隘，糗糈爲艱，承疇廉知積穀處，輒因糧焉。其無積穀處，則發價土司，倍其直。土人擕負，鱗次而至，承疇悉倍償之，不惟省轉輸之苦，而招徠之計亦寓焉。十五年，三路大兵進滇，上增發廣西兵從間道出其後。李定國逆戰，大敗，三路之師齊克雲南。上發帑金三十萬贍兵賑民，復命三大臣到滇，特察民間夫婦不相保者，俾復完聚，凡數萬人。承疇初偕大將軍入黔，緣崖橇泥，舍騎徒步，每身居前鋒而先士卒。比及至滇，調和兵民，尤殫苦心。大事既竣，精力漸憊，雙睛俱損，遂乞休。上命還京調理，舟次淮安，聞順治崩，號慟欲絶，舍舟而陸，疾趨抵京，不入私舍，哭順治於景山，浹旬而歸。既而陳疏請老，康熙特予武功世職。計承疇以覃恩封贈三代者三，廕子入監者五，予三等阿達哈哈番准世襲者四。有請必允，有奏必行，可謂異遇矣。又愛惜三軍，食在兵後，苦在兵前，故人樂爲之用。自天啓丁卯與父宦別，癸未卒。至順治丁亥年，迎母至江寧，養四載，母以老思故鄉，乃歸，越載卒。教子士銘，几屏之間每録先聖賢格言示誡，飯時每令侍食。每遇月朔，哭順治於梓宮前；遇令節，卽家庭設香案朝服，望闕叩祝。乃於康熙四年乙巳二月十七日辰時卒，距生萬曆癸巳年九月廿二日，享年七十有三。死之次日，上遣多裹機、昂邦二位問喪、賜茶，諭士銘曰：「朝廷聞你父病故，不勝痛惜，特慰汝等，兼遍賜合家及有服親友僮僕人等。」尤稱異數云。承疇兄弟三人，居長。次承畹，早卒。次承畯。元配李氏，出閩泉清溪望族，封一品夫人。順治初年，閩問未通，則有在京劉氏主中饋事。迨閩通，奉旨移李氏入都，於是一門團聚。子惟士銘一人，李氏出，娶前宗伯林欲楫女。女三，俱李出。士銘生八歲卽隨母南歸，十六歲始自閩入視省。又六年而父入楚，越八年還朝，今甫四年，計士銘侍父不過十年耳。

康熙九年十月十八日，閱承疇行狀，凡十二葉零。十九日，稍删改而録焉。

443 跋

甚矣，書之不易成也！昔之著書者必有三資四助。三資者，才、學、識是。落筆驚人，才也；博極羣書，學也；論斷千古，識也。四助維何？一曰勢，倚藉聖賢。二曰力，所須隨致。三曰友，參訂折衷。四曰時，神旺心閒。予也賦資頑魯，渺見寡聞，壁立如渴司馬，數奇若飛將軍，孤憤窮愁過韓公子、魏虞卿。七者無一，而欲握管綴辭，不幾爲識者所笑乎！雖然，竊有志焉。康熙午未申酉之際，作南、北略兩書，具草五百餘篇。予以右目新蒙，兼有久視生花之病，尚未謄真。及庚戌二月六日甲子，額天誓成，静書數日，銀海烱然。逾月，家表弟胡子鴻儀殊解人意，邀坐彩舞榭中，示以秘笈，贈以管城子，遂縱覽凝思，目不交睫，手不停披，晨夕勿輟，寒暑無間。賓朋出入弗知，家鄉米鹽弗問，肆力期年，得書千紙。辛亥春正，復入城披録，元夕後忽友人薦予社埣王氏，攜篋赴館。枕上鳥聲，案前山色，消受愧多。予方喜門牆清簡，編書有暇，不謂春光甫半，瘍患頓生。坐卧彌月，殊覺悶悶。孟夏既望，北畧始竣。五月十五甲午，復書南畧，計日課篇。十一月十三爲二親窀穸，停筆三旬。迨季冬六日癸未，乃成。北畧三十一萬一千三十餘言，南畧廿四萬四千三百餘言，共計五十五萬五千三百餘言。予以編書不易，故誌其始末如此。

辛亥季冬九日王館書。

444 紀事

庚戌季冬二日，嚴寒，饑民一夕凍死四十七人。未幾，大雪連旬，千里數尺。予呵筆疾書，未嘗少廢。辛亥季夏，酷暑，各方死者日聞，予雖汗流浹背，必限録五紙。每晨起，用手巾六層陳案上，書畢視之，肘下透洽！

445 誌感

予輯南、北畧既成，喟然興嘆曰：「嗟乎，集書之難也如此哉！予綴草四載，謄次二年，始得告竣，未審當世有知我者否？」因憶劉歆觀楊雄太玄、法言謂之曰：「空自苦，吾恐後人用覆醬瓿也。」王邑、嚴尤謂桓譚曰：「子嘗稱楊雄書，豈能傳於後世乎？」譚曰：「必傳，顧君與譚不及見也。」凡人賤近而貴遠，親見楊子雲禄位容貌不足動人，故輕其書耳。左思貌寢，十年製賦，陸機笑之。及玄晏爲序，紙貴洛陽。名勢惡薄，今古同悲！予身居賤末，無子雲、太冲之才，必多劉歆、陸機之誚。嗟乎，不附青雲之士，焉得聲施後世乎！故感而誌之。

446 讀書者

不知我者不可讀我書，即知我未深者亦不可讀我書。不知書者不可讀我書，即知書未深者亦不可讀我書。無緣分者不能讀我書，即緣分猶淺者亦不能讀我書。無福分者不能讀我書，即福分猶淺者亦不能讀我書。噫嘻，茫茫宇宙，求其可讀我書、能讀我書者豈無其人？雖然，又誰是其人也？

辛亥季冬十四日天節子識。

明季南略人名索引

凡　　例

一、本索引只收録《明季南略》中活動于晚明時期的人物，凡與晚明史事無涉的人名不予收録。

二、本索引以姓名或常用的稱謂作主目，凡本書中使用的其它稱謂如字、號、别名、小名、綽號、謚號、廟號、地望等附註于後。

三、凡書中單獨使用而不易辨識的異稱，均另立目備查。一般異稱，不再分目。

四、人名收録以標題爲單位，同一標題内多次出現的人名僅列其首見，餘皆不録。

五、人名後所列數碼，依次是卷號、標題號、頁碼號。

六、人名或稱謂相同而實非一人者均分别立目。

七、本索引採用四角號碼編排。

1010_8 靈

1020_0 丁

1021_5 霍

1024_7 夏

1314_0 武

1710_2 孟

1712_2 鄧

2599_6 練

2600_0 白

2641_3 魏

2691_4 程

3010_2 宜

3012_3 濟

3023_2 永

3216_9 潘

3390_4 梁

4010$_6$ 查

4022$_7$ 南

4023$_2$ 袁

4024_7 皮

4040_1 辜

4040_2 李

4050_6 韋

4060_0 古

4060_1 吉

4060_4 奢

4071_0 七

4090_0 木

4090_8 來

4091_2 杭

4491_0 杜

4491_4 桂

4499_0 林

4721_2 猛

4680_6 賀

4692_7 楊

5000_0 申

史

7529_6 陳

7714_2 歸

7721_4 尼

7721_5 隆

7721_7 覺

7722_0 周

7722_7 闞

陶